Reitkunst in Vollendung

Franz Mairinger

Reitkunst in Vollendung

Körperliche und geistige Harmonie zwischen Reiter und Pferd

Zusammenfassungen von Kay Irving

Müller Rüschlikon Verlags AG

Aus dem Englischen übersetzt von Simone Wiemken.
Titel des australischen Originals: »Horses are made to be Horses«
erschienen bei Weldon Publishing, Willoughby, NSW 2068, Australia.

ISBN 3-275-01012-3. – 1/5-91. – Printed in Hong Kong

Gott gebe mir die Gelassenheit,
die Dinge zu akzeptieren,
die ich nicht ändern kann,
den Mut, die Dinge zu ändern,
die ich ändern kann,
und die Weisheit,
den Unterschied zu erkennen.

Dr. Niebuhr

Danksagungen

Vor seinem Tode hat sich mein Mann mit dem Material dieses Buches beschäftigt. Da er dieser Arbeit jedoch nur wenig Zeit widmen konnte, hat er seine Vortragsmanuskripte, Ansprachen, Notizen und Anmerkungen ungeordnet hinterlassen.
Ich danke den folgenden Personen für ihre Hilfe bei der Vorbereitung zur Veröffentlichung seiner Aufzeichnungen:

Mr. Clive Cochrane, E.F.A., Ascot Vale, Victoria
Sir Alex Creswick, Avenel, Victoria
Miss Kay Irving, Coldstream, Victoria
Mr. Albert Jacobs, Narre Warren, Victoria
Miss Janice Johnson, Sydney
Miss Cecile V. Kamenade, Wonthaggi, Victoria
Mr. John Kelly, Caramut, Victoria
Mrs. Ina Maria Knospe, Bungendore, New South Wales
Mr. Neale Lavis, Braidwood, New South Wales
Mr. Laurie Morgan, Tarcutta, New South Wales
Mr. Ron Paterson, Albany Creek, Queensland Rider Magazine
Mr. Colin Thiele, Wattle Park, South Australia
Mr. W.W. Thompson, Eglinton, New South Wales
Mrs. Tina Wommelsdorf, Terry Hills, New South Wales

Schließlich danke ich noch meinem Sohn Franz und meiner Tochter Martha sowie ihren Familien für ihre Hilfe und Unterstützung.

Erna Mairinger
Bowral, N.S.W.

Vorwort

Es ist mir eine große Freude, ein Vorwort für das Buch eines Mannes schreiben zu dürfen, dem ich sehr viel verdanke. Ich habe das Manuskript mit großem Interesse gelesen; einige Teile sogar mehrmals. Obwohl es Franz nicht leicht fiel, sein Wissen und seine Gedanken aus seiner Muttersprache ins Englische zu übertragen, macht er sie seinen Lesern doch mit bemerkenswerter Hingabe und Begeisterung deutlich.

Ich habe viele informative und angenehme Stunden damit verbracht, mit Franz über verschiedene Methoden zur Überwindung von geistigen und körperlichen Problemen bei Pferden zu diskutieren, und Franz hat für jedes von ihnen eine Lösung gefunden.

In ganz Australien gab es niemals einen Menschen – und wird vermutlich auch nie wieder einen geben –, der ein Pferd so gut analysieren konnte wie Franz. Das wird besonders deutlich durch sein Streben nach Perfektion in den einzelnen Lektionen. Unerfahrene Reiter empfinden es zweifellos als unnötig, all die grundlegenden kleinen Übungen auszuführen, die so zeitraubend sind – vor allem, wenn sie der Meinung sind, dieselben Ergebnisse in einem Bruchteil der Zeit erzielen zu können. Doch erst später, in den höheren Dressurklassen, merkt man, daß Probleme entstanden sind, deren Lösung wesentlich schwieriger und zeitraubender ist. Ich werde nie vergessen, daß Franz immer sagte: »Ein Gebäude ist nur so gut wie sein Fundament.«

Ich hoffe, daß das an uns weitergereichte Wissen von Franz Mairinger dem Leser ebenso viel Freude und Gewinn bereiten wird wie mir.

Ich ziehe meinen Hut vor diesem Herrn, dem ich persönlich und die australische Reiterei im allgemeinen so viel verdanken.

Laurie Morgan

Eine Würdigung

Diejenigen, die dieses Buch lesen, tun dies hoffentlich mit dem Wunsch, sich die darin aufgezeigten Weisheiten anzueignen. Es befaßt sich nicht nur mit der Mentalität des Reiters, sondern auch mit der des großartigsten und schnellsten Gefährten des Menschen – dem Pferd. Menschen- und Pferdepsychologie werden auf dieselbe einfühlsame Art betrachtet; genaugenommen bedingen sie einander, denn beide sind abhängig von Aktion und Reaktion. Auf der einen Seite steht ein Tier von nur begrenzter Intelligenz, aber außergewöhnlicher Kraft und Ausdauer; auf der anderen Seite der Mensch, das intelligenteste Lebewesen auf der Erde, das jedoch nur über eine relativ unbedeutende körperliche Leistungsfähigkeit verfügt.

Franz Mairinger, zu dessen Freunden ich mich stolz zähle, der geachtete Lehrer von einer Vielzahl von Reitern und Reiterinnen, erklärt, wo und wie Pferd und Reiter auf einer Grundlage gegenseitiger Achtung zusammenfinden können. Das Ergebnis ist ein zufriedenes, gut ausgebildetes und williges Pferd, dessen Besitzer die volle Befriedigung erfahren hat, weil es ihm gelang, seine Fähigkeit zur Ausbildung eines Pferdes unter Beweis zu stellen und durch den körperlichen Kontakt sowie eine von Verständnis geprägte Beziehung das Endergebnis zu erzielen.

Glücklich sind diejenigen, die heute auf Franz' Aufzeichnungen zurückgreifen können, die seine Frau Erna in seinem Sinne zusammengestellt und zum Druck vorbereitet hat.

Ich betrachte es als eine ganz besondere Ehre, das Lebenswerk dieses Mannes würdigen zu dürfen, das noch über Generationen hinweg seine Wirkung auf die Reiterwelt ausüben wird.

Norman Judge, B.V.Sc.
M.R.C.V.S., M.C.A.V.Sc.

Inhalt

Einführung

Dieses Buch entstand zum Gedenken an einen Mann, der mehr für die australische Reiterei getan hat als jeder andere Ausbilder. Er trainierte nicht weniger als sechs olympische Equipen und arbeitete mit der siebten, als sein viel zu früher Tod die Reiterwelt erschütterte.

Er war ein Philosoph, der seinen vierbeinigen Partnern viel Liebe und Verständnis entgegenbrachte. Dieses Buch, sorgfältig gelesen, übermittelt eine sehr notwendige Botschaft, die alle angeht, die Pferde lieben und sich bemühen, sie so auszubilden, daß sie ihr Bestes geben können und länger leben, ganz gleich, in welcher Disziplin sie eingesetzt werden. Alle Reiter, die an Dressur-, Spring- oder Vielseitigkeitsprüfungen teilnehmen wollen, sollten dieses Buch zu ihrer Bibel machen. Jeder, der bereit ist, Franz Mairingers Ratschläge in die Praxis umzusetzen, wird zu einem erfolgreichen Reiter.

Dieses Buch besteht aus den Aufzeichnungen zu Vorträgen und zu den Lehrgängen, die Franz Mairinger in ganz Australien abhielt. Leider konnte er das Manuskript nicht mehr selbst verfassen. Deshalb sammelte seine Frau Erna alles verfügbare Material und stellte es mit Hilfe vieler Freunde, Schüler und Anhänger seiner Lehre in der hier vorliegenden Form zusammen.

Dabei wurde besonders darauf geachtet, daß der Charakter der ursprünglichen Aufzeichnungen erhalten blieb. Die Menschen, die dieses Buch zusammengestellt haben, kannten Franz Mairinger seit mehr als fünfundzwanzig Jahren als einen großen Reitmeister; sie lernten von ihm und bewunderten seine außerordentliche Weisheit und Geschicklichkeit bei der Ausbildung von Pferden. Deshalb haben sie die allergrößte Sorgfalt walten lassen, um seine Gedanken so getreu wie möglich wiederzugeben.

Franz Mairinger wurde am 11. Dezember 1915 in Wien als Sohn eines Ingenieurs geboren, der es gern gesehen hätte, wenn sein Sohn einen ähnlichen Beruf ergriffen hätte. Dessen einziges Interesse galt jedoch den Pferden – ein Interesse, das sich noch verstärkte, als er 1935 in die österreichische Kavallerie eintrat. Zu jener Zeit war es üblich, einige der besten Reiter an ausländische Kavallerieschulen zu entsenden, und die Fähigkeit und die Hingabe Franz Mairingers wurden schon bald dadurch belohnt, daß man ihn an die Kavallerieschule in Hannover schickte, die wegen ihrer Ausbildung von Spring- und Militaryreitern hohes Ansehen genoß.

Franz Mairinger verbrachte zwei Jahre in Hannover und wurde in diesen Disziplinen gründlich ausgebildet. Obwohl auch das Dressurreiten zum Trainingsprogramm gehörte, interessierte er sich zu jener Zeit mehr für Springen, Geländereiten und Hindernisrennen.

Die Dressur begann Franz Mairinger erst zu begeistern, nachdem er auf einem internationalen Turnier in Hannover einige Vorführungen der Spanischen Hofreitschule gesehen hatte. Die Pferde wurden in der Kavallerieschule in Hannover untergebracht – eine Tatsache, die sich später als großer Glücksfall für Franz Mairinger erweisen sollte, denn ohne daß sie etwas davon ahnten, wurden die Reiter der Kavallerieschule von Oberst Podhajski (dem Leiter der Wiener Hofreitschule) bei der Arbeit beobachtet. Franz Mairinger durfte einen der Hengste aus der Hofreitschule reiten und beeindruckte den Leiter der Schule so, daß er ihm am folgenden Tag eine Stellung anbot. Wenige Monate später war Franz Mairinger wieder in seinem geliebten Wien.

In der Rückschau auf die Anfänge seiner reiterlichen Laufbahn in der berühmtesten Stätte klassischer Reitkunst sagte er einmal:

> Ich hielt mich für einen sehr guten Reiter, denn schließlich hatte man mich an die Hofreitschule berufen. Ich war sehr stolz auf mich – was aber leider nur zwei Tage lang anhielt. Dann landete ich mit einem lauten Krachen wieder auf dem Boden der Tatsachen. Mir wurde klar, daß ich, gemessen an den hier gestellten Anforderungen, überhaupt noch nicht reiten konnte. Außerdem

begriff ich, wie gut meine Pferde an der Kavallerieschule hätten sein können, wenn ich ihnen nur ein Zehntel der hier üblichen Ausbildung hätte zukommen lassen.

Nach sechs Jahren und vielen Prüfungen wurde Franz Mairinger zum Bereiter ernannt und arbeitete in dieser Position zwölfeinhalb Jahre lang mit großem Erfolg.

Eine für Österreich wichtige Tat vollbrachte Franz Mairinger im April 1945, als er anläßlich einer Vorführung in Wels in Oberösterreich, wo gegen Ende des Zweiten Weltkrieges die Lippizanerhengste untergebracht waren, dem amerikanischen General Patton die überaus schwierige Courbette vorritt. Diese improvisierte, durch ausgewählte Reiter gezeigte Vorführung überzeugte den General von der Notwendigkeit, die Lippizanerstuten sofort aus der Tschechoslowakei zu holen, in die bereits sowjetische Truppen einmarschierten. Dieses riskante Unternehmen und sein Erfolg wurden später Thema eines bekannten Films.

Nach seinem Abschied von der Hofreitschule im Jahre 1951 und ein paar Monaten als privater Ausbilder in der Schweiz beschloß er, Europa, das sich langsam vom Krieg erholte, zu verlassen und mit seiner Familie in Australien ein neues Leben zu beginnen. Zu diesem Schritt hatte ihm Major Sandford, ein früherer Schüler, geraten. Er empfahl ihn australischen Freunden, die sich vorgenommen hatten, aus den besten Reitern des Landes Equipen zusammenzustellen, die für die Olympischen Spiele in Stockholm trainiert werden sollten.

Miss Kay Irving M.B.E. war entscheidend daran beteiligt, daß Franz Mairinger zum Cheftrainer einer australischen Equipe wurde, denn sie schlug vor, ihn als Ausbilder für die potentiellen Teilnehmer an den Olympischen Spielen 1956 zu verpflichten. Franz Mairinger begleitete seine Mannschaft nach Stockholm; dort überraschte sie durch einen von niemandem erwarteten vierten Platz. Nach diesem Erfolg richtete sich das Interesse der australischen Öffentlichkeit vermehrt auf die Vielseitigkeitsreiterei; zudem bewies Franz Mairinger den Mitgliedern der Mannschaft und auch den Nachwuchsreitern, was ein logisch aufgebautes Trainingsprogramm zu bewirken vermag. Ein noch größerer Erfolg war 1960 in Rom zu verzeichnen, wo die australische Equipe die Goldmedaille errang, was zugleich dazu führte, daß die australischen Leistungen bei den folgenden Olympischen Spielen weltweit anerkannt wurden. Der internationale Erfolg Franz Mairingers mit Reitern, die plötzlich zu Weltruhm gelangten, blieb in der Wiener Hofreitschule sowie in der österreichischen Presse natürlich nicht unbemerkt. Oberst Handler, der inzwischen verstorbene Leiter der Hofreitschule, bat ihn mehrmals, nach Wien zurückzukehren und wieder im Mekka der Dressurreiterei zu wirken. Wegen familiärer Bindungen und seines Ehrgeizes, eine Nationale Reitschule zu gründen, in der er sein Wissen an die australischen Reiter weitergeben konnte, lehnte er dieses Angebot ab.

Als Franz Mairinger am 10. März 1978 starb, war die Dressurreiterei in Australien bereits zu einem weit verbreiteten und allgemein akzeptierten Sport geworden, was fast ausschließlich seinen unermüdlichen Bemühungen zu verdanken ist. Sein Tod war nicht nur ein schwerer Verlust für die australischen Reiter, die seines Rates heute mehr bedürfen denn je, sondern auch für die internationale Reiterwelt, denn er gehörte zu der kleinen Elite, die über Fähigkeiten von jener Art verfügt, wie sie über Jahrhunderte hinweg von den großen Reitmeistern weitergegeben wurden.

Wäre er heute noch am Leben, könnte er die Früchte jahrzehntelanger hingebungsvoller Arbeit ernten und die besten seiner Schüler auf ihren Weg zur klassischen Hohen Schule führen. Er sagte einmal: »In Australien gibt es viele talentierte Reiter und einige der besten Pferde der Welt. Wenn die Reiter der klassischen Ausbildungsmethode geduldig und verständnisvoll folgen würden, könnten ihre Pferde in internationalen Wettkämpfen beständige Spitzenleistungen zeigen.«

Franz Mairinger ist von uns gegangen, doch wir können noch immer seiner Lehre folgen. Er selbst hat sie folgendermaßen zusammengefaßt:

> Die Grundlage jeder Reiterei ist der korrekte Sitz und die Anwendung korrekter Hilfen, verbunden mit Geduld und einem Gefühl für die Bewegungen des Pferdes. Nur so kann der Reiter sein Pferd vorwärtsreiten, es geraderichten und es gelöst, ruhig und im Gleichgewicht gehen lassen. Auf dieser Grundlage läßt es sich problemlos aufbauen bis zu Erfolgen in jeder Disziplin, sei es in der Dressur, dem Springen oder der Vielseitigkeitsreiterei.

Ina Maria Knospe und George Kinniburgh

Das Reiterland Australien

Es wird für den Leser der deutschsprachigen Ausgabe nützlich sein, die Vorbedingungen zu kennen, unter denen Franz Mairinger seine Lehre formulierte.

Abgesehen davon, daß Mairingers Muttersprache Deutsch, nicht Englisch war und er es deshalb manchmal schwierig fand, sich auszudrükken, gab es für viele Fachausdrücke überhaupt keine Begriffe im Englischen – zum Beispiel für »Durchlässigkeit«, »Takt«, »Schwung«.

Als Franz Mairinger nach Australien kam, hatten nur sehr wenige Leute von Dressurreiten überhaupt gehört, und noch weniger versuchten sich darin.

Europäische Reiter werden somit verstehen, warum Mairinger soviel Wert auf das Ausbalancieren des Reiters und auf seine innere Einstellung zur Ausbildung legte, und warum er diese Grundideen wieder und wieder auf stets neue Art deutlich zu machen suchte.

Australier sind geritten, seitdem sie erstmals den Fuß auf den Kontinent setzten, und ihre Reitweise war auf die Arbeit der Stockmen – australischen Cowboys – ausgerichtet. Sie wollten lediglich von Punkt A zu Punkt B kommen. Sie lehnten sich zurück und streckten die Beine nach vorn; mit den Beinen wurde das Pferd vorwärtsgetrieben oder gewendet. Das Pferd trug kein Gebiß; zum Anhalten zog man an den Zügeln.

Es gab (und gibt) keine Reitschulen mit ausgebildeten Pferden. Die Reiter – denen eine bunte Auswahl von Pferden, vom Pony bis zum Vollblüter, zur Verfügung stand – hatten keine Ahnung, wie man ein Pferd ausbildet, geschweige denn Fehler korrigiert. Und die Australier waren zu Beginn voreingenommen gegen das Dressurreiten. Schließlich seien sie seit langem bequem geritten; und nun wolle ihnen ein Ausländer zeigen, wie man es besser machen könne. Mairinger versuchte sie davon zu überzeugen, daß der von ihm gelehrte Reitstil für das Pferd angenehmer sei und das Beste aus ihm heraushole.

Der unablässige Kampf muß Mairinger gewaltig angestrengt haben, aber er gab niemals auf. Er sagte zu uns: »Versucht's, versucht's immer wieder, gebt nie auf, und ihr erreicht euer Ziel.«

Er erreichte es. Er schuf in Australien die Grundlage für das Dressurreiten, und andere haben darauf aufgebaut. Noch ist vieles schwierig – Reitlehrer müssen nach wie vor in diesem großen Land herumreisen, weil sie ihre Schüler aufsuchen und nicht umgekehrt; Reiter haben kaum eine Chance, ein ausgebildetes Pferd zu kaufen, so daß der Reitlehrer den Reiter schulen muß und der unerfahrene Reiter das Pferd, das er zu reiten wünscht. Es geht aber langsam vorwärts, und ich bin sicher, daß Australier eines Tages bei den Olympischen Spielen glänzen werden.

Ina Maria Knospe
Schülerin Mairingers und
Dressurrichterin in Australien

Erstes Kapitel

Eine ganz private Philosophie

Worin besteht der Unterschied zwischen einem Menschen und einem Pferd? Laut Charles Darwin nur im Äußeren. Beide empfingen ihr Leben aus derselben Quelle, von Gott dem Allmächtigen, von Buddha, Allah oder welcher Gottheit auch immer. In diesem Zusammenhang spielt es keine Rolle, ob man an Gott glaubt oder an Buddha oder davon ausgeht, daß alle Lebensformen sich im Laufe von Jahrmillionen entwickelt haben. Es gibt sie, und wir Menschen gehören zu ihnen, und ich habe nicht die Absicht, nach Antworten auf Fragen zu suchen, die ich nicht beantworten kann.

Alles, was ich möchte, ist zum Nachdenken anregen, zu der Einsicht, daß es Dinge gibt, die jenseits unserer Vorstellungskraft liegen. Ich möchte das Wunder der Schöpfung aufzeigen und beweisen, daß alles im Leben einem bestimmten Muster folgt und daß alles was wir tun und auch die Art, wie wir es tun, uns durch die Naturgesetze aufgezwungen und vorgeschrieben wird. Man stelle sich ein Universum vor, das sich über etwa 200 Milliarden Lichtjahre erstreckt. Wir bewegen uns mit der Erde um die Sonne, und zwar mit einer Geschwindigkeit von etwa 112651 Kilometern pro Stunde, und die Erde dreht sich mit etwa 1608 Kilometern pro Stunde um die eigene Achse. Und wer jetzt noch immer von seiner eigenen Wichtigkeit überzeugt ist, ist für mich ein hoffnungsloser Fall!

Die Jahreszeiten folgen aufeinander. Wasser fließt immer abwärts. Was man losläßt, fällt auf den Boden. Aber warum? Darüber haben sicher nur wenige Menschen nachgedacht, denn fast jeder hat in der Schule etwas über die Gesetze der Schwerkraft und ähnliches gelernt; doch den wenigsten Menschen wurde beigebracht, aus diesen Gesetzen logische Folgerungen zu ziehen und ihnen entsprechend zu handeln.

Ein Nichtschwimmer, der in einen See springt, wird ertrinken; also springt er gar nicht erst hinein. Dasselbe gilt für einen Fisch, der aus dem Wasser springt – er erstickt. Aber warum? So ist nun einmal das Leben. Menschen können nicht im Wasser leben und Fische nicht auf dem Land, und wenn sich die Erde nicht um die Sonne drehen würde und wir keine Jahreszeiten hätten, gäbe es überhaupt kein Leben. Vögel können fliegen und manche Tiere können ihre Farbe wechseln (etwas ähnliches tun auch manche Menschen, doch die sind meistens nicht sonderlich beliebt). Es gibt Millionen von Insekten, Reptilien, Vögeln und anderen Tieren, die alle bestimmten Klassen und Ordnungen zugeteilt werden, und eine dieser Klassen ist die der Säugetiere, zu der unter anderem Wale, Affen, Menschen und Pferde gehören.

Was ist, vom Standpunkt der Mutter Natur aus betrachtet, der Unterschied zwischen einem Menschen, einem Pferd und jedem anderen kriechenden, laufenden, schwimmenden oder fliegenden Lebewesen? Wir Menschen akzeptieren die Tatsache, daß wir nicht fliegen oder unter Wasser leben können, aber warum akzeptieren wir sie? Weil wir wissen, daß es uns das Leben kosten würde, wenn wir es nicht täten. Im Unterbewußtsein ist sich jeder Mensch dessen bewußt, aber ich möchte es ins Bewußtsein rücken. Ich möchte die lenkende Hand Gottes zeigen. Ich möchte deutlich machen, daß jedes laufende, kriechende oder fliegende Lebewesen, überhaupt alles, was auf dieser Erde lebt, geschaffen wurde oder sich entwickelte, um seinen Zweck zu erfüllen, um den Anforderungen seines Lebensraumes gerecht zu werden, um möglichst gut für den Kampf ums Dasein gerüstet zu sein.

Wie sollte sich ein Tiger an seine Beute anschleichen, wenn er anstelle von Pfoten Hufe hätte? Wie sollte eine Gazelle laufen mit den Beinen eines Elefanten? Wie sollte ein Fisch schwimmen mit Beinen anstelle von Flossen? Der Schwanz einer Kuh wäre nutzlos für einen

Affen, und die Ohren einer Maus wären für einen Esel zu klein.

Es besteht kein Zweifel: Die Natur weiß es immer am besten. Wer genau hinsieht, wird selbst feststellen, wie genial die verschiedenen Lebewesen konstruiert sind. Nehmen wir zum Beispiel den Menschen. Ist der menschliche Körper nicht ein wundervolles Instrument, ein reines Wunderwerk? Vor dem Genie, das ihn erschaffen hat, müßten wir uns eigentlich tief verbeugen. Der Mensch ist für seine Lebensweise perfekt ausgestattet. Die Art, wie wir uns bewegen, arbeiten, laufen, springen, tragen, ist die Art, wie wir diese Bewegungen ausführen *müssen,* denn nur so kann die Mechanik des Körpers reibungslos funktionieren. Alles basiert auf den Naturgesetzen. Die Natur hat den menschlichen Körper so entwickelt, daß er die Aufgaben, am Leben zu bleiben und seinen Verrichtungen nachzugehen, erfüllen kann, und zwar auf möglichst einfache Weise, was die Lebensdauer verlängert und es uns ermöglicht, mit minimalem Aufwand maximale Ergebnisse zu erzielen.

Natürlich tun Menschen vieles, was sie besser unterlassen sollten. Die empfindlichen Organe werden durch Rauchen, Trinken und die Einnahme aller möglichen Medikamente geschädigt oder sogar zerstört. Doch am Ende muß jeder für seine Fehler zahlen, denn die Natur läßt sich nicht betrügen. Doch solange der Mensch seine eigene Gesundheit ruiniert, seine eigene Kraft unterminiert, muß er auch für seine Fehler, seine Gedankenlosigkeit, seine Nachlässigkeit und seine mangelnde Einsicht in die Großartigkeit des Lebens zahlen.

All diese Gedanken führen natürlich zu unseren Pferden hin, doch bevor deutlich wird, was ich über Pferde sagen möchte, möchte ich diesen Gedankengang erst zuende bringen. Betrachten wir den menschlichen Körper noch einmal genauer. Ich will hier natürlich nicht seinen Aufbau erläutern; das allein würde mehr als ein Buch füllen. Aber ich möchte erwähnen, daß der Körper einen knöchernen Rahmen, das Skelett, besitzt. An den Gelenken sind die Knochen durch starke, faserige Bänder miteinander verbunden – wäre dies nicht der Fall, würden die 206 Knochen des Skeletts in sich zusammenfallen, und ich glaube nicht, daß es jemand schaffen würde, sie wieder zusammenzusetzen. Die Knochenenden, die die Gelenke bilden, passen perfekt ineinander. Jedes Gelenk läßt sich in vorgeschriebene Richtungen mehr oder weniger stark bewegen, und die Bänder müssen die richtige Länge haben, um genau diese Bewegungen, diese vorgeschriebenen Bewegungen, zu erlauben. Mit den Knochen und Bändern allein kämen wir jedoch nicht weit; Bewegungen ermöglichen erst die Muskeln. Auf Anweisung ziehen sie sich zusammen oder entspannen sich. Wir können die Beine heben. Wir können die Hand zur Faust ballen, die Finger strecken und vieles andere. Diese Muskelarbeit wäre jedoch unmöglich, wenn die Muskeln keine Nahrung bekämen. Muskeln brauchen Energie. Die Energie kann der Mensch nicht selbst erzeugen, er muß sie umwandeln; indem er Nahrung zu sich nimmt und sie verdaut.

Wer etwas eingehender über diese Fakten nachgedacht hat, wird begriffen haben, daß der menschliche Körper zwar sehr vielseitig ist, aber auch seine Grenzen hat. Die Natur zwingt den Menschen zwar, sich auf bestimmte Art zu bewegen, doch wenn man sich daran hält, kann man alle Bewegungen leicht, sicher und bequem ausführen und befindet sich dabei im perfekten Gleichgewicht.

Wie schon erwähnt, gehört der Mensch ebenso zur Klasse der Säugetiere wie die Pferde. Gibt es irgendeinen Grund, warum die Natur das Pferd nicht ebenso perfekt als Pferd geschaffen hat wie uns als Menschen – oder Fliegen, Tiger, Wale, Krokodile oder irgendein anderes Lebewesen? Wie wir uns unter normalen Umständen bewegen ist genau die Art, auf die wir uns bewegen sollen. Ein Pferd schreitet, trabt und galoppiert genau so, wie es von der Natur vorgesehen wurde, denn auf diese Weise erzielt es bei einem Minimum an Aufwand ein Maximum an Effektivität.

Wird deutlich, was ich meine? Wer wissen möchte, wie ein Pferd geritten werden sollte, muß es sich ansehen, wenn es ohne Reiter läuft, und beobachten, wie es sich im Schritt, Trab und Galopp bewegt und wie es springt. Wer genau hinsieht, dem werden Schönheit, Harmonie und Rhythmus der Bewegungen nicht verborgen bleiben. Dieses Bild müheloser Eleganz, Schönheit und Harmonie sollte sich jeder Reiter genau einprägen und nie wieder vergessen. Denn genau auf diese Weise muß ein Pferd geritten werden. Mit diesen paar Worten läßt sich das gesamte Fachwissen ebenso umschreiben wie das Ausbildungsziel jeden Reiters.

Die natürlichen Gangarten müssen erhalten bleiben. Die Persönlichkeit des Pferdes muß erhalten bleiben. Sein Instinkt zum Vorwärtsgehen muß erhalten bleiben. Wer sich an diese Regeln hält, muß Erfolg haben, denn er folgt der Weisheit der Natur.

Auch mit dem Reitergewicht auf dem Rücken muß das Pferd sein natürliches Gleichgewicht wiedererlangen. Das allein ist der tiefere Sinn der Ausbildung, des Trainings oder der *Dressur,* wie man in manchen Teilen der Welt sagt. Für wen ist die Dressur jetzt noch ein Buch mit sieben Siegeln? Oder etwas, das Harry Carpenter in der *Daily Mail* folgendermaßen umschrieb: »Etwas, das die Ausländer verdammt gut können.« Nein. Zweifellos stimmt mir jetzt jeder zu, wenn ich behaupte, daß die Dressur die natürlichste Sache der Welt ist.

Jetzt ist klar, warum das natürliche Gleichgewicht des Pferdes wiederhergestellt werden muß. Doch um ganz sicherzugehen, will ich noch einmal in wenigen Worten zusammenfassen, was ich meine: Wer glaubt, daß er intelligenter ist als die Natur, soll es doch beweisen, indem er in einen See springt und unter Wasser weiterlebt.

Bis jetzt haben wir das Pferd von einem allgemeinen Gesichtspunkt aus betrachtet, doch der nächste Schritt bringt uns ihm näher, wenn es auch noch nicht zu Berührungen kommt. Wir versuchen immer noch, uns psychisch auf seine spätere Ausbildung einzustellen. Dies alles erwähne ich, weil ich davon überzeugt bin, daß es von entscheidender Bedeutung ist, daß die richtige innere Einstellung zum Pferd schon vorhanden sein muß, bevor überhaupt an eine Ausbildung gedacht werden kann.

Charakter und Lebensweise eines Menschen werden vom Schicksal bestimmt, doch was der Mensch als Schicksal bezeichnet, ist viel eher seine Veranlagung. Das Schicksal kann nicht für alles verantwortlich gemacht werden, denn schon Menander sagte: »Wer sich selbst erobert, wird auch die Welt erobern.« Bei genauerer Betrachtung wird deutlich, daß etwas, das nicht so abläuft wie geplant, einfach nicht gut genug geplant war. Worum es im Leben auch geht: Um Erfolg zu haben, muß man es auf die richtige Weise tun – und dies gilt ganz besonders im Zusammenhang mit Pferden.

In der Regel kann man sagen, daß ein Projekt umso gründlicher geplant wird, je teurer es ist. Wer ein Haus bauen will, beauftragt Fachleute mit Entwurf und Ausführung, denn schließlich geht es um die Ersparnisse eines ganzen Lebens, und einen Fehler kann sich keiner leisten. Für die meisten Leute ist das Reiten erschwinglicher als der Bau eines Hauses, doch wer ein Pferd erfolgreich ausbilden will, muß sich genauso gründlich darauf vorbereiten wie ein Architekt auf den Bau eines Hauses.

Aber wer bereitet sich tatsächlich vor dem Reiten darauf vor? Wer weiß genau, was er eigentlich wissen sollte? Wer denkt überhaupt darüber nach? Ich werde versuchen, zu erklären, was getan werden muß und warum es getan werden muß. Ich kann jedoch nicht erklären, wie sich die verschiedenen Bewegungen tatsächlich anfühlen – und das ist besonders wichtig: zu *fühlen,* was falsch ist und was richtig, wann sich das Pferd korrekt, taktmäßig und schwungvoll bewegt. Doch genau dieses »Fühlenkönnen« kann ein Buch kaum vermitteln.

Wer meinen Anleitungen folgt und hart an sich arbeitet, wird dieses »Gefühl« jedoch allmählich erwerben. Es wird natürlich länger dauern, als wenn ich dabeistünde und Anweisungen gäbe. Dann würde ich sagen können, wann Pferd und Reiter etwas richtig gemacht haben, und der Reiter könnte sich dann an dieses Gefühl erinnern und versuchen, es wieder hervorzurufen. Mal gelingt es, mal wieder nicht, doch schließlich würde jeder einen Punkt erreichen, an dem er genau weiß, ob das, was er tut, richtig oder falsch ist.

Bevor ich beginne, Einzelheiten zu erläutern, muß ich noch etwas über die richtige Einstellung sagen. Wie ich schon erwähnte, ist sie von grundlegender Bedeutung. Man muß sich innerlich auf das Reiten einstellen und darauf, daß man ein Pferd bis zur höchsten erreichbaren Leistungsklasse ausbilden will.

Ich erinnere mich an einen Vorfall in Sydney; dort hatten wir ein lahmes Pferd mit einem ziemlich schweren Sehnenschaden, doch der Reiter wollte es unbedingt am nächsten Tag an den Start bringen. Wir baten Roy Stewart, den Tierarzt, um seine Meinung, und dieser antwortete: »Genau da liegt das Problem. Die Leute glauben immer, daß Pferde für den Menschen geschaffen wurden, aber das stimmt nicht. Pferde wurden geschaffen als Pferde.« Daran mußte ich seitdem immer wieder denken, und ich nahm mir vor, wenn ich jemals ein Buch schreiben würde, dann sollte es den Titel *Pferde wurden geschaffen als Pferde* tragen.

Pferde haben sich zu dem entwickelt, was sie heute sind, indem sie sich in jeder Beziehung den Gegebenheiten ihrer Umwelt angepaßt haben. Um zu überleben, verließen sie sich auf ihre Geschwindigkeit. Sie verließen sich darauf, vor

Fleischfressern fliehen zu können – jedoch ohne ein Gewicht auf dem Rücken und ein dadurch gestörtes Gleichgewicht.

Der Mensch kann mit seinem Körper eine ganze Menge anstellen, doch es gibt Grenzen, die ihn zwingen, bestimmte Dinge auf eine bestimmte Weise zu tun. Wenn er sich jedoch auf diese bestimmte Weise bewegt, fällt es ihm leicht und er fühlt sich völlig sicher dabei. Das natürliche Gleichgewicht ist der Idealzustand, doch ich wette, daß noch nie jemand bei völlig alltäglichen Bewegungen an sein Gleichgewicht gedacht hat. Menschen befinden sich in der Regel im Gleichgewicht und halten es, ohne darüber nachzudenken. Sie befinden sich im natürlichen Gleichgewicht. Ich sage »natürliches Gleichgewicht« und nicht »perfektes Gleichgewicht«, denn dazwischen besteht ein großer Unterschied.

Gibt es irgendeinen Grund, warum ein Pferd von Natur aus nicht genauso im natürlichen Gleichgewicht sein sollte wie ein Mensch? Oder einen Grund, warum ein Pferd nicht so perfekt konstruiert sein sollte wie ein Mensch? Es gibt keinen Grund, warum der Körper eines Pferdes nicht ebenso funktionieren sollte wie der eines Menschen. Es gibt keinen Grund, warum der Schöpfer das Pferd nicht ebenso perfekt erschaffen haben sollte wie alle anderen Tiere.

Das Pferd muß sein natürliches Gleichgewicht mit dem Gewicht des Reiters auf dem Rücken wiedererlangen. Das ist der Grundgedanke der Ausbildung – die natürlichste Sache der Welt, die zudem einleuchtend ist. Wer meint, daß sie nicht einleuchtend ist, soll einen Strich auf den Boden ziehen, auf ihm entlanggehen und ausprobieren, ob er es schafft, auf diesem Strich entlangzugehen und trotzdem unverkrampft zu bleiben. Kein Problem, nicht wahr? Doch jetzt wird das Ganze wiederholt mit einem Sack Hafer oder einem kleinen Kind auf den Schultern. Je schwerer das Gewicht, desto deutlicher wird, daß man sich ohne ein solches Gewicht frei und unbeschwert fühlt, mit ihm aber sehr unbehaglich.

Das ist tatsächlich wahr! Wer es nicht glaubt, soll es ausprobieren, und er wird den Unterschied fühlen. Und wenn sich ein Mensch mit einem Gewicht auf dem Rücken unbehaglich fühlt, warum sollte es dann einem Pferd nicht genauso gehen?

Wie soll ein Pferd betrachtet werden? Welches ist die richtige Einstellung ihm gegenüber? Was stellt es dar? Wichtig ist, sich dem Pferd mit der richtigen Einstellung zu nähern. Ist das Pferd ein Sklave, der dementsprechend behandelt wird, oder der beste Freund des Menschen? Soweit ich weiß, verspüren Sklaven immer den Drang, ihrem Herrn davonzulaufen, und das Pferd macht darin keine Ausnahme. Die Freiheit ist sicher keine Erfindung des Menschen. Der Drang nach Freiheit wohnt jedem Lebewesen von Natur aus inne.

»Freiheit« ist in jeder Sprache das am häufigsten mißbrauchte Wort. Millionen von Menschen sind für die Freiheit gestorben, und der Kampf dauert noch an. Jedes unfreie Lebewesen kämpft für seine Freiheit, so lange es noch einen Lebensfunken in sich verspürt. Wie ich bereits sagte, versuchen Sklaven davonzulaufen; sie kämpfen und widersetzen sich und müssen zur Arbeit gezwungen werden. Doch schon vor 2400 Jahren stellte Xenophon fest, daß »Zwang niemals etwas Schönes hervorbringt.« Das bedeutet, daß Zwangsmaßnahmen nicht in Betracht kommen, weil wir ja mit unserem Pferd etwas Schönes hervorbringen wollen. Damit die Schönheit der natürlichen Bewegung auch unter dem Reiter zur Geltung kommt, muß das Pferd als Freund behandelt und respektiert werden. Ein Pferd kann ein guter Freund sein, der niemanden im Stich läßt. Pferde kennen keine Arglist und sie erwidern Liebe mit Liebe – worauf man sich bei seinen menschlichen Freunden nicht immer verlassen kann.

Um die Fähigkeit des Pferdes vorteilhaft zu nutzen, darf es nie in die Defensive gedrängt werden. Es muß gelassen bleiben. Es muß seinem Reiter vertrauen, denn nur dann kann dieser auch ihm vertrauen und weiß, daß es stets sein Bestes geben wird.

Der Reiter erwartet, daß sein Pferd ihn zum Sieg trägt – daß es sauber und sicher springt, weil er gewinnen will, statt im Krankenhaus zu landen. Der gesunde Menschenverstand sagt ihm, daß seine Chancen auf eine Ehrenrunde um so größer sind, je besser er sich mit seinem Pferd versteht. Vielleicht sitzt auch seine Freundin auf der Tribüne oder jemand anders, den er gern beeindrucken möchte, aber auch wenn niemand zusieht, ist es doch immer ein gutes Gefühl, gesiegt zu haben.

Meine Empfehlung, im Pferd einen Freund zu sehen, kommt vielen sicher etwas übertrieben vor. Ihnen rate ich jedoch, ihr Pferd mit jemandem zu vergleichen, auf den man angewiesen ist, zum Beispiel einem Arbeitskollegen oder einem Partner bei einer Bergbesteigung, mit dem man zum gegenseitigen Schutz durch ein Seil verbunden ist. Hier lassen sich Dutzende von Beispielen finden. Wer im Pferd nicht seinen besten Freund sehen will, weil es eben nur ein Pferd ist, kann es immer noch als seinen Diener betrachten. Schließlich gefällt es jedem, einen Diener zu haben.

Doch wie soll man ihn behandeln? Soll er fair behandelt werden, weil jedermann ein Recht auf eine anständige Behandlung hat, oder sollte man freundlich zu ihm sein, weil er einem sonst eines Tages die Suppe vergiften würde? Der Diener, von dem ich spreche, erledigt seine Aufgaben, so gut er nur kann. Doch jetzt sollte jeder sein Gewissen überprüfen und überlegen, welcher Gruppe er angehört. Der ersten? Dann kann nichts schiefgehen. Aber auch Angehörige der zweiten Gruppe behandeln ihre Pferde in der Regel anständig; schon ihre Furcht vor Vergeltung sorgt dafür, daß sie nicht vom rechten Weg abweichen. Was aber ist mit denjenigen, die einer dritten Gruppe zuzurechnen sind, derjenigen der kleinen und großen Supermänner, die an nichts glauben und deshalb auch keine Angst kennen? Menschen, die sich auf ihre körperliche Kraft oder ihre gesellschaftliche Position verlassen? Solche Leute behandeln ihre Diener immer schlecht. Sie haben Kriege und Revolutionen ausgelöst und den Zusammenbruch ganzer Reiche herbeigeführt. All das von ihnen verursachte Elend läßt sich auf Mißachtung zurückführen – Mißachtung der Rechte anderer. Mißachtung der Freiheit. Der Kampf um die Freiheit zieht sich wie ein roter Faden durch die Geschichte der Menschheit, und das Ziel jeder Revolution ist die Demokratie.

Warum gerade Demokratie? Aus dem einfachen Grund, weil eine Demokratie mit Freiheit gleichzusetzen ist und jedem Mitglied der Gesellschaft – innerhalb der Grenzen seiner Verpflichtungen gegenüber anderen – Freiheit garantiert. Die Bedeutung von Freiheit und Demokratie wird oft falsch interpretiert. Viele Leute sind der Meinung, daß in einer Demokratie jeder tun kann, was ihm gefällt, aber das stimmt nicht. Eine Demokratie gibt dem Einzelnen nicht in erster Linie Freiheit, sondern bürdet ihm Verantwortung auf.

Die Freiheit des Staates ist etwas anderes als die Freiheit des Individuums. Die Freiheit des Einzelnen muß im richtigen Verhältnis zu seinen Pflichten und der Anerkennung der Rechte anderer stehen. Wirklich frei sein kann ein Mensch nur, wenn er allein ist, denn nur dann kann er tun und lassen, was ihm gefällt. Um jedem Menschen seine Freiheit zu gewähren, bräuchten wir Unmengen von Ozeanen mit Unmengen von einsamen Inseln. Wenn Menschen zusammenleben, muß einer die Rolle des Führers übernehmen. Es muß Leute geben, die Entscheidungen treffen, und andere, die sie ausführen. Jeder hat seinen Platz in der Gesellschaft, und jeder von ihnen ist der Gesellschaft von Nutzen. Menschen sind intelligent und sollten deshalb in der Lage sein, ihre Fähigkeiten richtig einzuschätzen; seiner eigenen Einschätzung zufolge sollte sich jeder an seinen Platz begeben und die ihm zugedachte Aufgabe erfüllen. Unsere Pflicht ist es, die jeweiligen Aufgaben so gut wie möglich zu erledigen. Theoretisch bräuchte es keine Polizisten, Soldaten oder Steuerprüfer mehr zu geben. Jeder müßte sich selbst kontrollieren, weil er seine Pflichten kennt und ihnen freiwillig nachkommt.

Wenn das Wasser knapp ist, muß die Stadtverwaltung einen Beamten losschicken, der kontrolliert, ob wirklich niemand einen Rasensprenger laufen läßt. Das halte ich für ein schlechtes Zeichen; es bedeutet, daß die einzelnen Mitglieder einer Gesellschaft nicht so frei sind, wie sie sein könnten. Nicht etwa, weil die Stadtverwaltung den einzelnen bespitzelt, sondern weil sie überprüfen muß, ob wirklich jeder einzelne seine Pflicht der Gesellschaft gegenüber erfüllt. Wer seine Aufgabe nicht korrekt erledigt, dem werden Verordnungen und Beschränkungen auferlegt. Je gewissenhafter die Gesetze einer Gesellschaft befolgt werden, desto weniger von ihnen sind erforderlich, und es ist auch kaum mehr nötig, ihre Einhaltung zu überwachen. Wenn nur wenige Menschen die Gesetze befolgen, müssen immer mehr Gesetze erlassen und ihre Einhaltung immer stärker erzwungen werden, was einer Diktatur sehr nahe kommt. Der Bedarf an Zwangsmaßnahmen steht im umgekehrten Verhältnis zur Befolgung der Gesetze.

Irgendjemand sagte einmal, alle europäischen Reiter wären Diktatoren, die dem Pferd jeden einzelnen Schritt vorschreiben. Doch wer bis hierher gelesen hat, wird mich wohl kaum noch für einen Diktator halten. Ich möchte mit dem Pferd ein gegenseitiges Vertrauensverhältnis auf demokratischer Basis aufbauen. Ich möchte es so ausbilden, daß es willig und ohne Widerstand seine Pflicht tut. Ich erziehe und trainiere es so, daß es verschiedene Aufgaben freudig und mit Leichtigkeit bewältigen kann. Auf diese Weise gewinne ich sein Vertrauen und seine Kooperation und kann sein geistiges und körperliches Potential voll ausschöpfen.

Die Freiheit eines Staates hat mit dem Reiten eines Pferdes vielleicht nicht viel zu tun, doch der Grundgedanke dieser Vorstellung liefert immerhin eine Basis für den Aufbau der Ausbildung. Wer dies für falsch hält, sollte versuchen, diesen Grundgedanken zu widerlegen. Es könnte sein, daß er dann die Geschichte der Welt neu schreiben müßte!

Meine Einführung wird länger und länger, und ich hoffe, daß ich die Geduld des Lesers nicht überstrapaziert habe. Aber ich wollte zumindest eines ganz deutlich machen: Es ist nicht damit getan, nur auf dem Rücken eines Pferdes zu sitzen. Bisher habe ich nur versucht, zu erläutern, wie ich mich geistig auf die Ausbildung eines Pferdes vorbereite, denn die geistige Einstellung muß stimmen – von ihr hängt die Art der Ausführung schließlich ab. Sie leitet jede Handlung. Sie sorgt dafür, daß man alles immer wieder überdenkt. Zu ihrem eigenen Wohle und zum Wohle der Pferde wünschte ich, alle Reiter könnten sich meine Ansichten zu eigen machen.

Selbstverständlich kann man das Ganze auch noch unter einem anderen Blickwinkel betrachten. Natürlich ist der Mensch verpflichtet, sein Pferd anständig zu versorgen – schließlich will es nichts von ihm, und außerdem heißt es, Menschen seien vernünftiger, obwohl ich noch nie gesehen habe, daß ein Pferd rauchte oder sich betrank, sich die Nacht um die Ohren schlug oder auf einer Party herumstand. Der andere Blickwinkel ist der, daß das Reiten Spaß machen soll. Ich möchte es genießen. Doch wie kann ein König sein Leben genießen, wenn er König über Sklaven ist?

Ja, ich möchte, daß das Reiten Freude bereitet, doch auf dieser Welt bekommt man nichts umsonst. Das heißt, wir müssen zuerst etwas tun. Bevor man in ein Haus einziehen kann, muß es erst gebaut werden. Dasselbe gilt für ein Pferd: Es muß ausgebildet werden, bevor man so angenehm und sicher auf ihm reiten kann, wie man es gern möchte.

Zusammenfassung

Franz Mairinger war ein einzigartiger Pferdekenner und Ausbilder. Seiner Ansicht nach muß das Verhältnis zwischen Pferd und Reiter weit über bloßes Besitzertum oder Streben nach Leistung hinausgehen, und auf einem einfühlsamen Begreifen der Beziehungen zwischen allen Lebewesen und den Naturgesetzen basieren.

Vor allem aber ist ein genaues Verständnis der Natur des Pferdes unerläßlich – seiner Anmut, Schnelligkeit, Schönheit und Kraft und seiner bemerkenswerten »Persönlichkeit«. Nur Reiter, die dieses Verständnis und diese innere Einstellung aufbringen, können im Dressur- und Springsport Erfolge erzielen.

Zweites Kapitel

Verstehen des Pferdes

Bisher habe ich darzulegen versucht, daß ein Pferd als Pferd geschaffen wurde. Doch was hat dem Pferd das Überleben ermöglicht? Wissenschaftler haben ermittelt, daß die Evolution des Pferdes 55 Millionen Jahre gedauert hat. Wenn ein Lebewesen 55 Millionen Jahre überleben konnte, müssen Natur oder Schöpfung sehr gut darauf achtgegeben haben.

Pferde leben von Gras, und das Gras läuft ihnen nicht weg. Warum können sie dann aber so schnell laufen? Weil das Vorwärtsgehen ihre natürliche Bestimmung ist. Pferde müssen schnell sein, um ihren Feinden zu entkommen. Im Leben gibt es immer Stärkere und Schwächere. Es gibt zahllose Tiere, die stärker sind als Pferde und zum Töten von Beute ausgerüstet. Als Pflanzenfresser verfügt das Pferd nicht über Möglichkeiten, andere Tiere zu töten. Sein gesamter Körperbau ist auf Schnelligkeit und das Überwinden weiter Strecken ausgerichtet.

Die Schnelligkeit würde dem Pferd jedoch nichts nützen, wenn es nicht überdies ausgezeichnet hören, sehen und riechen könnte und außerdem weniger sensibel wäre. Diese Sensibilität oder Scheuheit ist der Auslöser für seinen natürlichen Überlebensmechanismus, seine Schnelligkeit, und macht sich bei jedem Geräusch und bei jeder unerwarteten Bewegung bemerkbar. Ein Pferd, das vor einem kleinen Papierfetzen scheut oder vor einem Gegenstand, der zuvor noch nicht da war, sollte weder bestraft noch gezwungen werden, an den Gegenstand seiner Furcht heran- oder an ihm vorbeizugehen. Dies liefe seinen natürlichen Instinkten zuwider und würde bedeuten, daß dem Reiter die Psyche seines Pferdes völlig fremd ist. Ein Pferd scheut nie mit Absicht; das Scheuen ist eine Reaktion des Unterbewußtseins, die ihm von der Natur eingegeben wurde, damit es überleben kann.

Ein Pferd muß vorwärtsgehen; ein Pferd, das nicht vorwärtsgeht, ist schlecht geritten. Seine natürliche Bestimmung ist die Schnelligkeit, und deshalb muß es auch während der Ausbildung vorwärtsgehen. Wer ein Pferd ausbildet und es dabei nicht vorwärtsgehen läßt, versündigt sich gegen die Natur und muß die – vielleicht noch gar nicht absehbaren – Folgen tragen. Viele Reiter sind in solch einer Situation nicht intelligent genug, um einzusehen, daß der Fehler bei ihnen liegt, und suchen irgendeine Ausrede.

Das wichtigste Organ, das für den gesamten Körper, für Bewegungen, Lautäußerungen, Verhalten und Denken zuständig ist, ist das Gehirn. Das Gehirn ermöglicht einer Art das Überleben. Es ist für jede einzelne unserer Handlungen verantwortlich. Deshalb müssen wir unser Denken kontrollieren. Ein psychisch angespannter, unter Druck stehender Reiter kann niemals schnell reagieren, gelöst sein und einen kühlen Kopf bewahren. Das Gehirn des Pferdes funktioniert ähnlich; es bestimmt die Körperreaktionen ebenso wie das des Menschen. Allerdings laufen bei Pferden die meisten Reaktionen instinktmäßig ab und werden nicht vom Verstand gesteuert.

Wer glaubt, die Bedeutung des Pferdegehirns außer Acht lassen zu können, befindet sich auf dem Holzweg. Im Gegenteil, auf das Gehirn eines Pferdes muß, wie auf das jedes Schülers, besondere Rücksicht genommen werden. Dabei darf man nie vergessen, daß das Pferd im Vergleich mit dem Menschen nicht sehr intelligent ist und der Mensch deshalb seine Denkweise der des Pferdes anpassen muß. Der größte Fehler der meisten Reiter besteht darin, daß sie erwarten, das Pferd würde in den gleichen Bahnen denken wie sie selbst, was natürlich unmöglich ist. Jeder Reiter ist verpflichtet, sich darüber klarzuwerden, daß er seine Denkweise ändern und versuchen muß, so zu denken und zu fühlen wie sein Pferd.

Pferde sind intelligent, auch wenn sie nicht denken und handeln wie Menschen. Auf ihre

Weise sind sie sogar sehr intelligent, und ich nehme an, jedem Reiter ist schon einmal aufgefallen, was für ein erstaunliches Gedächtnis Pferde haben. Pferde vergessen nicht, was sie einmal gelernt haben – deshalb ist es so wichtig, ihnen das Richtige beizubringen, denn da sie Gutes nicht vergessen, vergessen sie auch Schlechtes nicht.

Ich erinnere mich an eine Begebenheit, die sich zutrug, kurz nachdem ich in Australien angekommen war. Es war in Adelaide, wo ich ein Pferd aus dem Besitz von Mr. A.J. Higgins ritt. Ich trainierte das Pferd für die Dressurprüfung bei der bevorstehenden Royal Show und benutzte dazu die in einer Parklandschaft gelegenen Anlagen des Dressurklubs. Geübt wurden Zirkel, Schulterherein, ganze Paraden, Rückwärtsrichten und Galoppwechsel.

Ich ritt nicht allein, auf dem Platz befand sich noch ein weiterer Reiter mit einem wirklich sehr schönen Pferd. Das einzige Störende daran war, daß der Reiter nicht mit ihm umgehen konnte. Es ging keinen Schritt, sondern zog am Zügel, schlug mit dem Kopf, versuchte, den Reiter aus dem Sattel zu ziehen, und stand nicht still. Sehr angenehm war dieser Ritt für ihn bestimmt nicht. Ich hätte mich allerdings gar nicht erst auf sein Pferd gesetzt, denn meiner Ansicht nach war es übergeschnappt.

Nach einer Weile gab der andere Reiter auf, weil er merkte, daß er mit seinem Pferd nicht zurechtkam, saß ab und ließ das Tier am Rande des Platzes grasen. Kaum war der Reiter abgesessen, war das Pferd ruhig und gelassen. Der Reiter sah mir noch etwa zehn Minuten lang zu, bis ich meine Arbeit beendet hatte.

Er sagte: »Hallo, was tun Sie denn hier?«

Ich antwortete: »Ich bereite dieses Pferd auf eine Dressurprüfung vor.«

»Dressur? Was ist das?«

»Dressur bedeutet, ein Pferd auszubilden. Wenn man ein Pferd konsequent ausbildet, wird es immer besser. Man arbeitet sich von einer Prüfung zur nächsten vor, bis die höchste Leistungsklasse und vielleicht sogar eine Goldmedaille bei den Olympischen Spielen erreicht ist.«

Er antwortete: »Nicht schlecht. Sagen Sie, wie lange dauert es, bis ein Pferd reif ist für eine Goldmedaille?«

»Das hängt sehr vom Pferd ab und auch davon, wieviel Zeit der Reiter hat. Aber nach etwa drei Jahren könnte man schon einen Versuch unternehmen.«

Der arme Mann war schockiert. »Was? Drei Jahre Ausbildung? Das ist ja Wahnsinn!«

Ich sagte: »Nun ja, jeder nach seinem Geschmack. Aber sagen Sie, wie lange reiten Sie Ihr Pferd eigentlich schon?«

Er drehte sich um, zog den Kopf des Pferdes hoch und betrachtete es angewidert. »Ich habe es schon fünf Jahre, aber es taugt nicht.«

Dazu äußerte ich mich nicht.

Ein Pferd drei Jahre lang zu schulen, ist Wahnsinn, aber fünf Jahre lang ein absolut ungeschultes Pferd zu reiten, ist völlig in Ordnung!

Die Tragödie dabei ist, daß dieser Reiter kein Einzelfall ist. Ähnliche Beispiele sieht man fast täglich; gute Pferde (oder Pferde, die gut sein könnten), die aber durch falsche Behandlung, Vernachlässigung oder einfach nur Unwissenheit in Bezug auf die Notwendigkeit einer vernünftigen Ausbildung verdorben wurden.

Ja, es ist notwendig, ein Pferd auszubilden. Wie weit diese Ausbildung führt, hängt stark vom Pferd ab und noch mehr von seinem Reiter – davon, wieviel Zeit er hat, wie hart er arbeiten will, vor allem aber von seinen Zielen. Wer nach den Sternen greifen und an den Olympischen Spielen teilnehmen will, muß sehr viel harte Arbeit leisten.

Wie viel kann man einem Pferd beibringen? Diese Frage spielt in unserem Denken eine überaus wichtige Rolle. Was kann man einem Pferd beibringen? Ich behaupte, man kann einem Pferd überhaupt nichts beibringen. Immer wieder hört man Leute sagen: »Heute werde ich meinem Pferd fliegende Wechsel beibringen«, »Ich werde ihm starken Schritt beibringen«, »Ich werde ihm beibringen zu traben – zu galoppieren – zu springen – zu rennen.«

Schon im Alter von drei Tagen zeigen Fohlen perfekte fliegende Wechsel. In der Nähe meines Hauses, auf der Weide von Mr. Horden, sah ich einmal einem vier Tage alten Fohlen zu. Es drehte sich plötzlich und übersprang einen umgestürzten Baumstamm von einem Meter Höhe – seine Mutter befand sich auf der anderen Seite. Wir sehen Fohlen spielen, wenden, stoppen, fliegend den Galopp wechseln, steigen und herumspringen, und dann kommt einer von diesen Obergescheiten und sagt: »Ich muß meinem Pferd fliegende Wechsel beibringen.«

Ein Pferd kann von Natur aus im Schritt gehen, traben, galoppieren und springen, rechts oder links abwenden und nach Lust und Laune herumwirbeln. Es kann alles, was in seiner Natur liegt. Genaugenommen kann der Reiter ihm also nichts mehr beibringen. Das einzige, was es noch lernen muß, ist, seine natürlichen Bewegungen zu zeigen, wenn der Reiter es wünscht, und nicht, wenn es gerade Lust dazu hat.

Ich weiß, wie man Geschirr spült. Meine Frau brauchte es mir nicht erst beizubringen. Ihre einzige Aufgabe war, mich dann zum Spülen zu bringen, wenn sie es für erforderlich hielt. Bei Pferden ist es das gleiche. Wir müssen sie so erziehen, daß sie unsere Wünsche erfüllen, ohne sich dagegen aufzulehnen.

Das Wort »erziehen« erläutert zugleich die Bedeutung des Wortes Dressur; es beinhaltet Training, Erziehung, Übung und Unterordnung. Oder kann sich jemand einen Menschen vorstellen, der weder eine Erziehung genossen noch gelernt hat, sich unterzuordnen? Niemand kann ein Lebewesen erziehen, ohne selbst erzogen worden zu sein, und aus diesem Grund wird das Reiten in Europa häufig als Erziehungshilfe genutzt. Ich bin mir ziemlich sicher, daß der charakterformende Einfluß des Reitens ein Hauptgrund für die rasante Entwicklung von Reitervereinen und Ponyhöfen ist. Das Reiten und Pflegen eines Pferdes lehrt Kinder, dem Tier gegenüber verantwortungsbewußt zu handeln. Beim Erziehen eines Pferdes lernt ein Kind, die dafür nötige Planung und Vorbereitung zu schätzen, und erkennt auf diesem Wege die Parallelen zu seiner eigenen Erziehung. Außerdem lernt es, daß die Erziehung nur Schritt für Schritt vorangetrieben werden darf und daß jeder Schritt ein deutliches Ziel haben muß.

Ich sprach zum Beispiel einmal mit einem Trainer über sein Pferd. Schon von ihrem Äußeren her machte die Stute den Eindruck, als könne sie ein Drei-Kilometer-Rennen gewinnen, denn sie schien vom Körperbau her perfekt dafür geeignet. Der Trainer ließ sie jedoch keine Rennen mehr laufen, sondern wollte sie als Freizeitpferd verkaufen. Ich versuchte ihm abzuraten: »Aber sie ist ein wundervolles Tier, sie müßte rennen können.«

Er antwortete: »Das dachte ich auch. Doch dann brachte ich ihr bei, Dressur zu gehen, seitwärts und rückwärts zu treten. Als sie dann wieder auf der Bahn war, weigerte sie sich aus der Startbox zu springen.«

Was hat das Dressurreiten mit der Widersetzlichkeit in der Startbox zu tun? Das ist leicht zu erklären. Wenn ich meinen linken Schuh am rechten Fuß trage und dann sage: »Tragt bloß keine Schuhe, davon bekommt man wunde Füße«, ist das dasselbe, als wenn man behaupten wollte, daß ein dressurgerittenes Pferd nicht mehr vorwärts, sondern nur noch rückwärts geht.

Durch seine Äußerung bewies mir der Trainer, daß er nicht wußte, was er wollte. Er wußte nicht, daß die Grundlage der Dressur, die Grundlage jeden Reitens, das Vorwärtsgehen ist. Ein Pferd muß unter allen Umständen vorwärtsgeritten werden.

Wer sich in einem Hochhaus mit defektem Lift befindet, nimmt keine Abkürzung nach unten, indem er aus dem Fenster springt. Auch in der Erziehung eines Pferdes gibt es keine Abkürzungen. Der Trainer der Stute begriff nicht, daß er den natürlichen Vorwärtsdrang seines Pferdes unterdrückte. Er benutzte eine Abkürzung, indem er dem Pferd aus dem Zusammenhang gerissene Bewegungen abverlangte, in der Hoffnung, daß sich seine Rennleistung dadurch verbessern würde. Er schadete sich damit selbst, denn unter anderen Umständen wäre aus dem Pferd vielleicht ein gutes Rennpferd geworden. Doch er sah die Schuld nicht bei sich und gab nicht zu, daß er die Grundlagen der Dressur nicht verstanden hatte. Statt dessen verurteilte er die Dressur und machte sie für seinen Mißerfolg verantwortlich.

Leider sind in Fällen wie diesen, in denen Pferden Leistungen abverlangt werden, auf die sie nicht ausreichend vorbereitet wurden, die Pferde die Leidtragenden. Sie leiden körperlich, aber auch seelisch. Der Besitzer hat zwar den Schaden, sieht seinen Fehler aber oft nicht einmal ein. Es gibt auch keine Möglichkeit, ihm vor Augen zu führen, was er falsch gemacht hat. Man kann höchstens sagen: »Wenn dieses Pferd anders ausgebildet worden wäre, wäre es gesprungen und fünf oder zehn Jahre länger einsatzfähig gewesen.«

Eine Pferdeausbildung auf die Schnelle gibt es nicht. Sie nimmt immer eine lange Zeit in Anspruch. In der Regel gelten Pferde als »dumme« Tiere. Doch wenn man sie für dumm hält, warum hetzt man sie dann durch ihre Ausbildung und gibt ihnen keine Zeit, zu lernen oder Erfahrungen zu sammeln? Um einen hohen Leistungsstand zu erreichen, muß ein Pferd Schritt für Schritt ausgebildet werden.

Jeder Schüler beginnt in der ersten Klasse und wird erst nach Erreichen des Klassenzieles in die nächsthöhere Klasse versetzt. Niemand würde von einem besonders intelligenten Erstkläßler erwarten, daß er die Abschlußprüfung besteht. Unseren Kindern und uns selbst muten wir nicht zu, etwas ohne die entsprechende Vorbereitung zu leisten. Wir steigern unsere Fähigkeiten, bis wir in der Lage sind, unser Ziel zu erreichen. Ein Kind, dem man eine Aufgabe abverlangt, der es nicht gewachsen ist, wird versuchen, sich zu drücken, und sagt: »Das kann ich nicht.« Doch jemand, der ein Pferd von sich aus über einen Zaun setzen sieht, sagt: »Oh, kann der aber springen! Ein geborener Springer!« Also her mit dem Sattel und ab zum nächsten Turnier. Der Reiter erwartet eine Nullrunde. Er schickt das unerfahrene Pferd von der Weide in ein Zeitspringen und verlangt einen Sieg von einem »dummen« Tier ohne logisches Denkvermögen. Das Pferd kann nicht sagen: »Nein, ich werde nicht springen« oder »Das habe ich noch nicht gelernt« oder »Das traue ich mir nicht zu« oder »Ich weiß nicht, wie ich die Kombinationen angehen soll, ich brauche noch Zeit.«

Es kann nicht sprechen, aber es kann auch die vor ihm liegende Aufgabe nicht bewältigen. Also unternimmt der Reiter etwas, was nie passieren darf: Er verwendet Zwang anstelle von behutsamem Vorgehen.

In seiner eigenen Sprache sagt das Pferd vielleicht, daß es sich überfordert fühlt. Es sagt zum Beispiel: »Ich will nicht mehr springen; ich werde stehenbleiben.« Oder es sagt: »Ich bin fürchterlich aufgeregt, ich muß zusehen, daß ich das so schnell wie möglich hinter mich bringe.« Sobald es ein Hindernis sieht, versucht es, schneller zu werden. Wenn es später stehenbleibt, wundert sich der Reiter und sagt: »Beim letztenmal sprang er doch prima; dieses Hindernis ist er schon ein paarmal gesprungen, und jetzt geht er nicht einmal mehr in seine Nähe.« Möglicherweise greift er dann zur Gerte und verprügelt sein Pferd. Mehr Angst, mehr Aufregung, noch schlechtere Ergebnisse. Das soll nicht passieren. Das darf nicht passieren.

Menschen sollten sich ihrer Intelligenz entsprechend verhalten und versuchen, ihr Pferd zu verstehen. Das geht natürlich nicht von heute auf morgen, aber auf lange Sicht ist die dafür aufgewendete Zeit nutzbringend verwendet. Nichts ist auf einmal zu erreichen. Niemand sollte von einem Pferd eine Leistung verlangen, auf die es nicht ausreichend vorbereitet ist.

Nur die wenigsten Reiter machen sich Gedanken über den psychischen Zustand ihres Pferdes. Schließlich ist es ja nur ein Pferd. »Pferde sind dumme Tiere«, sagen die Leute. Doch sind sie wirklich so dumm? Darauf braucht man nur zu erwidern, daß sie ein ausgezeichnetes Gedächtnis haben. Es wäre unmöglich, ein Pferd zu irgendeiner Arbeit auszubilden, wenn es nicht eine gewisse Intelligenz und ein gutes Gedächtnis besäße. Selbst wenn Pferde nicht denken und handeln wie Menschen, sind sie doch intelligent genug, um für ihr eigenes Wohlbefinden zu sorgen. Allerdings schaden sie sich oft selbst, wenn sie versuchen, im eigenen Interesse zu handeln, was ihre Unfähigkeit im Bereich des logischen Denkens beweist. Meiner persönlichen Meinung nach zeigen Pferde nur dann einen Mangel an Intelligenz, wenn sie sich bemühen, Anforderungen zu erfüllen, auf die sie nicht vorbereitet wurden. Da Pferde von Natur aus springen können, versuchen sie auch oft, mit einem Reiter auf dem Rücken Hindernisse zu überwinden, die ihre Fähigkeiten noch übersteigen.

Es gibt eine Menge Gründe, aus denen Menschen reiten. Manche reiten sonntags ein Stündchen, um etwas für ihre Figur zu tun; andere, weil es zu ihrem Beruf gehört, und wieder andere, weil es ihnen Freude macht. Die Sonntagsreiter interessieren mich nicht. Sie sorgen zwar für den Umsatz der Reitschulen, aber ihnen geht es nicht darum, besser reiten zu lernen. Mich interessieren die Menschen, die reiten, weil es zu ihrem Beruf gehört. Die meisten von ihnen reiten gern und gehen rücksichtsvoll mit ihren Pferden um. Besonders interessieren mich jedoch diejenigen Reiter, denen das Reiten Freude macht, denn sie sind auch bereit, für das Lernen Opfer zu bringen. Ein Reiter, der korrekt reiten lernen und ein Pferd ausbilden will, muß viel Zeit und Bequemlichkeit opfern.

Auf dem Lande, wo die Betreuung riesiger Viehherden es nötig macht, daß die Viehtreiber ihre Arbeit im Sattel erledigen, ist es oft nicht möglich, sich die Zeit zum Zureiten eines Pferdes zu nehmen. Ein Pferd muß in wenigen Tagen reitbar sein, sonst würde der »Zureiter« seinen Job verlieren. Es bleibt dann dem Mann überlassen, dieses Pferd dafür weiter auszubilden. Ich verstehe die Lage und bin sicher, daß diese Menschen ihre Pferde lieben, und versuchen werden, ihnen das Leben leichter zu machen.

Es gibt ebensoviele Reitstile, wie es Gründe für das Reiten gibt. Der australische Viehtreiber hat einen seiner Arbeit angepaßten Reitstil entwickelt, ebenso der Springreiter, der Geländereiter, der Polospieler, der Dressurreiter und der

Rennreiter. Doch sie alle haben eines gemeinsam – sie sitzen auf einem Pferd. Ich bin sicher, daß jeder Reiter von meinen Erläuterungen über das Wie und Warum der Pferdeausbildung profitieren wird; und sei es nur, daß er begreift, daß Pferde eine Persönlichkeit haben.

Die Grundlage des Geigespielens ist es, Geige und Bogen zu halten und mit ihnen ein Geräusch hervorzubringen. Dieses Geräusch klingt möglicherweise nicht sehr harmonisch, aber trotzdem handelt es sich dabei um Geigenspiel. Ähnlich es es, wenn man Farbe nimmt und sie auf eine Leinwand schmiert. Natürlich wird niemand ohne jahrelanges Studium, sehr viel Übung und Entschlossenheit so spielen wie Paganini oder Oistrach oder so malen wie Rubens. Besonders wichtig ist die Entschlossenheit mit der das Ziel angestrebt wird. Abraham Lincoln sagte einmal: »Wer *entschlossen* ist, Rechtsanwalt zu werden, hat den halben Weg schon hinter sich.«

Eine der grundlegenden Anforderungen an jemanden, der reiten möchte, ist es, auf einem Pferd zu sitzen und nicht herunterzufallen – doch bevor er ein Reitmeister geworden ist wie Lindenbauer oder Pollak, liegt noch ein weiter Weg vor ihm.

Auf dem europäischen Kontinent wird die klassische Reitkunst als »Hohe Schule« bezeichnet. Warum? Weil aus dem bloßen Obensitzen etwas geworden ist, was ganz nahe an Perfektion herankommt. Perfektion im Verstehen des Pferdes. Perfektion in der Hilfengebung und Perfektion in der Einheit mit dem Pferd. Ebenso wie es harte Arbeit kostet, so malen zu lernen wie ein Alter Meister, kostet es auch harte Arbeit, dieses Ziel der klassischen Reitkunst zu erreichen, dieses perfekte Verstehen zwischen Pferd und Reiter.

Jeder, der diese Perfektion anstrebt, hat ein hartes Stück Arbeit vor sich. Einen leichten Weg gibt es nicht. Begonnen wird immer mit dem ersten Aufklecksen von Farbe oder dem ersten Aufsitzen auf ein Pferd. Bei der traditionellen Kunst handelt es sich nur darum, die Natur getreu wiederzugeben, denn der Künstler hat den Gegenstand vor Augen; sie ist jedoch schwierig auszuführen. Die moderne Kunst dagegen ist schwerer zu erfassen, dafür aber leichter auszuführen.

Die Reitkunst ist in ihrer Konzeption ebenso eindeutig wie andere traditionelle Künste. Sogar besonders eindeutig, denn das angestrebte Ziel ist die Wiedergabe der Natur. Wie Michelangelo versuchte, die Natur wiederzugeben, versuchen dies auch die Anhänger der Klassischen Reitkunst, denn ihnen geht es darum, die natürlichen Bewegungen des Pferdes, seine Anmut und seine Schönheit unter dem Reiter zur Geltung zu bringen.

Wer daran denkt, ein Pferd auszubilden, muß zuerst einmal einige Tatsachen bedenken. Er muß das Warum kennen, bevor er sich Gedanken über das Wie machen kann. Er muß seine Prioritäten richtig setzen, wissen, was zuerst gefordert ist und was danach, und sich im klaren darüber sein, in welcher Reihenfolge er welche Ziele anzustreben hat.

Das Schwierige hierbei ist, daß die meisten Menschen instinktiv irgendwelche Prinzipien anlegen. Menschen tun oft Dinge, ohne über sie nachdenken zu müssen, und das beweist, daß sie im Grunde nichts über sie wissen. Sie kennen die Tatsachen nicht. Wenn sie dann gezwungen werden, bestimmte Gesetze und Bedingungen zu beachten, handeln sie oft so merkwürdig, als hätten sie nie etwas von ihnen gehört. Doch trotzdem handeln sie alle zeitlebens entsprechend diesen Gesetzen und Bestimmungen, ohne es zu merken.

Weiter oben sagte ich: »Wer daran denkt, ein Pferd auszubilden...«, und genau das meine ich: *Denken*. Viel zu viele Menschen nehmen ein Projekt in Angriff, ohne es ausreichend geplant und durchdacht zu haben. Im Endeffekt erleiden sie einen finanziellen Verlust, gewinnen aber an Erfahrung. Wenn ein Haus zusammenbricht, weil der Besitzer nicht genug geplant, gelesen oder nachgedacht hat, ist er hinterher zwar ärmer, muß aber nur den Schutt wegräumen, und da er an Erfahrung gewonnen haben dürfte, wird er beim nächsten Versuch besser planen. Da er es nur mit Holz und Stein zu tun hat, ist der angerichtete Schaden nicht groß.

Doch wer mit Pferden umgeht, die dem Menschen in mehr als einer Hinsicht ähneln, hat es mit etwas Lebendigem zu tun, mit Lebewesen, die

- ein Herz,
- ein Nervensystem,
- vor allem aber ein Gehirn
- und eine eigene Persönlichkeit, einen eigenen Willen und eigene Wünsche haben.

Es sind Lebewesen, die lernen und Erfahrungen sammeln können und die, was besonders wichtig ist, ein gutes Gedächtnis haben. Und was für ein Gedächtnis! Jeder Fehler in der Planung, im Umgang mit einem Pferd und in seiner Ausbildung hinterläßt in seinem Gedächtnis einen bleibenden Eindruck. Deshalb muß der Reiter dafür sorgen, daß sein Pferd nur Dinge lernt, die seiner weiteren Ausbildung förderlich sind.

Eine mißglückte Übung oder eine schlechte Erfahrung des Pferdes kann man nicht einfach wegräumen wie Bauschutt. Je größer der Fehler war, desto mehr Erfahrung und Wissen erfordert es, ihn wieder aus dem Gedächtnis zu löschen und durch eine positive Erfahrung zu ersetzen. Wer nicht genug Erfahrung hat, um Fehler zu korrigieren, sollte zumindest klug genug sein, vorher gründlich zu überlegen, wie sich Fehler von vornherein vermeiden lassen.

Natürlich sind die meisten Leute, die nicht mehr alle paar Schritte vom Pferd fallen, überzeugt davon, reiten zu können. Eine der Fragen, die ich zu Beginn eines Kurses besonders gern an die Teilnehmer richte, lautet: »Was ist, Ihrer Meinung nach, beim Reiten das Wichtigste?« Natürlich werden viele Vermutungen geäußert, und man sollte kaum glauben, wie sehr sich manche Leute in Details verlieren – diejenigen, die Bücher gelesen haben. Doch die richtige Antwort fällt nur selten. Sie lautet: »Nicht herunterzufallen.« Das Wichtigste ist obenzubleiben. Wie der Reiter es anstellt, spielt keine Rolle, aber er muß im Sattel bleiben.

Natürlich ist das Obenbleiben nur der Anfang. Auch jemand, der lernt, Geige zu spielen oder Cricket, Golf oder Tennis, muß erst lernen, sein Instrument oder seinen Schläger korrekt zu halten. Der Geigenspieler muß lernen, wie Geige und Bogen gehalten werden und welches die beste Körperhaltung dazu ist. Wenn er dann anfängt, den Bogen über die Saiten zu ziehen und dabei haarsträubende Geräusche hervorbringt, wird niemand – abgesehen vielleicht von seiner Mutter – behaupten, er könnte Geige spielen, aber immerhin ist er im Begriff, die Grundbegriffe zu erlernen. Geige zu spielen, erfordert viel Übung. Nicht herunterzufallen ist die Grundvoraussetzung jeden Reitens. Auch hier ist viel Übung, Nachdenken und Verständnis erforderlich, bis man das Pferd schließlich so reiten kann, daß Schönheit und Anmut seiner Bewegungen deutlich und seine Möglichkeiten voll ausgeschöpft werden können.

Nur zu oft sieht man Pferde, die gut gehen, was aber nicht den Fähigkeiten ihres Reiters zuzuschreiben ist, sondern ihrem Bewegungspotential. Im Gegensatz zum Menschen bringen Pferde auch unter ungünstigen Umständen Leistung. Selbst unter schlechtesten Bedingungen ertragen sie ihre Reiter und geben ihr Bestes – was natürlich nur unter diesen Umständen ihr Bestes ist und nicht das, was sie wirklich leisten könnten.

Um dies zu verdeutlichen: Das Beste, was ein Pferd unter einem schlechten Reiter zu schaffen vermag, kann zum Beispiel das Überwinden eines 1,50 Meter hohen Hindernisses sein, obwohl es unter einem guten Reiter mühelos 2 Meter springen würde. Der Reiter ist dann meistens noch stolz darauf, daß er es geschafft hat, sein Pferd zu einem 1,50 Meter-Sprung zu bewegen, und begreift nicht, wie viel ihm eigentlich entgeht, will es auch nicht begreifen, weil sein Ego die Wahrheit nicht ertragen würde.

Das größte Problem aber sind überlieferte Mißverständnisse. Falsche, aus der Vergangenheit stammende Denkansätze führen bei den Reitern der Gegenwart zu einer völlig falschen Einstellung, was natürlich katastrophale Folgen hat.

Die meisten Leute machen für Fehlschläge in ihrem Leben das Schicksal verantwortlich. Darüber habe ich meine eigene Meinung, aber dies ist nicht der rechte Ort, um über das Leben zu philosophieren. Ich bin mir aber sicher, daß es im Zusammenhang mit Pferden so etwas wie Schicksal nicht gibt. Wer sein Pferd vernünftig ausbildet und erzieht, wird einen verläßlichen Partner haben; der fast immer in der Lage ist, sein Bestes zu geben. Zudem wird das Pferd, was besonders wichtig ist, bis ins hohe Alter eine konstante Leistung zeigen. Wer sein Pferd aber nicht vernünftig ausbildet, wird immer einen unnützen Klepper besitzen. Eines sollte dabei nicht vergessen werden: Ganz gleich, wie jung ein Reiter ist – auch er wird einmal alt, was nicht einmal lange dauert. Während meiner Unterrichtsstunden zitiere ich häufig und gern meinen alten Reitlehrer und sage: »Mein alter Lehrer sagte...« und dann fällt mir auf, daß mein alter Lehrer zu jener Zeit jünger war, als ich es heute bin.

Pferde sind außergewöhnliche Geschöpfe. Sie sind einzigartig und kaum mit anderen Tieren zu vergleichen. Kein anderes Tier ließe sich so falsch einschätzen, falsch behandeln oder sogar mißhandeln und quälen und wäre dennoch bereit, dem Menschen treu, willig und so gut wie möglich zu dienen. Zweifellos ein Meisterwerk der Schöpfung.

Was aber sind dann die Fehler der Reiter? Wann, wie und warum werden Pferde mißverstanden und deswegen mißhandelt und gequält, oft sogar in bester Absicht? Unzählige Reiter sind der Ansicht, das Richtige zu tun. Sie handeln in völliger Unschuld. Doch ebenso wenig wie Unwissenheit vor Strafe schützt, kann sie vor Versagen und Leid schützen.

Wenn ich nicht der Ansicht wäre, daß die Reiter an ihren Fehlern unschuldig sind, weil sie einfach nicht genug wissen oder weil sie Bücher gelesen haben, deren Autoren von falschen Voraussetzungen ausgingen, würde ich dies hier nicht schreiben. Meine Gründe für diese Aufzeichnungen sind folgende: Erstens möchte ich den Pferden helfen, denn ich bin überzeugt davon, daß diesen ehrlichen Geschöpfen eine faire Behandlung zusteht, und zweitens möchte ich den Reitern helfen, die auf der Suche nach der Wahrheit sind, die wirklich lernen wollen, wie sie ihren Sport mit Freude und Erfolg betreiben können – einen Sport, der durch seine Verbindung mit einem Lebewesen eine größere Herausforderung darstellt als jede andere Sportart. Gegenüber den anderen Sportarten hat der Reitsport noch einen weiteren Vorteil: er kann auch von Menschen in hohem Alter ausgeübt werden. Fortgeschrittenes Alter bedeutet für einen Reiter ein wesentlich geringeres Handicap als für andere Sportler. Ganz im Gegenteil, mit dem Alter verbindet sich Erfahrung, ein tieferes Verstehen der Prinzipien, größere Toleranz und vor allem die Erkenntnis, daß Eile nur schadet. Eine der Tragödien des Lebens ist es, daß junge Menschen, die ihr ganzes Leben noch vor sich haben, stets in Eile sind – am liebsten würden sie alles noch gestern erledigen. Ältere Menschen profitieren von ihren Erfahrungen und lassen sich Zeit, obwohl ihre Zeit knapper bemessen ist. Ein perfekter Widerspruch.

Durch Übung und Erfahrung lernt man, Dinge mit so wenig Aufwand wie möglich zu tun. Ein Reiter kann seinen Sport bis zum letzten Tag seines Lebens ausüben und dabei sogar noch in der Lage sein, es mit Mitstreitern aller Altersstufen aufzunehmen – Beispiel dafür sind der österreichische General Poncracz, der noch im Alter von 76 Jahren an den Olympischen Spielen in Berlin teilnahm, sowie zwei Teilnehmer der Olympischen Spiele in München, die 72jährige Engländerin Mrs. Johnson, und der 58jährige Bill Roycroft, der älteste Reiter auf der Geländestrecke und dennoch einer der schnellsten. Wer kann sich vorstellen, daß die Helden früherer Olympischer Spiele, zum Beispiel Schwimmer oder Leichtathleten, noch heute um olympische Medaillen kämpfen? In anderen Sportarten ist dies undenkbar, beim Reiten jedoch nicht, weil der Reiter einen Partner hat, der ihm die Arbeit abnimmt.

Ich sagte bereits, daß ein Reiter *denken* muß. Doch wo soll man beginnen? Wo werden die meisten Fehler gemacht? Was macht Pferde widersetzlich, störrisch und bockig? Wie kommt es, daß ein Reiter versagt oder seine Reiterei nur als zweifelhaftes Vergnügen betrachten kann? Was auf der anderen Seite ist der Schlüssel zum Erfolg und zur Freude am Reiten bis in hohe Alter? Sehr einfach. Der gesunde Menschenverstand.

Zusammenfassung

1. Ein Pferd ist so, wie es geschaffen wurde. Der Mensch kann es nicht ändern.

2. Auf welche Weise überleben Pferde? Wissenschaftler haben ermittelt, daß die Evolution des Pferdes fünfundfünfzig Millionen Jahre dauerte. Also muß es mit allen zum Überleben notwendigen Fähigkeiten ausgestattet sein.

3. Pferde haben bis heute überlebt, weil ihre Schnelligkeit es ihnen ermöglicht, vor Feinden zu fliehen.

4. Sie sind nicht nur schnell, sondern haben auch einen hochentwickelten Geruchssinn sowie ein ausgezeichnetes Seh- und Hörvermögen.

5. Das Pferd ist fürs Vorwärtsgehen gebaut. Wenn es im Verlauf der Ausbildung nicht mehr vorwärtsgeht, kann die Ursache nur in einer fehlerhaften Ausbildung liegen.

6. Das Gehirn steuert die Bewegungen aller Tiere. Es ermöglicht der Art das Überleben.

7. Um schnell und richtig reagieren zu können, müssen Pferd und Reiter entspannt und gelassen sein.

8. Das Pferd hat zwar ein leistungsfähiges Gehirn, kann aber nicht logisch denken. Es hat ein ausgezeichnetes Gedächtnis; bei der Ausbildung muß also darauf geachtet werden, daß es nichts Falsches lernt. Es wird Richtiges nicht vergessen, aber auch Falsches im Gedächtnis behalten, vor allem dann, wenn es ihm das Leben erleichtert.

9. Wer ein Pferd ausbilden will, muß Verständnis für das Tier aufbringen. Man kann einem Pferd im Grunde nichts beibringen. Es beherrscht alle Bewegungen bereits zu dem Zeitpunkt, an dem es kräftig genug ist um zum erstenmal zu traben. Der Mensch kann nur versuchen, das Pferd dazu zu bringen, seine natürlichen Bewegungen dann zu zeigen, wenn er es möchte. Dazu muß es geschult werden.

10. Der Ausdruck »Dressur« ist gleichzusetzen mit Training, Erziehung, Übung und Unterordnung.

11. Dies gilt sowohl für das Pferd als auch für den Reiter. Der charakterbildende Effekt des Reitens ist wahrscheinlich der Hauptgrund für die Entstehung von zahlreichen Reitervereinen und Ponyhöfen.

12. Es gibt keine Schnellmethode bei der Ausbildung eines Pferdes. Es muß vernünftig vorbereitet und darf neuen Anforderungen nur Schritt für Schritt gegenübergestellt werden, wobei man ihm Zeit zum Lernen und Verstehen geben muß. Da dies vielfach außer acht gelassen wird, müssen viele Pferde leiden, und ihre Reiter sind enttäuscht; weil sie nicht begreifen, daß der Fehler bei ihnen liegt, weil sie einfach nicht genug Geduld haben, ihre Pferde langsam aufzubauen.

13. Wenn ein Pferd die gestellten Anforderungen nicht erfüllt, verwenden viele Reiter Zwang anstelle von behutsamen Vorgehen. Dann verspannt sich das Pferd. Manchmal springt es dann zwar trotzdem, oder tut, was sonst von ihm gefordert wird, doch es ist psychisch erregt und kann deshalb nie auch nur annähernd seine Bestleistung zeigen.

14. Ein Reiter, der wirklich Wert auf seine Ausbildung und die seines Pferdes legt, muß auf viel Bequemlichkeit verzichten und viel Zeit investieren.

15. Es gibt ebensoviele Reitstile wie Gründe für das Reiten – Beispiele sind der Viehtreiber, der Polospieler, der Renn- und der Springreiter –, und zu allen gehört das Sitzen auf dem Pferd. Ich bin sicher, daß jeder Reiter von meinen Erläuterungen über das Wie und Warum der Pferdeausbildung profitieren wird; und sei es, daß er nur anerkennt, daß Pferde eine Persönlichkeit haben.

16. Zu Anfang ist es das Wichtigste, auf dem Pferd zu sitzen und nicht herunterzufallen, doch von diesem Stadium bis zur perfekten Harmonie zwischen Pferd und Reiter liegt ein langer Weg. Perfektion erreicht man nur durch lange und harte Arbeit. Die traditionelle Kunst versucht, die Natur wiederzugeben. Die Reitkunst strebt an, die natürlichen Bewegungen des Pferdes, ihre Schönheit und Anmut auch unter dem Reiter zu zeigen.

17. Wer daran denkt, ein Pferd auszubilden, muß seine Prioritäten richtig setzen und sich überlegen, welcher Schritt zuerst kommt und welche folgen müssen.

18. Die Ausbildung muß sorgfältig geplant werden. Wenn ein falsch geplantes Haus zusammenbricht, gewinnt der Bauherr an Erfahrung, es entsteht aber, von der finanziellen Seite abgesehen, kein Schaden. Beim nächsten Mal wird er besser planen und besser bauen.

19. Die bei schlechter Planung unvermeidlichen Fehler hinterlassen im Gedächtnis des Pferdes einen bleibenden Eindruck. Es ist unmöglich, diesen Eindruck einfach auszulöschen und von vorn zu beginnen. Man darf nie vergessen, daß man es mit einem Lebewesen mit einem Herz, einem Nervensystem und einem leistungsfähigen Gehirn zu tun hat. Ein Pferd hat seine eigene Persönlichkeit, seinen eigenen Willen und eigene Wünsche. Sein ausgezeichnetes Gedächtnis behält sowohl Schlechtes als auch Gutes.

20. Nicht herunterzufallen, ist der Anfang. Doch es gehört viel Übung, Nachdenken und Verständnis dazu, um ein ausgebildetes Pferd unter dem Sattel so vorzustellen, daß seine natürliche Anmut nicht verlorengeht, und um seine Leistungsfähigkeit voll auszuschöpfen.

21. Auch unter schlechten Bedingungen wird ein Pferd versuchen, sein Bestes zu geben, es wird ihm aber unmöglich sein. Mit einem Reiter, der im Maul stört, kann ein Pferd vielleicht ein Hindernis von 1,50 Meter Höhe überwinden. Ohne Störung würde es vielleicht 2 Meter schaffen. Ein Reiter, der seinen Fehler nicht einsieht, begreift nicht, was ihm entgeht, sondern ist noch stolz auf die 1,50 Meter.

22. Das Hauptproblem sind überlieferte Mißverständnisse – falsche Denkansätze aus der Vergangenheit, denen heutige Reiter blindlings folgen, was katastrophale Folgen hat.

23. Für ein Versagen wird häufig das Schicksal verantwortlich gemacht. Im Zusammenhang mit Pferden gibt es so etwas wie Schicksal nicht. Wer sein Pferd vernünftig ausbildet, wird über Jahre hinweg einen verläßlichen und leistungsfähigen Partner haben.

24. Pferde sind einzigartige Tiere. Kein anderes Tier ließe sich so falsch einschätzen, falsch behandeln oder sogar mißhandeln und wäre dennoch bereit, dem Menschen treu, willig und so gut wie möglich zu dienen.

Viele Fehler geschehen in bester Absicht, doch Unwissenheit schützt weder vor Leid noch vor Versagen.

25. Wenn ich nicht der Meinung wäre, daß die meisten Fehler aus Unwissenheit oder aus fehlerhaften Büchern Gelerntem entstehen, würde ich dies nicht schreiben. Mir geht es darum:

(1) Ich möchte den Pferden zu einer fairen Behandlung verhelfen;
(2) ich möchte den Reitern helfen, die ernsthaft auf der Suche nach der Wahrheit sind.

26. Wegen seiner Verbindung mit einem Lebewesen stellt der Reitsport eine größere Herausforderung dar als jede andere Sportart.

27. Auch in hohem Alter kann man noch reiten. Ältere Reiter haben gelernt, verständnisvoll und tolerant zu sein, und sie haben den Wert einer *langsamen* Ausbildung erkannt, sind also bessere Reiter als stets unter Zeitdruck stehende junge Menschen.

Übung und Erfahrung lehren uns, Dinge mit möglichst geringem Aufwand zu erledigen. Dies gilt besonders für das Reiten. Die Arbeit erledigt das Pferd; der Reiter scheint nur auf ihm zu sitzen. Auch ein Achtzigjähriger kann noch an Wettkämpfen teilnehmen, wenn er sein Pferd korrekt geschult hat.

28. Wo werden die meisten Fehler gemacht? Was macht Pferde störrisch und bockig? Was, auf der anderen Seite, ist der Schlüssel zum Erfolg und zur Freude am Reiten bis ins hohe Alter? Ganz einfach: Der gesunde Menschenverstand.

Drittes Kapitel

Sitz und Gleichgewicht

Wir beginnen mit dem korrekten Sitz. Der Erfolg eines Reiters wird dadurch bestimmt, wie er auf dem Pferd sitzt, und auch vom Grad seiner Körperbeherrschung. Möglicherweise kommt jetzt der Einwand: »Aber vorhin sagte er doch noch, der Reiter muß im Sattel bleiben – wie er es anstellt, ist egal.« Das stimmt natürlich, aber das gilt vor allem für Anfänger auf ruhigen und braven Pferden sowie für erfahrene Reiter in Notsituationen – zum Beispiel auf einem buckelnden Pferd. Ein Sturz kann einen Anfänger für lange Zeit verunsichern, vor allem, wenn er unglücklich fällt. Auch das Herunterfallen will gelernt sein. Wenn das buckelnde Pferd seinen Reiter loswird, hat es möglicherweise eine wichtige Lektion gelernt; daß es seinen Reiter loswerden kann, wenn ihm danach ist, und das ist so ziemlich das Letzte, was unsere Pferde lernen sollen. In beiden Fällen ist es von entscheidender Bedeutung, sich festzuhalten, womit und wie auch immer, aber es darf nicht zu einem Sturz kommen. Selbst wenn man in einer solchen Situation nicht gerade ein gelungenes Bild abgibt, macht man im Falle eines Sturzes doch eine noch wesentlich schlechtere Figur.

Es gibt zwei entscheidende Gründe für einen korrekten Sitz und eine vollkommene Körperbeherrschung des Reiters.

Erstens ist das Tragen eines Reiters für das Pferd eine Sache des Gleichgewichtes. Und hier schon tritt die erste Schwierigkeit auf, verursacht durch die Simplizität dieser Tatsache. Ich weiß, daß es wie ein Widerspruch klingt, muß es aber trotzdem sagen. Gerade weil es so einfach ist, muß ich es im Detail erklären und nach der Lektüre wird wahrscheinlich jeder sagen: »Aber das habe ich doch schon längst gewußt; das weiß doch jeder«, was auch stimmt. Ich weiß, daß es jedem bekannt ist, aber mir ist auch bewußt, daß die meisten Reiter dieses Wissen wieder vergessen, wenn sie auf dem Pferd sitzen (ich habe keine Ahnung, warum dies so ist, aber es ist eine Erfahrungstatsache).

Welche Gesetze sind allgemein bekannt und werden befolgt, ohne daß sich die Menschen dessen bewußt sind? Die beste Methode, zu verstehen, was ich zu erklären versuche, besteht darin, sich einen Gegenstand zu suchen, den man auf der Schulter tragen kann. Gut geeignet ist zum Beispiel eine Hindernisstange. Sie wird auf die Schulter genommen, 20 Meter weit getragen und dann wieder abgelegt. Danach sollte man sich hinsetzen und darüber nachdenken, was gerade geschehen ist. Wie wurde die Stange getragen und warum wurde sie auf eine bestimmte Art und Weise getragen? Manche finden vielleicht auch jetzt noch nicht die richtige Antwort. Ich werde sie verraten. Die Stange lag ausbalanciert auf der Schulter, aber der Träger brauchte nicht darüber nachzudenken, wie er sie am besten transportieren sollte, während er sie ins Gleichgewicht brachte. Er schob sie einfach in die richtige Lage, bis sie so bequem lag, wie es eben möglich war. Dabei überlegte er jedoch auch nicht, warum er diese Bequemlichkeit anstrebte oder warum sie vorhanden war, sobald die Stange in der richtigen Position lag. Jede einzelne Bewegung war vom Gefühl bestimmt; vom *Instinkt,* wie ich es nennen möchte. Dieses Beispiel beweist, daß der Mensch entsprechend dem Gesetz der Erdanziehungskraft handelt, ohne sich dabei bewußt zu sein, was er tut oder warum. Die Hindernisstange kann 10 Kilogramm gewogen haben, doch sobald sie sich auf seinen Schultern in der richtigen Lage befand, kam sie dem Träger leicht vor.

Beim zweiten Versuch wird die Stange wieder etwa 20 Meter weit getragen, doch diesmal – und dies ist wichtig – wird sie so auf der Schulter plaziert, daß ein Drittel nach vorn herausragt und zwei Drittel nach hinten. Natürlich kann man sie auch in dieser Lage tragen, doch sie fühlt sich dabei viel schwerer an als in einer ausbalancierten Lage, und es kostet mehr Kraft, sie ebenso weit zu transportieren. Das Ergebnis steht also in keinem Verhältnis zum Aufwand. Der erhöhte Druck auf der Schulter, das stärkere Unbehagen und der größere Kraftaufwand sind eine Frage der Gewichtsverlagerung des getragenen Objektes. Niemand würde eine Stange auf diese Weise tragen, sondern sie, wie ich es nenne, instinktmäßig ins Gleichgewicht bringen.

In dieser Hinsicht unterscheidet sich der Mensch vom Pferd. Hier zeigt und beweist das Pferd seine mangelnde Intelligenz. Doch das ist nur gut so, denn wenn Pferde logisches Denkvermögen besäßen – von dem die Menschen im Umgang mit ihnen auch keinen Gebrauch machen –, würden sie keinen Menschen auch nur in ihre Nähe lassen. Dann gäbe es keinen Pferdesport. Danken wir der Schöpfung dafür, daß Pferde bereit sind, zu tun, was Menschen nicht tun würden, nämlich auch unnötig erschwerte Aufgaben zu lösen. Mancher denkt jetzt vielleicht: »Was hat die Hindernisstange auf meiner Schulter mit meinem Sitz zu Pferd zu tun?« Die Antwort darauf ist einfach: Gewicht muß getragen werden, von einem Menschen, einem Schiff, einem Lastwagen, einem Flugzeug oder einem Pferd. Das Gewicht, die Last, muß sich im Gleichgewicht befinden, sonst kommt es zur Katastrophe. Der Mensch fällt auf die Nase, das Schiff sinkt, der Lastwagen kippt um, das Flugzeug stürzt ab, und das Pferd bricht zusammen wie schon so viele vor ihm, obwohl kein Pferd zusammenbrechen müßte, wenn die Menschen beim Umgang mit ihnen nur ihren Verstand gebrauchen würden.

Das Gleichgewicht ist eine Sache von Leben und Tod. Alles, was nicht ausbalanciert ist, ist zum Untergang verdammt – oder zum Aussterben, wie so viele prähistorische Tiere. Sie konnten sich nicht an ihre veränderten Umweltbedingungen anpassen, waren nicht im Gleichgewicht mit der Natur und verschwanden deshalb von der Erde.

Jeder Mensch ist sich dessen bewußt; jeder Konstrukteur weiß es, doch Menschen, die mit Pferden umgehen, vergessen es und messen mit zweierlei Maß. Warum? Die Ursache sind falsche Denkansätze aus der Vergangenheit, die von den heutigen Reitern unkritisch übernommen wurden. Doch Schlüsse, die Menschen in früheren Jahrhunderten zogen, haben heute, im Zeitalter der Atomphysik und der Raumfahrt, keine Daseinsberechtigung mehr. Jahrhundertelang gab die Reiterwelt sich dem Trugschluß hin, der Reiter könnte sein Pferd ausbalancieren – eine Tatsache, die sich bei genauer Betrachtung, wie ich schon sagte, als Trugschluß erweist. Auch die Argumentation, die die Menschen auf diese Idee kommen ließ, ist vom Ansatz her falsch. Früher glaubte man – und viele Leute tun es noch heute – daß das Pferd wegen seines Körperbaus einen größeren Teil des Gewichtes mit der Vorhand trägt und daß der Reiter deshalb die Vorhand heben muß, um das Gewicht nach hinten zu verlagern und ein Gleichgewicht zu schaffen. Was für ein Blödsinn! Daß Menschen in vergangenen Jahrhunderten so dachten, kann ich verstehen und verzeihen. Sie wußten es einfach nicht besser, obwohl ich der Ansicht bin, sie hätten es wissen müssen, denn der Mann, der mehr als alle anderen zur Verbreitung dieser Ideen beitrug, der Deutsche Louis Seeger, veröffentlichte seine Schriften im Jahre 1844 – 150 Jahre, nachdem Isaac Newton zu seinen Entdeckungen über die Schwerkraft und die Gesetze der Bewegung gelangt war. Was immer der Grund für Seegers Ignoranz gewesen sein mag – auf jeden Fall hat er eine der katastrophalsten Theorien aufgestellt, die zu meiner Erbitterung noch heute Anhänger findet. Warum wurde sie nicht schon vor langer Zeit korrigiert? Aus dem einfachen Grund, weil alle Anhänger Seegers seine Ansichten getreu und gedankenlos kopierten. Ein Beispiel: »Um das Gleichgewicht des Pferdes zu verbessern, müssen Kopf und Hals angehoben werden.« Diese Theorie findet sich im Grunde in allen Büchern, sie seit Seegers Zeiten geschrieben wurden – wahrscheinlich, weil jeder Autor Seeger für einen Klassiker hielt.

Alles, was aus einem falschen Denkansatz heraus erfolgt, muß naturgemäß auch falsch sein, doch wo liegt der Fehler? Ist das Pferd von Natur aus nicht im Gleichgewicht und trägt deshalb mehr Gewicht auf der Vorhand? Wenn man sich ein Pferd ansieht, seinen Kopf und Hals, dann wirkt die Vorhand tatsächlich schwerer als die Hinterhand, und sie ist es auch. Doch hier kommt der entscheidende Punkt, den Seeger übersehen hat: Dies gilt nur, wenn das Pferd stillsteht. Dann ist die Vorhand, wie Untersuchungen ergeben haben, 27 bis 36 Kilogramm schwerer als die Hinterhand. Um diese natürliche Ungleichheit wieder ins Lot zu bringen, hat die Natur das Pferd mit einer automatischen Stützvorrichtung ausgerüstet, die es ihm ermöglicht, zu stehen, ohne daß die Muskeln der Vorderbeine arbeiten müssen. Aus diesem Grund wird ein Pferd auch nie ein Vorderbein entlasten, was man bei den Hinterbeinen oft beobachten kann; sollte es doch einmal ein Vorderbein im Stand entlasten, hat es zweifellos Schmerzen in irgendeinem Teil der Gliedmaße.

Wenn sich ein Pferd in Bewegung setzt, versammelt es sich und verteilt sein Gewicht gleichmäßig auf alle vier Gliedmaßen. Wenn dies nicht der Fall wäre, hätten nicht einmal die Menschen der Vorzeit versucht, sich diese Tiere zunutze zu machen. Noch weniger hätte das Pferd jahrhundertelang die Dichter zu schwärmerischen Beschreibungen seiner anmutigen Bewegungen und seines noblen Charakters veranlaßt. Wir würden nicht einmal Pferde besitzen, denn sie hätten nicht bis heute überlebt. Das einzige, was wir über Pferde wüßten, wäre dasselbe wie über andere ausgestorbene Arten – alles, was sich aus Fossilien ermitteln läßt. Welchen Bestandteil der Natur man auch immer betrachtet, jeder einzelne von ihnen befindet sich im Gleichgewicht – im chemischen, ökologischen und astronomischen Gleichgewicht. Das gesamte Universum befindet sich in einem Zustand des Gleichgewichts, und wenn dieser gestört wird, kommt es zur Katastrophe. Nur der Mensch mit seiner dickschädeligen Ignoranz kommt daher und bildet sich ein, ein von Gott geschaffenes Wesen verbessern und das Pferd ins Gleichgewicht bringen zu müssen, um es nach nur 55 Millionen Jahren Evolution vor dem Aussterben zu bewahren!

All diese Philosophiererei beantwortet jedoch nicht die entscheidende Frage – kann oder soll der Reiter das Pferd ins Gleichgewicht bringen? Ist es mechanisch möglich? Wie verhält es sich mit dem Gesetz der Schwerkraft? Aus welcher Sicht man das Problem auch betrachtet, die Antwort lautet immer »Nein« – aus dem einfachen Grund, weil die Last niemals den Träger ins Gleichgewicht bringen kann. Es ist stets umgekehrt. Der Träger muß die Last ausbalancieren, ganz gleich, um was für eine Last es sich handelt.

Um dies noch deutlicher zu machen, werde ich diese Behauptung in andere Lebensbereiche übertragen. Wenn die Last den Träger ins Gleichgewicht bringen könnte, bräuchten Eisenbahnschienen nicht fest und unverrückbar gelegt zu werden, weil der Zug sie an ihrem Platz halten würde. Die Konstruktion von Lastwagen, Flugzeugen und Booten würde keine Rolle mehr spielen, denn ihre Ladung hielte sie im Gleichgewicht. Man könnte sich noch unzählige ebenso absurde Beispiele ausdenken. Für nichts wäre ein stabiles Fundament erforderlich – Stühle und Tische brauchten nur noch ein Bein zu haben, Häuser kein Fundament. Erdbeben würden ihren Schrecken verlieren und Lawinen keinen Schaden anrichten – schließlich ist es ja der Schnee, der den Berg an seinem Platz hält! Wenn es möglich wäre, ein Pferd ins Gleichgewicht zu bringen, würden auch alle hier aufgeführten Dinge eintreten. Da dies nicht der Fall ist, beweist sich, daß der Mensch von seiner Intelligenz keinen Gebrauch macht, weil er im Umgang mit dem Pferd die Naturgesetze außer acht läßt – Naturgesetze, die in jeder anderen Hinsicht beachtet und zugrunde gelegt werden. Dies alles ist auf Louis Seeger zurückzuführen. Ich mache ihm daraus keinen Vorwurf. Vielleicht hatte er ein Recht, sich zu irren, denn die großen technologischen Fortschritte wurden erst gemacht, nachdem er sein Werk bereits veröffentlicht hatte. Die Katastrophe ist nicht der Irrtum Seegers, sondern die Tatsache, daß sich die Reiter heute, 150 Jahre später, noch immer auf dem Holzweg befinden, obwohl ihnen mittlerweile sämtliche Erkenntnisse der modernen Wissenschaft zur Verfügung stehen.

Diese Abschweifung entstand aus einer Diskussion über den Sitz des Reiters. Ich wollte beweisen, daß meine Behauptung, der richtige Sitz käme zuerst und alles weitere danach, durchaus von Tatsachen erhärtet wird. Wenn der Reiter nun aber nicht in der Lage ist, sein Pferd ins Gleichgewicht zu bringen, was kann er dann tun? Kann er überhaupt etwas tun, um dem Pferd seine Arbeit zu erleichtern? Ja, das kann er – indem er stillsitzt. Das ist das große Geheimnis. Er muß stillsitzen – nicht mehr und nicht weniger. Von Natur aus ist ein Pferd genauso im Gleichgewicht wie ein Mensch oder jedes andere Lebewesen. Sämtliche Lebewesen, von der Mükke bis zum Elefanten, sind für ihre spezielle Lebensweise perfekt ausgerüstet und somit auch für das Überleben ihrer Art. Ihr Körperbau, ihre Lebensweise – alles ist im Gleichgewicht. Warum sollten Pferde in dieser Beziehung eine Ausnahme darstellen? Wie alle anderen Lebewesen sind auch sie von Natur aus im Gleichgewicht.

Ebenso wie das Tragen einer Last einen Menschen aus dem Gleichgewicht bringen kann, stört auch das Gewicht des Reiters das natürliche Gleichgewicht des Pferdes. Aus diesem Grund liegt der Eckstein jeden Ausbildungserfolges in der Fähigkeit des Pferdes, sein Gleichgewicht auch unter dem Reiter wiederzufinden. Es ist das Pferd, das dieses Gleichgewicht herstellen muß. Deshalb muß der Reiter *stillsitzen.* In dieser Hinsicht spielt der Reiter nur eine passive Rolle. Auf keinen Fall darf er aktiv einwirken und versuchen, das Pferd durch Bewegungen seines Körpers ins Gleichgewicht zu bringen oder womöglich sogar – welch schrecklicher Gedanke – die Vorhand durch Handeinwirkung zu heben.

Um zu verdeutlichen, was ich bisher über den korrekten Sitz sagte, werde ich erzählen, was während eines Vortrages passierte, den ich vor der ersten Mannschaft hielt, die 1956 nach England fuhr, um dort für die Olympischen Spiele in Stockholm zu trainieren. Wir hatten uns in unserem Hotel in Aldershot im Zimmer von Bunty Thompson versammelt, und um das bereits Gesagte zu verdeutlichen, bat ich Ernie Barker, John Winchester auf die Schultern zu nehmen und ihn auf gerader Linie durchs Zimmer zu tragen. Das schaffte er mühelos. Er wich nicht einmal von der Linie ab, bis ich John im Vorbeigehen einen leichten Stoß gab, worauf Ernie sofort zu schwanken begann. Ich fragte Ernie: »Warum gehst du nicht geradeaus?« Seine Antwort: »Das kann ich nicht. Er sitzt ja nicht still!« Daraufhin sagte ich zu ihm: »Ernie, du hast mir gerade die beste Antwort gegeben. Vergiß nie, was du eben gesagt hast, wenn du auf deinem Pferd sitzt.«

Wenn unser tägliches Leben von Naturgesetzen bestimmt wird, warum sollte es dann beim Reiten anders sein?

All diese Gedanken über Sitz und Gleichgewicht behandeln nur den ersten Punkt. Der zweite ist jedoch genauso wichtig und wird in der Regel genauso mißachtet und übersehen, denn solange wir irgendwie von A nach B gelangen, glauben wir, es wäre alles in bester Ordnung. Aber das ist es nicht. Es gelingt uns nämlich nur, weil Pferde bereit sind, etwas zu tun, was kein Mensch täte – nämlich eine Aufgabe auf die schwierige Art zu bewältigen. Das macht wieder einmal deutlich, was für großartige Geschöpfe Pferde sind. Sie tragen den Menschen nicht nur herum, obwohl sie vom Zustand des natürlichen Gleichgewichts meilenweit entfernt sind, sie ahnen sogar im voraus, was von ihnen erwartet wird, wozu die meisten Menschen nicht imstande sind.

Der zweite Punkt in bezug auf den Sitz betrifft die Kommunikation – im allgemeinen als »Hilfen« bezeichnet. Auch in diesem Fall muß ich etwas weiter ausholen, um zu verdeutlichen, was ich meine. Ebenso wie das Gleichgewicht des Pferdes oft mißachtet wird, kann es auch bei der Hilfengebung zu Mißverständnissen und Verwirrung kommen, vielfach sogar zur völligen Konfusion bei Pferd und Reiter.

Um in dieses unendlich wichtige Thema einzusteigen, müssen wir zuerst zu der Frage zurückkehren, was und wieviel man einem Pferd eigentlich beibringen kann. Wie bereits erwähnt, antworteten meine Schüler auf diese Frage gewöhnlich: »Wir bringen dem Pferd bei, richtig im Schritt zu gehen, zu traben und zu galoppieren; wir bringen ihm bei zu springen, fliegend den Galopp zu wechseln und so weiter.« Ist das richtig? Nein, das ist es nicht. Soweit es Bewegungen betrifft, kann man keinem Pferd etwas beibringen, aus dem einfachen Grund, weil es schon alles kann, was der Reiter ihm möglicherweise abverlangt. Es kann schreiten, traben, galoppieren, stoppen und kehrtmachen, springen, den Galopp wechseln, rückwärtsgehen – und dies alles konnte es bereits, als es zum erstenmal auf seinen eigenen Beinen stand, das heißt, schon kurz nach seiner Geburt. In den ersten Tagen natürlich noch sehr unsicher und wacklig, doch schon ein paar Tage später fähig zu einer perfekten Capriole. Natürlich nur, wenn ihm danach zumute war, wenn es Lust dazu verspürte. Von keinem Gewicht behindert, keinem fremden Willen unterworfen, abgesehen vom gelegentlichen ermahnenden Zwicken der Mutter, eine glückliche, ungetrübte und sorgenfreie Kindheit. Doch dann kommt der Mensch mit Sattel und Trense, eingebildet und von sich selbst überzeugt, sicher, alles richtig zu machen, ohne je darüber nachgedacht zu haben – ungefähr nach dem Motto: »Mein Großvater war Reiter, wie könnte ich da etwas falsch machen?« Das Schlimmste ist jedoch, daß der Mensch schon nach etwa zwei Jahren in das Leben eines Pferdes tritt. Dies allein ist schon fast ein Verbrechen, denn die Knochen eines jungen Pferdes sind erst im Alter von dreieinhalb bis vier Jahren stabil genug, um der Belastung standzuhalten. Doch darüber später mehr.

Ich sagte bereits, daß man einem Pferd nichts beibringen kann, weil es schon alles kann. Es lernte auf dieselbe Weise, wie ein Mensch gehen lernt und eines Tages imstande ist, auf einen Baum zu klettern. Das braucht ihm niemand beizubringen, es kommt von Natur aus. Das

Pferd lernte auf dieselbe Weise; seine genetische Programmierung ermöglichte es ihm.

Wenn man einem Pferd nichts beibringen kann, was kann man dann tun? Was muß man tun, um sich seine Kraft und Bewegung zunutze zu machen, seine Schnelligkeit, seine Ausdauer auf langen Strecken und sein Springvermögen? Das Zauberwort heißt »Erziehung«, was zum Verständnis für das Pferd führt und für die nötige Disziplin sorgt. Ohne Disziplin würde jegliches Reiten zum Alptraum und wäre im günstigsten Fall nur noch eine Fortbewegung von A nach B. Nur sehr wenige Leute sind in der Lage, ein Pferd zu Unterwerfung zu zwingen. Noch weniger Reiter können ein Pferd zwingen und es trotzdem noch zu irgendeiner Leistung veranlassen – sie sind die geborenen Reiter.

Viele Menschen halten sich für geborene Reiter, doch nur sehr wenige sind es. Ich könnte die geborenen Reiter, die mir in den 45 Jahren meiner Laufbahn begegnet sind, an einer Hand abzählen und würde dazu nicht einmal alle Finger benötigen. Den meisten von uns bleibt gar nichts anderes übrig, als mit Wasser zu kochen, das heißt, wir müssen mit Sorgfalt und Überlegung an die Sache herangehen.

Ich erwähnte bereits, daß Pferde ein ausgezeichnetes Gedächtnis haben. Ohne dieses Gedächtnis könnten wir überhaupt nichts mit ihnen anfangen und sie höchstens als Hundefutter verwenden. Leider enden viel mehr Pferde als Hundefutter, als mir lieb ist, weil ihre Reiter von den Grundprinzipien keine blasse Ahnung haben, was dazu führt, daß sie ihre Pferde ruinieren.

Bevor ein Reiter irgendwelche Ergebnisse erwarten kann, muß er eine sehr wichtige Tatsache begriffen haben, von der alles weitere abhängt. Der Reiter muß einsehen, daß er dafür zu sorgen hat, daß sein Pferd ihn versteht. Tatsache ist nämlich, daß ein Pferd, das die Befehle seines Reiters versteht, sie auch befolgt. Ein großer Teil der Verwirrung, Widersetzlichkeit und Auflehnung hat seine Ursache darin, daß das Pferd nicht begreift, was von ihm erwartet wird. Aus diesem Grund ist es frustriert, und diese Frustration äußert sich auf verschiedene Weise.

Beim Menschen kontrolliert das Gehirn die Bewegungen seines Körpers. Da er sich dessen aber nicht bewußt ist, begreift er auch nicht, daß es bei Pferden ebenso ist. Und wenn das Gehirn eines Pferdes seine Bewegungen kontrolliert, ist es nur logisch, daß der Reiter ihm deutlich machen muß, was er von ihm erwartet. Wenn es verstanden hat, kann und will es gehorchen – aber nur dann. Da ein Reiter nur auf eine einzige Weise mit dem Pferd kommunizieren kann, nämlich durch die Hilfen, wird deutlich, wie wichtig seine Körperbeherrschung ist, denn nur sie garantiert immer gleichbleibende Hilfen. Dies ist nicht der richtige Ort für eine detaillierte Erläuterung der Hilfen, aber ich will sie doch kurz aufführen:

- Die Gewichtshilfen (fast immer falsch angewendet),
- die Schenkelhilfen (meistens nicht stark genug eingesetzt) und
- die Zügelhilfen (viel zu oft zu stark eingesetzt).

Sie werden als »natürliche Hilfen« bezeichnet und verstärkt durch Hilfsmittel wie Sporen, Gerte und verschiedene Hilfszügel, die alle von Reitern erfunden wurden, die beweisen wollten, was für wilde Biester Pferde doch sind, die in Wirklichkeit jedoch nichts anderes beweisen als die Unfähigkeit ihrer Benutzer.

Einem Pferd die Hilfen beizubringen, was übrigens das einzige ist, was man ihm beibringen kann, ist in etwa dasselbe, wie jemanden eine Fremdsprache zu lehren. Wer zum Beispiel Spanisch unterrichten will, muß während des gesamten Unterrichts spanische Worte benutzen. Er darf nicht erst Spanisch sprechen und dann Deutsch, Chinesisch und vielleicht noch ein paar andere Sprachen, denn dann würde sein Schüler nur verwirrt und würde nie Spanisch lernen. Natürlich würde niemand auf diese Weise Sprachunterricht erteilen, denn es wäre einfach unsinnig. Außerdem würde es niemand tun, weil es sich bei dem Schüler um ein intelligentes Wesen handelt, das sich solch einen Unsinn verbitten würde. Bei Pferden ist das natürlich etwas anderes. Sie sind »dumm« und können nicht widersprechen. Was für ein Glück, daß sie es nicht können, denn andernfalls würden sie uns zweifellos einiges an den Kopf werfen! Vielleicht liegt es daran, daß sich die Pferde den Menschen nicht verständlich machen können und natürlich auch an der unbeschreiblichen Gleichgültigkeit vieler Reiter, daß sie ihre Hilfen – ihre einzige Verständigungsmöglichkeit mit dem Pferd – auf gut Glück geben. Irgendwo und irgendwie. Sie benutzen alle Sprachen der Welt und werden wütend, wenn das Pferd dieses Sprachengewirr nicht versteht und falsch reagiert. Ich habe mir wieder und wieder dieselbe Frage gestellt: Warum tun sie das? Warum ignorieren die Reiter die einfachsten Tatsachen? Noch schlimmer, warum ignorieren sie sie nur, wenn sie mit Pferden zu tun haben?

Von Geburt an haben Pferde die Fähigkeit, sich zu bewegen und zu lernen, genau wie Menschen. Ein Kind englischsprechender Eltern hat jedoch nicht die angeborene Fähigkeit, Englisch zu sprechen, sondern nur die, eine Sprache zu erlernen. In einer italienischen Pflegefamilie würde es ganz automatisch Italienisch lernen. Die Art, wie ein Kind spricht, läßt außerdem deutliche Rückschlüsse auf den Sprachgebrauch der Eltern zu, denn die Sprache verrät den sozialen Hintergrund des Kindes.

Pferde werden nicht mit einer Kenntnis der reiterlichen Hilfen geboren, sondern nur mit der Fähigkeit, ihre Bedeutung zu erlernen. Diese Kenntnis muß ihnen beigebracht werden, und sowie sie die Hilfen einmal erfaßt und verstanden haben, werden sie sie nie mehr vergessen. Das Gedächtnis des Pferdes ist ein großer Vorteil für den Reiter, es kann aber auch zu einer Belastung werden, weil Pferde auch Falsches nicht vergessen. Die Moral von der Geschichte ist es, ihnen von Anfang an nichts Falsches beizubringen.

Je besser der Reiter seinen Körper beherrscht, desto konsequenter ist seine Hilfengebung. Wenn die Hilfen immer auf die gleiche Weise gegeben werden, wird das Pferd schnell lernen, beide haben Freude an der Arbeit und kommen eher zu Erfolgen, und ihre Partnerschaft wird bestehen, bis der gute alte Freund in die Jahre kommt. Genau das wird das Pferd für seinen Menschen sein; ein guter alter Freund, ein Familienmitglied. Der Reiter muß seinen Körper so perfekt beherrschen, daß er in jeder Lage genau weiß, was seine einzelnen Körperteile gerade tun, und er muß fähig sein, jeden Körperteil unabhängig von allen anderen einzusetzen. Er muß sich seines Körpers bewußt sein. Dies ist etwas, das erlernt werden muß, denn im normalen Leben gibt es viele Handlungen, die unbewußt ausgeführt werden; der Mensch macht die dazu nötigen Bewegungen, ohne darüber nachzudenken. Das reicht vielleicht, um morgens aufzustehen, die täglichen Pflichten zu erfüllen und abends wieder ins Bett zu fallen, aber um ein Pferd auszubilden, ist mehr nötig. Wie man diese unbedingt notwendige Körperbeherrschung erreicht, werde ich später erläutern. Im Moment möchte ich nur zum Nachdenken anregen, zur geistigen Vorbereitung, denn wenn schon der Denkansatz falsch ist, kann auch die darauffolgende praktische Ausbildung nur verkehrt sein. Man sollte nicht vergessen, daß es im Zusammenhang mit Pferden so etwas wie Schicksal nicht gibt. Pferde sind nur ein perfekter Spiegel ihrer Reiter; sie spiegeln ihre gesamte Persönlichkeit wider – Charakter, Temperament, Intelligenz, Toleranz. Ein Pferd beschreibt seinen Menschen besser als jeder Wahrsager.

Franz Mairinger zeigt auf Gay Pam seine Idealvorstellung von einem korrekten Sitz.

So viele Worte und nur zwei Punkte abgehandelt! Und selbst bei diesen ging es bisher nur um das *Warum,* nicht einmal um das *Wie,* das ich in einem anderen Kapitel abhandeln werde. Ich habe meine Gedanken so ausführlich dargelegt, weil meine Erfahrungen im Unterricht gezeigt und bewiesen haben, daß vielen Reitern nicht einmal die simpelsten Fakten bekannt sind und daß sie aufgrund dieser Unwissenheit und ihrer Folgen ständig Schwierigkeiten haben. Das Traurige daran ist, daß mit etwas mehr Nachdenken all dies vermieden werden könnte.

Nicht vergessen: Nicht die Reiter haben Schwierigkeiten mit ihren Pferden. Es ist genau umgekehrt, die Pferde haben Schwierigkeiten mit ihren Reitern.

Zusammenfassung

1. Der erste wichtige Punkt ist der Sitz des Reiters. In Notsituationen kommt es nur darauf an, irgendwie oben zu bleiben, aber es gibt zwei Gründe, die für einen korrekten Sitz sprechen:
Erstens: Für das Pferd ist das Tragen eines Reiters eine Sache des Gleichgewichts. Wenn der Reiter gerade aufgerichtet und still auf dem tiefsten Punkt des Rückens sitzt, kann das Pferd ihn mit geringem Kraftaufwand tragen. Um eine Hindernisstange mit möglichst wenig Kraftaufwand zu tragen, legt man sie sich so auf die Schulter, daß sie im Gleichgewicht und dadurch leicht zu transportieren ist. Ebenso müssen Flugzeuge oder Lastwagen im Gleichgewicht beladen werden, weil es sonst zu Unfällen kommt. Die Erhaltung des Gleichgewichtes ist eines der Naturgesetze, die vom Menschen befolgt werden, ohne daß er sich dessen bewußt ist. Isaac Newton veröffentlichte seine Erkenntnisse über die Gesetze der Schwerkraft und der Bewegung um 1700. Rund 150 Jahre später schrieb der Deutsche Louis Seeger, daß der Reiter sein Pferd ins Gleichgewicht bringen sollte, indem er Kopf und Hals anhebt. Doch Pferde sind von Natur aus im Gleichgewicht; sie brauchen keine fremde Hilfe. Im Grunde behauptete Seeger, daß die Last den Träger ausbalancieren muß, was natürlich Blödsinn ist. Es ist stets der Träger, der die Last ins Gleichgewicht bringt. Dieses Mißverständnis hat zu vielen unsinnigen Theorien über die Ausbildung von Pferden geführt. Da das Pferd den Reiter ausbalancieren muß, ist der korrekte Sitz die Grundvoraussetzung jeglicher Ausbildung. Das einzige, was der Reiter tun kann, um seinem Pferd zu helfen, ist aufrecht und still zu sitzen.

2. *Zweitens:* Der zweite entscheidende Punkt, der für einen korrekten Sitz spricht, ist die Kommunikation mit dem Pferd – gewöhnlich als »Hilfen« bezeichnet. Wie bereits erwähnt, kann ein Pferd alle nur denkbaren Bewegungen ausführen, wenn es nicht durch das Gewicht des Reiters behindert oder seinem Willen unterworfen ist. Es führt alle Bewegungen aus, wenn ihm danach zumute ist. Es erlernt sie auf dieselbe Weise, wie Menschen das Gehen und schließlich das Klettern lernen. Auch der Mensch braucht darin keinen Unterricht, denn diese Fähigkeiten sind in der Erbmasse des Menschen – und des Pferdes – verankert. Doch wie kann man sich die Fähigkeiten des Pferdes zunutze machen? Durch Erziehung. Pferd und Reiter müssen so erzogen werden, daß sie beide begreifen, was gefordert ist. Sobald ein Pferd verstanden hat, was es tun soll, wird es das auch tun. Das bedeutet, es unterwirft sich der Disziplin.

3. Es ist sehr wichtig, daß der Reiter sein Pferd versteht, sein Temperament und seine Fähigkeiten, und daß es ihm gelingt, dem Pferd ruhig und eindeutig zu vermitteln, was er von ihm erwartet. Dies kann nie durch Zwang geschehen. Zu Konfusion und Widersetzlichkeit kommt es, wenn das Pferd nicht begreift, was von ihm verlangt wird, oder wenn der Reiter nicht in der Lage ist, es dem Pferd begreiflich zu machen. Dazu muß er sich das Denkvermögen des Pferdes zunutze machen, denn das Gehirn kontrolliert alle Bewegungen.

4. Was muß man tun, damit das Pferd die Hilfen versteht? Es muß die Bedeutung der Hilfen »erfühlen« lernen, was beweist, wie wichtig die Körperbeherrschung des Reiters ist. Er muß in der Lage sein, auch ganz geringfügige Bewegungen einzelner Körperteile so zu koordinieren, daß sie klar und eindeutig einwirken. Aus diesen geringfügigen Bewegungen setzen sich die Hilfen zusammen, durch die der Mensch mit dem Pferd kommuniziert. Es gibt Gewichts-, Schenkel- und Zügelhilfen. Zusätzlich werden oft Hilfsmittel verwendet wie Sporen, Gerte und Hilfszügel, die alle dazu dienen, die mangelnde Körperbeherrschung des Reiters sowie sein unzureichendes Wissen und Verständnis zu vertuschen.

5. Wie bringt man dem Pferd die Bedeutung der einzelnen Hilfen bei? Die Hilfen für jede einzelne Übung müssen stets auf dieselbe Weise gegeben werden. Wenn das Pferd darauf richtig reagiert, wird es belohnt. Die Konsequenz des Reiters ist dabei von entscheidender Bedeutung. Viele Reiter sind unbedacht und geben ihre Hilfen auf gut Glück, erwarten aber, daß das Pferd sie richtig interpretiert. Pferde werden geboren mit der Fähigkeit, sich

zu bewegen und zu lernen. Eine Kenntnis der Reiterhilfen ist ihnen nicht angeboren, nur die Fähigkeit, diese bei vernünftiger Schulung zu erlernen. Was ein Pferd einmal gelernt hat, wird es nie wieder vergessen. Sein hervorragendes Gedächtnis ist für den Reiter von Vorteil, vorausgesetzt, er lehrt es von Anfang an nichts Falsches.

6. Je besser die Körperbeherrschung, desto konsequenter die Hilfengebung. Bei einem Reiter mit perfekter Körperbeherrschung wird das Pferd schnell lernen, und die Verständigung zwischen beiden klappt reibungslos. Der Reiter muß sich so unter Kontrolle haben, daß ihm jede Bewegung eines Körperteils stets bewußt ist und daß er jeden Körperteil unabhängig von anderen bewegen kann. Normalerweise ist sich kein Mensch jeder einzelnen Bewegung bewußt, für einen guten Reiter ist dies jedoch eine absolute Notwendigkeit. Nicht die Reiter haben Schwierigkeiten mit ihren Pferden; die Pferde haben Schwierigkeiten mit ihren Reitern.

Viertes Kapitel

Die Kunst der Kontrolle

Der erste wichtige Punkt ist, daß das Pferd seinen Rücken hergibt, das heißt, er muß unter dem Reitergewicht gelöst schwingen. Nur dann kann man etwas mit dem Pferd anfangen. Wenn ich einen Architekten auffordern würde: »Sagen Sie mir, wie ich ein Haus einrichten soll, aber nicht, wie es gebaut wird«, dann könnte ich mit diesem Haus nicht das geringste anfangen. Ich müßte es erst bauen. Bei Pferden ist es dasselbe. Zuerst muß der korrekte Sitz entwickelt werden – die Feinheiten kommen später. Ich erinnere mich an eine Begebenheit in einer Reitschule in Perth. Die Schüler sollten Linksgalopp reiten. Sie hätten einen von ihnen sehen sollen! Seine Hilfen waren, gelinde gesagt, stark übertrieben. »Wo haben Sie das gelernt?« fragte ich ihn, »bei mir doch bestimmt nicht!« Er antwortete: »Ich habe gelesen, daß man zum Angaloppieren auf der linken Hand die linke Hüfte nach vorn schiebt und die rechte Schulter zurücknimmt.« Das ist richtig, doch es handelt sich dabei um eine Feinheit, die erst gefordert ist, wenn der Reiter gelernt hat, stillzusitzen und sein Gewicht einwirken zu lassen, und wenn das Pferd auf die Schenkelhilfen reagiert. Dann muß auch der äußere Schenkel nicht mehr so weit zurückgelegt werden. Die einzig notwendige Hilfe ist dann nur noch ein geringfügiger Druck mit dem inneren Gesäßknochen, der aber natürlich nicht in eine übertriebene Bewegung ausarten darf.

Unerfahrene Reiter neigen dazu, übertrieben deutliche Hilfen zu geben. Die Feinheiten kommen später ganz von selbst. Jeder Reiter entwickelt sich entsprechend seiner Persönlichkeit und seinem Temperament – und lernt hier und dort etwas dazu. Die Hengste und die Reiter der Wiener Hofreitschule werden alle über Jahre hinweg nach denselben Richtlinien ausgebildet. Beim Reiten der verschiedenen Hengste sind diese Richtlinien deutlich zu fühlen, doch jeder Hengst ist auch ein wenig von seinem jeweiligen Bereiter geprägt. Der eine muß ein wenig stärker getrieben werden, der andere etwas weniger; einer galoppiert etwas besser, während die Stärke des nächsten Passage oder Piaffe sind und so weiter. Der Grund dafür ist, daß kein Mensch dem anderen gleicht. Obwohl die Hengste alle auf die gleiche Art ausgebildet wurden, reagiert doch jeder ein wenig anders.

Die Geschichte der Pferde und der Reiterei ist ein faszinierendes Thema. Schon vor 2000 Jahren sagte Xenophon: »Ohne Huf kein Pferd.« Ihm ging es darum, Pferde mit besonders harten Hufen zu züchten, und er hatte recht – kein Huf, und man hat kein Pferd zum Reiten.

Früher wurden Männer, die nicht marschieren und gleichzeitig eine schwere Rüstung tragen konnten, auf Pferde gesetzt und sahen sich dadurch neuen Problemen gegenüber. Die Menschen mußten etwas erfinden, um die Pferde zur Mitarbeit zu bewegen und gleichzeitig für harte Hufe sorgen. Ritter in schweren Rüstungen brauchten Pferde, denn auf andere Weise konnten sie sich nicht fortbewegen. Beim Kämpfen zu Pferde hing das Leben des Einzelnen von den Fähigkeiten seines Pferdes ab – von seinem Reaktionsvermögen und seiner Schnelligkeit –, denn wenn das Pferd des Gegners besser ausgebildet war, war der Ritter vermutlich einen Kopf kürzer, noch bevor er wußte, wie ihm geschah. Das Wichtigste war also, ein Pferd zur Verfügung zu haben und es gesund zu erhalten. Es dauerte lange und erforderte viel Arbeit, es rittig zu machen und dafür zu sorgen, daß es die Hilfen verstand. Nicht korrekt geschulte Pferde brachen unter ihrer Last zusammen.

Daran, daß der Dressur in England nie viel Wert beigemessen wurde, ist wahrscheinlich der Herzog von Newcastle schuld, der auf dem Kontinent studiert hatte. Er las in einem Buch folgende Aussage: »Was für eine Verschwendung – da schult man ein Pferd drei Jahre lang, und dann bricht es zusammen.« Der praktische Engländer sagte sich daraufhin natürlich: »Warum soll ich mir die Mühe machen. Ich reite lieber Jagden. Die Dressur kann man vergessen, sie ist sinnlos.« Doch schon die Grundausbildung dieser Pferde muß falsch gewesen sein, denn andernfalls wären sie nicht zusammengebrochen.

Der ganze Sinn, der hinter der Dressur steckt, ist es, das Pferd so lange wie möglich einsatzfähig zu halten. Dieses Ziel ist nur durch Arbeit zu erreichen. Die eigentliche Bedeutung des Wortes Dressur ist Schulung. Ein Pferd schulen heißt, es zu trainieren, erziehen und disziplinieren. Was wird trainiert? Der Körper des Pferdes. Was wird erzogen? Der Geist. Dressur zu reiten bedeutet nichts anderes, als die geistigen und körperlichen Fähigkeiten des Pferdes systematisch zu entwikkeln. Nichts anderes. Manche Leute halten Pferde für dumm. Vielleicht sind sie es sogar, denn andernfalls würden sie sich bestimmt nicht so viel gefallenlassen. Glücklicherweise wissen sie jedoch nicht, wie stark sie sind.

Pferde verfügen über eine beachtliche Intelligenz. Ihr Gehirn arbeitet zwar nicht wie das eines Menschen – sie scheinen geradliniger zu denken –, aber es ist doch erstaunlich, wie oft sie sich gegen ihre Reiter durchsetzen. Vielfach behalten sie die Oberhand, indem sie tun, was sie gerade möchten, nicht aber das, was der Reiter verlangt. Pferde tun am liebsten, was ihnen leichtfällt und nicht mit Anstrengung, Aufwand oder Arbeit verbunden ist. Verhält der Mensch sich nicht ebenso? Versuchen wir nicht auch, uns nach Möglichkeit vor anstrengenden Beschäftigungen zu drücken? Das liegt an der natürlichen Trägheit. Menschen arbeiten nur, wenn sie mehr oder weniger dazu gezwungen sind – ist dies nicht der Fall, liegen sie bequem in der Sonne. Dies ist wahrscheinlich der Grund dafür, daß so viele Menschen Lotterielose kaufen.

Auch Pferde spielen in gewisser Weise ständig in der Lotterie, indem sie versuchen, den Reiter auszutricksen. Natürlich wissen sie es nicht und es gibt auch keine Möglichkeit, ihnen mit Worten zu sagen: »Jetzt hör mal zu, Pferd, wenn du weiter so im Zügel hängst und dich nicht ins Gleichgewicht bringst und versammelst, wirst du dir irgendwann ein Bein brechen und beim Schlachter landen.« Diese Botschaft kann man einem Pferd nur auf eine Weise übermitteln – indem man es sie fühlen läßt, denn eine andere Möglichkeit gibt es nicht.

Auf Springplätzen hört man oft Reiter, die vor dem Absprung laut »Hopp« rufen. Ein Holländer, den ich in Adelaide beobachtete, rief vor jedem Hindernis »Spring«. Das Pferd blieb stehen, doch er sprang – und landete mitten in einem Oxer. Man kann mit einem Pferd sprechen, sooft man will, aber zum Gehorsam bringt man es nur durch korrekte Einwirkung aus dem richtigen Sitz heraus, denn sie ist die einzige Kommunikationsmöglichkeit.

Ich habe noch nie von einem gesundheitlich ruinierten Wildpferd gehört und auch noch nie etwas darüber gelesen. Man hört zwar manchmal Gerüchte, aber ich habe es mir zur Regel gemacht, stets nachzufragen, wenn ich Menschen aus dem Hinterland treffe. Selbst im amerikanischen Westen hat noch nie jemand davon gehört. Das beweist meinen Standpunkt – von selbst brechen Pferde nicht zusammen. Doch sobald sie eingeritten werden und das Reitergewicht ertragen müssen, kommen an allen Ecken und Enden welche von ihnen zu Schaden. Mich würde interessieren, wie viele Jährlinge verkauft werden, wie viele auf der Rennbahn landen, und wie viele von ihnen drei oder vier Jahre später noch Rennen laufen und wie viele von ihnen zuschanden geritten wurden.

Die Natur hat das Pferd mit allem versorgt, was es zum Überleben braucht; dazu gehört die Fähigkeit, auf allen Vieren zu stehen und auch in jeder Bewegung auf seinen vier Beinen im Gleichgewicht zu sein. Die Gelenke der Vorderhand sind mit dem übrigen Skelett nur durch Muskel und Sehnen verbunden, während die der Hinterhand, die eine direkte Verbindung durch das Hüftgelenk haben, der Antrieb oder Motor für die Bewegung sind. Der gesamte Schub wird in der Hinterhand entwickelt und über die Wirbelsäule nach vorn gebracht. Ein gut gerittenes Pferd soll aus diesem Grund aussehen, als würde es von seiner Hinterhand geschoben, und nicht etwa so, daß die Vorhand zieht und die Hinterhand nachschleppt, wie man es leider häufig sieht. Ein passender Vergleich wäre eine Schubkarre, die nicht geschoben, sondern gezogen wird. Alle Muskeln, die das Pferd braucht, sind vorhanden. Beim Menschen ist es ebenso; auch er hat alle Muskeln, die er braucht.

Wer einen Sack Hafer tragen will oder sich vornimmt, ab sofort seinen Lebensunterhalt mit dem Tragen von Hafersäcken zu verdienen, braucht sich nicht erst einen Satz neuer Muskeln wachsen zu lassen. Sie sind bereits vorhanden. Er müßte nur die für diese Arbeit benötigten Muskelgruppen trainieren und kräftigen. Das heißt, die nötigen Mittel sind vorhanden, müssen aber entwickelt werden.

Wahrscheinlich sollte ich erklären, was ich unter »natürlichem Gleichgewicht« verstehe. Wenn ich herumlaufe, befinde ich mich im natürlichen Gleichgewicht und brauche nicht zu fürchten, kopflastig zu sein. Doch wer lehrte mich oder irgendeinen anderen Menschen, das natürliche Gleichgewicht zu finden?

Ich beobachte meine kleine Enkelin beim Herumkrabbeln auf dem Teppich. Sie versucht zu krabbeln, weiß aber noch nicht, daß sie, um voranzukommen, die Knie unter den Bauch ziehen muß. Stattdessen versucht sie, sich mit den Händen vorwärtszuziehen, und ich überlege, wie ich ihr wohl helfen könnte. Doch ich kann es nicht. Sie versteht meine Sprache ungefähr ebenso gut wie ein Pferd. Wenn ich versuchen würde, einem Pferd zu erzählen, was es tun soll, würde es mich mit seinen großen braunen Augen vertrauensvoll ansehen und mich vermutlich für übergeschnappt halten.

Dieser Vorgang ist ganz natürlich. Er vollzieht sich von selbst. Eine alte Redensart besagt: »Wer gehen will, muß erst kriechen, und wer rennen will, muß erst gehen.« Doch wenn jemand zuerst kriecht und dann geht und schließlich rennt, weiß er nicht, wie diese Entwicklung abläuft. Dann geht er dazu über, auf Kisten und ähnliches zu klettern, aber auch da weiß er nicht, woher diese neue Fähigkeit kommt. Sie ist einfach natürlich.

Leider begreifen die Reiter nicht, daß sich Pferde auf dieselbe natürliche Weise entwickeln. Sobald sie stehen können, sind sie auch in der Lage, zu laufen und alle anderen Bewegungen auszuführen; dafür sorgt die Natur. Wäre dies nicht der Fall, gäbe es überhaupt keine Pferde mehr, denn dann wären sie schon längst von ihren Feinden ausgerottet worden.

Sie entwickeln also ihre Balance, ihr natürliches Gleichgewicht, das zu halten ihnen keine Mühe bereitet. Beim Menschen ist es ebenso. Ein Mensch, der beim Gehen versäumt, seinen Fuß unter den Schwerpunkt zu setzen, fällt unweigerlich auf die Nase. Jemand, der versucht, die im vorigen Kapitel erwähnte Hindernisstange so zu tragen, daß ein Ende erheblich weiter herausragt als das andere, wird feststellen, wie schwierig es ist, unter diesen Umständen das Gleichgewicht zu halten. Je stärker jemand auf diese Stange drückt, desto schwieriger wird es, das Gleichgewicht zu halten. Mit einer im Gleichgewicht liegenden Stange kann man sich sogar im Laufschritt fortbewegen, doch wenn sie nicht ausbalanciert ist, kostet es viel mehr Kraft, sie zu tragen.

Auf jedem Kursus, den ich halte, vor allem auf Kursen, in denen Springen gelehrt wird, suche ich mir jemanden aus, der eine Stange herumtragen muß. Im Laufe von fünfzehn Jahren traf ich nur einmal auf einen Teilnehmer, der die Stange von Anfang an auf die schwierige Weise trug. Ich mußte ihn ablösen lassen, denn er war als Demonstrationsobjekt ungeeignet. Entweder war sein Gleichgewichtsgefühl wirklich unterentwickelt, oder er wollte mich ärgern. Jeder normale Mensch, der eine Last tragen muß, bringt sie vorher ins Gleichgewicht, weil dies die Aufgabe entschieden erleichtert. Wie bereits erwähnt, macht es sich der Mensch stets so einfach wie möglich. Ein Pferd, das eine Last tragen muß, die ihm unbequem ist, verschafft sich Erleichterung, indem es sie von Zeit zu Zeit absetzt. Wenn sich jemand auf seinen Rücken klemmt, was passiert dann mit dem natürlichen und mühelosen Gleichgewicht des Pferdes? Es wird gestört. Wenn ein Mensch eine schwierig zu transportierende Last befördern muß, setzt er sich vielleicht vorher erst einmal hin und überlegt, wie dies am besten zu bewerkstelligen ist. Wer intelligent genug ist, wird eine Möglichkeit finden, die Last ins Gleichgewicht zu bringen. Pferde sind dazu nicht intelligent genug – wenn sie es wären, würde wahrscheinlich niemand mehr reiten wollen. Sie würden dem Reiter ständig vorschreiben, was er zu tun und zu lassen hat.

Da gibt es eine Geschichte von einem amerikanischen Journalisten bei einer Fuchsjagd in Irland. Er ritt einen geliehenen Schimmelhengst, dem er schon beim Aufsitzen ins Kreuz plumpste. Der Schimmel wendete den Kopf und fragte: »Haben Sie viel Jagderfahrung, Sir?« Der Reiter antwortete: »Leider nicht.« Daraufhin erwiderte der Hengst: »Das habe ich mir schon gedacht.« Dann setzte sich das Feld in Bewegung, und vor dem ersten Hindernis wendete der Schimmel erneut den Kopf und fragte: »Würden Sie gern springen?« »O ja, gern«, antwortete der Reiter. »Gut, dann überlassen Sie alles mir«, erwiderte der Hengst. Sie sprangen ab und landeten auf der anderen Seite, und sofort wendete der Hengst den Kopf und beschimpfte den Reiter: »Ich habe doch gesagt, Sie sollten alles mir überlassen. Mußten Sie mir so im Maul hängen? Das war ja fürchterlich!« Als nächstes kamen sie an einen breiten Graben, und der Hengst fragte wieder: »Würden Sie gern springen?« »O ja, gern«, antwortete der Reiter. »Tatsächlich?« sagte das Pferd, »ich aber nicht«, und warf den Reiter in den schlammgefüllten Graben. Der Hengst bedachte seinen Reiter noch mit einem kurzen Blick, stieß einen verächtlichen Laut aus und galoppierte hinter dem Feld her. Zwei Stunden später kam er zurück und überholte den naß und schmutzig nach Hause trottenden Reiter. Der Hengst berichtete ihm, was sich auf der Jagd ereignet hatte, wie der Fuchs aus seiner Deckung gejagt und auf welchem Feld er schließlich gestellt wurde. Abschließend fragte er: »Ich nehme an, Sie würden es begrüßen, von mir heimgetragen zu werden?« »Ja, das wäre mir sehr lieb«, antwortete der Reiter. »Tut mir leid, aber Sie stinken mir zu sehr«, erwiderte der Hengst und machte sich allein auf den Heimweg.

Ja, wenn Pferde sprechen könnten, wären viele Probleme gelöst. Wenn sie bloß unsere Sprache sprächen! Sehr oft sprechen sie zwar, aber die Reiter verstehen nicht, was sie sagen wollen. Der Hengst aus meiner Geschichte würde wahrscheinlich sagen: »Sie dämlicher Kerl, Sie haben mir wehgetan!« Manche Pferde werfen nach dem Sprung den Kopf hoch, und wenn sie reden könnten, würden sie wahrscheinlich dasselbe sagen wie der sprechende Hengst.

Pferde versuchen auf verschiedene Weise, sich dem Reiter mitzuteilen, doch die meisten Reiter verstehen sie nicht. Es ist jedoch wichtig, daß man sich bemüht, sie zu verstehen. Man muß herausfinden, warum das Pferd mit dem Kopf schlägt, durchgeht, über die Schultern drängt, bockt oder sich auf andere Weise widersetzt. Für all diese Verhaltensweisen gibt es einen Grund, denn Pferde handeln, ebenso wie Menschen, nie grundlos.

Wir kommen also immer wieder auf das Pferd zurück, dieses wundervolle Geschöpf mit seinem natürlichen Gleichgewicht, das sich ohne die geringste Mühe elegant und schwungvoll bewegt. Doch kaum sitzt ein Reiter auf seinem Rücken, ist die Eleganz verschwunden, ebenso wie das Bild von Kraft und Harmonie. Es kann zwar noch immer vorhanden sein, aber nur, wenn der Reiter weiß, wie er es wieder zur Geltung bringen kann.

Der Reiter muß so sitzen, daß er, wenn man das Pferd unter ihm herausziehen würde, in leichter Hockstellung auf dem Boden steht. Die Last muß in sich ausbalanciert sein. Nähme man einem Reiter mit zurückgelehntem Oberkörper und nach vorn gestreckten Beinen das Pferd weg, würde er auf den Rücken fallen. Das Prinzip ist dasselbe wie beim Tragen einer Hindernisstange. Wenn sie sich im Gleichgewicht befindet, braucht sie nicht einmal mehr festgehalten zu werden, doch wenn ein Ende weiter herausragt als das andere, fällt sie herunter und trifft den Träger womöglich noch am Kopf.

Was muß der Reiter tun, um im Gleichgewicht zu bleiben? Wie bereits erwähnt: Er braucht nur stillzusitzen. Das ist alles. *Stillsitzen* – ein einziges, alles entscheidendes Wort. Ist es einfach, auf einem Pferd stillzusitzen? Nein, das ist es nicht. Um stillsitzen zu können, muß der Reiter erst einmal das grundlegende Prinzip verstanden haben. Dieses Prinzip ist unverrückbar, denn es handelt sich dabei um ein Naturgesetz. Ob man es glauben will oder nicht, es gibt Gesetze, die unbedingt befolgt werden müssen – die Naturgesetze. Man kann sich zwar jahrelang Ritte erschleichen, muß aber stets die Folgen tragen, und diese sind unausweichlich – ein starker Verschleiß an Pferden, ein schmerzender Rücken, Kopf- und Zehenschmerzen, gebrochene Rippen und so weiter, und natürlich sehr unbequeme Ritte. Dies ist die Strafe. Die meisten Reiter sehen nicht einmal ein, daß es auch anders sein könnte.

Wir hatten einmal eine Wohnung in Wien. Wir waren sehr froh, sie überhaupt gefunden zu haben, und waren in ihr sehr glücklich. Als ich fünf Jahre später wieder nach Wien kam, ging ich in unsere alte Straße, sah zu unserem ehemaligen Balkon hoch und fragte mich: »Wie konnten wir in diesem Loch bloß glücklich sein?« Doch zu jener Zeit waren wir nichts besseres gewohnt und deshalb glücklich. Auch der Reiter, der sein Leben lang auf seinem Pferd herumhopst, ist relativ glücklich, weil er eine andere Art zu reiten nicht kennt.

Um zu der Körperbeherrschung zu gelangen, die das Stillsitzen ermöglicht, muß jede Störung des Pferdes vermieden werden. Die Bewegungen des Pferdes dürfen nicht durch den Reiter gestört werden. Die Reitkunst ist die Kunst des Nicht-Störens, sonst nichts.

Die Reitkunst wird auch als »Klassische Hohe Schule« bezeichnet. Ihre Anfänge liegen in der griechischen Antike. Xenophon schrieb das erste Buch über die Ausbildung von Pferden, doch eine seiner Aussagen gilt noch heute und wird und darf auch nie ungültig werden. Er gesteht dem Pferd eine eigene Persönlichkeit zu und räumt ihm dasselbe Recht auf eine faire Behandlung ein wie jedem Menschen. Für ihn ist das Pferd ein Lebewesen – ein Wesen mit einem Kopf und einem Nervensystem – etwas, das verängstigt sein kann oder tapfer, aber auch krank und müde.

Im Prinzip sagt Xenophon folgendes: »Seid freundlich zu euren Pferden. Seid nicht hart oder grob zu ihnen. Bestraft sie nicht und schlagt sie nicht. Versucht, ihnen gut zuzureden und ihnen alles zu zeigen.« Xenophon geht sogar so weit, daß er sagt (dies ist einer der Punkte, in denen ich anderer Meinung bin): »Wenn ihr eure Pferde lehren wollt, über Gräben zu springen, nehmt sie am Zügel und springt voraus.«

Besonders wichtig ist, daß jeder Reiter dem Pferd das Recht auf eine faire Behandlung zugesteht, es vernünftig behandelt und nicht herumschubst. Für die Mißhandlung eines Pferdes gibt es keine Entschuldigung.

Der Reiter muß versuchen, die Kunst des Nicht-Störens zu entwickeln, denn nur so kann er sein Pferd kontrollieren. Wer es schafft, nicht mehr zu stören, gibt dem Pferd die Möglichkeit, seinen Körper so einzusetzen, als liefe es frei auf der Weide. Es muß intelligent behandelt und darf nicht ständig herumkommandiert und verstört werden. Der Reiter darf ihm nicht in den Rücken fallen, es im Maul stören, es mit ruckartigen Beinbewegungen treiben oder auf seinem Rükken hin- und herschwanken.

Logischerweise stört der Reiter sein Pferd umso mehr, je mehr er sich bewegt und so die Effizienz der Bewegungen des Pferdes behindert. Ein Pferd, dessen Reiter ihm in den Rücken plumpst, wird automatisch seine Tritte verkürzen. Aus diesem Grund muß es natürlich wesentlich mehr Tritte machen, um eine bestimmte Strecke zu überwinden, als wenn es ungestört ausgreifen könnte.

Der Weg zu diesem Ziel ist lang und steinig, und aus diesem Grund versuchen viele Leute, ihn abzukürzen. Eines muß ich jedoch betonen – *es gibt keine Abkürzung*. Abkürzungen gibt es bestenfalls beim Geldverdienen. Man muß zum Beispiel kein Rembrandt sein, um ein Bild zu malen; es genügt, Farbe zu kaufen, die Leinwand an die Windschutzscheibe des Autos zu klemmen und die Scheibenwischer einzuschalten, oder Farbe aufzutragen und dann den Hund über die Leinwand zu ziehen, und schon läßt sich das Bild für 500 Dollar verkaufen. Das wäre eine Abkürzung. Bei Pferden gibt es jedoch keine Abkürzung. Es gibt keine Möglichkeit, den Weg zu einem korrekten Sitz abzukürzen, und es kann auch keine geben. Der Reiter muß sitzen, sich aufrichten und sich ziemlich lange herumstoßen lassen, bis er sich entspannt hat und in der Lage ist, tief im Pferd zu sitzen.

Die meisten Leute geben vorzeitig auf, weil sie erschöpft sind. Die beste Methode dagegen ist die Behandlung, die mir mein alter Ausbilder zukommen ließ, als ich in der Wiener Hofreitschule anfing. Die beiden Jahre davor war ich fast ausschließlich mit kurzgeschnallten Steigbügeln geritten und viel gesprungen. Ich konnte überhaupt nicht Dressurreiten. Die erste Lektion an der Schule ist eine Stunde an der Longe, doch nach einer Stunde sagte mein Ausbilder zu seinen Gehilfen: »Bringt mir einen anderen Hengst; er ist immer noch zu steif.« Danach folgte eine weitere Stunde an der Longe. An diesem Tag wurde mir der Heimweg ziemlich lang! Doch dies ist der einzige Weg, der harte Weg. Das Reiten ohne Steigbügel ist notwendig, denn anders ist das größte Problem des menschlichen Körpers nicht zu überwinden. Damit meine ich die Einseitigkeit. Wenn ich ein Stück Kreide in die Hand nehme, benutze ich dazu immer die Rechte, denn ich bin Rechtshänder. Ich mache fast alles mit der rechten Hand. Manche Leute nehmen die Linke, doch es gibt wesentlich mehr Rechts- als Linkshänder.

Leider sind auch Pferde einseitig. Bei den meisten von ihnen ist die Hinterhand etwas nach rechts gerichtet, und das Problem dabei ist, daß es auch mehr rechts- als linkshändige Pferde gibt. Jetzt stelle man sich einen Reiter vor, der dazu neigt, auf der rechten Seite in der Hüfte einzuknicken – dadurch wird natürlich sein linkes Bein länger als das rechte, selbst wenn er in sich völlig gerade ist. Er setzt sich auf ein Pferd, dessen Hinterhand rechts ausfällt und den Reiter dadurch nach links setzt.

Nun haben wir schon zwei, die in sich schief sind, und aus diesen beiden versucht der Reiter, ein geradegerichtetes Pferd zu schaffen. Um dies zu erreichen, muß erst der eine gerade sein. Welcher von beiden? Natürlich der Reiter – aus dem einfachen Grund, weil dies eine Sache der Mechanik ist, des Gleichgewichtes, also eines Naturgesetzes. Solange der Reiter nach links heruntersitzt, kann das Pferd nicht im Gleichgewicht sein, und es besteht natürlich überhaupt keine Hoffnung, es geradezurichten. Es wird sich von selbst nach rechts biegen. Die Grundlage jeder

Ausbildung ist das Geraderichten des Pferdes, wozu auch die jeweils geforderte, gewollte Biegung nach rechts oder links gehört. Um dazu in der Lage zu sein, muß es jedoch erst die nötige Losgelassenheit entwickeln.

Die meisten Pferde legen sich wesentlich mehr auf den linken Zügel und wollen den rechten nicht annehmen. Sie rollen sich auf, und wenn man wirklich versucht, sie mit dem rechten Schenkel an das Gebiß heranzutreiben, schlagen sie mit dem Kopf oder drängen gegen den Schenkel. Hier muß die Erziehung ansetzen. Ein Pferd geradezurichten, gelöst und durchlässig zu machen, erfordert Training. Diese Geradheit und Durchlässigkeit zu erhalten, erfordert Training. Aber dem Pferd deutlich zu machen, was von ihm verlangt wird, und es von dem abzuhalten, was es tun möchte, erfordert Erziehung.

Je gefestigter der Sitz ist, je gerader und ruhiger der Reiter sitzt, desto weniger stört er. Doch es gibt noch einen anderen, sehr wichtigen Punkt, der mit diesem in direktem Zusammenhang steht. Welcher Punkt ist das?

Wenn ich meinen Schülern diesen Punkt erklären will, suche ich mir einen Freiwilligen. Ich bitte ihn, sich zu konzentrieren. Wenn ich ihn in den linken Arm zwicke, soll er mir eine Tasse Kaffee bringen. Ein Zwicken in den rechten Arm bedeutet, daß er mir Zucker bringen soll. Wenn ich ihn in die rechte Hand zwicke, soll er mir einen Whisky-Soda bringen. Zwicke ich ihn in die linke Hand, soll er mir Eis für meinen Whisky bringen.

Jedesmal, wenn ich ihn an derselben Stelle zwicke, besorgt er mir das Gewünschte. Zwicke ich ihn in die rechte Hand, geht er sofort los und holt mir einen Whisky-Soda. Was ich damit demonstrieren will, ist natürlich ganz einfach. Wenn ich ihn immer wieder an derselben Stelle zwicke, bringt er mir stets dasselbe, denn das ist es, was ich ihn gelehrt habe. Wer sein Pferd immer an derselben Körperstelle treibt, um etwas Bestimmtes zu erreichen, wird sich wundern, wie prompt es ihm seinen Kaffee, seinen Whisky oder was auch immer bringt.

Einem Menschen kann ich dies alles genau erklären, und wer es nicht versteht, kann nachfragen. Bei Pferden ist das anders. Sie können den Reiter nicht bitten, seine Anweisungen zu wiederholen, oder nachfragen, was er gemeint hat. Die Anweisungen müssen unmißverständlich sein, und je korrekter der Reiter sitzt, desto eindeutiger kann er seine Hilfen geben. Wer nicht einmal seinen Sitz unter Kontrolle hat, kann nie sicher sein, daß er stets dieselben treibenden Hilfen an derselben Körperstelle gibt, um eine bestimmte Lektion zu verlangen.

Gibt man jedoch ein-, zwei- oder dreimal dieselbe Hilfe, wird man oft durch die schnelle Auffassungsgabe des Pferdes überrascht. Pferde haben ein ungeheures Konzentrationsvermögen; sie können sich wesentlich besser konzentrieren als Menschen. Eines Tages, ich ritt gerade Jackpot aus dem Besitz von Tina Wommelsdorf, raschelte etwas im Gebüsch, und das Pferd scheute heftig. In seiner Aufregung schaute es hierhin und dorthin, denn das war genau das, was es in diesem Moment tun wollte. Für ein erneutes Scheuen gab ich ihm einen leichten Stoß in die Rippen. An seinen Bewegungen fühlte ich, daß er sich innerlich sagte: »Da drüben ist etwas Aufregendes, was ich mir gern näher ansehen würde, aber das lasse ich wohl lieber.« Ich saß auf seinem Rücken und fühlte, wie er versuchte, sich herauszuwinden und zu scheuen, doch er unterließ es, weil auch ich mich konzentrierte. Er wußte um meine Konzentration und war sich auch bewußt, daß ich im Falle eines Seitensprunges sofort Maßnahmen ergreifen würde, um seine Konzentration wieder herzustellen.

Pferde konzentrieren sich, wenn man es von ihnen verlangt. Jede Bewegung des Reiters sollte für das Pferd eine Bedeutung haben, und wenn ihm keine Botschaft übermittelt wird, weil sich der Reiter nicht bewegt, bedeutet dies, daß alles in Ordnung ist.

Also fangen wir an, und nehmen wir das Angaloppieren als Beispiel. Ein Schenkel verwahrt, der andere treibt; vorher lagen beide bewegungslos. Das Pferd galoppiert an. Der Reiter sitzt wieder still. Das Pferd galoppiert und galoppiert, doch es horcht bei jedem Sprung auf den Reiter. Das ist sehr schwierig. Es erfordert einen enormen Aufwand an Training und Entwicklung.

Die Wirbelsäule des Pferdes soll der gewünschten Linie entsprechen (gerade auf geraden Linien, gebogen auf gebogenen Linien). Der Reiter sollte zumindest versuchen, dies zu erreichen, doch aufgrund seiner Einseitigkeit und seiner Gleichgewichtsprobleme unter dem Reiter fällt es dem Pferd sehr schwer, auf einer geraden Linie zu gehen. Außerdem beherrschen alle Pferde eine Reihe von Tricks. Manchmal bin ich wirklich der Ansicht, daß sie sie absichtlich anwenden, nicht nur zufällig. Sie scheinen wirklich ihren Kopf zu gebrauchen und zu sagen: »Ha, er

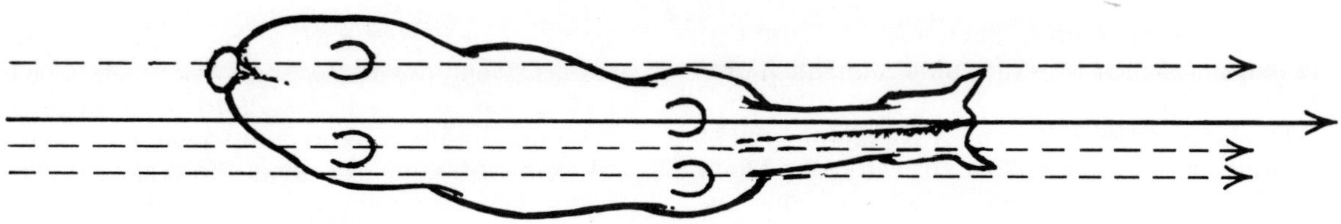

Abb. 1: Ein schiefes Pferd

sieht gerade nicht hin«, und dann tun sie, was sie wollen. Sie fallen mit der Hinterhand aus, machen sich vom äußeren Zügel frei oder drängen über die Schulter nach außen.

Ein Pferd muß geradegerichtet werden wie in Abb. 2 gezeigt. Sobald es sich auf geraden und auch auf gebogenen Linien so bewegt wie unten abgebildet, hat der Reiter einen ersten Erfolg erzielt, und zwar genau den, den er auch anstrebte. Sein Ziel ist es, Vorder- und Hinterbeine genau nach Wunsch zu plazieren. Die Hinterhufe folgen akkurat der Spur der Vorderhufe. Auf diese Weise tritt das Pferd unter seinen Schwerpunkt und damit auch unter den des Reiters, und zwar mit beiden Hinterbeinen.

Ein Pferd, das sein Gewicht nicht gleichmäßig mit allen vier Beinen trägt, läuft Gefahr, bei forcierter Arbeit Schaden zu nehmen. Außerdem wird der Reiter sein Pferd nie so unter Kontrolle haben, daß es absolut gehorsam ist, denn es ist unmöglich, auf die Hinterbeine einzuwirken, wenn das Pferd nicht untertritt.

Diese Tatsache kann ein Reiter nur begreifen, wenn er sie mindestens einmal selbst erfühlt hat. Genau das versuchen wir zu erreichen. Dazu wird zuerst auf dem Zirkel geritten, der dann allmählich bis zur Volte verkleinert wird. Kleinere Kreisbögen sind nicht mehr auf einem Hufschlag zu reiten – bei ihnen handelt es sich um Bewegungen auf zwei Hufschlägen. Das ist leicht vorstellbar. In einer großen Wendung muß das Pferd nur geringgradig gebogen sein. Doch je kleiner der Zirkel wird, desto stärker wird das Pferd gebogen und desto flexibler muß es in seiner Längsachse sein, was bedeutet, daß es die vollkommene Losgelassenheit entwickelt haben muß.

Man beginnt mit einer großen Wendung, die dem Pferd nur wenig Biegung abverlangt; dann steigert man allmählich die Anforderungen. Das Prinzip ist dasselbe, das ich auch bei meinen Schülern anwende. Ich sage: »Absätze tief«, und wenn der Reiter sie daraufhin etwas senkt, lobe ich ihn. Ich verlange nicht, daß er sie von Anfang

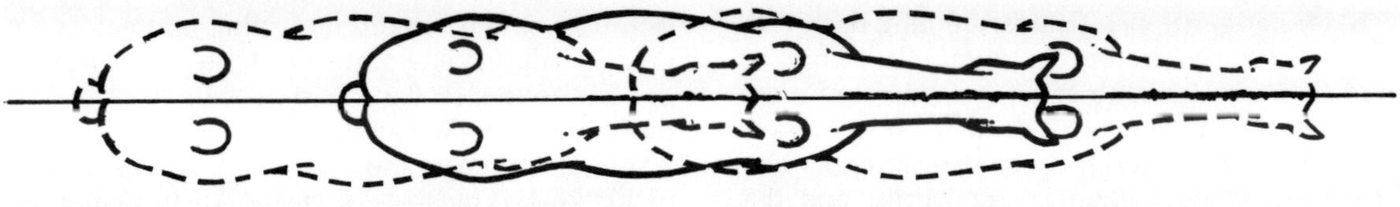

Abb. 2: Ein geradegerichtetes Pferd

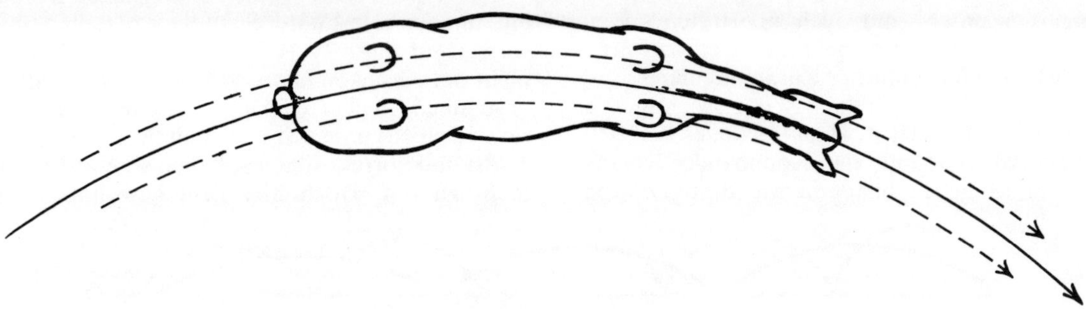

Abb. 3: Ein auf einer gebogenen Linie geradegerichtetes Pferd

an extrem tief herunterdrückt, weil ich weiß, daß es ihm unmöglich ist. Alles muß allmählich entwickelt werden.

Doch wie entwickelt man es? Zu Anfang reicht es, wenn das Pferd irgendwie vorwärtsgeht. Doch sobald es das begriffen hat, steigere ich die Anforderungen etwas. Wenn es willig im Schritt geht und auf Wunsch antrabt, ist es bereit für den nächsten Schritt.

Je freier ein Pferd ausschreitet, desto weiter wird es übertreten. Ein junges Pferd wird nicht versammelt; wer es trotzdem versucht, hat gegen mehrere Gesetze verstoßen. Der Bewegungsablauf eines Vorderbeins ist unten abgebildet. Die Freiheit des Schrittes steht im direkten Zusammenhang damit, wie weit das Pferd über den Hufabdruck der Vorderhufe hinaustritt. Die Abdrücke der Hinterhufe sollten ein bis zwei Hufbreiten vor denen der Vorderhufe liegen. Bei einem Pferd mit einem guten Schritt kann es auch mehr sein. Je stärker ein Pferd versammelt wird, desto kürzere Schritte macht es, bis die Hinterhufe schließlich auf den Abdrücken der Vorderhufe auffußen.

Pferde müssen aus einem ganz einfachen Grund so weit übertreten – weil sich ihr Schwerpunkt bewegt. Ein Mensch, der sich vornüberneigt, muß lange Schritte machen, denn sonst läuft er Gefahr, zu fallen und sich an der Wand die Nase einzuschlagen. Da sein Schwerpunkt weiter vorn liegt, muß auch die Stütze weiter nach vorn gebracht werden.

Bei freier gerittenen Gangarten muß das Pferd stets weiter übertreten. In kürzeren Tempi ist eine stärkere Hankenbiegung gefordert, und die Tritte werden kürzer, weil es dem Pferd einfach unmöglich ist, weiterhin weit überzutreten. Der Schwerpunkt liegt dann in der Mitte, und das Pferd kann nicht über den Schwerpunkt hinaus übertreten. Es muß jedoch seinen Körper, sein Gewicht stützen. Deshalb muß es in den freieren Gangarten unter- und auch übertreten, denn wenn es das nicht tut, geht es nicht vorwärts. Dies ist ein ganz einfacher Zusammenhang.

Zu Beginn der Ausbildung ist es unwichtig, wie weit das Pferd übertritt, Hauptsache, es läßt sich treiben. Wenn es auf das Kommando: »Geh« sagt: »Ja, ich gehe«, hat es die wichtigste Lektion seines Lebens begriffen, die es nie wieder vergessen darf. Wenn der Reiter sagt: »Geh« und auch wirklich *will,* daß sich das Pferd in Bewegung setzt und diesen Befehl dann auch noch entschlossen gibt, kann er seinem Pferd alles abverlangen. Dann braucht er sein Pferd nur noch dazu zu erziehen, daß es im entscheidenden Moment das tut, was er will.

Welche Möglichkeiten hat man, sich dem Pferd mitzuteilen? Die Hilfen. Es gibt drei Hauptgruppen – Gewichtshilfen, Schenkelhilfen und Zügelhilfen. Häufig werden sie in falscher Reihenfolge aufgezählt – Zügel-, Schenkel- und schließlich Gewichtshilfen. Doch die Gewichtshilfe kommt immer zuerst. Warum? Hauptsächlich, weil sie eine Sache des Gleichgewichtes ist; das Pferd muß schließlich das Reitergewicht ausbalancieren. Es soll nur niemand glauben, daß man ein Pferd ausbalancieren kann. Alles, was ein Reiter schaffen kann (und was man auch immer wieder sieht), ist, es aus dem Gleichgewicht zu bringen. Man kann kein Pferd ins Gleichgewicht bringen.

Der Reiter muß tief im Sattel sitzen. Für mich muß es so aussehen, als würde das Gewicht des Reiters ihn nach unten ziehen und sich an seinem tiefsten Punkt, den Fersen, sammeln. Er darf nicht auf dem Pferd sitzen, sondern in ihm. Nur dieser tiefe und ruhige Sitz gibt dem Pferd die Chance, sein Gleichgewicht zu finden. Der Reiter darf sein Gewicht nicht ständig nach oben oder nach vorn, nach rechts oder links verlagern und vor allem nicht ständig auf und ab. Er muß sich nach unten senken und ruhig und gelöst auf dem Pferderücken verharren. Unter dem Reitergewicht muß sich das Pferd ausbalancieren, und deshalb ist die Gewichtshilfe die wirkungsvollste Art der Hilfengebung, die den Reiter zudem nichts kostet, nicht die kleinste Anstrengung. Er muß einzig und allein sein Gewicht tief in den Sattel sinken lassen; den Rest erledigt die Natur.

Die meisten Reiter setzen ihren ganzen Körper ein, um sich selbst unter Spannung zu halten, und sorgen auf diese Weise dafür, daß ihr Gewicht nicht tief einsinken *kann.* Würden sie sich jedoch enspannen – wobei ich natürlich nicht meine, daß sie in sich zusammensinken sollten, sondern nur gelöst und korrekt sitzen –, haben sie sonst nichts mehr zu tun. Doch hier liegt gewöhnlich das

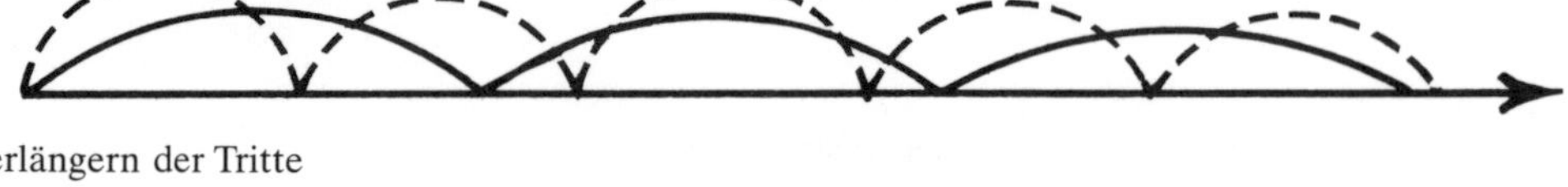

Abb. 4: Verlängern der Tritte

Problem. Den meisten Reitern fällt es sehr schwer, nichts zu tun.

Das hätten wir. Man kann sich kaum etwas Einfacheres vorstellen – man entspannt sich, und das Gewicht sinkt herab. Wer dies beherrscht, wird nie wieder vom Pferd fallen, denn das Gewicht ist da und zieht den Reiter auf den Pferderücken hinab. Die Kunst dabei – die man sich hart erarbeiten muß – liegt darin, die Gelöstheit des Körpers zu entwickeln, sich zu entspannen, obwohl man vom sich bewegenden Pferderücken auf- und abgeworfen wird. Das Gewicht gehört tief in den Sattel und muß allen Bewegungen des Pferderückens folgen. Zusätzliche Bewegungen dürfen nicht erkennbar sein. Es gibt nur eine sichtbare Bewegung, und das ist die des trabenden oder galoppierenden Pferdes – und diese Bewegung ist auch die des Reiters. Man sieht die Auf- und Abbewegung des Pferdes, die sich auf den Reiter überträgt. Zusätzliche Bewegungen sind zu beobachten, wenn der Reiter im Galopp auf- und abgeworfen wird, mit Armen oder Ellenbogen rudert oder mit den Fäusten hämmert. Jede dieser zusätzlichen Bewegungen, selbst die kleinste, trägt dazu bei, das Pferd aus dem Gleichgewicht zu bringen.

Ein aufrecht auf einer Handfläche stehender Holzstab ist leicht zu balancieren, solange er sich nicht bewegt; aber sobald er sich bewegt, muß sich auch die ihn stützende Hand bewegen, damit er nicht herunterfällt. Auch das Pferd muß sich bei jedem Schritt anpassen, um auf seinen vier Beinen zu bleiben. Aus diesem Grund ist die Gewichtshilfe die wichtigste Hilfe. Perfekt eingesetzt ist sie die wirksamste Form der Einwirkung, die man sich denken kann.

Etwa drei Wochen nach meiner Ankunft in Wien ritt ich einen voll ausgebildeten Hengst. Alle Pferde einer Stallseite mußten umgestellt werden, weil bei einem von ihnen Symptome von Druse aufgetreten waren. Die gesunden Pferde wurden in der Nähe der Wiener Rennbahn ins Freie gebracht. Am ersten Tag wurden sie auf einem freien Feld in der Nähe einer Eisenbahnunterführung trainiert. Ein langer Güterzug näherte sich, mit einer Dampflok am vorderen und einer am hinteren Ende, und verursachte einen Höllenlärm. Ich saß auf einem Hengst, der mindestens zwölf Jahre lang keinen Zug zu Gesicht bekommen hatte und der zu diesem Zeitpunkt vierzehn Jahre alt war. Der ging mit mir los! Um zu retten, was zu retten war, hängte ich mich ihm ins Maul, Kandarenzaum oder nicht. Mein alter Ausbilder, dessen Hengst es war, rief mir zu: »Nicht so festhalten!« Doch ich dachte mir: »Wenn ich ihn nicht festhalte, geht er durch; ich muß ihn halten.« Am nächsten Morgen tauchte der Zug fahrplanmäßig erneut auf – diese Dinger kommen immer dann, wenn man sie am wenigsten braucht. Mein Hengst startete wieder durch, und ich konnte nichts dagegen tun. Mein alter Ausbilder ließ mich absitzen und saß selbst auf. Man konnte richtig sehen, wie er sein Gewicht in den Sattel sinken ließ. Der Hengst tänzelte mit geblähten Nüstern auf der Stelle herum und sah aus, als würde er jeden Augenblick explodieren. Und dann betonte mein Ausbilder noch einmal: »Ich sagte doch: Nicht so festhalten.« Er ließ die Zügel auf den Hals fallen, und der Hengst konnte nichts tun. Er konnte nichts tun, weil er sich unter dem Gewicht seines Reiters ausbalancieren mußte.

Für Reiter, die diese Erfahrung noch nicht selbst gemacht haben, ist es vielleicht schwer zu verstehen, doch das Gewicht des tief sitzenden Reiters verankert das Pferd am Boden; es kann nicht vorwärtsgehen, wenn der Reiter es nicht läßt. Aus diesem Grund ist es eminent wichtig, das Gewicht tief in den Sattel sinken zu lassen. Dies darf nie außer acht gelassen werden.

Wie lange es dauert, diese Fähigkeit zu entwickeln, hängt von der angeborenen Losgelassenheit des einzelnen ab. Manche Menschen sind von Natur aus gelöst, ihnen fällt es leicht. Das Laufenlernen fällt jedem leicht; es ist einfach natürlich. Doch das Reiten ist nur für wenige etwas Natürliches. Reitenlernen kann jeder, aber nur sehr wenige sind geborene Reiter.

Einer von ihnen war General von Seydlitz. Während eines Manövers versperrte ihm Friedrich der Große auf einer Brücke über die Oder den Weg. »Nun sind Sie mein Gefangener«, triumphierte der König. »Noch nicht, Majestät«, entgegnete der General, wendete sein Pferd und ließ es über das Brückengeländer in die Oder springen. Dies hätten nur wenige fertiggebracht, doch er schaffte es. Manchmal habe ich das Gefühl, daß alle Australier geborene Reiter sind. Die Wiener dagegen sind nicht alle geborene Musiker; manche von ihnen können nicht einmal tanzen!

Je unbeweglicher der Reiter im Sattel sitzt, desto leichter fällt es dem Pferd, ohne körperliche Anstrengung sein natürliches Gleichgewicht zu finden. Der Unterschenkel dient zum Treiben, und das Gewicht ruht auf dem Pferderücken und darf die Bewegungen der Rückenmuskeln niemals stören.

Das Anlegen der Unterschenkel wirkt auf den Bereich hinter dem Gurt, und der Schenkeldruck löst reflexartig das Vorschwingen des Hinterbeins aus. Dies ist die erste Lektion, die das Pferd lernen muß, die erste Lektion, die der Reiter dem Pferd vermitteln muß – wenn er ihm mit Hilfe der Unterschenkel das Zeichen zum Vorwärtsgehen gibt, muß es dies auch tatsächlich tun. Wie es vorwärtsgeht, spielt anfangs noch keine Rolle. Die Feinheiten kommen erst später.

Warum geht das Pferd vorwärts? Der Grund dafür ist sehr einfach. All seine Muskeln dienen der Fortbewegung, nicht dem Tragen eines Reiters. Das bedeutet, daß der Reiter das Pferd dazu bringen muß, seinen ganzen Bewegungsapparat, seine Muskeln, zum Vorwärtsgehen einzusetzen – sei es im Schritt, Trab oder Galopp. Wenn es vollauf damit beschäftigt ist, das zu tun, was es normalerweise ohne Reiter tut, ist es zu anderem nicht mehr in der Lage. Es kann nicht stehenbleiben, weil es vorwärtsgeht. Es kann nicht nach rechts abwenden, steigen oder irgendetwas anderes tun, weil es vorwärtsgeht.

Es gibt Menschen, die mehrere Dinge zur gleichen Zeit tun können. Napoleon zum Beispiel hat mit seinen Marschällen konferiert, sich währenddessen mit Josephine unterhalten und außerdem Briefe diktiert. Die meisten anderen Menschen haben jedoch vermutlich die Erfahrung gemacht, daß zumindest eine Sache schiefgeht, wenn man sich mehrere auf einmal vornimmt.

Das Gehen zum Beispiel beschäftigt den ganzen Körper. Wenn ich mit schwingenden Armen auf- und abschreite, ist es mir unmöglich, einen auf dem Tisch liegenden Gegenstand aufzunehmen. Es geht einfach nicht. Auch ein Pferd, das vorwärtsgeht, ist nicht in der Lage, nebenbei noch etwas anderes zu tun. Man zwingt es in die richtige Haltung, ohne irgendwelchen Zwang auszuüben – nur indem man ihm durch seinen Sitz mitteilt: »Wenn ich sage vorwärtsgehen, meine ich es auch so.« Dann ist es ganz mit der Vorwärtsbewegung beschäftigt. Wenn es sich irgendwann einmal umsehen will, gibt man einen kurzen, ermahnenden Schenkeldruck. Wer sich konsequent an diese Verhaltensmaßregel hält und auf jede unerwünschte Regung sofort auf diese Weise reagiert, wird erleben, daß das Gehorchen zur zweiten Natur seines Pferdes wird.

Dabei darf man jedoch nicht vergessen, daß Pferde nur tun können, was sie gelernt haben. Ein Pferd, das gelernt hat, auf Schenkeldruck vorwärts zu gehen, wird auf dieses Zeichen hin wirklich nur vorwärtsgehen und sonst nichts, weil es nichts anderes gelernt hat. Wenn es das Angaloppieren gelernt hat, wird es angaloppieren, denn dies ist die einzige Reaktion auf eine bestimmte Hilfe, die es kennt.

Ein Pferd kann sich nicht hinsetzen, Bücher lesen und dann sagen: »Franz sagt, der Reiter soll gerade sitzen, und der und der sagt, man soll den Oberkörper zurücknehmen, die Hüfte vorschieben und dieses und jenes tun.« Ein Pferd weiß nur, was sein Reiter ihm vermittelt hat. Auch wer dies noch nicht selbst erlebt hat, kann es ruhig glauben. Pferde haben ein ausgezeichnetes Gedächtnis; das allein beweist schon, daß sie ein leistungsfähiges Gehirn besitzen, denn andernfalls könnten sie keine Erinnerungen oder Erfahrungen sammeln. 1953 und 1954 ritt ich in Adelaide ein Pferd, das ich danach erst 1970 wieder unter den Sattel bekam. Es war ein gutes Turnierpferd. In der Zwischenzeit wurde es vom Besitzer geritten, von seinem Sohn und seiner Enkeltochter. Als ich es 1970 wiedersah, versuchte die Enkelin gerade verzweifelt, es zum Angaloppieren zu bewegen. Doch der alte Bursche hatte die Ohren angelegt und weigerte sich. Ich sagte: »Gib ihn mir doch für ein paar Minuten.« Ich bekam ihn. Ich nahm die Zügel auf, setzte mich korrekt hin, ließ ihn aus dem Stand angaloppieren und ritt nach wenigen Sprüngen einige fliegende Wechsel. Sie gerieten natürlich etwas hölzern, denn das Pferd hatte seit Jahren keine mehr gemacht. Doch es erinnerte sich. Nach sechzehn Jahren erinnerte es sich. Ich wünschte, ich würde nach sechzehn Jahren noch alle Leute wiedererkennen, die ich einmal unterrichtet habe. Ich könnte es nicht, aber einem Pferd würde es wahrscheinlich gelingen.

Der Unterschenkel gibt das Zeichen zum Vorwärtsgehen. Die Zügel dienen dazu, das Pferd zu führen, ihm zu sagen, wann es geradeaus gehen, rechts oder links abwenden oder anhalten soll. Wenn die anfänglichen Schwierigkeiten überwunden sind und das Pferd gelernt hat, einen Reiter zu tragen und ihn nicht herunterzubocken, ist dies das Wichtigste. Alles andere kommt später.

Wenn es gelernt hat, rechts und links abzuwenden und sich halbwegs anhalten läßt, ist es an der Zeit, es ein bißchen mehr zusammenzustellen, und dafür zu sorgen, daß es die Hinterhand weiter untersetzt. Dafür werden die Zügel benötigt, doch sie dürfen nur passiv eingesetzt werden. Mit

»passiv« meine ich ruhig stehende Hände mit gelösten Handgelenken. Erst wird am langen Zügel im Schritt geritten, dann werden die Zügel aufgenommen und das Pferd dagegen getrieben. Weder die Hände noch der Oberkörper dürfen sich dabei bewegen. Die treibende Kraft von Gewichts- und Schenkelhilfen stellt das Pferd an den Zügel.

Dies ist eine weitere Art, die Hände zu gebrauchen. Nicht vergessen: Das Pferd muß an den Zügel gestellt werden. Dies darf jedoch nicht auf eine Weise geschehen, wie ich sie bei vielen Australiern beobachtet habe, die meinen, sie müßten »seinen Kopf 'runterkriegen«. Bei dieser Art der Reiterei wird das Pferd nur seinen Kopf vor die Brust klappen und die Hinterhand nachschleppen lassen. Das Prinzip ist dasselbe, als würde man eine Schubkarre von vorn ziehen, statt sie von hinten zu schieben.

Nicht nur das Gewicht ist eine Hilfe – und zwar eine sehr wichtige –, sondern auch die Schenkelhilfen spielen eine bedeutende Rolle, und auch die Bewegungen der Hände und die Einwirkung der Zügel werden als Hilfe bezeichnet. Genaugenommen ist dies natürlich nicht ganz korrekt. Wir müßten einen Ausdruck finden, der alle Arten von Hilfen umfaßt, denn die Gewichts-, Schenkel- und Zügelhilfen stellen eine Einheit dar. Ein Reiter kann perfekt und gelöst sitzen, die kräftigsten Beine der Welt und eine weiche Hand haben – er wird jedoch nie etwas erreichen, wenn er nicht in der Lage ist, alle Hilfen zu einer Einheit zu koordinieren.

Wenn die Unterschenkel dem Pferd das Zeichen zu irgendeiner Tätigkeit geben, müssen die Hände gleichzeitig auch etwas tun – selbst wenn sie sich passiv verhalten, also nichts tun. Die Hände müssen stets wissen, wie Gewicht und Schenkel einwirken. Wenn ich verlange, ein Pferd zusammenzustellen, es an den Zügel zu reiten, muß der Reiter sein Pferd mit Gewicht und Schenkel und ruhig vor dem Körper stehender Hand an das Gebiß herantreiben und darf ihm nicht erlauben, weiterhin ohne Anlehnung zu laufen. Andernfalls wäre es dasselbe, als würde man versuchen, ein Faß ohne Boden zu füllen. Wer ein Pferd versammeln will, muß die Einwirkung der Zügel mit denen der Schenkel koordinieren. Das bedeutet, das Pferd wird an das Gebiß herangetrieben, ohne daß sein Vorwärtsdrang dadurch gestört wird – es wird nur in seinem Rahmen etwas begrenzt. Die Einwirkung der Zügel muß fein auf die treibenden Hilfen abgestimmt sein, denn ist sie es nicht, wird das Pferd schneller oder zu stark zurückgehalten, was am Ende nur dazu führt, daß es den Kopf an die Brust nimmt.

Die Koordinierung der Hilfen ist von entscheidender Bedeutung. Sie automatisch zu beherrschen, ist eine Sache der Erfahrung – genaugenommen hängt sie davon ab, wie weit sich die Losgelassenheit des Reiters bereits entwickelt hat. Einem verspannten und steifen Reiter wird es sehr schwer fallen, seine Hilfen zu koordinieren. Sobald er jedoch gelernt hat, sich zu entspannen und auch entspannt zu bleiben, unabhängig davon, welche Hilfe er gibt, hat er das größte Problem überwunden. Je schneller ein Reiter reagiert, desto schneller wird sein Pferd ihn verstehen, und außerdem ist er in der Lage, im voraus zu spüren, wenn etwas nicht stimmt. Wenn das Pferd sich zum Beispiel auf den linken Zügel legen will, wird es kurz vorher links einen längeren Schritt machen. Wenn der Reiter dies spürt und rechtzeitig sagt: »Nein, laß das«, es treibt und damit Erfolg hat, ist es ihm gelungen, etwas zu vermeiden, bevor es entstand. Reaktionsvermögen. Erfahrung. Reitet, reitet, reitet! Es werden Unmengen von Heftpflastern gebraucht werden. Und es werden Tränen der Verzweiflung fließen. Das kann ich versprechen. Schon Churchill sagte 1941: »Ich verspreche euch Blut und Tränen, doch der Sieg wird euer sein.« Ich verspreche dasselbe; Blut und Tränen und harte Arbeit, doch der Sieg ist gewiß.

Je besser ein Reiter seinen Körper beherrscht und je konsequenter seine Hilfengebung ist, desto schneller wird das Pferd ihn verstehen, denn Pferde sind sehr aufmerksam. Mit fortschreitender Erziehung wird es noch aufmerksamer werden, was den Reiter natürlich noch mehr lernen läßt. Häufig konzentriert sich das Pferd jedoch stärker als der Reiter. Das ist wahrscheinlich der Grund, warum Pferde so oft ihren Willen durchsetzen.

Nun haben wir Gewichts-, Schenkel- und Zügelhilfen abgehandelt. Hinzukommen kann noch eine Dressurgerte – für das tägliche Training keine allzu lange, denn diese eignet sich nur zum Trainieren von Lektionen der Hohen Schule, zum Unterrichten und um etwas nachzuhelfen. In der Regel ist eine überlange Gerte nicht angebracht.

Zur Gerte können noch die Sporen kommen, die jedoch beim Anreiten von Jungpferden nicht angebracht sind. Bei meinem Eintritt in die Armee war es den Rekruten nicht gestattet, zur

Ausgehuniform Sporen zu tragen. Das war das Schlimmste, was uns passieren konnte, denn wir waren alle sehr jung und sahen sehr gut aus in unseren Uniformen, aber wir hatten noch nicht viel Erfahrung. Jeder, vor allem die jungen Mädchen, wußte, daß ein Uniformierter ohne Sporen ein Anfänger war. Deshalb trugen wir unsere Sporen heimlich und mußten höllisch aufpassen, daß uns der Rittmeister nicht dabei erwischte.

Dafür gibt es einen guten Grund, den Sporen dürfen erst getragen werden, wenn der Reiter genau weiß, was seine Unterschenkel gerade tun. Wer noch keine Kontrolle über seine Schenkellage hat, belästigt sein Pferd ununterbrochen mit den Sporen – und meistens im falschen Moment. Jeder muß selbst wissen, wann er genug Körperbeherrschung entwickelt hat und in der Lage ist, die Sporen nur dann einzusetzen, wenn es nötig ist, und zwar genau so, wie es nötig ist. Eine zu früh oder zu spät erfolgte Hilfe mit dem Sporen ist nutzlos. Sie wird das Pferd nur verwirren. Die Gerte dagegen ist das nützlichste Instrument des Reiters. Die Sporen dienen der Unterstützung des Unterschenkels. Wenn das Pferd nicht auf die treibenden Hilfen reagiert, können die mit leichtem Druck hinter dem Gurt angelegten Sporen es zum Vorwärtsgehen veranlassen. Die Gerte hat dieselbe Wirkung. Sie dient nicht dazu, das Pferd damit auf den Kopf zu schlagen oder zu strafen. Ein korrekt ausgebildetes Pferd wird seinem Reiter keinen Anlaß zu Strafmaßnahmen geben. Es gibt nur einen Fall, bei dem man nicht ohne Strafe auskommt, und das ist ein Pferd, das von einem anderen Reiter verdorben wurde. Dann ist man möglicherweise gezwungen, es zu strafen, weil es sich weigert, nach links oder rechts abzuwenden, an der Stalltür vorbeizugehen, oder sich eine andere schlechte Angewohnheit zugelegt hat. Irgendwann kommt der Tag, an dem man sagt: »Du bist für mich völlig unnütz, wenn du dich nicht nach links abwenden lassen willst. Aber heute ist der Tag, an dem ich Linkswendungen mit dir reiten werde.« In solch einer Situation kann es nötig werden, mit der Gerte zu strafen, was natürlich besonders ungerecht ist, denn die Schuld liegt nicht beim Pferd, sondern bei dem Reiter, der das Pferd schlecht erzog und zuließ, daß es schlechte Angewohnheiten annahm.

Pferde gewöhnen sich sehr schnell etwas an. Meinen ersten Job hier in Australien fand ich in einem Wollschuppen in Port Adelaide, im Süden Australiens, wo ich in einer Kolonne arbeitete. Die ersten englischen Worte, die ich dort lernte, werde ich hier nicht wiederholen, aber vergessen habe ich sie bis heute nicht. Schlechte Dinge lernt jeder schnell. Wenn es dem Pferd also leichter fällt, nach links abzuwenden, wird es sich nicht nach rechts wenden lassen wollen. Wenn man ihm diese Unart dann lange genug durchgehen läßt und schließlich wieder von ihm verlangt, nach rechts abzuwenden, wird es sich sagen: »Soll das ein Witz sein? Bisher bin ich doch auch immer linksherum gegangen«, und wird dann natürlich sehr aufgebracht sein. Pferde können aufgebracht und auch stur sein, vor allem aber können sie sehr halsstarrig sein, insbesondere, wenn sie lange Zeit tun und lassen durften, was sie wollten. Das stellt den Reiter natürlich vor Probleme. Wie groß diese Probleme sind, hängt von der Intelligenz, der Natur und der Persönlichkeit des Pferdes ab, aber sie können beträchtlich sein.

Vor einem Zweikampf mit dem Pferd sollte man zurückscheuen wie vor einem Feuer. Man versucht es mit Diplomatie, vermeidet jede Auseinandersetzung, und wenn man nur ein winziges bißchen mehr vom Pferd erhält, als es eigentlich geben wollte, gibt man sich für den Augenblick damit zufrieden und verlangt ihm nicht mehr ab, als es zu geben bereit ist; es wäre die schlimmste Art von Erziehung, alles zu verlangen und nichts zu bekommen.

Wer es schafft, mit einem Pferd, das keine Rechtskurven gehen will, eine Linkskurve in Außenstellung zu reiten, hat einen kleinen Sieg errungen und sollte die Arbeit für diesen Tag beenden. Würde er in diesem Augenblick mehr verlangen, und es gelänge ihm nicht, seine Forderungen durchzusetzen, könnte er das Pferd ebensogut verkaufen (sollte dabei aber ein bißchen Mitleid mit dem Käufer haben, dem er das nutzlose Tier aufgeschwatzt hat).

Wer sich auf eine Auseinandersetzung einläßt, sollte darauf vorbereitet sein. Die Situation kann gefährlich werden. Wer sein Pferd so weit getrieben hat oder ein von jemand anders verdorbenes Pferd reitet, muß entschlossen sein, zu siegen oder bei dem Versuch sein Leben zu lassen. Das klingt vielleicht etwas übertrieben, doch wer nicht entschlossen ist, dem Pferd den Hals umzudrehen und es zum Gehorsam zu zwingen oder sich bei dem Versuch abwerfen zu lassen, sollte gar nicht erst aufsitzen. Das Pferd muß nachgeben. Wer sich dies nicht zutraut, sollte die Finger davon lassen, denn wenn er den Zweikampf verliert, verliert er auch das Pferd oder zumindest die Brauchbarkeit des Pferdes. Aus diesem Grund sollte man Auseinandersetzungen so weit wie möglich aus dem Weg gehen. Wenn ich behaupte, der Reiter müsse entschlossen sein, seinem Pferd den Hals umzudrehen, meine ich dies natürlich nicht wörtlich. Wichtig ist die innere Bereitschaft dazu, denn das Pferd wird sie spüren.

Ich habe erlebt, daß Pferde schon 24 Stunden vor dem Anreiten eines Geländehindernisses verweigerten. Wie das geschehen konnte? Indem ich den Reiter beim Abschreiten der Geländestrecke beobachtete und feststellte, wie sein Gesicht angesichts eines Hindernisses alle Farbe verlor und man spürte, wie er dachte: »Das schaffe ich nie.« In einem solchen Fall ist es fast sicher, daß das Pferd in der Prüfung am darauffolgenden Tag vor diesem Hindernis stehenbleiben wird – nicht, weil es ihm zu hoch ist, sondern weil es die Angst seines Reiters spürt. Die Entschlossenheit fehlt. Pferde können die Unsicherheit des Reiters spüren; sie wissen genau, ob er es ernst meint oder ob er unsicher ist. Sie spüren, ob der Reiter entschlossen ist zu springen, ob er entschlossen ist, sie zum Springen zu veranlassen, ebenso wie sie spüren, ob er bereit ist, sie dazu zu bringen, daß sie abwenden, vorwärtsgehen oder was es auch immer ist, wenn sie es eigentlich gar nicht wollten. Wer nicht zu allem entschlossen ist, sollte jede Auseinandersetzung vermeiden. Wenn das Pferd an einem Tag auch nur einen Millimeter nachgibt, werden es am darauffolgenden Tag vermutlich zwei und am übernächsten drei sein. Man sollte jedoch nie vergessen, daß ein Pferd immer weiß, was der Reiter denkt. Es weiß es wirklich, ob man es nun glaubt oder nicht.

Wenn Pferd und Reiter perfekt geschult sind, braucht der Reiter fast nur noch mit den Augen zu blinzeln, um sein Pferd zur gewünschten Reaktion zu veranlassen. Das hört sich merkwürdig an, aber es stimmt. Bei meiner ersten Vorführung in der Wiener Hofreitschule sollte ich unter anderem eine Levade reiten. Ich ritt ein ausgezeichnet ausgebildetes altes Pferd von Podhajsky. Mein alter Ausbilder warnte mich: »Was immer Sie auch tun, denken Sie nicht daran, ihn auf die Hanken zu setzen, denn wenn Sie zu früh daran denken, tut er es zu früh.« Ich ritt also in die Halle ein, ritt die lange Seite entlang und sollte dann auf die Mittellinie abwenden und im Mittelpunkt die Levade reiten. Doch schon auf der ersten langen Seite dachte ich: »Hoffentlich setzt er sich nicht zu früh.« Genau an dieser Stelle, an der mir dieser Gedanke gekommen war, setzte sich der Hengst und vollführte die Levade. Dieses alte Pferd kannte die Lektion schon seit Jahren. Es war ein alter Professor. Es wußte Bescheid: »Jetzt mache ich die Levade, danach geht es im Schritt weiter.« Wenn man ihm die Levade zweimal abverlangte, wurde er sehr gereizt, denn er wußte genau, daß er sie schon einmal gezeigt hatte. Das beunruhigte mich mehr als alles andere, denn dieser alte Bursche konnte viel mehr als ich, und ich fragte mich: »Wie kriege ich ihn bloß noch einmal dazu?« Nun, es gelang ein zweitesmal, zum Glück, denn wenn es nicht geklappt hätte, wäre es mir wahrscheinlich schlecht ergangen. Als ich herauskam, sagte mein alter Ausbilder: »Ich hatte doch gesagt, Sie sollen nicht daran denken.« Ob es nun ein Geistesblitz war oder eine unbewußte Spannung, was wahrscheinlich eher zutrifft, ich hatte daran *gedacht*, und es passierte.

Dasselbe gilt auf dem Springplatz und im Gelände. Nicht denken: »Hoffentlich springt er rechts an, hoffentlich springt er besser.« Das ist falsch; positives Denken ist gefordert. Das Pferd spürt die Entschlossenheit seines Reiters und wird tun, was von ihm verlangt wird.

Die Tragödie dabei ist, daß man ein nutzloses Pferd nicht verderben kann, denn an ihm gibt es nichts zu ruinieren. Die einzigen Pferde, die ruiniert werden, sind die guten. Wir mühen uns nicht mit Pferden ab, die keine Persönlichkeit haben, kein Springvermögen oder schlechte Gänge. Die Pferde, denen mehr abverlangt wird, als sie zur Zeit leisten können, sind die guten Pferde, die springen können und viel Vermögen zeigen.

Jeder Mensch beginnt seine Ausbildung im Kindergarten, dann in der ersten und zweiten Klasse und so weiter, bis er schließlich vielleicht sogar die Universität besucht. Niemand käme auf die Idee, Grund- und Oberschule zu überspringen und gleich mit dem Studium zu beginnen. Warum nicht? Weil er die Prüfungen nicht bestehen würde, weil ihm die solide Grundlage fehlt.

In meinen Augen ist es einfach unsinnig, ein Pferd ohne Grundschulausbildung in einen Parcours zu schicken. Wenn es dann nicht springt, werden die meisten Reiter auch noch wütend. Wir verlangen mehr von unseren Pferden, als wir selbst leisten könnten. Wenn man einem guten Pferd mit Persönlichkeit und Charakter zu viel abverlangt und es dazu auch noch grob behandelt, wird es anfangen zu kämpfen. Wer in einer solchen Lage nicht vorsichtig ist, dem steht eine schwere Auseinandersetzung bevor, in deren Verlauf das Pferd immer schlechter wird, bis einem schließlich nichts anderes mehr übrig bleibt, als es auf die Weide zu führen und dort erschießen zu lassen. Genau dieses Schicksal erleiden viele gute Pferde.

In einer Reitschule in Melbourne, in der ich eine Zeitlang unterrichtete, ließ ich einmal die zweite Gruppe von Schülern hinter meinem Rükken selbständig arbeiten. Während ich mit der ersten Gruppe trainierte, krachte es plötzlich hinter mir. Ich drehte mich um und sah einen Reiter, der aus einem Gewirr von Pferdebeinen und Hindernisstangen hervorkrabbelte. Ich fragte ihn: »Was zum Teufel tun Sie da? Sie sollten doch überhaupt nicht springen. Welches Hindernis haben Sie angeritten?« Es stellte sich heraus, daß es zwar kein übermäßig hohes, aber doch ein recht beachtliches Hindernis gewesen war. Der Reiter rechtfertigte sich: »Er sprang erst so gut, aber in letzter Zeit wollte er nichts mehr anpacken. Deshalb habe ich es noch einmal probiert.« In meinen Augen wirkte sein Pferd noch sehr fohlenhaft, und deshalb fragte ich ihn: »Wie alt ist das Pferd? Wie lange wird es schon gearbeitet?« Jetzt kommt das Unglaubliche: Das Pferd war erst zweieinhalb Jahre alt und befand sich erst seit drei Monaten unter dem Sattel. Trotzdem hatte es bereits auf drei Turnieren fehlerfreie Runden absolviert – also drei Nullrunden. Als es dann jedoch ans Stechen ging, drückte der Reiter aufs Tempo, denn er wollte nicht um Haaresbreite verlieren. Das Pferd machte einen Fehler, schaffte es nicht, ein Hindernis fehlerfrei zu überwinden, stieß sich die Beine an und weigerte sich auf dem nächsten Turnier zu springen. Bei vernünftiger Schulung hätte sich dieses Pferd zu einem Goldmedaillengewinner entwickelt, davon bin ich fest überzeugt. Zudem war es noch sehr hübsch.

Kann man sich dieses Wesen, diese Willigkeit, dieses natürliche Gleichgewicht, diese Intelligenz vorstellen? Nach nur drei Monaten unter dem Sattel schon in der Lage, mit einem schwierigen Parcours fertigzuwerden und dazu noch fehlerlos! Doch das Pferd war am Ende. Wie ich bereits erwähnte: ruiniert werden immer nur die guten Pferde.

Zusammenfassung

1. Der Sinn der dressurmäßigen Ausbildung eines Pferdes liegt darin, es so lange gebrauchsfähig zu erhalten wie möglich. Dressurreiten ist die systematische Entwicklung der geistigen und körperlichen Fähigkeiten des Pferdes. Indem man ihm beibringt, sich mit einem Reiter auf dem Rücken so korrekt wie möglich zu bewegen, verhindert man seinen Verschleiß.

2. Die Kommunikation zwischen Pferd und Reiter besteht darin, daß der Reiter sein Pferd fühlen läßt, was er von ihm erwartet; er kann sich ihm also durch die Art seines Sitzes mitteilen.

3. Bei Wildpferden gibt es keine dauernde Unbrauchbarkeit. Sie wird einzig und allein durch das Reiten verursacht. Die Dressur versucht, dieses Risiko zu vermindern.

4. Bei einem gutgerittenen Pferd entwickelt die Hinterhand den Schub, der sich durch die Wirbelsäule nach vorn übertägt; es darf nicht aussehen, als zöge die Vorhand die Hinterhand nach.

5. Jeder Sportler muß die für seine Disziplin benötigten Muskelgruppen trainieren. Dies geschieht durch regelmäßiges Üben, bei dem die Anforderungen allmählich gesteigert werden. Auch bei Pferden entwickeln sich die Muskeln nur langsam. Beim heranwachsenden Pferd entwickelt sich das geistige und körperliche Gleichgewicht. Der Reiter muß das Pferd lehren, dieses Gleichgewicht auch unter dem Sattel wiederzufinden und zu erhalten.

6. Ein Mensch, der eine Last tragen muß, bringt sie ins Gleichgewicht, um sich seine Aufgabe zu erleichtern. Aus diesem Grund muß auch der Mensch auf dem Pferd im Gleichgewicht sitzen, damit es sich leichter unter seiner Last ausbalancieren kann. *Er muß stillsitzen.*

7. Die Kunst des Reitens ist die Kunst, das Pferd nicht zu stören. Dazu muß der Reiter stillsitzen.

8. Schon Xenophon sagte: »Behandelt eure Pferde sanft; seid nicht grob zu ihnen. Versucht ihnen zu zeigen, was ihr von ihnen erwartet.« Jeder Reiter sollte seinem Pferd das Recht auf eine faire Behandlung zugestehen. Man kann einem Pferd nichts erklären; deshalb muß man ihm zeigen, was es tun soll, und ihm genügend Zeit zum Verstehen geben.

9. Jeder Reiter muß die Fähigkeit des Nicht-Störens allmählich entwickeln, denn erst durch sie wird das Reiten zur Kunst. Ein Pferd, das nicht gestört wird, läuft genauso, als wäre es auf der Weide – nämlich genau auf die Art, für die sein Körper geschaffen wurde.

10. Ein Pferd nicht zu stören, bedeutet langwierige, harte Arbeit für den Reiter, doch Abkürzungen gibt es dabei nicht. Menschen sind entweder Links- oder Rechtshänder und deshalb von Natur aus schief. Für Pferde gilt dasselbe. Es kostet viel Arbeit, beide von ihrer natürlichen Schiefe zu befreien.

11. Der Reiter ist der erste, der sich geraderichten muß. Pferde neigen dazu, sich auf den linken Zügel zu legen und den rechten Zügel nicht annehmen zu wollen. Geraderichten und biegsam machen läßt sich ein Pferd nur durch wiederholtes *Üben*. Ihm klarzumachen, was es tun soll, und dafür zu sorgen, daß es tut, was der Reiter will, und nicht, was es selbst tun möchte, ist *Erziehung*.

12. Wenn das Pferd die Hilfen verstehen soll, müssen diese konsequent gegeben werden, was nur möglich ist, wenn der Reiter stillsitzt. Jede Bewegung seines Körpers sollte für das Pferd eine Bedeutung haben. Wenn der Reiter sich nicht bewegt, weiß das Pferd, daß alles in Ordnung ist und daß es alles richtig macht.

13. Die Wirbelsäule des Pferdes soll genau parallel zu der gerittenen Linie verlaufen – unabhängig davon, ob diese gebogen oder gerade ist. Wegen der natürlichen Schiefe ist dies für das Pferd besonders schwer. Es versucht sich zu drücken, indem es über die Schulter drängt oder mit der Hinterhand ausfällt. Wenn es geradegerichtet ist, folgen die Hinterbeine der Linie der Vorderbeine und treten dabei weit unter den Schwerpunkt. Wenn dies der Fall ist, hat der Reiter einen ersten großen Sieg errungen.

14. Bei einem geradegerichteten Pferd verteilt sich die Last gleichmäßig auf alle vier Beine, so daß keines von ihnen überlastet wird, was die Gefahr von körperlichen Schäden entscheidend verringert. Zudem hat ein Reiter, der die Hinterhand seines Pferdes unter Kontrolle hat, automatisch auch sein Pferd unter Kontrolle.

15. Anfangs werden alle Wendungen weit geritten und dem Pferd nur eine geringe Biegung abverlangt, denn ein untrainiertes Pferd ist zu mehr nicht in der Lage. Allmählich wird dem Pferd eine immer stärkere Biegung abverlangt. Alle Anforderungen dürfen nur langsam gesteigert werden.

16. Je freier der Schritt ist, desto weiter sollte das Pferd übertreten. Es muß übertreten, weil sich sein Schwerpunkt nach vorn verlagert. Je schneller es geht, desto stärker muß es übertreten, um seinem Schwerpunkt zu folgen und ihn stets zu stützen. Mit zunehmender Versammlung verkürzen sich die Schritte, und der Abdruck der Hinterhufe landet wieder auf denen der Vorderhufe.

17. Der Gehorsam auf die treibenden Hilfen ist der wichtigste Bestandteil der Ausbildung. Diesen Gehorsam darf das Pferd nie verweigern. Die gesamte weitere Ausbildung hängt davon ab, ob das Pferd die treibenden Hilfen akzeptiert. Wir müssen es dazu erziehen, die Bewegungen, die es von Natur aus beherrscht, dann zu zeigen, wenn der Reiter es will.

18. Die Hilfen sind die einzige Möglichkeit, mit dem Pferd zu kommunizieren. Es sind: Gewichts-, Schenkel- und Zügelhilfen, in dieser Reihenfolge. Der Reiter muß still und tief im Sattel sitzen. Dies sollte ihn keine Mühe kosten; die Schwerkraft nimmt ihm die Arbeit ab. Nur unter diesen Umständen kann sich das Pferd unter seiner Last ausbalancieren.

19. Die einzige Bewegung ist die des Pferdes. Der Körper des Reiters bewegt sich nur, wenn er dem Pferd eine Hilfe gibt. Er muß in die Bewegungen seines Pferdes eingehen, zusätzliche Bewegungen seinerseits würden das Pferd aus dem Gleichgewicht bringen und seinen

Gang verderben. Der tiefe Sitz ermöglicht ihm die Kontrolle der Hinterhand, die den Motor des Pferdes darstellt. Wenn der Körper des Reiters gelöst ist, kann er den Bewegungen des Pferdes folgen, ohne die arbeitenden Rückenmuskeln zu behindern.

20. Die Unterschenkel wirken an den Seiten des Pferdes ein und lösen eine Reflexbewegung aus, die das Pferd veranlaßt, je ein Hinterbein nach vorn zu schwingen. Dies ist die erste Lektion, die es im Verlauf seiner Ausbildung lernt. Anfangs spielt es keine Rolle, wie es vorwärts geht; die Feinheiten lernt es erst später.

21. Alle Muskeln des Pferdes dienen der Vorwärtsbewegung. Ein Pferd, das vollauf mit dem Vorwärtsgehen beschäftigt ist, kann zur gleichen Zeit nichts anderes tun. Wenn es wirklich vorwärtsgeht, kann es nicht gleichzeitig stoppen, steigen, kehrtmachen oder sonst etwas anstellen. Es muß also lernen, den treibenden Hilfen bedingungslos zu gehorchen. Hat es das erst einmal gelernt, sind die größten Schwierigkeiten überwunden.

22. Wenn es gelernt hat, auf die treibenden Hilfen hin vorwärtszugehen, wird es dies immer tun, weil es nichts anderes gelernt hat. Es wird stets so reagieren, wie es ihm beigebracht wurde. Pferde, die eine Lektion einmal verstanden und gelernt haben, vergessen sie *nie* wieder. Sie versuchen möglicherweise, sich zu drücken, aber vergessen tun sie sie nicht.

23. Das Pferd hat gelernt, sich auf den Schenkeldruck hin in Bewegung zu setzen und sich von den Zügeln führen zu lassen. Der nächste Schritt ist es, es etwas zusammenzustellen, es etwas weiter untertreten zu lassen. Dazu werden die Zügel benötigt, allerdings auf passive Weise. Das bedeutet, die treibenden Hilfen treiben das Pferd an das Gebiß heran. Gewichts-, Schenkel- und Zügelhilfen müssen aufeinander abgestimmt sein. Der Reiter muß sich immer bewußt sein, auf welche Weise die jeweiligen Körperteile einwirken, um das Pferd vorwärtszutreiben, und die Hände müssen dafür sorgen, daß sich der entstandene Schwung nicht nach vorn wieder entlädt. Auf diese Weise wird der Rahmen des Pferdes verkürzt, und seine Hinterhand tritt stärker unter.

24. Die Koordination der Hilfen ist von entscheidender Bedeutung. Sie ist eine Sache der Erfahrung, des Gefühls und der Gelöstheit. Je schneller ein Reiter reagiert, desto schneller wird sein Pferd lernen und verstehen. Man kann lernen, schon im voraus zu spüren, wenn das Pferd einen Fehler machen will, und den Fehler schon vor seinem Auftreten entsprechend zu korrigieren.

25. Ein unaufmerksames Pferd wird mit Hilfe der Gerte dazu ermahnt, auf die Reiterhilfen zu achten. Als Hilfe wird die Gerte relativ mild eingesetzt. Zum Strafen dient sie nur beim Korrigieren von schlechten Angewohnheiten. Pferde nehmen schlechte Angewohnheiten an, wenn sie schlecht geritten werden, doch wenn ein Pferd sich zum Beispiel nicht nach rechts abwenden lassen will, genügen meistens wenige kräftige Schläge, um es davon zu überzeugen, daß es klüger ist zu gehorchen.

26. Beim Korrigieren von Fehlern sind Auseinandersetzungen mit ungewissem Ausgang unbedingt zu vermeiden. Besser ist es, sich mit einem winzigen Fortschritt zu begnügen und die Arbeit damit zu beenden. Wer sich auf einen Zweikampf einläßt, muß zum Sieg entschlossen sein und mit schwerwiegenden Problemen rechnen. Echte Entschlossenheit wird vom Pferd gespürt, und es ist dann meistens eher zum Einlenken bereit.

27. Pferde können vor Hindernissen stehenbleiben, weil ihre Reiter Angst haben. In einem solchen Fall fehlt die Entschlossenheit. Dem Pferd teilt sich die Unsicherheit des Reiters durch seinen Körper mit. Wenn Pferd und Reiter korrekt ausgebildet sind, braucht der Reiter nur zu denken, was das Pferd tun soll, und es wird gehorchen.

28. Bei der Erziehung eines Pferdes muß stufenweise vorgegangen werden. Man muß ihm Zeit geben, zu wachsen, sich zu entwickeln und allmählich zu lernen. Nur dann wird es den Reiter verstehen und gelassen und aufmerksam sein. Wenn es überfordert wird, regt es sich auf. Dann verkrampft es sich oder erleidet einen Schaden, weil es nicht im Gleichgewicht ist und seinen Bewegungsapparat auf unnatürliche Weise einsetzt.

Fünftes Kapitel

Gedanken über den Sitz

Wer nur gemütlich im Gelände herumschaukeln will, hat nur eine Sorge; nicht herunterzufallen. Sonst nichts. Doch Reiter, die sich für Dressur oder Springen entschieden haben, haben noch andere Probleme – ähnlich wie ein Kunstspringer, der beim Sprung ins Wasser Drehungen und Pirouetten vollführt, im Gegensatz zu jemandem, der nur zum Spaß springt. Bei beiden endet der Sprung im Wasser, doch der eine gelangt auf die simpelste Weise hinein, während der andere demonstriert, wie man mit Hilfe von Geschicklichkeit, Erfahrung und Körperbeherrschung aus dem Sprung eine vollendete Vorstellung machen kann.

Glauben ist nicht Wissen. Den Naturgesetzen kann man nicht zuwiderhandeln. Alles ist auf die bestmögliche Weise geschaffen – wie ein junges, freies Pferd, das noch nicht vom Menschen verdorben wurde. Von Natur aus sind Pferde frei und im Gleichgewicht. Wenn sie von sich aus springen, wölben sie den Rücken auf, statt mit hohlem Rücken zu springen. Ohne Störung durch den Reiter erzielen sie so die maximale Leistung mit minimalem Aufwand. Sie springen auf die einfachste Weise.

Ein Pferd, das mit aufgewölbtem Rücken springt, wird wesentlich länger gesund bleiben als eines, das den Rücken wegdrückt. Es landet weich und kann ungehindert weitergaloppieren. Springt es jedoch mit weggedrücktem Rücken, verschleißt die harte Landung die Sehnen, und das Pferd erleidet bleibende Schäden. Das bedeutet, daß der Mensch die Naturgesetze nicht mißachten darf, sondern versuchen muß, sie zu unterstützen. In der Hofreitschule war es üblich, daß die jungen Fohlen beobachtet wurden und daß die Beobachter sich merkten, welche Bewegungen den einzelnen Tieren besonders lagen, um sie später in dieser Richtung besonders zu fördern. Man sollte immer versuchen, *mit* der Natur zu arbeiten und nicht gegen sie.

Ein Pferd soll im Gleichgewicht, gehorsam und losgelassen sein. Ein Pferd, das sich im Gleichgewicht befindet, ist bequemer zu sitzen, läßt sich besser fitmachen und wird länger leben als eines, das nicht im Gleichgewicht ist. Gehorsam muß es sein, weil es andernfalls nicht angenehm zu reiten wäre.

Eine Übersetzung von Dressur ist Training, was soviel bedeutet wie Üben, Erziehen und Disziplinieren. Man kann ein Pferd erziehen, weil es ein gewisses Maß an Intelligenz besitzt (manchmal sogar zu viel). Es muß gehorsam sein, damit es die Forderungen seines Reiters gelassen erfüllen kann. Es darf sich nicht widersetzen. Wenn ich es am langen Zügel im Schritt reiten möchte, hat es zu gehorchen, ohne sich dagegen aufzulehnen. Es muß also erzogen werden. Es muß sich freiwillig unterwerfen. Je vollständiger es sich seinem Reiter unterwirft, desto angenehmer läßt es sich reiten und desto länger wird es gesund bleiben.

Einer der Gründe für eine fundierte Ausbildung des Pferdes ist die dadurch erhöhte Lebenserwartung. Der Sinn der Ausbildung ist es, dem Pferd alles abzuverlangen, was es zu leisten imstande ist; doch in dem Moment, in dem es sich widersetzt, nutzt es seine Kraft, seine Energie und sein Gehirn gegen den Menschen. Ein Pferd, dessen natürliches Springvermögen ihm ermöglicht, ein Hindernis von 1,50 Meter zu überwinden, wird auch in der Lage sein, 1,80 Meter hoch zu springen, vorausgesetzt, es ist so geschult und erzogen worden, daß es sich ruhig und gehorsam den Wünschen seines Reiters unterordnet. Es gibt sehr viele Pferde, die in der Lage sind, 1,80 Meter zu überwinden. Aber mindestens ebenso viele werden es niemals tun. Sei es in der Grand-Prix-Dressur, beim Springen oder in der Vielseitigkeit, ein unerzogenes Pferd wird sich auf verschiedene Arten widersetzen – indem es den Kopf hochreißt, über die Schulter drängt, pullt und so weiter. Doch sobald es Energie verbraucht, um gegen seinen Reiter zu kämpfen, steht diese Energie für die geforderte Leistung nicht mehr zur Verfügung.

Das erste Ausbildungsstadium ist immer dasselbe, ob es sich nun um ein künftiges Dressur-, Spring- oder Vielseitigkeitspferd handelt. Das Pferd muß sein Gleichgewicht zurückgewonnen haben, am Zügel gehen, gehorchen und losgelassen sein. Danach, wenn es erzogen und diszipliniert ist, kann die Spezialausbildung folgen. Alle Pferde brauchen dieselbe Grundausbildung. Das Dressurpferd erhält dann ebenso seine Spezialausbildung wie die für andere Disziplinen vorgesehenen Pferde. Ich würde ein Dressurpferd nicht in einer Vielseitigkeitsprüfung starten lassen – außer vielleicht, um die Richtigkeit meiner Theorie zu beweisen –, weil eine Verletzung die ganze Arbeit gefährden würde, die nötig war, um es zum höchsten Leistungsstand in Dressur zu fördern. Die Grand-Prix-Dressur ist fast dasselbe wie die Vorführung des Kunstspringers; sie ist das Ergebnis harter Arbeit und vollständiger Körperbeherrschung des Menschen. Die Grand-Prix-Dressur ist das Ergebnis vollständiger Körperbeherrschung des Reiters, der auf diese Weise auch den Körper des Pferdes beherrscht. Marschall Foch sagte einmal: »Einen Krieg zu planen, ist kein Problem; schwierig ist es nur, ihn zu führen.« Das bringt mich wieder auf den Vergleich zwischen traditioneller und moderner Kunst. Die traditionelle Kunst ist leicht zu verstehen, aber schwer auszuführen; die moderne Kunst dagegen ist schwer verständlich, aber leicht ausführbar.

Denkt ein Mensch beim Gehen darüber nach, wie er am besten im Gleichgewicht bleibt? Wenn er etwas tragen muß, spürt er dann, in welcher Lage sich die Last am angenehmsten befördern läßt? Menschen befinden sich im Gleichgewicht, weil sie intelligent genug sind, sich ihre Last so zurechtzurücken, daß sie möglichst wenig stört – sie taumeln nicht unter einer schiefhängenden Last einher. Statt dessen verlagern sie ihren Schwerpunkt und benutzen die benötigten Muskelgruppen.

Einem Kind das Laufen zu erklären ist unnötig – es lernt es ohnehin. Niemand erklärt einem Kleinkind, wo es seine Füße hinsetzen soll oder wie man läuft, denn es könnte diese Erklärung noch gar nicht verstehen. Das Gleichgewicht ist etwas, das Gott allen gesunden Menschen mitgegeben hat, und niemand kann genau erklären, wie es kommt, daß Menschen genau wissen, wie sie sich verhalten müssen. Dieses Wissen ist im Unterbewußtsein verankert. Wir lernen zu krabbeln, zu gehen, zu rennen, auf Bäume zu klettern und schließlich auch Auto zu fahren. Die Natur gab uns unseren Gleichgewichtssinn; wir sehen ihn als selbstverständlich an. Es gibt keinen Grund, warum sich der Mensch von Natur aus im Gleichgewicht befinden sollte, das Pferd aber nicht. Wo wir auch hinschauen, jede Lebensform ist den Erfordernissen ihrer Umwelt perfekt angepaßt (Fische im Wasser, Pferde auf dem Land). Welchen Schluß kann man daraus ziehen? Es bedeutet, daß das Pferd an sich im Gleichgewicht ist und sich wohlfühlt – *das Pferd an sich.*

Menschen und Pferde sind von Natur aus im Gleichgewicht. Dieses natürliche Gleichgewicht muß erhalten werden, und das Pferd muß lernen, sich unter dem Reiter so frei zu bewegen wie ohne ihn. Die beste Methode, dies zu erreichen, besteht darin, absolut stillzusitzen. Wenn man einem Menschen einen Sack Hafer auflädt und dann an einer Ecke unerwartet kräftig zieht, gerät der Träger aus dem Gleichgewicht. Auf der einen Ecke liegt zu viel Gewicht. Ein Pferd wird sein Gleichgewicht nie finden, es sei denn, der Reiter sagt sich selbst: »Ich werde stillsitzen.« Dann wird er auch nicht auf die Nase fallen. Wer die Naturgesetze bricht, muß die Strafe dafür auf sich nehmen.

Das Gleichgewicht ist eine Ausgeglichenheit des Gewichtes – also stillsitzen. Ein Pferd, das sich im Gleichgewicht befindet, ist angenehm zu reiten und wird länger einsatzfähig sein. Wenn zwei Leute gleichzeitig ein neues Auto kaufen, und der eine fährt in der Anfangszeit nie schneller als 60 Stundenkilometer und behandelt sein Auto den Vorschriften entsprechend, während der andere alles nur erdenkliche falsch macht, wird das Auto des ersteren länger halten. Bei Pferden ist es ebenso.

Es gibt keinen Grund, warum sich Pferde von Menschen unterscheiden sollten. Wenn ein Mensch etwas tragen muß, das sein natürliches Gleichgewicht stört, paßt er sich der Last an. Menschen sind intelligent genug, um überlegen zu können, wie sie die Last am besten zurechtrücken. Wenn sie den Körper nach hinten zieht, verlagert man sie eben etwas nach vorn, um sie ins Gleichgewicht zu bringen. Pferde können leider nicht so gut nachdenken. Wenn sie es könnten, würden sie ihre Reiter zurechtrücken. Pferde können nicht denken, aber wir können es. Wir müssen für das Pferd mitdenken.

Unzählige Menschen sehen beim Reiten nach unten. Beim Autofahren würde keiner von ihnen auf diese Idee kommen. Und das, obwohl ein Auto kein Gehirn hat, nicht lebt und sich nur bewegt, wenn man es startet. Erfolg oder Versagen hängen allein vom Fahrer ab. Aus diesem Grund gibt es auch wesentlich mehr Auto- als Reitunfälle. Wenn die Menschen ihre Autos so fahren würden, wie sie ihre Pferde reiten, wären die Krankenhäuser überfüllt. Um die Ausbildung eines Pferdes erfolgreich abschließen zu können, muß der Reiter für sein Pferd mitdenken und es anleiten. Er muß begreifen, daß das Pferd eine Schöpfung Gottes ist. Wer sich dessen bewußt ist, kann keine Fehler machen. Wenn etwas schiefgeht, darf man nicht dem Pferd die Schuld geben. Schuldig ist immer der Reiter, der am selben oder am vorhergehenden Tag etwas verkehrt gemacht hat, oder ein anderer Reiter, der drei Monate zuvor einen Fehler machte, oder vielleicht auch jemand, der den Fehler schon zu Beginn der Ausbildung beging. Wenn etwas schiefgeht, muß es auf vernünftige Weise korrigiert werden. Wenn man sich in den Finger schneidet, verbindet man ja auch nicht den danebenliegenden gesunden Finger, und bei einem Plattfuß hinten rechts wäre es ebenso unsinnig, den vorderen linken Reifen zu wechseln. Was auch immer passiert oder schiefgeht, es gibt für alles einen Grund. Warum findet sich der Reiter plötzlich auf dem Boden wieder? Es muß einen Grund dafür geben. Dasselbe gilt für das Pullen eines Pferdes; auch dafür gibt es einen Grund.

Pferde wissen genau, wann sie einen strafenden Gertenhieb verdient haben, aber sie wissen auch, ob die Strafe ungerechtfertigt war. Der Wallach Coronation zum Beispiel nahm drei Tage lang keinen Zucker, weil er eines versehentlichen Stolperns wegen bestraft worden war. Wer sich wirklich bemüht, die Zusammenhänge zu begreifen, kann sich viel Ärger und Groll ersparen – und viel Frustration. Pferde wissen genau, was richtig und was falsch ist. Sie wissen, wann die Gerte zum Treiben benutzt wird. Wird ein Pferd jedoch bestraft, wenn es ohne eigene Schuld stolpert, ist es zutiefst verletzt. Manchen Leuten platzt beim Reiten der Kragen. Sie richten viel Schaden an. Ein Reiter muß sich immer unter Kontrolle haben und seine Reaktion den Erfordernissen anpassen.

Ein Pferd fühlt ebenso wie ein Mensch – es empfindet Schmerzen, reagiert nervös, wird müde, stur und aufgeregt. Hat der Reiter dies erst einmal eingesehen, wird es sich auf lange Sicht für ihn auszahlen. Er muß versuchen, sein Pferd so gut und so korrekt wie möglich zu behandeln. Wenn er die Geduld verliert und es ungerechtfertigt straft, kann es passieren, daß er ein gutes Pferd verdirbt. Ein solches Pferd verliert das Vertrauen zum Menschen. Doch dieses Vertrauen ist unerläßlich; es ist also wichtig, sich immer unter Kontrolle zu haben. Wer wütend ist, darf sein Pferd nicht strafen, denn die Strafe könnte mehr schaden als nutzen.

Absolute Grundvoraussetzung für Ballettänzer, Kunstspringer, Eiskunstläufer und Dressurreiter ist die perfekte Körperbeherrschung. Der Reiter hat nicht viel Zeit, um dem Pferd die nötigen Hilfen zu geben. Er muß auch geistig völlig entspannt und gelöst sein. Das Gehirn ist seine Kraftquelle, die alle Körperbewegungen steuert. Dies geschieht zwar unbewußt, aber es geschieht. Wenn das Gehirn nicht unter Kontrolle ist, was geschieht dann mit dem Rest des Körpers? Ein Reiter muß denken. Er muß die richtige Einstellung haben.

Ich kann malen, aber ich bin kein Rembrandt. Wenn man nur gemütlich ausreiten will, ist das in Ordnung. Wer jedoch sein Pferd zu einem höheren Leistungsstand bringen will, muß dafür sorgen, daß es Erfahrung bekommt. Es ist leicht, an die Spitze vorzustoßen, aber sehr schwer, diese Position auch zu halten. Je mehr man tut, je älter man wird, desto intensiver versucht man, sich zu verbessern. Diese Verbesserung ist jedoch nur möglich, wenn sich die Körperbeherrschung verbessert: Die Grundausbildung ist von entscheidender Bedeutung, auch wenn das Pferd nie die Lektionen des Grand Prix gehen soll. Man kann einem Pferd nicht seine eigene Sprache beibringen. Man unterrichtet es über seinen Gefühlssinn. Besonders wichtig aber ist die richtige Einstellung – das Wissen und das Vorausdenken, das man sich aneignet durch Ausdauer und harte Arbeit. »Eins-zwei-drei-Hopp« dient nur dazu, das mangelnde Selbstvertrauen des Reiters zu stärken, es hilft dem Pferd nicht beim Springen.

Pferde haben ein phänomenales Gedächtnis. Einer der Hengste aus der Spanischen Hofreitschule war acht Jahre lang fort gewesen, doch als er zurückkam, wußte er mehr als sein Reiter. Wegen dessen Unerfahrenheit mußte der Hengst versuchen, seine Wünsche zu erraten, doch er wußte immer noch genau, was zu tun war. Pferde vergessen Gutes nicht, aber auch Schlechtes bleibt ihnen immer im Gedächtnis. Schlechte Angewohnheiten nehmen sie allerdings immer schneller an als gute. Die schlechten dienen der Bequemlichkeit. Alle Menschen lieben ihre Bequemlichkeit. Täten sie es nicht, wäre ich arbeitslos. Pferde würden am liebsten nur fressen, herumtollen, sich wälzen, ruhen und wieder fressen. Was wären wir, wenn unsere Eltern uns nicht ständig ermahnt hätten: »Tu dies nicht; tu das nicht«, und uns somit richtig erzogen hätten? Wir könnten nicht miteinander leben. Ich habe gesehen, wie Menschen um ihr Leben rannten, ohne eine Spur von zivilisiertem Denken – wie eine Herde Schafe –, ohne auch nur einen Gedanken an Babies in Kinderwagen oder Menschen auf der Straße zu verschwenden. Jegliche Erziehung dahin! Doch erst die Erziehung macht unser Leben möglich. Es wird erwartet, daß wir uns freiwillig unterwerfen (selbst dem Finanzamt) und uns nicht gegen die Disziplin wehren. Je freiwilliger sich ein Pferd unterwirft, desto länger wird es leben.

Der Reiter sollte so still wie möglich sitzen, damit das Pferd eine Chance hat, sein Gleichgewicht zu finden. Wenn er nicht stillsitzt, wird das Pferd sich widersetzen, weil es sich unbehaglich fühlt, solange es nicht im Gleichgewicht ist. Es kann seinem Reiter nicht sagen, wie er sitzen soll. Man darf ihm keinen Grund zu einer solchen Reaktion geben. Es hat das Gefühl, der Reiter würfe sein Gewicht von einer Seite zur anderen, und regt sich mehr und mehr darüber auf. Es sagt sich: »Ich muß versuchen, von ihm wegzukommen«, und wird schneller. Wenn man einem Pferd Schmerzen bereitet, wird es versuchen, davonzulaufen.

Um vollständig stillzusitzen, muß der Reiter seinen Körper beherrschen, und auch in seinem Kopf muß vollständige Klarheit darüber herrschen, wie er seinen Körper unter Kontrolle zu halten hat. In dem Moment, in dem die Körperbeherrschung da ist, kommt das andere mehr oder weniger von selbst. Niemand, der nicht in der Lage ist, seinen eigenen Körper zu beherrschen, sollte sich einbilden, ein Pferd beherrschen zu können; dazu gehören auch sein Kopf, seine Launen und seine verschiedenen Körperteile. Es ist nicht nur eine Sache des Gleichgewichtes, sondern eine Sache der Erziehung und Schulung sowohl des Reiters als auch des Pferdes.

Die Grundlage der Dressur ist es, dem Pferd sein natürliches Gleichgewicht auch mit einem Reiter auf dem Rücken zurückzugeben. Es etwas zu lehren, erfordert Konsequenz. Wenn der Mensch schon nicht weiß, was er will, wie soll das Pferd es können? Gibt man jedoch jedesmal dieselben Hilfen für dieselbe Aufgabe, wird das Pferd sehr bald verstanden haben. Damit die Ausbildung zügig fortschreitet, ist Konsequenz unerläßlich. Wer seinen Körper nicht beherrscht, wird nie ans Ziel kommen. Diese Körperbeherrschung kann man jedoch nur auf dem Pferd erlernen – nicht zuhause auf einem Küchenhocker mit einem Buch in der Hand. Man sollte versuchen, sich stets die Einfachheit des Ganzen vor Augen zu führen. Das Pferd muß sein natürliches Gleichgewicht wiederfinden. Ein Pferd an sich ist glücklich, entspannt und im Gleichgewicht. Wer wirklich Rechtsanwalt werden *will*, hat den halben Weg schon hinter sich. Mit der Körperbeherrschung ist es ebenso. Manche Menschen besitzen von Natur aus Fähigkeiten, die sie zu guten Reitern werden lassen.

Je mehr natürliche Fähigkeiten das Pferd hat, desto weniger hat der Reiter zu tun. Ein Pferd mit guten Grundgangarten läßt sich wesentlich leichter arbeiten. Auch das Temperament spielt eine große Rolle. Temperamentsausbrüche sind immer die Folge vorangegangener schlechter Behandlung. In manchen Fällen ist der Schaden irreparabel. Man kann aus einem Pferd nur ein gutes Reitpferd machen, wenn es keine irreparablen seelischen Schäden erlitten hat. Wer ein gutes Reitpferd haben will, muß dafür sorgen, daß es seelisch ausgeglichen ist. Es darf nicht aufgeregt werden.

Wer von einem Baum springen und in der Luft einen Salto drehen will, fängt nicht an zu trainieren, indem er von einem hohen Baum springt. Er wird seine Fähigkeit Schritt für Schritt enwickeln, und erst wenn er alles unter Kontrolle hat, die Absprunghöhe allmählich erhöhen. Die Ausbildung muß in kleine Schritte aufgeteilt werden, die einander ergänzen. Jeder Mensch steigert sich allmählich, natürlich nur im Rahmen seiner natürlichen Fähigkeiten, und ob er diese vollständig ausschöpft, hängt von seinem persönlichen Ehrgeiz ab. Ein Kind, das die Grundschule besucht, bewundert »die Großen« in der Oberstufe, doch wenn es selbst die Oberstufe erreicht hat, sind die Studenten an der Universität sein Vorbild. Wenn die Anforderungen allmählich gesteigert werden, können unüberwindliche Schwierigkeiten gar nicht erst auftreten. Selbst von einem außergewöhnlich intelligenten Siebenjährigen würde niemand erwarten, daß er das Abitur besteht, doch wenn jemand ein Pferd beobachtet, das einen hohen Zaun überspringt, um seine Koppel zu verlassen, nimmt er mit ihm an allen Springprüfungen teil, die sich anbieten, ohne es vorher durch allmählich gesteigerte Anforderungen auf diese Aufgabe vorbereitet zu haben. Er sagt sich vielleicht: »Dieses Pferd ist der geborene Springer. Seht nur, wie es diesen Zaun überwunden hat.« Sechs Monate später ist das Pferd ein Wrack. Hier ist der gesunde Menschenverstand gefordert. Man kann nicht mehr von einem Pferd erwarten, als man selbst leisten könnte. Ein Mensch kann keine hervorragende geistige oder körperliche Leistung vollbringen, wenn er keine Gelegenheit hatte, sich darauf vorzubereiten. Kein Lebewesen auf der Erde ist ungerechter behandelt worden als das Pferd, und das, obwohl es zu den besten unter Gottes Geschöpfen zählt.

Wer die Anforderungen an sein Pferd allmählich steigert, muß Erfolg haben. Wenn seine angeborene Veranlagung ihm erlaubt, eine Höhe von 1,50 Meter zu überwinden, wird es niemals höher springen, selbst wenn es hundert Jahre lang geschult würde. In meiner Jugend wünschte ich mir immer, später einmal ganz groß zu sein und gut auszusehen; ich wurde aber nur 1,70 Meter groß und kann nicht das geringste dagegen tun. Es gibt Dinge, die sich nicht beeinflussen lassen. Zu ihnen gehört der Körperbau des Pferdes. Auch sein Mut, seine Beherztheit, sind nicht zu beeinflussen. Ein von Natur aus ängstliches Pferd wird im Grunde seines Herzens immer ängstlich bleiben, unabhängig davon, wie gut es geritten wird; mit korrekter Schulung kann man jedoch auch aus einem solchen Pferd das Beste herausholen.

Wenn es eine steile Schulter hat, wird es nie einen ausdrucksvollen starken Trab zeigen. Es ist einfach nicht in der Lage dazu, weil sein Exterieur es nicht erlaubt. Was das Pferd jedoch von Natur aus anbietet, kann bis zum letzten Tropfen herausgebildet werden. Man muß versuchen, die Schwächen des Pferdes herauszufinden und es dann entsprechend reiten – mit viel Geduld.

Doch zurück zur Natur. Was rettet das Pferd vor Gefahren? Seine Geschwindigkeit. Es braucht sie nicht zur Nahrungssuche, sondern nur, um seinen Feinden davonzulaufen. Da es davonlaufen muß, um zu überleben, hat die Natur es mit den entsprechenden Mitteln ausgerüstet. Aus diesem Grund müssen Pferde vorwärtsgeritten werden. In dem Moment, in dem sich jemand einem Pferd ins Maul hängt, handelt er den Anweisungen der Natur zuwider. Wenn ein Aufzug versagt, kommt man sehr schnell ins Erdgeschoß, indem man aus dem Fenster springt, anstatt darauf zu warten, daß der Aufzug repariert wird. Tatsache ist jedoch, daß man für diese Mißachtung des Gesetzes der Schwerkraft sofort bezahlen muß – im schlimmsten Fall mit dem Leben. Sobald der Mensch den Respekt vor den Naturgesetzen verliert und sein Pferd nicht mehr vorwärtsgehen läßt, wird er mit dem Verlust des Leistungsmaximums bestraft. Dies ist zwar schwer zu beweisen, aber doch eigentlich leicht verständlich. Ein Mensch ist nicht schnell genug, um einem Raubtier zu entkommen, aber er hat seine Intelligenz, um sich zu retten. Die Menschen der Vorgeschichte zum Beispiel gruben Löcher, in die die Raubtiere stürzten, und erschlugen sie dann mit Knüppeln. Um sich in Sicherheit zu bringen, muß man die Naturgesetze anerkennen; handelt man dann noch entsprechend, kann man keine Fehler machen. Vorausgesetzt, man arbeitet hart an seinem eigenen Körper.

Doch zurück an die Arbeit. Wir wissen, daß der Reiter aufrecht sitzen muß. Schenkellage – Knie dicht am Sattel und die Unterschenkel dicht am Pferdeleib. Freiübungen machen die Muskeln geschmeidiger und helfen dem Reiter, sich zu entspannen. Wir müssen versuchen, es dem Pferd mit Reiter ebenso bequem zu machen wie ohne. Wer hat noch nie einem übermütigen Pferd beim Herumtoben auf seiner Koppel zugesehen? Es ist wundervoll anzuschauen, voll Anmut und im natürlichen Gleichgewicht. Selbst ein häßliches Pferd wirkt schön, wenn es sich aufspielt.

Um ein Pferd zum Vorwärtsgehen zu bringen, muß der Reiter ihm die Hilfen dazu geben. Was sind die Hilfen? Gewicht, Schenkel, Zügel und Stimme. Nicht etwa in erster Linie Zügel. Die Zügelhilfen spielen immer eine untergeordnete Rolle. Wenn jemand die Zügelhilfen an erster Stelle erwähnt, kann man sicher sein, daß sein Pferd nicht vorwärtsgeht. An erster Stelle steht immer das Gewicht. Es ist die wichtigste und am leichtesten anzuwendende Hilfe. Um sein Gewicht einzusetzen, muß man nichts weiter tun. Man setzt sich nur hin – schon ist das Gewicht da. Das Pferd sollte lernen, dieses Gewicht zu tragen. Von dem Augenblick an, in dem das Gewicht richtig verteilt ist, fällt es dem Pferd leicht, sein natürliches Gleichgewicht wiederzufinden.

Kann die Dressur die natürlichen Fähigkeiten eines Pferdes noch verbessern? Zumindest kann sie sie kultivieren. Man kann nicht mehr aus

Man beachte die Handhaltung – Franz Mairinger auf Coronation

einem Pferd herausreiten, als ihn ihm steckt. Wenn es aufgeregt ist, wird einem nicht einmal das gelingen. Man kann seine Fähigkeiten kultivieren und bis zu einem gewissen Punkt auch verbessern, doch es ist sehr gewagt, zu behaupten, man könne es durch Gymnastizierung bis an sein natürliches Limit fördern oder sogar noch darüber hinaus. Normalerweise sind Pferde faul.

Wenn ein Pferd pullt, den Kopf schüttelt oder durchgeht, ist irgendetwas schiefgegangen. Es muß Vertrauen zu seinem Reiter haben und er zu ihm. Wenn der Reiter verlangt, daß es antritt, muß es antreten, doch man darf ihm nie zu früh zu viel abfordern – Pferde haben ein ausgezeichnetes Gedächtnis. Sie vergessen nie etwas, es ist also wichtig, ihnen von Anfang an nichts Falsches beizubringen. Sie werden es nie vergessen, selbst wenn sie lange Zeit nur auf der Weide stehen. Sie erinnern sich sofort, sobald die Arbeit aufgenommen wird.

Der Reiter muß aufrecht und still im Sattel sitzen, um korrekt einwirken zu können. Wenn man einen Mitmenschen jeden Tag an der selben Stelle kneift, wird er die Botschaft allmählich begreifen. Versucht man jedoch, ein Pferd mit täglich anderen Hilfen zum Angaloppieren zu bewegen, wird es nie begreifen, was es soll. Die einzige Möglichkeit, mit einem Pferd zu sprechen und ihm die Sprache beizubringen, ist durch seinen Gefühlssinn. Auf diese Weise wird es links abgewendet. Man wendet es jeden Tag an derselben Stelle links ab, bis es begriffen hat. Der Reiter muß fest, still und im Gleichgewicht sitzen, um dem Pferd die richtigen Hilfen geben zu können.

Er muß so bequem und so still wie möglich sitzen. Die Beine erzeugen den Impuls. Die Vorhand des Pferdes dient dazu, den von der Hinterhand ausgehenden Impuls aufzufangen. Pferde sind von Natur aus scheu und können große Geschwindigkeiten entwickeln. Dies muß der Reiter einsehen und dafür sorgen, daß sein Pferd vorwärtsgeht. Der Vorwärts-Impuls muß erhalten bleiben.

Die Schenkel des Reiters sorgen für die Erhaltung dieses Impulses und das weite Untersetzen der Hinterhand. Die Zügel führen das Pferd und dienen zur Regulierung des Tempos. Die meisten Reiter wirken fast ausschließlich mit den Zügeln ein, ohne mit Gewicht und Schenkeln zu treiben. Die drei Hilfen müssen jedoch zusammen eingesetzt werden; fein aufeinander abgestimmt. Das Pferd wird mit Gewicht und Schenkeln angetrieben und mit den Zügeln kontrolliert – Koordination der Hilfen.

Zur Verstärkung der Schenkelhilfen dienen Gerte und Sporen, und manchmal führt auch der Einsatz der Stimme zum gewünschten Erfolg. Mit der Stimme kann man ein Pferd beruhigen, und Zungenschnalzen treibt es an, weil es sich vor dem Geräusch fürchtet, doch das ist unreiterlich. Eine Gerte sollte immer getragen werden. Man braucht etwas, um dem Pferd zeigen zu können, wer der Herr ist. Wenn nötig, wird sie zur Unterstützung der Schenkelhilfen eingesetzt. Bei einem jungen Pferd, das auf die Schenkelhilfen noch nicht reagiert, benutzt man sie direkt hinter dem Schenkel, denn das ist der beste Platz.

Um sein Gewicht erfolgreich einsetzen zu können, muß der Reiter seinen Körper beherrschen – er muß entspannt sein und Gewichts-, Schenkel- und Zügelhilfen koordinieren. Das Geheimnis einer erfolgreichen Ausbildung ist in erster Linie die Körperbeherrschung, gefolgt von der Koordination der Hilfen. Wer seine Hilfen nicht aufeinander abstimmen kann, wird es nie zu etwas bringen. Aus diesem Grund gibt es auch so viele Reiter, die schlecht sitzen, aber trotzdem eine natürliche Koordinationsfähigkeit und Gelöstheit besitzen, die sie befähigt, ihre Pferde korrekt vorzustellen.

Eigentlich sollte man gar nicht von Gewichts-, Schenkel- und Zügelhilfen sprechen, denn für sich allein existieren sie überhaupt nicht – sie müssen stets koordiniert werden. Ein guter Vergleich dazu ist ein Trio, das einen Walzer, einen Rock 'n' Roll und ein russisches Wiegenlied spielt. Die Instrumente müssen stets aufeinander abgestimmt sein – erst dann werden Zuhören und Zusehen zur Freude. Für die Hilfen gilt dasselbe. Das ist jedoch nur möglich, wenn der Reiter wirklich gelernt hat, seinen Körper zu beherrschen.

Was tut man, bevor man einem Pferd eine bestimmte Bewegung abfordert? Zuerst bereitet man sich selbst darauf vor. Erst dann ist man in der Lage, kontrollierte Hilfen zu geben. Es handelt sich dabei um einen sehr kurzen, aber unerläßlichen Moment. Der Reiter muß gelassen sein, seine Nerven unter Kontrolle haben und genau wissen, was er zu tun hat. Er muß tief im Sattel sitzen, die Schenkel in der richtigen Position am Gurt, und bereit in Aktion zu treten. Zum Vorwärtsreiten wird der Schenkeldruck verstärkt, wobei die Hände in die Bewegung eingehen müssen. Dabei müssen sie möglichst stillgehalten werden. Das Gewicht auf dem Pferderükken scheint das Pferd gleichsam mitzunehmen. Der Reiter darf nie vor oder hinter die Bewegung geraten, er muß immer das Gefühl haben, das Pferd mitzunehmen. Unabhängig davon, ob es um das Anreiten im Schritt geht oder um einen 1,80 Meter hohen Sprung.

Das Gewicht muß tief im Sattel ruhen. Nicht mit den Hacken treiben, sondern mit den Waden. Wenn das nicht wirkt, erhält das Pferd einen leichten Stoß mit den Waden. Die Schenkel nicht über einen längeren Zeitraum anpressen; drükken, loslassen, drücken, loslassen. Immer stärker und stärker, wenn nötig, auch einmal mit einem leichten Stoß. Keine Gewalt anwenden, denn sie führt automatisch zu einer Versteifung, durch die das Pferd festgehalten wird und nicht mehr vorwärtsgehen kann. Nicht versteinern. Erst überlegen – man muß genau wissen, was man will.

Ein durchtrainiertes Militarypferd gibt seinem Reiter alles, was es hat – es ist auf Leistung eingestimmt und erzogen und sollte auf seinen Reiter horchen. Das ist auch der Grundgedanke der Dressur. Bei einem durchtrainierten Militarypferd reicht eine Arbeitsphase von 10 Minuten völlig aus. Pferde, die drei bis vier Stunden Arbeit brauchen, werden zwar schließlich nachgeben, was aber zum Teil nur auf ihre Erschöpfung zurückzuführen ist; oft ist es aber auch der Reiter, der als erster erschöpft ist. Man sollte sich die physische und psychische Kraft des Pferdes zunutze machen, anstatt zuzulassen, daß das Pferd sie im Kampf gegen den Reiter vergeudet.

Wie sitzt man auf einem Pferd? Das Gesäß entspannen und so tief wie möglich in den Sattel sinken. Der Oberschenkel sollte möglichst dicht am Sattel anliegen und parallel zur Pferdeschulter verlaufen. Der Oberkörper ist gerade aufgerichtet, und die Schulterblätter werden nach hinten-unten zusammengenommen. Der Kopf ist hoch erhoben; der Blick zwischen den Pferdeohren hindurchgerichtet. Die Hände stehen tief, werden stillgehalten und folgen den Bewegungen

Franz Mairinger auf Gay Pam. Sein ausgezeichneter Sitz war der Schlüssel zu seinem Erfolg. Besonders zu beachten sind der tiefe Sitz, das korrekt verteilte Gewicht und der am Pferd liegende Unterschenkel mit tiefgehaltenem Absatz.

des Pferdekopfes. Die Fäuste sind geschlossen, und die Handgelenke so eingerundet, daß die Fingernägel zum Körper des Reiters weisen. Die Handgelenke müssen sehr, sehr locker sein, und die Ellenbogen liegen nahe und ruhig am Körper. Die Bewegungen der Hilfen müssen aus dem Handgelenk kommen, nicht aus den Armen, die locker und zwanglos an den Körperseiten liegen und nicht angespannt werden dürfen. Die Absätze werden nach unten gedrückt, die Fußspitzen zeigen nach vorn. Die untere Körperhälfte muß so gelöst sein, daß jeder Körperteil unabhängig von anderen bewegt werden kann. Nur wer gerade, still und tief im Sattel sitzt und entsprechend gelöst ist, kann die Bewegungen seines Pferdes erfühlen und korrekte Hilfen geben. Die Steigbügelriemen haben die richtige Länge, wenn sich die Trittfläche des Bügels zwischen dem Knöchel und dem Stiefelabsatz befindet. Die Knöchel müssen locker sein. Die Knie liegen eng doch nicht angeklemmt am Sattel. Sehr viele Reiter reiten mit offenen Knien.

Der Reiter muß auf die Hufschläge des Pferdes lauschen. Reiten sollte so etwas sein wie Musik; der Rhythmus des Hufschlages muß dem Reiter in Fleisch und Blut übergehen.

Bei korrektem Sitz befände sich der Reiter auch ohne Pferd im Gleichgewicht. Man denke sich das Pferd unter einem richtig sitzenden Reiter weg. Er sollte sich nach wie vor im Gleichgewicht befinden und nicht Gefahr laufen, auf die Nase oder das Hinterteil zu fallen. Unabhängig von der Länge der Steigbügelriemen muß der Reiter in sich immer im Gleichgewicht sein. Die Hände werden tief getragen und die Absätze heruntergedrückt (nicht nur, weil mir persönlich das besser gefällt). Im Prinzip ist es mir völlig egal, wo ein Reiter seine Absätze hat, doch tiefgehaltene Absätze sind ein Zeichen für eine gleichmäßige Verteilung des Gewichts. Was für die Seitenansicht gilt, gilt auch für die Rückenansicht. Der Reiter hängt weder zur einen noch zur anderen Seite herunter. Von vorn betrachtet ist es genau dasselbe. Das Gewicht des Reiters muß gleichmäßig auf dem Pferderücken verteilt sein.

Tiefgehaltene Absätze weisen auf einen gestreckten Sitz hin, und ein gestreckt sitzender Reiter kann nicht in der Hüfte einknicken. Auf diese Weise äußert sich die natürliche Einseitigkeit. Sobald ein Mensch auf einem Pferd sitzt, wird es ihm als Rechtshänder schwerfallen, den rechten Absatz tiefzuhalten, denn seine linke Schulter ist höher als die rechte, was dazu führt, daß er in der rechten Hüfte einknickt; bei Linkshändern ist es umgekehrt. Wie ich bereits erwähnte, sind auch die meisten Pferde einseitig. Wir haben also zwei, die in sich schief sind und zusammen kein gerades Ganzes ergeben können. Einer von beiden muß sich also geraderichten, und zwar muß es derjenige sein, der weiß, was er will und warum. Der Reiter muß sich bemühen, seine natürliche Schiefe zu bekämpfen. Dazu muß er sich mit gleichmäßig belasteten Gesäßknochen aufrecht in den Sattel setzen. Nach längerem Reiten haben viele Menschen häufig das Gefühl, schwerer auf dem linken Gesäßknochen zu sitzen als auf dem rechten. Doch der Körper des Reiters ruht genau oberhalb der Gesäßknochen – zumindest sollte er das – und darf weder zur einen noch zur anderen Seite geneigt sein. Je gleichmäßiger das Gewicht verteilt ist, desto leichter fällt es dem Pferd, sich damit abzufinden, und schließlich wird es sein natürliches Gleichgewicht wiedererlangen und so traben und galoppieren, daß es aussieht, als täte es alles aus freien Stücken.

Das Pferd muß den Reiter ins Gleichgewicht bringen, nicht umgekehrt. Ein Reiter kann niemals ein Pferd ins Gleichgewicht bringen. In einer Reihe von Büchern ist zu lesen, der Reiter müsse bestimmte Dinge tun, um sein Pferd ins Gleichgewicht zu bringen. Das geht nicht. Es ist mechanisch und physikalisch unmöglich. Die Last kann nie ihren Träger ins Gleichgewicht bringen. Es ist der Träger, der die Last ausbalanciert. Das Pferd stellt keine Ausnahme dar, doch da es leider vier Beine hat und auch unter schlechtesten Bedingungen bereit ist, herumzulaufen und einen Reiter zu tragen, sind viele Leute der Meinung, das Richtige zu tun. Doch ein Reiter sollte immer vorausdenken und seinen gesunden Menschenverstand benutzen.

Es ist natürlich sehr schwer, den gesunden Menschenverstand einzusetzen, denn er wird den Reiter dazu veranlassen, einen anderen Weg einzuschlagen und nicht dem Pferd die Schuld zu geben. Als allererstes muß ein Reiter in der Lage sein, vollkommen still zu sitzen, und wenn er dieses Ziel erst einmal erreicht hat, braucht ihm kein Lehrer und kein Buch mehr zu sagen, was er mit seinem Gewicht tun soll. Er wird es selbst herausfinden.

Die meisten Bücher befassen sich mit den Feinheiten, ohne daß betont wird, daß der Reiter zuerst lernen muß, still und gelöst zu sitzen. Doch die »Feinheiten« sind wirkungslos, wenn der Sitz nicht korrekt ist. Alles sollte gestreckt sein, vom Kopf über die Hände bis zu den Schenkeln. Der Körper ist vollkommen still, und der Reiter muß das Gefühl haben, in das Pferd hineinzusinken, bis sich sein Körper in der Längsachse zu teilen droht. Dies ist das angestrebte Ziel. Es ist zwar unerreichbar, aber es muß zumindest angestrebt werden. Alles ist vollkommen still, und – was besonders wichtig ist – die Hände sind ein Teil des Sitzes. Das bedeutet, daß Körper und Hände gemeinsam vom Pferd vorwärtsbewegt werden und nicht etwa als unabhängige Einheiten.

Die treibende Wirkung der Schenkel soll das Pferd dazu bringen, mit der Hinterhand unter den Schwerpunkt zu treten. Dabei müssen die Hände dicht am Körper stehen, denn andernfalls wäre die Verbindung unterbrochen, und die Hilfen kämen nicht mehr durch. Das Pferd muß gegen die Hand getrieben werden. Körper und Hände müssen dabei eine Einheit bilden, denn sonst kann ein Auseinanderfallen des Pferdes nicht verhindert werden. Das klingt zwar ziemlich kompliziert (womit ich dem Leser keinesfalls Dummheit unterstellen will), ist aber durchaus zu verstehen, sobald man es einmal *gefühlt* hat. Ich weiß, was ich zu erklären versuche. Fühlen ist ein Lernvorgang wie alles andere auch. Ich kann immer wieder erklären, wie sich etwas *anfühlt*, was der Schüler sicher auch versteht, doch wissen wird er es erst, wenn er es selbst gefühlt hat. Erst, wenn er sagen kann: »Ja, jetzt habe ich es auch gefühlt.«

Durch Zusehen läßt sich vieles erfahren, wenn man auf die Harmonie zwischen Reiter und Pferd achtet – die Harmonie der Bewegung, die Harmonie der Übergänge und so weiter. Außerdem kann man feststellen, ob Kopf und Hände des Reiters unabhängig voneinander agierende Einheiten sind. Wenn die Hände eine Einheit bilden und nicht mit dem Körper und den Schenkeln koordiniert werden, wird es dem Reiter nie gelingen, sein Pferd am Auseinanderfallen zu hindern. Das ist sehr einfach. Wenn die Hände nicht ein Teil des Sitzes sind, können sie nicht stillstehen. Sie sind ständig in Bewegung, und die treibende Einwirkung entlädt sich in der Vorwärtsbewegung. Das ist, als wollte man ein Faß ohne Boden füllen. So kann man natürlich reiten, solange das Pferd oder man selber lebt; Erfolg wird man damit jedoch nicht haben, denn bei jedem Treiben wird sich das Pferd aufrollen, und anfangs wird es versuchen, den Kopf nach oben herauszudrücken. Wenn der Reiter seine Schulterblätter nicht zurücknimmt und die Ellenbogen dicht an den Körper legt – er darf sie natürlich nicht anklemmen, sondern muß sie locker anlegen –, gibt es für ihn keine Möglichkeit, den Widerstand des Pferdes zu überwinden, denn sobald es den Unterkiefer vorschiebt, gehen auch die Hände des Reiters nach vorn. Und wenn das Pferd nur diesen kleinen Erfolg erzielt, hat es schon gewonnen, und der Reiter ist der Verlierer.

Hände und Körper müssen also eine Einheit bilden, und beim Treiben muß das Ganze zusammenwirken; vor allem dürfen die Hände nie vor oder hinter die Bewegung geraten, sondern müssen das Pferd immer »mitnehmen«. Der ganze Körper muß in die Bewegung eingehen. Während des Unterrichts betone ich auch immer wieder, daß beide Körperseiten gleich stark gestreckt werden müssen. Das Gewicht muß gleichmäßig verteilt sein. Besonders wichtig ist, daß nicht ein Bein kürzer ist als das andere, denn wenn das Pferd sich steifmacht, setzt es den Reiter so hin, daß er zwangsläufig in der Hüfte

Abb. 5: Dieser Reiter knickt in der linken Hüfte ein; dadurch verkürzt sich automatisch sein linkes Bein.

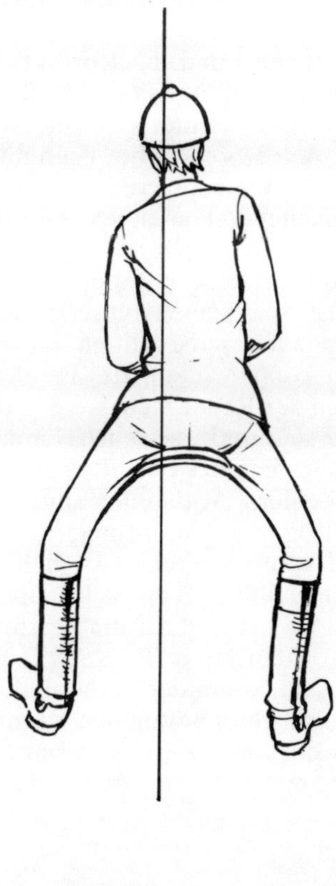

einknickt, vor allem in Wendungen. Aus diesem Grund sollte der Reiter auch in Wendungen und beim Schenkelweichen die innere Körperhälfte stärker strecken, ohne dabei mehr Gewicht auf diese Seite zu verlegen oder den inneren Schenkel länger zu machen, denn das würde die Gewichtsverteilung entscheidend verändern. Um die Außenseite des Pferdes zu strecken (in Wendungen, auf dem Zirkel, beim Schenkelweichen etc.) knicken viele Reiter in der inneren Hüfte ein, wodurch sich das innere Bein verkürzt und sich das Gewicht nach außen verlagert. Richtig ist es, das innere Bein zu strecken, wobei es jedoch nicht länger werden darf als das äußere; beide Beine müssen stets gleich lang sein. Das bedeutet, daß man sich auf der Innenseite strekken muß, sei es bei einer einfachen Wendung, beim Schenkelweichen oder welcher Übung auch immer. Der Druck auf die Trittfläche des Bügels kann dabei etwas erhöht werden. Das bedeutet aber nicht, daß der Schenkel dadurch kräftiger einwirkt. Den verstärkten Druck kann man erzielen, indem man sich einfach etwas stärker auf den inneren oder äußeren Gesäßknochen setzt, doch das soll niemand sehen können – diese Gewichtsverlagerung vollzieht sich innerhalb des Körpers. Es muß jedoch immer darauf geachtet werden, daß nicht eine Körperhälfte stärker gestreckt wird als die andere.

Die Festigkeit und die Korrektheit des Sitzes sind entscheidend für das Wohlbefinden des Pferdes, denn sie erleichtern es ihm, sein Gleichgewicht zu finden, sich zu bewegen und seine Muskeln ungestört einzusetzen. Aus diesem Grund muß der Reiter fest, aber gelöst und still im Sattel sitzen. Ein weiterer Grund ist, daß nur aus einem gefestigten Sitz eine konsequente Hilfengebung möglich ist. Wer keine Kontrolle über seinen Sitz hat, wird auch seine Hilfen nicht kontrolliert einsetzen können, denn das ist einfach unmöglich. Wenn der Reiter nicht weiß, wo seine Schulterblätter sind und was seine Hände gerade tun, wie um alles in der Welt soll er sich dann seinem Pferd mitteilen? Schließlich sind die Hilfen die einzige Kommunikationsmöglickeit. Je deutlicher und konsequenter – das heißt, immer mit denselben Hilfen – er sich ausdrückt, desto schneller wird das Pferd ihn verstehen und sich auf ihn konzentrieren. Es weiß, daß es etwas zu bedeuten hat, wenn der vorher stillsitzende Reiter plötzlich eine Bewegung macht. Bewegt er sich aber die ganze Zeit, gewöhnt sich das Pferd daran und nimmt keine Notiz mehr davon. Wenn es ständig getrieben und gestoßen wird, muß man es mit groben Hilfen aufwecken, damit es begreift, daß die neuerlichen Stöße einen bestimmten Grund haben; vorher wurde es ja nur so bearbeitet, weil der Reiter nicht wußte, was seine Füße taten. Schon der gesunde Menschenverstand erfordert eine konsequente Hilfengebung.

Viele Reiter sind sich der einfachen Tatsache nicht bewußt, daß sie dazu neigen, dem Pferd die Schuld zu geben, weil es ein eigenes Denkvermögen und einen eigenen Willen hat. »Er kapiert einfach nicht«, »Er will einfach nicht.« Ich habe zwar schon von Golfspielern gehört, die in einem Wutanfall ihre Golfschläger zerbrachen, habe aber noch nie erlebt, daß jemand einen Golfball verfluchte, weil er nicht ins richtige Loch rollte. Allerdings habe ich schon viele Reiter erlebt, die ihre Pferde verfluchten, weil sie nicht über das richtige Hindernis sprangen.

Die Hände müssen immer in die Vorwärtsbewegung eingehen. Die meisten Australier sind der Ansicht, ein Pferd stünde am Zügel, wenn es pullt wie ein Eisenbahnzug. Das ist natürlich falsch. Es sollte sich anfühlen, als wären die Zügel ein leicht gespanntes Gummiband, an dem man den Druck verstärken und wieder nachlassen kann. Das Wichtige dabei ist, das Pferd mit dem Gewicht vorwärtszuschieben, ungefähr so, wie ein großer, dicker Mann einen kleinen, schmächtigen vom Hof schiebt. Das Pferd wird die Anlehnung suchen und von selbst an das Gebiß herantreten.

Die Fäuste müssen geschlossen sein. Das Pferd darf sich nicht den Zügel holen können, wann immer es will; der Reiter ist der Boss, und das Pferd hat zu tun, was er will. Die Schenkel treiben es an das Gebiß. Die Wirkung der Schenkel muß wie ein elektrischer Strom über die Hände zum Gebiß fließen.

Jetzt, nachdem das Pferd am Gebiß steht, muß man sich überlegen, was man mit ihm anfangen will. Das Gefühl dafür erwirbt man durch praktische Erfahrung. Man kann es zwar auch in jedem Buch nachlesen, aber das ist wenig sinnvoll. Man muß es selbst ausprobieren und selbst das Gefühl entwickeln.

Einige Freiübungen für Reiter

Diese Übungen werden zuerst im Halten ausgeführt und später im Schritt und auch im ausgesessenen Trab (immer im Takt mit den Bewegungen

des Pferdes).
1. Einen Arm rückwärts kreisen lassen. Still und aufrecht sitzen. Den Kopf stillhalten und nach vorn schauen. Glücklich aussehen – der gequälte Gesichtsausdruck muß verschwinden – und lächeln. Die andere Schulter und den Kopf stillhalten. Dann den anderen Arm kreisen lassen. Schließlich beide Arme abwechselnd kreisen lassen wie die Flügel einer Windmühle.

2. Die Füße in Richtung Pferdeleib kreisen lassen. Sie auswärts kreisen zu lassen, hat wenig Sinn, da sie schon von sich aus eine Tendenz in diese Richtung zeigen.
3. Die Unterschenkel abwechselnd vor- und zurückschwingen. Die Oberschenkel müssen still liegenbleiben.
4. Arme ausschütteln, Beine ausschütteln.

Zusammenfassung

1. Die Natur sorgt immer dafür, daß maximale Leistung mit minimalem Aufwand erreicht werden kann. Ein frei laufendes oder springendes Pferd setzt seine Muskeln so ein, wie es ihm am besten bekommt. Es wölbt zum Beispiel über einem Hindernis den Rücken auf. Auf diese Weise ist es nach der Landung bereit zum Weitergaloppieren und landet so weich wie möglich.

2. Den Naturgesetzen kann man nicht zuwiderhandeln, ohne Schaden anzurichten oder zumindest einen Teil des Leistungspotentials zu vergeuden. Ein Pferd, das unter einem schlecht sitzenden Reiter springen muß, wird seinen Rücken wegdrücken und deshalb nicht so hoch springen, und die harten Landungen werden seine Sehnen überstrapazieren, was auf lange Sicht zur Unbrauchbarkeit führen kann.

3. Die Schulung des Pferdes hat den Sinn, es zu lehren, sich mit einem Reiter ebenso zu bewegen wie ohne ihn. Da dabei gegen kein Naturgesetz verstoßen wird, sollte das Pferd viele Jahre lang gesund und leistungsfähig bleiben. Der wichtigste Grund für eine fundierte Ausbildung ist daher die verlängerte Gebrauchsfähigkeit.

4. Um sich angenehm reiten zu lassen, muß das Pferd gehorsam (erzogen), gelöst und fit sein. Je freiwilliger es sich seinem Reiter unterordnet, desto leichter läßt es sich reiten. Außerdem verschwendet es keine Kraft im Kampf gegen den Reiter.

5. Die Grundausbildung ist immer gleich, ohne Rücksicht auf die später angestrebte Spezialisierung auf eine Disziplin. Das Pferd muß im Gleichgewicht sein, am Zügel stehen, gehorchen und losgelassen gehen. Erst dann kann die Spezialisierung erfolgen. Ein gut geschultes Pferd ist das Ergebnis harter Arbeit und einer guten Körperbeherrschung seines Ausbilders.

6. Das Gleichgewicht ist die Ausgewogenheit des Gewichtes. Gott hat allen Menschen und Tieren ein natürliches Gleichgewicht gegeben. Menschen können nicht erklären, wie sie ihr Gleichgewicht halten, denn dafür ist das Unterbewußtsein zuständig.

Pferde sind ebenso wie Menschen von Natur aus im Gleichgewicht. Wenn wir es schaffen, beim Reiten das Gleichgewicht zu halten, indem wir gerade und still sitzen, ermöglichen wir es dem Pferd, sein natürliches Gleichgewicht wiederzufinden, ohne daß es sich dazu besonders anstrengen müßte.

7. Um stillsitzen zu können, muß der Reiter eine nahezu perfekte Körperbeherrschung entwickeln, ebenso wie ein Ballettänzer oder ein Eiskunstläufer. Diese Körperbeherrschung ist jedoch nur möglich, wenn der Reiter auch psychisch entspannt ist und seine innere Einstellung stimmt.

8. Um die Ausbildung erfolgreich abschließen zu können, muß der Reiter für sein Pferd denken und es anleiten. Er darf es nicht für Fehler verantwortlich machen. Schuld ist immer der Reiter – ob man nun am selben oder am vorigen Tag einen Fehler gemacht hat oder jemand anders, der das Pferd vor sechs Monaten ritt – die Schuld liegt immer beim Reiter. Er muß versuchen, die Ursache zu ermitteln und den Fehler sanft aber konsequent und vernünftig korrigieren. Ein Pferd darf nie für etwas bestraft werden, an dem es keine Schuld hat – Pferde sollten ohnehin nur in Ausnahmefällen bestraft werden; sinnvoller ist es, auftretende Fehler konsequent zu korrigieren. Geschulte Pferde wissen, daß der Schenkeldruck das Zeichen zum Vorwärtsgehen ist. Reagiert das Pferd einmal nicht, wird es mit der Gerte ermahnt, zuerst nur leicht, doch wenn es die Hilfen weiterhin ignoriert, auch einmal stärker.

9. Um das Pferd für leichte Hilfen empfänglich zu halten, sollte immer eine Gerte getragen werden – natürlich auch, um Ungezogenheiten, wie etwa das Ausbrechen in Richtung Stall, zu bestrafen.

10. Wer die Beherrschung verliert und seine Wut am Pferd ausläßt, schafft sich unzählige Probleme, denn damit zerstört er das Vertrauen des Pferdes in seinen Reiter. Besser ist es, abzusitzen und das Pferd zu führen, bis man sich wieder unter Kontrolle hat. Man darf nicht vergessen, daß Pferde ein ausgezeichnetes Gedächtnis haben und sowohl Gutes als auch Schlechtes nicht vergessen. Man kann einem Pferd nicht sagen: »Es tut mir leid, bitte verzeih mir. Es soll nicht wieder vorkommen.« Eine einzige ungerechte Handlung wirft die Ausbildung um Wochen zurück.

11. Ein vernünftig ausgebildetes Pferd wird leisten, wozu es fähig ist. Einige Dinge, wie zum Beispiel das Exterieur, können jedoch nicht verbessert werden, aber man kann auch ungünstig gebaute Pferde dazu bringen, ihr Bestes zu geben.

12. Welche Hilfen gibt es? Gewicht, Schenkel, Zügel und Stimme. Die wichtigste und die am leichtesten anwendbare Hilfe ist das Gewicht. Der Reiter braucht dabei nichts zu tun; er muß sich nur tief in den Sattel setzen, den Rest übernimmt die Schwerkraft. Als nächstes folgen die Schenkel und schließlich – weich geführt – die Zügel.

13. Kann die Dressur die natürlichen Fähigkeiten eines Pferdes verbessern? Zumindest kann sie sie kultivieren und bis zu einem gewissen Grade auch verbessern. Sie kann jedoch kein Pferd über seine natürlichen Grenzen hinaus fördern.

14. Um konsequente Hilfen geben zu können, muß der Reiter still und im Gleichgewicht sitzen. Er muß darauf vorbereitet und seelisch

und körperlich entspannt sein. Wichtig ist auch, daß er weiß, was er will. Die drei Arten von Hilfen müssen koordiniert werden. Das Gewicht gibt die Nachricht über den Rücken an die Hinterbeine weiter. Der Reiter muß tief im Sattel sitzen und die Unterschenkel in der richtigen Lage am Gurt anlegen. Zum Anreiten wird der Druck der Unterschenkel kurz und scharf verstärkt, und die stillgehaltenen Hände gehen in die Bewegung ein. Der Reiter soll das Gefühl haben, das Pferd »mitzunehmen«; er darf nie vor oder hinter die Bewegung geraten.

15. Keinen langanhaltenden Schenkeldruck geben. Drücken und loslassen, und wenn nötig wiederholen. Zu starkes »Arbeiten« auf dem Pferd führt zu Steifheiten. Die hinter dem Schenkel eingesetzte Gerte ermahnt das Pferd zur Aufmerksamkeit.

16. Der korrekte Sitz ist auf den Seiten 59 bis 60 beschrieben. Die Knöchelgelenke müssen locker sein. Knie und Unterschenkel müssen am Pferdeleib anliegen. Der Reiter muß so sitzen, daß er auch ohne Pferd im Gleichgewicht wäre, ohne Rücksicht auf die Bügellänge. Hände und Absätze werden tiefgestellt. Wenn beide Absätze gleichmäßig tief stehen, ist der Körper gerade. Wegen der natürlichen Schiefe des Menschen muß darauf besonders geachtet werden.

17. Wie bereits erwähnt, ist es der Reiter, der als erster seine natürliche Schiefe bekämpfen muß. Er ist die Last und kann sein Pferd, ihren Träger, nicht ins Gleichgewicht bringen. Es geht nur umgekehrt. Deshalb muß der Reiter aufrecht und still sitzen, so daß das Pferd sich und seine Last ins Gleichgewicht bringen kann.

18. Die Hände sind ein Teil des Sitzes; die Ellenbogen liegen am Körper, sie dürfen jedoch nicht angepreßt werden, und die Schulterblätter werden zurückgenommen. Wenn sich das Pferd dann weigert, an das Gebiß heranzutreten, kann der Reiter sich diesem Widerstand entgegenstellen. Bei unruhiger Handhaltung wird es dem Pferd immer wieder gelingen, sich den Zügel zu nehmen und sich auf irgendeine Weise zu drücken. Das Herantreten an das Gebiß bedeutet zusätzliche Arbeit für das Pferd, die es natürlich zu vermeiden sucht, wenn sich ihm die geringste Chance dazu bietet.

19. Besonders wichtig ist, daß die Arme dicht am Körper anliegen und die Hände dicht zusammenstehen, denn sonst geht die Einheit zwischen Händen und Wirbelsäule verloren. Diese Einheit des Körpers in Verbindung mit korrekten Schenkelhilfen sorgt – über den Rücken des Pferdes – für ein weites Untertreten der Hinterbeine.

20. Nicht vor und nicht hinter die Bewegung geraten. Der als eine Einheit funktionierende Körper des Reiters muß das Pferd quasi »mitnehmen«.

21. Das Gewicht muß gleichmäßig verteilt werden. Durch die Fliehkraft verlagert sich das Gewicht in Kurven nach außen. Um dem entgegenzuwirken, muß die innere Körperhälfte etwas stärker gestreckt werden. Auf diese Weise soll nur die gleichmäßige Gewichtsverteilung gesichert, keinesfalls aber die Innenseite stärker belastet werden. Auch in Wendungen müssen beide Beine gleich lang sein. Wenn ein Bein länger herabhängt als das andere, ist der Reiter in der Hüfte eingeknickt.

22. Die Korrektheit des Sitzes hat einen entscheidenden Einfluß auf das Wohlbefinden des Pferdes – nur unter einem korrekt sitzenden Reiter kann es sein Gleichgewicht finden, sich bewegen und seinen Körper einsetzen, ohne ständig dabei gestört zu werden. Außerdem muß der Reiter fest und gerade sitzen, um richtig einzuwirken. Jede Bewegung eines seiner Körperteile soll dem Pferd eine bestimmte, eindeutige Botschaft übermitteln. Wenn die Botschaft nicht eindeutig war, darf nicht dem Pferd die Schuld zugeschoben werden, wenn es sie nicht versteht.

23. Wenn das Pferd durch die treibenden Hilfen an das Gebiß herangetreten ist, sollten die Zügel sich anfühlen wie ein leicht gespanntes Gummiband.

24. Die Fäuste müssen stets geschlossen sein. Das Pferd darf nicht die Zügel herausziehen können, wann immer es ihm paßt.

25. Einige Freiübungen, die die Losgelassenheit des Reiters fördern.

Sechstes Kapitel

Einfache Lektionen und ihre Hilfen

Kommen wir zu den verschiedenen Hilfen für die verschiedenen Lektionen. Erst muß ich jedoch noch einige Worte zu den Gangarten des Pferdes sagen. Jeder Reiter muß wissen, wie viele Gänge sein Pferd hat. Pferde bewegen sich im Schritt, Trab oder Galopp. Beim Schritt kann es sich um versammelten Schritt, Mittelschritt, starken Schritt oder den Schritt am langen Zügel handeln. Eines darf jedoch nicht vergessen werden: Man kann einem Pferd nichts beibringen. Es kann von Natur aus im Schritt gehen, traben, galoppieren, springen usw. Wir können ihm keine dieser Bewegungen beibringen, aber wir können es so erziehen, daß es sie so ausführt, wie der Reiter es verlangt. Es muß so schnell oder so langsam gehen, wie der Reiter es wünscht. Das ist das Ziel der Ausbildung.

Im Schritt ist die Fußfolge 1-2-3-4 – links hinten, links vorn, rechts hinten, rechts vorn. Das ist eine in sich abgeschlossene Folge, in der der Takt stimmen muß. Aufgabe des Reiters ist es, den Takt zu erhalten. Wer sein Pferd beobachtet und die Schritte zählt, wird sofort merken, wenn der Takt verlorengeht. Dabei hilft ihm der Takt der nachfolgenden Schritte. Das ist wie Musik. Die Schrittfolge wird so lange wiederholt, bis der Reiter etwas anderes verlangt. Im Schritt geht die Reinheit des Ganges am leichtesten verloren – aus dem einfachen Grund, weil es im Schritt keine Schwebephase gibt. In der Schwebephase befinden sich alle vier Hufe in der Luft; dennoch kann sich die Schrittfolge von 1-2-3-4 zu 1--2-3--4 verändern. Die 1 und 2 rücken ebenso zusammen wie die 3 und 4, und je dichter sie aufeinanderfolgen, desto mehr nähert sich die Gangart dem Paß.

Einmal sah ich mir mit Tina Wommelsdorf einen ausländischen Film an, in dem ein Pferd vorkam, das während der fliegenden Wechsel nicht geradegerichtet war. Tina sagte: »Sehen Sie sich den an, er reitet auf einer Olympiade, und sein Pferd ist nicht geradegerichtet. Warum stellen Sie sich bei mir nur immer so an?« Nur weil dieses Pferd im Film nicht geradegerichtet war, ist das noch lange kein Grund, das eigene auch schief gehen zu lassen. Zudem wäre es wahrscheinlich besser bewertet worden, wenn es gerade gewesen wäre.

Dasselbe gilt für die Reinheit des Ganges. Oft sieht man Pferde in hohen Dressurprüfungen, sogar bei den Olympischen Spielen, bei denen der Schritt die schwächste Gangart ist, aber daraus sollte man nicht den Schluß ziehen, daß die Schrittarbeit vernachlässigt werden darf. Ganz im Gegenteil. Die meisten Leute schenken dem Schritt nicht genug Beachtung, weil sie unkonzentriert sind oder ihn für unwichtig halten. Wer jedoch sein Pferd in einer Prüfung im klaren Schritt vorreiten kann, hat schon einen Punktevorsprung. Die Tatsache, daß Pferd und Reiter für die Olympischen Spiele noch nicht gut genug sind, ist eine andere Sache; was nicht ist, kann noch werden.

Vor dem Anreiten im Schritt muß der Reiter sich vorbereiten. Das Pferd steht unbeweglich. Beide Unterschenkel üben gleichzeitig Druck aus. Der Reiter sitzt gerade, läßt sein Gewicht in den Sattel sinken, übt Schenkeldruck aus und lädt das Pferd gewissermaßen zum Antreten ein. Die Knie liegen am Sattel. Die Unterschenkel, etwa vier Fingerbreit unterhalb des Knies, üben Druck aus. Zuerst leicht, wenn nötig etwas stärker. Die Knie müssen am Sattel bleiben und das Gewicht im tiefsten Punkt. Wenn das Pferd antritt, hat es die Hilfe verstanden. Dann wird es sofort in Ruhe gelassen. Es wird nicht mit ständig fordernden Unterschenkeln belästigt. Man sagt ihm, was es tun soll, und läßt es dann in Ruhe. Schließlich soll es freudig gehorchen. Wenn man jeden Schritt mühsam heraustreiben muß, ist das Reiten genauso anstrengend wie das Laufen. Man geht also nur in die Bewegung ein und

Oben: Versammelter Schritt. Reiter: Ron Paterson

Unten: Arbeitstrab. Franz Mairinger auf Gay Pam

Trab am langen Zügel. Reiter: Ron Paterson

wiederholt, wenn es nötig ist, seine Forderung.

Die nächsthöhere Gangart ist der Trab. Die Fußfolge ist 1-2, und zwischen jedem Auffußen eines diagonalen Beinpaares liegt eine Schwebephase, bei der kein Huf den Boden berührt. Zum Antraben wird derselbe leichte Schenkeldruck angewendet. Anfänger geben diese Hilfe häufig etwas grob, doch schon nach drei Monaten ist ihnen der leichte Schenkeldruck in Fleisch und Blut übergegangen. Wenn das Pferd antrabt, wird es in Ruhe gelassen. Der Reiter darf es nicht bei jedem Schritt mit den Waden belästigen; er muß stillsitzen. Wenn er erst einmal anfängt, es ununterbrochen zu treiben, wird er dies immer tun müssen, um es in Gang zu halten; Stillsitzen ist also gefordert. Natürlich wird ein junges Pferd anfangs noch nicht von selbst laufen, aber spätestens nach drei Monaten hat es begriffen, was es tun soll.

Das Antraben geht genauso vor sich wie das Anreiten im Schritt. Die Unterschenkel schieben das Pferd vorwärts. Der Reiter sitzt still und verändert seine Haltung nicht. Er treibt bei tiefen Absätzen und flach am Sattel liegenden Knien mit den Unterschenkeln. Die Fäuste stehen still. Wenn das Pferd an den Zügel gestellt werden soll, treibt er es gegen die stillstehenden Fäuste. Aber wie soll ein Pferd jemals begreifen, was es tun soll, wenn die Hände des Reiters mal hier sind und mal dort? Hier ist einmal mehr der gesunde Menschenverstand gefordert und ein Reiter, der auch einmal zugeben kann, daß die Schuld für einen Fehler bei ihm lag.

Je feiner die Hilfen gegeben werden, desto weniger anstrengend ist das Reiten. Hat das Pferd die Bedeutung der Hilfen erst einmal begriffen, können sie immer mehr verfeinert werden, was das Reiten zu einer angenehmen Beschäftigung werden läßt. Man kann den Ritt genießen, stillsitzen und das Arbeiten dem Pferd überlassen.

Der Galopp ist eine Bewegung im Dreitakt, die entweder vom linken oder vom rechten Vorderbein angeführt wird. Beim Linksgalopp beginnt der Galoppsprung mit dem rechten Hinterhuf, es folgt die Diagonale – links hinten und rechts vorn – dann kommt der linke Vorderhuf und danach kommt nichts mehr. Nach Ablauf dieser Bewegungsfolge befindet sich das Pferd in der Luft – in der Schwebephase. Und schon folgt

Arbeitsgalopp. Reiter: Jim Delamont

der nächste Galoppsprung 1-2-3, 1-2-3, doch die Hufschläge folgen so schnell aufeinander, daß man, anders als im Schritt und Trab, kaum mitzählen kann. Man kann aber die drei Hufschläge als einen zählen. Mein alter Ausbilder zählte immer 1,1,1,1,1. Aus demselben Grund habe ich mir angewöhnt, mit Hopp, hopp, hopp mitzuzählen. Das Prinzip ist das Gleiche. Ein Galoppsprung folgt auf den anderen.

Ich fragte einmal einen Schüler: »Auf welcher Hand galoppiert Ihr Pferd?« Er schaute nach unten und fragte zurück: »Ist das denn überhaupt Galopp?« Daraufhin hielt ich ihm einen kleinen Vortrag und erklärte ihm den Unterschied zwischen den Gangarten und fragte beim nächsten Galopp wieder: »Wie galoppiert Ihr Pferd denn nun?« »Geradeaus«, war die triumphierende Antwort. Diesem Burschen war einfach nicht beizukommen.

Das erste Bein, das sich bei einem Pferd im Linksgalopp bewegt, ist das rechte Hinterbein – 1, gefolgt von der Diagonalen – 2, gefolgt vom führenden Vorderbein – 3. Für einen Sekundenbruchteil wird die ganze Last vom rechten Hinterhuf gestützt, dann folgt die Diagonale mit der Dreibeinstütze. Ein Huf hebt wieder ab – Zweibeinstütze. Ein weiterer wird aufgesetzt – Dreibeinstütze. Die Diagonale hebt ab – Einbeinstütze links vorn, und dann schwingt schon die Hinterhand zum nächsten Galoppsprung nach vorn. Für den Reiter ist dies der entscheidende Augenblick. In dem Moment, in dem die Hinterhand nach vorn gebracht wird, wird der Reiter am stärksten geworfen. Dies ist der Augenblick der Wahrheit. Der Sitz darf sich nicht verändern. Als nächstes hebt der linke Vorderhuf vom Boden ab, und es folgt die Schwebephase.

Im Galopp liegt das äußere Bein des Reiters hinter dem Gurt, das innere am Gurt. Der äußere Schenkel treibt das äußere Hinterbein nach vorn und entwickelt so die Bewegung, die den Galoppsprung einleitet. Dazwischen verstreicht kaum Zeit – Ta-dam. Wenn der Reiter nicht gelöst genug ist und schnell reagiert, läuft ihm das Pferd davon. Was immer man auch anstellt mit dem Pferd, das Ziel ist nur seine Gymnastizierung und sonst nichts. Jegliche Reiterei dient der Gymnastizierung, und das Pferd wird versuchen, sich davor zu drücken. Es wäre schön dumm, wenn es das nicht täte. Der Reiter muß großzügig genug sein, um auch einmal zugeben zu können: »Schön, diesmal hast du gewonnen.« Aber jedesmal, wenn er gewinnt, ist es ihm gelungen, das Pferd etwas mehr zu gymnastizieren. Dies gelingt immer besser und besser, bis sich das Tier schließlich daran gewöhnt hat und keine Veranlassung mehr sieht, sich zu drücken.

Der Druck muß dort ausgeübt werden, wo das Pferd ihn erwartet. Beidseitiger Schenkeldruck für Schritt und Trab; äußeres Bein hinter dem Gurt, inneres am Gurt für den Galopp. In dieser Position können auch die Absätze tiefgehalten werden. Drücken und loslassen. Ein langanhaltendes Anpressen der Unterschenkel ist fehlerhaft. Groß nach oben und lang nach unten; drükken, loslassen, drücken, loslassen. Ich ziehe eine Gerte den Sporen vor. Länge und Art der Sporen muß auf Reiter und Pferd abgestimmt sein. Wer Sporen benutzt, neigt dazu, sich zu sehr auf sie zu verlassen. Doch was soll man noch benutzen, wenn sich das Pferd an die Sporen gewöhnt hat?

Der Galopp ist die natürlichste Gangart. Wenn das Pferd die Hilfen nicht versteht, wird in einer Ecke angaloppiert. Geradesitzen, Gewicht etwas nach innen verlagern und das Pferd einfach mitnehmen.

Wer Fohlen auf der Weide beobachtet, wird feststellen, daß sie je nach Bedarf den Galopp wechseln, um ihr natürliches Gleichgewicht zu bewahren. Dasselbe muß für ein gerittenes Pferd gelten. Tief in den Sattel setzen und das Pferd in einer Ecke in den gewünschten Galopp »mitnehmen«. Nicht hinuntersehen, denn sonst würde sich das Gewicht auf die falsche Seite verlagern. Die Hände halten das Pferd zusammen, und der innere Schenkel ist immer der vorwärtstreibende – mit einer Ausnahme, dem Schulterherein. Das Gewicht schiebt das Pferd vorwärts. Es kann auch dazu dienen, es zu biegen. In erster Linie wird die Bewegung jedoch mit dem inneren Schenkel erzielt.

Die Hilfen müssen der geforderten Aufgabe angepaßt sein. Ein Westernpferd zum Beispiel muß anders geritten werden, aber wenn es gut trainiert ist, hat es die für seine Aufgabe nötige Schulung.

Wie pariert man wieder durch zum Trab? Äußere Zügel, innerer Schenkel. Der Galoppsprung wird mit dem äußeren Zügel leicht pariert, jedoch nicht so stark, daß sich Stellung und Biegung ändern. Durch die halbe Parade wird die Aktivität des äußeren Hinterbeines unterbunden, das bedeutet, es kommt zu keinem weiteren Galoppsprung. Beim Angaloppieren wird das äußere Hinterbein zum Vorspringen angeregt, denn diese Bewegung ist der erste Takt jedes Galoppsprunges; zum Durchparieren wird diese Bewegung (des äußeren Hinterbeins) unterbunden. Der äußere Zügel wird angenommen, ohne daß dabei Vorwärtsbewegung oder Stellung beeinträchtigt werden. Selbst bei starkem Annehmen des äußeren Zügels darf das Pferd nicht nach außen gestellt sein, denn sonst könnte es in den Außengalopp umspringen. Wer irgendwann einmal fliegende Wechsel reiten möchte, muß hier besonders vorsichtig sein. Der äußere Zügel wird vermehrt angenommen, der Reiter sitzt tief ein, und der innere Schenkel sorgt für einen fließenden Übergang in den Trab. Während des gesamten Vorganges muß vor allem darauf geachtet werden, daß sich die Stellung des Pferdes nicht verändert.

Der innere Schenkel treibt das Pferd vorwärts. Äußerer Zügel und innerer Schenkel müssen gefühlvoll und koordiniert eingesetzt werden, und je feiner die Hilfengebung ist, desto besser gelingt die Parade. Das Annehmen des Zügels geht durch den Körper hinab in den Schenkel. Tief einsitzen. Erst kommt der Zügel, dann der Schenkel. Die Galoppsprünge sollten sich nicht verkürzen – der Übergang soll so sanft ablaufen wie möglich. Die ersten Trabtritte nach dem Durchparieren sind die wichtigsten. Das Pferd darf nicht ins Laufen kommen, denn es dauert einige Zeit, es wieder in die Hand zu bekommen. Welche Fehler das Pferd auch immer hat – man muß es halten, bevor es ins Laufen kommt.

Wie pariert man ein Pferd vom Trab zum Schritt? Man sitzt tief ein und läßt die Hände nicht länger in die Bewegung eingehen, sondern stellt sie still hin. Wenn man das Gewicht tief in den Sattel sinken läßt, wird das Pferd Schritt gehen. Der Kontakt zum Pferdemaul muß dabei aber jederzeit erhalten bleiben. Wenn diese Hilfe anfangs noch nicht ausreicht, müssen die Hände gemeinsam mit dem Oberkörper minimal zurückgehen. Wichtig ist aber, zuerst das Gewicht einzusetzen und dann erst die Zügel.

Das Gewicht sinkt hinab, und der Oberkörper wird etwas stärker aufgerichtet. Beide Zügel stehen gleichmäßig an. Der Reiter muß das Pferd in jeder Bewegung »mitnehmen«, ob im Schritt,

Trab oder Galopp oder beim Springen. Der Schwung entsteht durch das Herantreiben an das Gebiß. Zum Durchparieren hört man einfach auf, in die Bewegung einzugehen. Nicht am Zügel ziehen, das Pferd könnte sich dem Zwang widersetzen.

Im Renn- oder Jagdgalopp verändert sich die Fußfolge zu 1-2-3-4. Durch die Streckung des Körpers fußt das diagonale Beinpaar nicht mehr gleichzeitig auf, sondern nacheinander, und es sind nicht länger drei Hufschläge zu hören, sondern vier – es handelt sich um eine laterale Bewegung im Viertakt. Beim Dressurreiten kommt dieser Viertakt nicht vor, weil ein derart schneller Galopp in keiner Prüfung gefordert wird. Es gibt jedoch noch eine andere Art von Viertaktgalopp, der nicht entsteht, wenn das Pferd schnell läuft, sondern nur, wenn es zu langsam wird. Im sehr langsamen, schwunglosen Galopp verändert sich die Fußfolge zu 1-2-3-4.

Beim Springen setzt das Pferd das führende Vorderbein als Abschluß des letzten Galoppsprunges vor dem Absprung auf. Dann folgt die Schwebephase. In diesem Moment wölbt das Pferd den Rücken auf, bringt die Hinterbeine weit unter den Körper und setzt zum nächsten Galoppsprung an. Er beginnt mit 1, direkt gefolgt von 2, dann schnellt es sich ab, läßt sich über das Hindernis fliegen und landet auf der anderen Seite. Die Landung erfolgt auf dem äußeren Vorderhuf, womit die Diagonale wieder vorhanden wäre. Das Aufsetzen des inneren Vorderhufs vervollständigt den Galoppsprung über das Hindernis; es folgt die Schwebephase, und erst dann kann das äußere Hinterbein zum nächsten Galoppsprung untersetzen. Während der Schwebephase berührt kein Huf den Boden, und in diesem Augenblick machen sehr viele Springreiter einen Fehler – sie stören das Pferd bei seiner Vorbereitung auf den nächsten Sprung. Sie zwingen ihm einen Absprungstil auf, der einfach unnatürlich ist. Wenn dies über einen längeren Zeitraum passiert, sind solche Pferde bald weder zu halten noch zu treiben. Sie sagen: »Nein, danke.«

Dann dauert es nicht mehr lange, bis sie stehenbleiben. Es dauert nicht mehr lange, bis sie die Hindernisse schneller angehen und schließlich darauf zustürmen. Das bedeutet, daß sie früher und früher abspringen müssen – doch irgendwann wird der Tag kommen, an dem der Absprung überhaupt nicht mehr paßt, so daß sie noch einen zusätzlichen Zwischenschritt einlegen müssen, um sich eine Möglichkeit zu verschaffen, die Hinterhand zum Absprung unter den Körper zu setzen. Das Einlegen dieses Zwischenschrittes wird zur Gewohnheit, und irgendwann wird aus ihm ein gewohnheitsmäßiges Stehenbleiben.

Mit einem Pferd mit dieser Angewohnheit sollte man das Springen lieber aufgeben. Dieselbe gewaltige Kraft, mit der sich ein Pferd über ein Hindernis schleudert, setzt es auch beim Stehenbleiben ein. Es wendet sie nur einfach anders an und legt quasi den Rückwärtsgang ein. In solch einem Fall kann keine Macht der Welt es zum Springen bewegen, denn es ist einfach zu stark.

Beim Sprung über ein Hindernis ist die Fußfolge identisch mit der des Renngalopps: 1-2-3-4, gefolgt von der Schwebephase. Im Schritt muß die Reinheit des Ganges ebenso erhalten bleiben wie im Trab und im Galopp, 1-2-3, 1-2-3 (man beginnt zu zählen, wenn der äußere Hinterhuf aufsetzt). Der Rhythmus innerhalb der einzelnen Sequenzen muß eindeutig sein, ebenso der Rhythmus zwischen einer Sequenz und der nächsten. Gefordert sind Takt und ein Gleichmaß der Bewegungen. Mein alter Ausbilder sagte oft: »Reiten ist wie lautlose Musik.«

Die klare Fußfolge von Schritt, Trab und Galopp muß stets erhalten bleiben. Es gibt Arbeitstrab und Arbeitsgalopp; Mittelschritt, Mitteltrab und Mittelgalopp; versammelten Schritt, Trab und Galopp und starken Schritt, Trab und Galopp. Welche dieser Gangarten geritten wird, spielt gar keine Rolle – auch nicht, ob sie versammelt, im Arbeitstempo oder im starken Tempo geritten werden – der Takt muß immer gleich sein. Er darf auf keinen Fall eiliger werden. Er darf sich nicht verändern.

Um dies zu verdeutlichen: Man wählt einen Punkt A und einen Punkt B, die 60 Kilometer weit auseinanderliegen, sowie mehrere gebogene Strecken, die ebenfalls 60 Kilometer lang sind, und läßt an jedem Punkt ein Auto zur gleichen Zeit losfahren, die alle mit einer Geschwindigkeit von 60 Stundenkilometern fahren. Welches Auto erreicht sein Ziel als erstes? Sie treffen natürlich alle gleichzeitig ein, weil sie alle die gleiche Entfernung zurücklegen müssen.

Um eine Gangart zu verstärken, muß das Pferd weiter ausgreifen. Je stärker es versammelt wird, desto höher wird es seine Beine heben und desto kürzer werden die Tritte, bis hin zur stärksten Versammlung in der Piaffe, in der sich das ganze Pferd nur noch auf- und abbewegt.

Der Takt ist immer derselbe, ganz gleich ob das

Franz Mairinger auf Gay Pam.

Oben: Arbeitstrab mit stärkerem Raumgriff als auf dem nächsten Foto. Die Diagonalen sind gleichmäßig, das Pferd ist im richtigen Rahmen, trägt sich selbst, und das Genick ist der höchste Punkt.

Unten: Nahezu versammelter Trab; Raumgriff deutlich geringer als im Arbeitstrab. Auch hier ist das Genick der höchste Punkt.

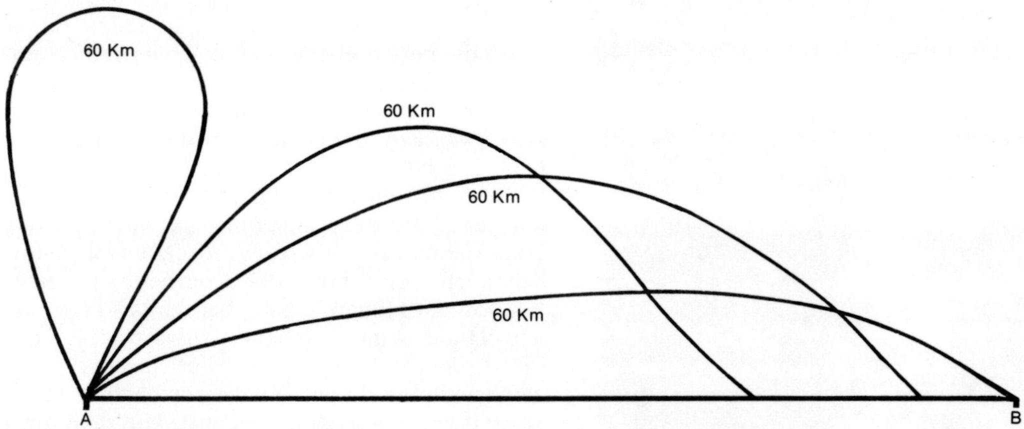

Abb. 6: Fahrstrecken

Pferd im Arbeitstrab, im versammelten Trab, in der Piaffe oder im starken Trab geritten wird. Davon gibt es nur zwei kleine Ausnahmen, und diese Ausnahmen sind der starke Trab und der starke Galopp. Die Fußfolge im Schritt ist 1-2-3-4. Im Trab bleibt sie unverändert bei 1-2. Auch im starken Trab ändert sich dies nicht, abgesehen davon, daß der Rhythmus etwas in die Länge gezogen wird. Durch die starke Streckung der Beine verlängert sich die Schwebephase, und die verlängerte Schwebephase verlängert automatisch auch den Rhythmus.

Der Unterschied zwischen versammeltem Tempo, Arbeitstempo und starkem Tempo in einer Gangart liegt ausschließlich in der Schrittlänge. Das Pferd macht kürzere oder längere Tritte bzw. Sprünge, doch abgesehen davon ändert sich nichts – und das ist besonders wichtig – es gibt keinen Unterschied. Die Tritte werden kürzer oder länger, doch das Pferd muß mit unverändertem Schub aus der Hinterhand weiter vorwärtsgehen.

Man hört viel von Tempo und Kadenz. Was aber bedeuten diese Begriffe? Im allgemeinen bezeichnet man damit die Art, wie eine Gangart geritten wird – zum Beispiel im versammelten oder im Arbeitstempo. In den stärkeren Tempi vergrößert sich der Raumgriff.

Kadenz ist etwas, das nur schwer zu erklären ist. Musikalisch ausgedrückt könnte man sie am besten als *bumm, bumm, bumm* bezeichnen. Jeder Schritt müßte so tönen, wenn die Kadenz vorhanden ist. Beim Reiten hört man diese Geräusche natürlich nicht, aber man sollte sie spüren können. Die Kadenz macht jeden einzelnen Bewegungsablauf ausdrucksvoll und akzentuiert. Man kann taktmäßig Schritt reiten, traben und galoppieren. Man kann auch zu Fuß taktmäßig ausschreiten, doch wer taktmäßig und kadenziert schreitet, hat wirklich ein Ziel. Er ist lebendig. Die Kadenz verleiht der Bewegung Ausdruck. Sie ist nur schwer in Worte zu fassen. Sie ist das Leben. Das Pferd soll lebendig ausschreiten und ein Ziel haben. Die Kadenz ist Lebensfreude.

Eine alte Reiterweisheit lautet: »Richte dein Pferd gerade und reite es vorwärts.« Vorwärtsreiten und geraderichten. Warum soll man es geraderichten? Wenn mich jemand auffordern würde, einen Stock geradezubiegen, würde ich auch fragen, warum. Wenn man einen Menschen auf ein Pferd setzt, ihm die Zügel in die Hand gibt und ihm Sporen anschnallt, die das Pferd links und rechts kitzeln, hat man mit ziemlicher Sicherheit ein Pferd, das in sich schief ist. Durch sein Gewicht und andere Einwirkungen – zum Beispiel, indem er Schub aus der Hinterhand entwickelt, das Pferd aber nicht vorwärtsgehen läßt –, wird der Reiter diese Schiefe noch verschlimmern. Ein Pferd muß ein Ziel haben. Wenn es in eine Richtung nicht geht, muß es eben in eine andere geritten werden.

»Geradegerichtet« bedeutet wirklich gerade. Die Wirbelsäule des Pferdes muß sich genau über der Mittellinie befinden oder über der jeweiligen Linie, auf der es geritten wird. Die Wirbelsäule muß dieser Linie absolut entsprechen, und Vorder- und Hinterbeine müssen sich auf einem Hufschlag folgen. Die Hinterbeine folgen genau der Spur der Vorderbeine. So wird es zumindest immer ausgedrückt, obwohl das eigentlich nicht korrekt ist. Technisch korrekter wäre es, zu sagen, daß sich die Vorhand in gerade Linie vor der

Geradegerichtetes Pferd im Galopp.

Hinterhand herbewegt – wie bei einem Känguruh, denn diese Tiere bewegen sich bekanntermaßen auf den Hinterbeinen fort. Jeder hat schon ein Pferd auf den Hinterbeinen stehen sehen, doch ein Pferd, das auf ebendiese Weise auf den Vorderbeinen steht, haben wohl nur die wenigsten bisher zu Gesicht bekommen. Ich könnte jedoch ein Foto von Bill Roycroft vorweisen, auf dem sein Pferd unter ihm beinahe lotrecht auf den Vorderbeinen steht, so daß es aussieht, als mache es einen Handstand. Wer das Foto ansieht, ist überzeugt, daß sich das Pferd bei dieser Bewegung vorwärtsbewegt hat, aber dies war nicht der Fall. Im Übermut nahm dieses Pferd die beschriebene Stellung gelegentlich ein, doch zwingen konnte man es dazu nicht.

Bei der Landung nach einem Sprung trägt ein Pferd sein ganzes Gewicht auf der Vorhand. Ich habe jedoch auch einmal ein Pferd springen sehen – nicht sehr hoch, nur etwa tischhoch –, das auf der Hinterhand absprang und auch mit den Hinterbeinen zuerst wieder aufsetzte, was natürlich auch das Prinzip der Courbette ist, einer Lektion der Hohen Schule, bei der das Pferd auf den Hinterbeinen stehend vorwärtshüpft. Ein Pferd, dem drei bis vier solcher Sprünge gelingen, ist schon sehr gut. Zu meiner Zeit war in der Hofreitschule jedoch ein Hengst, von dem mein Ausbilder behauptete, es wäre der beste in der gesamten Geschichte der Schule. Sein Durchschnitt lag bei acht Sprüngen, und sein Rekord waren vierzehn. Ein solches Pferd braucht seine Vorhand nicht; es kann sich auf den Hinterbeinen fortbewegen. Aus diesem Grund ist es auch korrekt, zu behaupten, daß es die Vorderbeine direkt vor den Hinterbeinen bewegt. Dieses Geraderichten kann jeder beim nächsten Ausmisten selbst ausprobieren. Wenn man sich aufrichtet und nach vorn sieht, wird die Schubkarre auf gerader Linie fahren. Neigt man sich jedoch etwas zu einer Seite, wird die Karre sofort vom Kurs abweichen und man hat eine wunderschön »über die Schulter ausfallende« Schubkarre, die genau dasselbe macht wie ein Pferd in dieser Lage.

Die Hinterhand oder die Hinterbeine sind durch große Kugelgelenke mit der Wirbelsäule verbunden. Die Wirbelsäule stellt die Verbindung zwischen Hinterhand und Schulter her, und durch die Wirbelsäule wird der Schub übertragen. Die Vorhand wird nach vorn geschoben, und das Pferd tritt schnurgerade. In vielen Fällen ist das Ausfallen oder Abweichen eines Hinterfußes leicht zu spüren. Wenn ein Hinterhuf aus der Spur gerät, erfolgt die Übertragung des Schubes nicht länger auf einer geraden Linie, und das Pferd fällt mit der Hinterhand oder der Schulter aus. Dies ist der Grund für ein Ausfallen und auch der Grund für viele andere Fehler, denn das Pferd ist nicht gerade und geht nicht vorwärts. Dies sind die mechanischen Zusammenhänge. Von nun an muß also auch darauf geachtet werden, ob das Pferd gerade ist.

Wer versucht, sein Pferd korrekt zu biegen und dabei noch den Takt zu erhalten, wird feststellen, daß dies gar nicht so einfach ist. Gelingt es ihm jedoch, Takt und Schub aus der Hinterhand zu erhalten, wird jede gerittene Lektion die Gelöstheit des Pferdes, seinen Gehorsam und sein Gleichgewicht ebenso verbessern wie den Einfluß des Reiters und die Leichtigkeit und Schönheit der Vorstellung.

In der Hofreitschule war ich Schüler von Reitmeister Polak. Reitmeister Lindenbauer ritt seinen Hengst – den wundervollen Conversano – mit einer Hand in der Piaffe, in der Passage und in drei Pirouetten, ohne jemals aus dem Takt zu kommen. Es war einfach großartig.

Ich fragte Reitmeister Polak: »Macht er das nicht wunderbar?« doch er sah mich nur an und erwiderte: »Das ist noch gar nichts. Ich werde Ihnen etwas zeigen.« Man muß dazusagen, daß die beiden Ausbilder zwar sehr gut befreundet waren, aber trotzdem ständig ein wenig miteinander rivalisierten. Obwohl beide seit dreißig Jahren ritten, korrigierten sie sich gegenseitig. Polak holte seinen Hengst heraus, den ich zu meiner größten Freude später auch reiten durfte. Er befestigte die Zügel an einem Knopf seiner Jacke, verschränkte die Arme und führte genau dieselben Lektionen vor, die Lindenbauer zuvor mit einer Hand geritten hatte. Das ist natürlich die Krönung dessen, was ein Reiter erreichen kann. Wie machte er das bloß? Er benutzte sein Gewicht; er ließ es tief in den Sattel sinken, was sein Pferd veranlaßte, weit unter den Schwerpunkt zu treten. Sein Pferd war allerdings wesentlich sensibler als die anderen und außerdem das einzige, mit dem er diese Leistung vollbringen konnte. Als er mir das erstemal erlaubte, diesen Hengst zu reiten, schoß meine Körpertemperatur vor Freude sofort um etwa zehn Grad in die Höhe. Er sagte jedoch nur: »Wenn Sie ihn sitzen können, können Sie ihn auch reiten«, und nach etwa zehn Minuten sagte er: »Es sieht fast so aus, als würden Sie besser mit ihm fertig als ich selbst.«

Das Grundprinzip der ganzen Sache ist sehr einfach. Wir versuchen, das natürliche Gleichgewicht des Pferdes auch mit einem Reiter auf dem Rücken wiederherzustellen. Ein Pferd wurde zum Vorwärtsgehen geschaffen. Es wurde nicht geschaffen, um zusätzliches Gewicht zu tragen. Warum haben Pferde vier Beine? Um vorwärts-

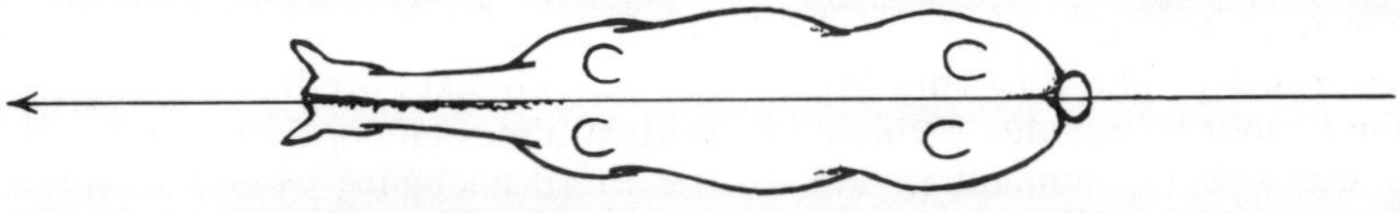

Abb. 7: Geradegerichtetes Pferd

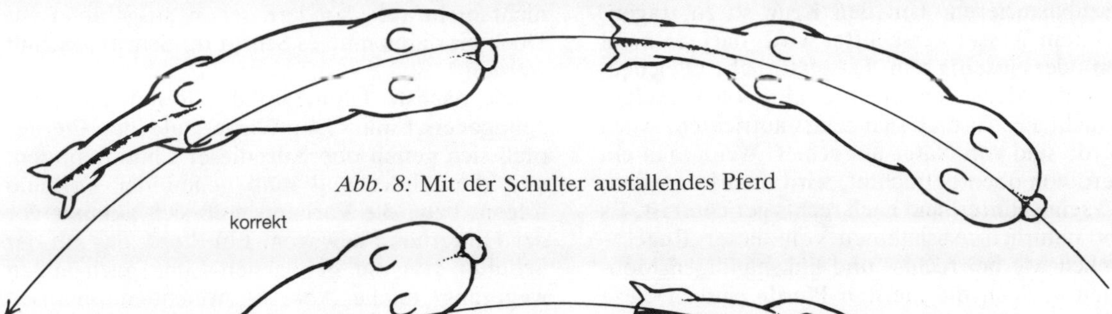

Abb. 8: Mit der Schulter ausfallendes Pferd

Abb. 9: Mit der Hinterhand ausfallendes Pferd

zugehen und um ihren ganzen Körper zum Vorwärtsgehen, zum Gewinnen von Boden, zum Laufen einzusetzen. Welches ist der wichtigste Körperteil des Pferdes? Der Rücken. Es ist unwichtig, wie kräftig die übrigen Körperteile sind, aber wenn sich das Pferd steifmacht und seine Muskeln nur einsetzt, um sich zu schützen, statt vorwärtszugehen, dann verliert es seinen natürlichen Schwung. Es benutzt nur noch seine Beine und läuft wie ein Schwein.

Was die Ausbildung betrifft, ist der Rücken der wichtigste Körperteil des Pferdes. Wenn der Reiter nicht bequem sitzen kann, sondern stark geworfen wird, hält sich das Pferd im Rücken fest. Manche Pferde haben besonders schwungvolle Bewegungen, doch auch sie sollten weich zu sitzen sein. In den meisten Fällen ist zwar das Pferd gut durchtrainiert, der Reiter aber steif. Er ist aber derjenige, der als erster geben muß. Je besser ein Pferd geht, desto stärker streckt es sich und desto bequemer ist es zu sitzen. Es muß seinen gesamten Körper und alle vier Beine einsetzen. Jegliches Reiten bedeutet eine gymnastische Übung für das Pferd. Es vollführt sie unter dem Gewicht des Reiters und muß dabei Dinge tun, die es lieber vermeiden würde.

Jeder Mensch ist einseitig. Manche schreiben mit der linken Hand, andere mit der rechten. Menschen sind in sich schief. Niemand ist auf beiden Seiten gleich geschickt. Wie kann eine Frau einen Krug mit Wasser auf dem Kopf tragen? Indem sie sich gerade aufrichtet, um ihn auszubalancieren. Um den Krug so zu tragen, daß kein Wasser verschüttet wird, darf sie nicht steif oder einseitig sein. Das natürliche Gleichgewicht des Menschen reicht für eine solche Aufgabe nicht aus. Er muß sich zuerst aufrichten. Auch Pferde sind von Natur aus schief. Wenn man ein Pferd von oben betrachtet, wird man feststellen, daß seine Hinterhand nach rechts gerichtet ist. Es gibt natürlich Ausnahmen von dieser Regel – ähnlich wie bei rechts- und linkshändigen Menschen –, doch die meisten Pferde sind in diese Richtung schief. Wir verlangen jedoch mehr von ihm, als nur zu fressen und fröhlich herumzugaloppieren. Wir verlangen, daß es uns trägt. Damit es diese Aufgabe erfolgreich erfüllen und sich dabei auch noch anmutig bewegen kann, muß es geradegerichtet werden. Wer dazu in der Lage ist, dem wird kein Pferd mehr ein Hindernis verweigern. In welche Richtung brechen Pferde vor Hindernissen gewöhnlich aus? Nach links. In diesem Augenblick, in dem das Pferd über die Schulter ausbricht, hat der Reiter keine Möglichkeit, die Hinterhand zu kontrollieren oder vorwärtszureiten. Der rechte Zügel wird lockerer, weil der Kopf nach rechts gestellt ist. Jedes noch so geringfügige Geraderichten oder Biegen ist eine gymnastische Übung. Das Pferd wird versuchen, sich davor zu drücken, was man ihm nicht einmal verübeln kann. Es wäre schön dumm, wenn es diesen Versuch nicht machen würde. Als erstes muß jedes Pferd geradegerichtet werden, dann muß es losgelassen gehen, und erst dann kann mit der Arbeit, dem Versammeln und Biegen, begonnen werden. Jede Lektion ist eine gymnastische Übung, und aus diesem Grund fühlt sich das Pferd unwohl und versucht, sich zu entziehen. Der Reiter muß jedoch immer Herr der Lage bleiben, lächeln und einen neuen Versuch starten. Nie zu viel auf einmal verlangen.

Eine Wendung wird ähnlich geritten, wie man Wasser aus einem Schwamm drückt. Auf keinen Fall so lange am Zügel ziehen, bis die Wendung vollendet ist. Man sollte immer versuchen, dem Pferd mitzuteilen, was es tun soll, und es dann in Ruhe lassen. Man zeigt ihm die Richtung und läßt dann wieder locker. Wenn es sich weigert, reitet man eine weitere kleine Wendung. Der innere Schenkel treibt, die innere Hand wird seitlich abgestellt und in dem Moment, in dem das Pferd nachgibt, wieder an ihren alten Platz geführt. Das gilt natürlich nur für ein völlig grünes Pferd. Auf Anhieb kann es nicht klappen. Wenn es doch klappt, bedeutet es, daß das Pferd nicht mehr roh, sondern schon ausgebildet ist. Doch bis dahin muß es Schritt für Schritt geschult werden.

Die nächste Übung ist das Reiten auf einer gebogenen Linie. Die Wirbelsäule des Pferdes muß sich genau oberhalb dieser Linie befinden, und die Hinterhand muß genau der Vorhand folgen, bzw. die Vorhand muß sich akkurat vor der Hinterhand bewegen. Ein Pferd, das mit der Schulter von der gebogenen Linie nach außen wegdrängt (siehe Abb. 8), weicht automatisch mit der Hinterhand nach innen ab.

Ein Pferd, das sich bewegt wie in Abb. 8, fällt mit der Schulter aus, und eines wie in Abb. 9 gezeigt, mit der Hinterhand. Im Prinzip ist beides dasselbe. Man versucht, es geradezurichten, aber es sagt: »Schief zu gehen ist für mich aber viel bequemer.« Es ist dasselbe, als würde mir jemand befehlen, mit der linken Hand zu schreiben. Sobald derjenige nicht hinsieht, würde ich den Stift wieder in die Rechte nehmen, denn es fällt mir wesentlich leichter; es ist einfach natürlich für mich. Sobald der Reiter nicht mehr mit den Augen, den Schenkeln und seiner vollen Konzentration darauf achtet, sein Pferd geradezurichten, wird es wieder schief gehen. Es wird entweder mit der Schulter oder mit der Hinterhand ausfallen. Es wird stets die Schiefe einnehmen, die ihm am bequemsten ist, ebenso wie ich mit der rechten Hand schreibe. Jedes Lebewesen hat irgendwelche Angewohnheiten, die es am liebsten auf seine eigene Art erledigt.

Das Ziel des Reiters muß die absolute Geraderichtung sein, denn ohne diese Geradheit und die daraus folgende Flexibilität fehlt die für die Versammlung nötige Grundlage. Ein Pferd, das nicht wirklich geradegerichtet und biegsam ist, wird sich nie versammeln lassen. Möglicherweise gelingt es zwar bis zu einem gewissen Grad, doch wer genau hinsieht, wird feststellen, daß das Pferd schon bei der geringsten Versammlung beginnt, mit der Vor- oder Hinterhand aus der Spur zu treten, was im Grunde dasselbe ist. Je stärker man versucht, ein solches Pferd zu versammeln, desto geringer wird der Schub der Hinterhand und desto schiefer wird es, was besonders auffällt, wenn man schließlich versucht, eine Piaffe zu reiten. Wenn man ein solches Pferd lange genug zu versammeln versucht, wird es sich schließlich hinlegen und zu schnarchen beginnen, weil der Schub aus der Hinterhand fehlt, weil nicht einmal die nötigsten Grundvoraussetzungen vorhanden sind.

Ich sagte bereits, daß die Hinterbeine des Pferdes unter den gemeinsamen Schwerpunkt treten und daß die Schenkel des Reiters stets die Kontrolle über die Hinterhand bzw. ein einzelnes Hinterbein haben müssen. Das ist die Grundlage jeder Versammlung.

Lindenbauer sagte einmal: »Wer eine korrekte Wendung reiten kann, dem gelingt auch alles andere.« Als er dies zu mir sagte, konnte ich mir nicht vorstellen, daß eine simple Wendung so wichtig sein könnte, und ich muß zugeben, daß ich ihm nicht glaubte. Ihm das zu sagen, wagte ich allerdings nicht. Tief in meinem Innern konnte ich nicht begreifen, was eine einfache Wendung mit Lektionen wie der Piaffe oder fliegenden Wechseln zu tun haben sollte. Doch er hatte recht. Wer eine korrekte Wendung reiten kann, ist auf alles andere vorbereitet. »Alles andere« ist in diesem Fall nur ein höherer Grad von Losgelassenheit und Gleichgewicht, doch die dafür nötige Grundlage ist besagte korrekte Wendung.

Wenn man nur am inneren Zügel hängt, kann sich das Pferd nicht nach innen biegen, weil es dann stolpern und fallen würde. Es ist jedoch intelligenter. Es tritt unter das schief hängende Gewicht, während der Reiter verzweifelt versucht, es nach der anderen Seite zu biegen. Solange er jedoch nicht merkt, daß sein Gewicht ungleichmäßig verteilt ist, kann er arbeiten und arbeiten und wird doch nie ans Ziel kommen.

Jede Wendung ist eine gymnastische Übung, bei der das Pferd in seiner Längsachse gebogen werden muß. Das mag es nicht, deshalb muß darauf geachtet werden, daß es sich nicht drückt. Es wird versuchen, mit der Hinterhand oder der Schulter auszufallen. Der erhöhte Druck des inneren Schenkels verhindert das Hereinkommen der Schulter und der äußere Schenkel hinter dem Gurt das Ausfallen der Hinterhand. Der Oberkörper bleibt dabei gerade aufgerichtet. Wenn das Pferd die Wendung willig annimmt, gibt der Reiter nach und läßt es gehen. Wenn er stillsitzt, wird es sein Gleichgewicht finden. In der Wendung muß der Druck nachlassen. Die Hinterbeine müssen den Vorderbeinen akkurat folgen. Der verbreitetste Fehler ist das Nach-innen-Drängen der Schulter. Hier fehlt die Einwirkung des inneren Schenkels. Der innere Schenkel treibt das Pferd nach außen, was ihm allerdings nicht gefällt. Wer eine Ecke perfekt ausreiten kann, kann auch alles andere. Er hat sein Pferd unter Kontrolle. Es ist besonders wichtig, sich auf alles, was man tun will, gut vorzubereiten. Man muß ein Gefühl dafür entwickeln, sich konzentrieren und sich stets um Konsequenz bemühen. Es ist verkehrt, von Anfang an Perfektion zu erwarten – die Feinheiten kommen später. Der innere Schenkel drückt das Pferd nach außen und erhält die Vorwärtsbewegung, die nie gestört sein darf. Der Reiter ist der Boss.

Je größer der Zirkel ist, desto weniger stark muß sich das Pferd biegen und wird deshalb auch weniger zur Widersetzlichkeit neigen. Wenn der große Zirkel gut gelingt, kann man anfangen, ihn zu verkleinern. Irgendwann gelangt man auf diese Weise zur Pirouette; man verlangt sie jedoch nicht zu Beginn der Ausbildung. Reite dein Pferd vorwärts und richte es gerade. Auch auf gebogenen Linien muß es vorwärtsgeritten werden. Man darf sich nicht mit dem begnügen, was es von sich aus anbietet. Schließlich ist man auch mißtrauisch, wenn einem ein Fremder Schokolade anbietet! Wenn das Pferd anbietet, vor sich hin zu traben, muß dies abgelehnt werden. Es hat sich taktmäßig zu bewegen. Manche Pferde bieten alles mögliche an. In dem Augenblick, in dem man darauf eingeht, hat man alles verschenkt. Es ist eine Sache der Erziehung. Der Reiter muß das Sagen haben. Die gesamte Ausbildung basiert auf der Natur. Das Konzept ist folgendes: Das Pferd soll sich so wohl fühlen wie möglich, und es soll gerade und losgelassen gehen.

Während der gesamten Ausbildung ist immer wieder der gesunde Menschenverstand gefordert. Routine bewirkt, daß der Reiter vieles macht, ohne darüber nachzudenken. Bei der Ausbildung eines Pferdes muß er aber nachdenken. Er muß es beobachten, Schlüsse aus seinen Beobachtungen ziehen, Reaktionen erkennen und Gegenmaßnahmen ergreifen. Bei jeder Art von Schwierigkeiten muß er zunächst einmal mit dem Zügel nachgeben und sein Pferd einfach nur gehen lassen; dann kann er das Tempo wieder einfangen – aber nicht auf Versammlung bestehen. Zu versuchen, ein Pferd im schnellen Tempo reiten zu wollen wenn man es nicht kontrollieren kann, ist unsinnig. Man darf es nicht ins Eilen kommen lassen. Man muß in der Lage sein, das Pferd auf Wunsch kontrolliert schnell oder langsam zu reiten.

Die meisten Reiter sind der Ansicht, daß ihre Pferde rechts durchlässiger sind, weil sie auf die Einwirkung des rechten Zügels besser reagieren, doch in Wirklichkeit schwingen sie die Hinterhand nach innen und gehen über die linke Schulter. Unser Ziel ist es, das Pferd geradezurichten. Warum will es nicht geradegerichtet werden? Wie wehrt es sich dagegen? Um ein Pferd ständig im gewünschten Tempo und auf der gewünschten Linie reiten zu können, muß der Reiter seine Hilfen koordinieren. Pferde widersetzen sich der Geraderichtung, indem sie:

- schneller werden,
- mit der Schulter nach innen drängen,
- mit der Hinterhand ausfallen,
- langsamer werden.

Trotzdem muß der Reiter aufrecht und gerade im Sattel sitzen, die Beine lang machen und mit dem inneren Schenkel treiben. Die Hand darf nie den Widerrist kreuzen. Statt dessen muß der innere Schenkel stärker treiben. Verstärktes Absenken des inneren Absatzes und Langmachen des inneren Beines werden schließlich das Einfallen verhindern. Die korrekte Einwirkung des inneren Schenkels ist die Grundlage jeder Dressurarbeit. Das kann man auch auf einem stehenden Pferd ausprobieren. Den rechten Zügel annehmen; wie reagiert es? Den linken Zügel annehmen; wie reagiert es? Zweifellos wird es sich auf die innere Schulter legen oder mit der Schulter einfallen. Selten wird es bereit sein, den Kopf zu wenden. Es versteift sich. Wenn man befürchten muß, daß das Pferd in die Wendung einfallen könnte, muß man schon vor dem Einleiten der Wendung das innere Bein langmachen, um dies zu verhindern. Im Schritt, Trab und Galopp muß der ganze Körper des Pferdes den Zügeln folgen.

Bei einem Pferd, das stark über die Schulter drängt, sorgt der äußere Zügel dafür, daß es wieder gerade wird; der innere Zügel muß etwas nachgegeben werden, damit der innere Schenkel seine Aufgabe erfüllen kann. Die Kontrolle über die Bewegungen der Pferdeschulter ist der erste Schritt auf dem Weg zu höheren Lektionen. Ihr folgen noch weitere wichtige Schritte.

Vom Reiten auf dem Zirkel kommen wir zu den Wendungen. Bei ihnen kann es sich um den Viertelkreis eines großen oder eines kleineren Zirkels handeln. Sein Durchmesser muß jedoch mindestens sechs Meter betragen, denn dies ist die engste Rundung, die ein Hohe Schule trainiertes Pferd auf einem Hufschlag gehen kann. Alle Lektionen, die bisher angesprochen wurden, werden auf einem Hufschlag geritten. Das erste Ziel ist es, das Pferd auf einem Hufschlag auf dem Zirkel zu reiten. Anfangs muß der Zirkel recht groß angelegt werden, dann kann er allmählich verkleinert werden – jedoch nicht zu früh und nie kleiner als sechs Meter im Durchmesser. Eine Ecke der Reitbahn entspricht einer Wendung von einem Viertel der Zirkellinie.

Der Sitz des Reiters ist von entscheidender Bedeutung. Sein Ziel muß es sein, sein Gewicht gleichmäßig auf beide Gesäßknochen zu verteilen, denn andernfalls würde er unweigerlich in der Hüfte einknicken. Dies ist der wichtigste Punkt, der beachtet werden muß. Er stellt das Ziel jeden Reiters dar, der sich auf seinem Pferd konzentriert und versucht, ihm Leistung abzuverlangen. Zu Beginn der Arbeit, selbst vor jeder einzelnen Lektion, muß immer erst der Sitz überprüft werden; dann wird so lange gearbeitet, wie der Reiter in der Lage ist, seinen Sitz unverändert beizubehalten. Das Pferd wird gut gehen. Sobald sich der Sitz aber verändert, ist die Lektion mißglückt.

Theoretisch könnte man ein junges Pferd in sechs Monaten bis zur Grand-Prix-Reife fördern, wenn es einem nur gelänge, völlig unbeweglich auf seinem Rücken zu sitzen. Das klingt zwar unglaublich, ist aber wahr, denn wenn der Reiter es schaffen würde, vollkommen stillzusitzen, wäre ein derart rapider Fortschritt zweifellos möglich. Leider bewegt man sich aber auf dem Rükken des Pferdes und merkt es auch. Im Augenblick der Bewegung kommt auch meist die Erkenntnis, daß die Lektion verpatzt ist. Die Biegung, der Schub aus der Hinterhand und die Korrektheit der Ausführung gehen verloren. Das wichtigste ist, daß man sich in jeder Lage auf seinen Sitz konzentriert. Dazu braucht es nur etwas gesunden Menschenverstand – der Reiter ist die Last, und wenn er sich nicht still verhält, macht er dem Pferd seine Aufgabe unmöglich.

Im Grunde erwarten wir von unserem Pferd nur, daß es sich gerademacht, denn von Natur aus sind Pferde schief. Wir versuchen also, es geradezurichten, und mit der Geradheit entwikkeln wir auch die Losgelassenheit und Biegsamkeit, die nötig ist, damit das Pferd wirklich entspannt gehen kann. Die Losgelassenheit und das vermehrte Untertreten der Hinterbeine sind unabdingbare Voraussetzungen für das Reiten von versammelten Gangarten, Piaffen, Galopp-Pirouetten, fliegenden Galoppwechseln und vielem anderen.

Das ist die Grundlage. Ohne sie weiterzuarbeiten, ist etwa dasselbe wie ein Haus auf Sand zu bauen, und bei der ersten Versammlung des Pferdes rutscht der Sand unter ihm weg. Wer dann noch an einer ernsthaften Ausbildung interessiert ist, muß wieder ganz von vorn anfangen. Es ist aber viel sinnvoller, ein Pferd von Anfang an vernünftig auszubilden, ohne Eile und Ungeduld. Man kann einem Pferd keine fliegenden Wechsel abverlangen, bevor es so weit ist, und es ist erst so weit, wenn man es geradehalten und mühelos nach links und rechts biegen kann. Wer dieses Ziel jedoch erreicht hat, wird das Pferd auch ohne Probleme versammeln können. Mein alter Ausbilder hatte recht, als er mir das erklärte. Ich folgte seinen Anweisungen und merkte, daß sie stimmten.

Wenn jemals einer *meiner* Schüler sagen sollte: »Mein alter Ausbilder sagte das und das«, dann weiß ich, daß ich nicht umsonst gelebt habe. Dann habe ich etwas geschaffen, was mich überdauert.

Der Großteil aller Reiter macht einen ziemlich unlogischen Fehler. Um welchen handelt es sich? *Sie sehen nicht in die Richtung, in die sie reiten.* Wer von einem Punkt zum anderen reiten und sich die Verbindungslinie zunutze machen will, um sein Pferd vorwärtszureiten und geradezurichten, muß auf den angestrebten Punkt schauen. Das ist eminent wichtig. Dieser Blick bedeutet so viel. Ich weise einen Schüler an, in eine bestimmte Richtung zu reiten. Er faßt einen Punkt ins Auge, an dem er ankommen will, doch vor dem Losreiten verbinde ich ihm die Augen. Das Resultat ist immer dasselbe. Eigentlich sollte das Pferd geradegerichtet von einem Punkt zum anderen laufen. Statt dessen geht es die ersten paar Schritte geradeaus und weicht dann von der Linie ab. Zuerst konzentriert sich der Reiter, hat immer den angesteuerten Punkt im Auge, doch dann kommt irgendetwas dazwischen, und er vergißt ihn. Das Prinzip ist dasselbe wie bei einem Menschen, der sich in der Wildnis verlaufen hat und sich im Kreis bewegt. Hier macht sich die Einseitigkeit des Menschen bemerkbar. Jeder Rechtshänder kann darauf wetten, daß sein Pferd nach rechts von der Linie abweichen wird, und bei einem Linkshänder ist es umgekehrt. Ich habe es immer wieder erlebt.

Beim Gehen oder Autofahren paßt jeder Mensch auf, was er macht, doch da es sich um keinen bewußten Vorgang handelt, wird er nicht gewahr, was in seinem Innern vorgeht. Wie werden Handlungen gesteuert? Ein Mensch benutzt seine Augen, doch das Gehirn knüpft alle notwendigen Verbindungen, ohne daß es ihm bewußt wird. Die Bewegungen der einzelnen Muskeln werden koordiniert, und ein Bein wird vor das andere gesetzt. Um dies zu beenden, braucht man nur die Augen zu schließen; die Einseitigkeit kommt ins Spiel, und schon beginnt man, vom Weg abzuweichen. Nicht nach vorn zu sehen hat dieselbe Wirkung wie das Schließen der Augen. Wer nach vorn sieht und sich sagt: »Dort vorn ist mein Ziel«, der hat wirklich ein Ziel. Wenn es nun aber schon einem Menschen nicht gelingt, geradeaus zu gehen, wenn er nicht hinsieht, wie soll er es dann schaffen, sein Pferd geradezurichten? Sieht er jedoch nach vorn und sein Pferd beginnt, nach rechts von der Linie abzuweichen, was will es ihm damit sagen? Der Reiter sieht sofort hin, er fühlt, spürt, daß sein Pferd vom Weg abkommt, und kann aus diesem Gefühl heraus agieren oder reagieren. Sein Pferd sagt ihm: »Wenn ich auf dieser Linie bleiben soll, mußt du rechts stärker treiben.« Weicht es nach links ab, ist der linke Schenkel stärker gefordert. Einfaches Hinsehen sorgt für die richtige Reaktion.

Wer nicht hinsieht, merkt vielfach nicht, daß

sein Pferd von der Linie abweicht, zumindest aber weiß er nicht, was dagegen zu tun ist. Man kann zwar jahrelang auf geraden Linien herumschwanken, doch das Ziel, nämlich das Pferd geradezurichten, erreicht man damit nicht. Man kann ein Pferd nicht völlig losgelassen in einer Wendung reiten, wenn man sich nicht vorher bewußt den zu reitenden Weg eingeprägt hat. Sinnvoll ist es, vor dem Reiten den Hufschlag zu harken oder ein paar Tonnen oder Papierfetzen als Markierungen zu benutzen. Das Pferd muß sich jederzeit auf der vom Reiter anvisierten Linie befinden.

Auf Anhieb ist kein Pferd gerade. Das ist unmöglich, weil es anfangs noch nicht losgelassen genug ist. Es versteht den Reiter nicht richtig und ist aus diesem Grund auch nicht durchlässig. Bei jedem Reiter muß versucht werden, es so zu reiten, daß sich seine Wirbelsäule oberhalb der gedachten Linie befindet, denn auf diese Weise wird es gymnastiziert.

Es fällt einem Pferd leichter, sich in seiner natürlich schiefen Haltung zu bewegen, als geradegerichtet zu sein. Sobald es aber geradegerichtet ist, muß die Gymnastizierung einsetzen. Ganz besonders unangenehm ist dem Pferd die erste Versammlung, bei der alle Muskelgruppen zwischen Hals und Hinterbeinen besonders stark gefordert sind. Daher versucht es dabei besonders schief zu gehen.

Das Prinzip der Linien, das jeder Reiter begreifen sollte, besteht darin, daß jede korrekt gerittene Linie eine gymnastische Übung für das Pferd ist. Es sollte aber niemanden überraschen, daß dies mit einer gewissen Arbeit verbunden ist. Wenn alle Menschen täglich gymnastische Übungen machen würden, würden bei der Musterung durch die Armee 100 Prozent aller jungen Männer angenommen und nicht wie bisher 54 Prozent von ihnen als untauglich erklärt werden. Wir alle wären wesentlich besser in Form.

Jede Linie, auf der man sein Pferd arbeitet, dient so lange der Gymnastizierung, bis es die Aufgabe mühelos erfüllen kann. Von diesem Zeitpunkt an handelt es sich um die gewöhnliche tägliche Arbeit, die das Pferd völlig unverkrampft erledigt. Erst dann kann man ihm eine etwas stärkere Biegung abverlangen. Ein Pferd kann sich nicht versammeln, bevor es nicht gelöst ist und der Forderung des Reiters ohne Verspannung nachkommen kann.

Ich kannte einmal ein Mädchen aus Adelaide, das Gummiknochen zu haben schien und dem es gelang, sich unter einem in nur 38 Zentimeter Höhe aufgehängten Limbostab hindurchzuwinden. Auf einem Pferd aber bot es einen fürchterlichen Anblick. Das beweist, daß der Körper vom Gehirn kontrolliert wird. Kaum saß das Mädchen auf dem Pferd, war die Gelöstheit verschwunden und hatte sich in hölzerne Starre verwandelt.

Enge Wendungen dürfen nicht versucht werden, bevor das Pferd nicht in der Lage ist, Wendungen auf einem Hufschlag zu gehen. Dasselbe gilt für den Zirkel. Das Pferd darf erst auf dem Zirkel geritten werden, wenn es gelernt hat, sich in jeder Gangart am Zügel stehend auf dem Hufschlag zu bewegen. Wenn ihm die für den Zirkel nötige Biegung zu früh abverlangt wird, wird es sich widersetzen. Jede einzelne Bewegung muß als gymnastische Übung betrachtet werden, denn nur so kann man verhindern, daß sich Fehler einschleichen.

Wer sich die Zeit nimmt, sein Pferd wirklich vorwärtszureiten, es wirklich geradezurichten und es wirklich losgelassen zu machen, hat immer noch genügend Gelegenheit, sich über andere Schwierigkeiten Gedanken zu machen.

Ein Pferd korrekt auf Linie zu reiten und es geradezurichten, ist härtere Arbeit und dauert länger, als ihm jede Art von Seitengängen, fliegende Wechsel, Piaffe oder anderes beizubringen. Es ist schwerer, weil es die Grundlage ist. Wenn es sich gelöst und im Gleichgewicht biegen kann, die Hilfen annimmt und am Zügel steht, bedarf es nur noch einiger weiterführender Übungen. Das führt uns wieder zurück zu dem Ausspruch meines alten Ausbilders: »Wer eine korrekte Wendung reiten kann, dem gelingt auch alles andere.«

Was braucht man für eine korrekte Wendung? Es gibt mindestens 3982 Arten, eine Wendung falsch zu reiten. Das bedeutet, daß man diese 3982 falschen Arten vermeiden muß, um die eine richtige zu erwischen, denn diese eine richtige ist unser Ziel.

Die erste Wendung wird recht groß geritten, und das Pferd muß sich auf einem Hufschlag befinden. Die gleichseitigen Beinpaare müssen einander akkurat folgen, das heißt, die Hinterhand darf zu keiner Zeit ausfallen – die Hinterbeine müssen genau in der Spur der Vorderbeine bleiben. Solange das Pferd am Zügel steht, bleiben Takt und Schwung auch in der Wendung erhalten. Das Pferd ist nach innen gebogen, und das Gewicht des Reiters ist gleichmäßig verteilt.

Nur so kann das Pferd seine Aufgabe bewältigen. Der innere Schenkel hat das Kommando über den Vorwärtsschub aus der Hinterhand, und der innere Zügel sorgt für die Stellung. Äußerer Zügel, äußerer Gesäßknochen und äußerer Schenkel verhindern das Ausfallen der Hinterhand, das heißt, sie sorgen dafür, daß die Hinterbeine nicht neben die Spur der Vorderbeine treten. Was fehlt noch? Der innere Schenkel wirkt treibend. Das Pferd akzeptiert das Reitergewicht und trägt es im Gleichgewicht und versucht deshalb auch nicht, schneller oder langsamer zu werden, auszufallen, mit dem Kopf zu schlagen oder sonst irgendetwas.

Den Kopf trägt das Pferd in einer bestimmten Haltung, die sich nie verändern darf. Weder im Stehen, noch im Schritt, Trab oder Galopp darf sich die Kopfhaltung des Pferdes ändern. Dann steht es wirklich am Zügel.

Solange man jedoch fühlt oder sieht, daß die Nase des Pferdes mal zu Seite und mal nach unten ausweicht, so lange es seinen Kopf bewegt, so lange kann man sicher sein, daß es nicht an das Gebiß herantritt. Es hat noch nicht gelernt, das Gebiß zu akzeptieren, weil es noch nicht gelöst genug ist, was daran liegt, daß sein Reiter noch nicht genug Zeit damit verbracht hat, es auf Linie zu reiten.

Zusammenfassung

1. Wie bereits erwähnt, kann man einem Pferd nichts beibringen. Man kann es nur darauf schulen, seine natürlichen Bewegungen zu dem Zeitpunkt und in der Form zu zeigen, in der der Reiter es wünscht. Außerdem kann man es die verschiedenen Hilfen für die verschiedenen Bewegungen lehren.

Schritt Gleichmäßiger Viertakt ohne Schwebephase. Die Bewegung muß taktmäßig ablaufen und die einzelnen Sequenzen taktmäßig aufeinander folgen.

Hilfen: Der Reiter muß sich geistig auf das Anreiten einstellen, seinen Sitz überprüfen, solange das Pferd steht, tief im Sattel sitzen. Die Knie liegen flach am Sattel; die Unterschenkel üben gleichzeitig leichten Druck aus. Die Hände sind still. Die Hilfe geben und das Pferd dann sofort in Ruhe lassen. Wenn es nicht gehorcht, etwas stärker wiederholen und nötigenfalls durch die Gerte unterstützen.

2. **Trab** Eine Bewegung im Zweitakt, bei der die diagonalen Beinpaare gleichzeitig vorge-

bracht werden, mit einer Schwebephase zwischen den einzelnen Tritten.
Hilfen: Wie für den Schritt, nur etwas deutlicher. Das Pferd sollte lernen, leichten Hilfen zu gehorchen. Je feiner die Hilfengebung, desto leichter und angenehmer läßt sich das Pferd reiten.

3. **Galopp** Eine Bewegung im Dreitakt. Das innere Vorderbein führt bei der Fußfolge: hinten außen, hinten innen und vorn außen (gleichzeitig), vorn innen, Schwebephase.
Hilfen: Im Linksgalopp: Äußerer Schenkel (rechts) liegt verwahrend hinter dem Gurt; jedoch nicht zu weit hinten. Die Knie liegen flach am Sattel, die Absätze stehen tief. Der innere Schenkel treibt am Gurt. Der innere Schenkel wirkt zu jeder Zeit und in jeder Gangart treibend. Drücken und wieder loslassen, aber die Unterschenkel an ihrem Platz halten. Nicht nach unten sehen. Geradesitzen und das Pferd »mitnehmen« in den Galopp.

4. *Parade vom Galopp zum Trab:* Der äußere Zügel wird stärker angenommen, darf aber nicht den Pferdekopf nach außen ziehen oder auch nur die Stellung verändern. Der innere Schenkel treibt das Pferd in den Trab. Die ersten Tritte sind besonders wichtig. Der Galoppsprung darf sich nicht verkürzen. Die mit dem äußeren Zügel und dem inneren Schenkel gegebenen Hilfen müssen fein aufeinander abgestimmt sein.

5. *Vom Trab zum Schritt:* Tief in den Sattel setzen und Oberkörper etwas stärker aufrichten. Mit den Händen die Vorwärtsbewegung des Trabes abblocken. Anlehnung aufrechterhalten, aber nicht ziehen.

6. **Renngalopp** Viertakt. Inneres Vorderbein führt. Äußeres Hinterbein, inneres Hinterbein, äußeres Vorderbein, inneres Vorderbein. Durch die starke Streckung verändert sich die diagonale Fußfolge zum Viertakt. Auch bei einem sehr langsamen und schleppenden Galopp kann ein Viertakt auftreten, der eine Folge des mangelnden Schwunges ist.

7. **Springen** Fußfolge wie im Renngalopp. Zwischen dem 2. und 3. Takt wird das Hindernis überwunden. Das innere Vorderbein führt bei der Fußfolge: hinten außen, hinten innen (hier schnellt es sich durch das enorme Beugen und Strecken der Hinterbeine in die Luft). Die Landung erfolgt auf dem äußeren Vorderhuf, gefolgt vom inneren Vorderbein, der Schwebephase und dem darauffolgenden nächsten Galoppsprung. Der Reiter muß stillsitzen, vor allem in der letzten Schwebephase vor dem Absprung. Viele Pferde fühlen sich in diesem Augenblick von den Bewegungen des Reiters besonders stark gestört. Das dadurch verursachte Unbehagen und der erhöhte Aufwand können zum Verweigern oder Schnellerwerden führen.

8. Der Takt innerhalb eines Schrittes, Trittes oder Sprunges sowie der Takt der Bewegung muß in allen Gangarten stets erhalten bleiben.

Jede Gangart kann im versammelten, im Arbeits-, Mittel- oder starken Tempo geritten werden. Im Idealfall bleibt der Takt einer Gangart in allen Tempi gleich. Ebenso wie ein Metronom seinen Takt nie ändert, sollten auch die Huftritte einer Gangart immer im gleichen Zeitabstand zu hören sein, unabhängig davon, ob sie im versammelten, im Arbeits-, Mittel- oder starken Tempo geritten wird. Die Fußfolge darf nie eiliger werden. Die einzige Ausnahme stellen der starke Trab und der starke Galopp dar; in diesen Gangarten ist die Schwebephase verlängert, so daß die einzelnen Tritte bzw. Sprünge etwas später erfolgen.

9. Der einzige Unterschied zwischen den verschiedenen Tempi ist, daß sich die Schrittlänge verlängert oder verkürzt, doch der Schub aus der Hinterhand muß stets erhalten bleiben.

10. Als Tempo bezeichnet man die Art, wie eine Gangart geritten wird – man spricht zum Beispiel vom Arbeitstempo. Kadenz ist der Ausdruck dieser Bewegung; die Lebendigkeit und Frische.

11. »Reite dein Pferd vorwärts und richte es gerade.« Bei einem geradegerichteten Pferd verläuft die Wirbelsäule parallel zur gerittenen Linie, ob diese nun gerade ist oder gebogen. Es geht auf einem Hufschlag, und die Hinterbeine bewegen sich genau in der Spur der Vorderbeine oder, technisch korrekter ausgedrückt, die Vorderbeine bewegen sich akkurat vor den Hinterbeinen. Die Hinterhand ist der Motor des Pferdes. Beim Steigen und bei der Levade

stehen Pferde ausschließlich auf ihren Hinterbeinen und können sich auf ihnen auch vorwärtsbewegen, wie die Courbette beweist. Einer der Hengste aus der Hofreitschule schaffte vierzehn Sprünge auf der Hinterhand. Auf seinen Vorderbeinen allein kann kein Pferd stehen.

Damit das Pferd auf einer geraden Linie gehen kann, muß sein Körper gerade sein. Wenn die Hinterbeine genau nach vorn treten, wird auch die Vorhand gerade vorwärts geschoben. Weicht die Hinterhand aber zu einer Seite aus, ist das ganze Pferd schief. Der Reiter muß immer darauf achten, ob sein Pferd geradegerichtet ist.

12. Wenn die Wirbelsäule genau parallel zu einer gerittenen gebogenen Linie verläuft, ist das Pferd korrekt gebogen. Wenn es gelingt, Takt, Schub und die korrekte Biegung zu erhalten, wird jede gerittene Lektion Gelöstheit, Gehorsam und Gleichgewicht des Pferdes verbessern. Verbessert wird aber auch der Einfluß des Reiters, und das Pferd läßt sich besser sitzen und geht auch besser.

13. Der Körper des Pferdes wurde so geschaffen, daß es all seine Mittel für die Vorwärtsbewegung einsetzen kann. Wenn es aber vom Reiter gestört wird und die Rückenmuskeln anspannt, um sich zu schützen, benutzt es nicht mehr all seine Muskeln zum Vorwärtsgehen und verliert deshalb an Schwung. Was die Ausbildung betrifft, ist der Rücken der wichtigste Körperteil des Pferdes. Er darf sich nicht verspannen. Die Gymnastizierung des Pferdes dient dazu, es auch unter dem Gewicht des Reiters locker und gelöst zu erhalten.

14. Genau wie Menschen sind Pferde von Natur aus einseitig und in sich schief. Bei den meisten weist die Hinterhand etwas nach rechts. Wegen dieser Rechtsbiegung ihres Körpers neigen Pferde dazu, vor Hindernissen nach links auszubrechen. Um einen Reiter zu tragen und die Muskelgruppen beider Körperseiten gleichmäßig zu belasten, muß das Pferd geradegerichtet werden. Selbst kleinste Fortschritte beim Geraderichten oder Biegen eines Pferdes sind gymnastische Übungen, die ihm seine Aufgabe allmählich leichter machen. Es wird versuchen, sich vor der Mitarbeit zu drücken, was ihm auch oft gelingt. In solch einem Fall nicht wütend werdend – lächeln und einen neuen Versuch unternehmen.

15. Was auch immer das Pferd tun soll, man muß es ihm sagen und es dann in Ruhe lassen. Hilfen geben und lockerlassen; wenn nötig wiederholen. Um eine Wendung zu reiten, nicht am Zügel ziehen. Bei einem ungeschulten Pferd, das zu schnell abwendet, wirkt der innere Schenkel verwahrend, und die äußere Zügelhand wird seitlich abgestellt. Sobald das Pferd geringfügig nachgibt, geht die Hand wieder in ihre alte Position. Mit der Zeit wird es lernen, auf der gewünschten Linie zu wenden und nicht länger mit Schulter oder Hinterhand ein- oder auszufallen. Pferde lassen sich ungern geraderichten oder biegen, weil ihre natürliche Schiefe ihnen bequemer ist – auch Menschen würden sich wehren, wenn sie plötzlich mit der »falschen« Hand schreiben sollten.

Sobald der Reiter unkonzentriert ist oder nicht mehr auf seinen Sitz achtet, wird das Pferd sofort wieder die ihm bequeme Haltung einnehmen. Bevor es jedoch nicht geradegerichtet und biegsam ist, ist es unmöglich, es über einen gewissen Grad hinaus zu versammeln. Dies ist erst möglich, wenn eine solide Grundlage dafür sorgt, daß der Schwung nicht verlorengeht.

16. »Wer eine korrekte Wendung reiten kann, dem gelingt auch alles andere.« Für eine korrekte Wendung muß das Pferd geradegerichtet und gebogen sein und schwungvoll vorwärtsgehen. Diese Voraussetzungen sind die Grundlage für alles weitere. Alles weitere bedeutet in diesem Fall nur einen höheren Grad von Gelöstheit und Gleichgewicht. Das Pferd tritt nach vorn unter den Schwerpunkt. Unter einem schief sitzenden Reiter wird das Pferd schief treten, um sein Gewicht auszubalancieren. Man sollte sich auf jede Aufgabe sorgfältig vorbereiten. Der innere Schenkel verhindert, daß das Pferd in einer Wendung mit der Schulter nach innen drängt. Der äußere verwahrende Schenkel verhindert das Ausfallen der Hinterhand.

Je größer der Zirkel ist, desto weniger muß das Pferd gebogen werden; anfangs sollten die Zirkel einen Durchmesser von 20 Metern oder mehr haben. Der Zirkel darf nur allmählich verkleinert werden und auch nur, wenn das Pferd auf dem größeren bereits perfekt geht.

17. Der verwahrende Schenkel hinter dem Gurt in einer Wendung wird von vielen Pferden leicht als Galopphilfe mißverstanden. Der Reiter darf aber keine Gangart akzeptieren, die er nicht verlangt hat, denn andernfalls würde er an Einfluß verlieren. Der Reiter ist immer der Boss. Eine konsequente Hilfengebung bedeutet Erziehung, gesunden Menschenverstand und ist nur natürlich. Während der gesamten Ausbildung muß der Reiter nachdenken und seinen gesunden Menschenverstand gebrauchen. Er muß die Reaktionen seines Pferdes interpretieren und gegebenenfalls Gegenmaßnahmen ergreifen. Bei Problemen ist es das beste, nach einer Schrittpause am langen Zügel ruhig einen erneuten Versuch zu machen.

18. Auf der rechten Hand scheinen Pferde weicher am Zügel zu stehen, doch tatsächlich schieben sie die Hinterhand nach innen und fallen mit der Schulter aus. Das liegt an der natürlichen Schiefe und führt dazu, daß sie nicht am rechten Zügel stehen. Vielfach versuchen sie, sich den Hilfen zu entziehen, indem sie schneller werden. Um dies zu korrigieren, muß der Reiter völlig gerade sitzen; das innere Bein ist lang und aktiv.

Nie eine Hand über den Mähnenkamm drücken, wenn das Pferd ausfällt. Die Kontrolle mit Hilfe des inneren Schenkels ist die Grundlage jeder Arbeit. Schon vor einer Wendung muß das Pferd am inneren Schenkel stehen, um nicht einzufallen. Wie schon in Nr. 15 dieser Zusammenfassung erklärt, wird die äußere Zügelhand zur Korrektur seitlich abgestellt. Zirkel und Wendungen reiten, die aber nie zu eng werden dürfen. Zirkel müssen einen Mindestdurchmesser von sechs Metern haben; engere Wendungen kann selbst das beste Pferd nicht bewältigen.

19. Wie ich immer wieder betone, ist der Sitz der Reiters von entscheidender Bedeutung. Er muß stets im Gleichgewicht, aufrecht und still sitzen. Probleme haben ihre Ursache fast immer in Sitzfehlern. Wenn es möglich wäre, völlig still zu sitzen, wäre es sehr leicht, ein Pferd auszubilden. Doch jeder Reiter bewegt sich, und wenn er es merkt und einsieht, daß er dadurch etwas verloren hat – zum Beispiel die Biegung, das Tempo, den Schub oder sonst irgendetwas –, bedeutet dies, daß er allmählich ein Gefühl entwickelt, vor allem für den eigenen Sitz. Das ist die Grundlage jeden Reitens: das Pferd *durch den Sitz* gerade, gelöst und biegsam zu machen. Dann wird es sich entspannen und kann dazu angeregt werden, seine Hinterhand mehr und mehr einzusetzen, sich zu versammeln und auch höhere Lektionen fehlerfrei auszuführen.

(Dies ist der Grundgedanke der Ausbildung, die wir von Franz Mairinger erhielten – Kay Irving)

20. Der Reiter muß in die Richtung sehen, in die er reiten will. Wer versucht, mit geschlossenen Augen zu laufen, wird nur ein kurzes Stück geradeaus gehen – dann kommt die Einseitigkeit ins Spiel, und die meisten Rechtshänder weichen nach rechts von ihrem Weg ab. Aus diesem Grund bewegen sich Menschen, die sich verlaufen haben, im Kreis. Beim Reiten gilt dasselbe: man kann nicht geradeaus reiten, wenn man nicht hinsieht. Also Kopf hoch, denn das Nach-vorn-Sehen wirkt sich positiv auf den Sitz aus. Wer nach vorn sieht, merkt sofort, wenn das Pferd zu schwanken beginnt, und kann den entsprechenden Schenkel einsetzen, um es wieder geradezurichten. Dabei handelt es sich um eine gymnastische Übung, die seine Rittigkeit verbessert.

21. Ein Pferd auf einer bestimmten Linie zu reiten, es geradegerichtet und gelöst zu halten, ist schwieriger und dauert länger, als ihm alle schweren Lektionen beizubringen. Sie bringen keine großen Schwierigkeiten mehr mit sich, wenn die Grundausbildung korrekt war. »Wer eine korrekte Wendung reiten kann, dem gelingt auch alles andere.« Was ist eine korrekte Wendung? Die genaue Erklärung ist auf Seite 79 zu finden, von »Die erste Wendung...« bis »mit dem Kopf zu schlagen oder sonst irgendetwas.«

22. Die Kopfhaltung des Pferdes darf sich in keiner Gangart ändern. Wenn sich der Kopf bewegt oder nickt, bedeutet das, daß es nicht von hinten an das Gebiß herantritt. Es ist noch nicht gelöst genug. Der Reiter hat noch nicht genügend Zeit auf die Grundausbildung verwendet.

Siebtes Kapitel

Versammlung und fortgeschrittene Lektionen

Die Versammlung wird daran gemessen, wie weit das Pferd die Hinterbeine unter den Körper setzt. Man versammelt es, indem man es von hinten an das Gebiß heranreitet.

Es gibt viele verschiedene Tempi, und wir müssen uns von einem Tempo zum nächsten und von einer Gangart zur nächsten vorarbeiten. Schon im Halten muß dem Reiter bewußt sein, in welcher Gangart der meiste Schub erforderlich ist. Auch beim stehenden Pferd ist dieser Schub aus der Hinterhand schon vorhanden. Der Reiter braucht gewissermaßen nur noch den Zündschlüssel zu drehen. Das Pferd muß allerdings korrekt stehen, sein Gewicht muß gleichmäßig auf die vier Beine verteilt sein, und es darf nicht mehr Gewicht auf der Vorhand tragen als auf der Hinterhand. Ein Pferd, das schon im Halten auf der Vorhand ist, wird zweifellos früher unbrauchbar werden als nötig – aus Gründen, die ich bereits erklärt habe, und auch weil »Pferde geschaffen wurden als Pferde«, wie Roy Stewart sagte, und nicht als Sportgerät für den Menschen. Wenn Pferde allein für die Nutzung durch den Menschen geschaffen worden wären, hätten sie sicher Beine wie Elefanten, um keine Schäden davonzutragen. Sieht man sich aber die Beine eines Pferdes an, wird man feststellen, daß sie außergewöhnlich dünn sind und fast nur aus Knochen zu bestehen scheinen. Wenn man das gewaltige Körpergewicht in Relation zu den dünnen Knochen und Sehnen setzt, die es zu tragen, nach jedem Hindernis den harten Aufprall auszuhalten haben, und das Jahr für Jahr, kann man sich nur wundern. Das gesamte Pferd funktioniert so, wie Gott es geschaffen hat, und er hat es nicht dafür geschaffen, sich mit weggedrücktem Rükken zu bewegen. Er hat es so geschaffen, daß es sich versammeln kann.

Vor ein paar hundert Jahren gab es in den Köpfen der Menschen eine bestimmte Vorstellung, die 1765 zum erstenmal schriftlich niedergelegt wurde und die mir unglaublicherweise in einem Buch wiederbegegnete, das ich etwa 1967 las. Wie bereits erwähnt, handelt es sich bei dieser Vorstellung darum, daß Pferde von Natur aus nicht im Gleichgewicht seien, daß sie von Natur aus mehr Gewicht auf der Vorhand trügen als auf der Hinterhand. Diese Argumentation stimmt jedoch nicht. Sie beruht darauf, daß Kopf, Hals und Schultern (die Vorhand) schwerer sind als die Hinterhand. In gewisser Weise stimmt das sogar, wie wir mit ein paar einfachen Versuchen festgestellt haben. Wir zogen einen Kreidestrich entlang der Rippen und führten ein Pferd zuerst mit der Vorhand auf eine Viehwaage und dann mit der Hinterhand. Dabei stellte sich heraus, daß die Vorhand durchschnittlich 27 bis 36 Kilogramm schwerer war als die Hinterhand. Der liebe Gott hat jedoch kein Standbild geschaffen. Wenn dies seine Absicht gewesen wäre, hätte er Bronze oder ein ähnliches Material dafür benutzt. Stattdessen schuf er etwas Bewegliches, und sobald ein Pferd anfängt, sich zu bewegen, passiert genau das, was wir seit Jahren anstreben. Was das ist? Das Pferd versammelt sich, bringt seinen Körper ins Gleichgewicht und verteilt sein Gewicht gleichmäßig auf alle vier Beine. Die Hinterhand trägt dabei genausoviel Gewicht wie die Vorhand. Wenn dann noch ein Reiter auf dem Pferd sitzt und es am Vorwärtsgehen hindert, wird es frühzeitig verschleißen, denn dann muß die Vorhand mehr Gewicht tragen, als ihr von der Natur zugedacht wurde.

Einer anderen absurden Theorie zufolge muß sich der Reiter im Sattel nur weiter zurücklehnen oder zurücksetzen, um sein Gewicht auf die Hinterhand zu verlagern, das Pferd ins Gleichgewicht zu bringen und so die Vorhand zu entlasten. Es gibt nichts Unsinnigeres als diese Theorie. Sie hätte Hand und Fuß, wenn der Reiter auf dem Pferd geboren wäre. Doch die einzig logische Folge ist, daß das Pferd in seiner Bewegung gestört wird, seine Muskeln nicht mehr natürlich einsetzen kann und deshalb noch mehr auf die Vorhand gerät. Genauso unsinnig ist es, ein Pferd mit der Unterlegtrense aufrichten und mit der Kandare beizäumen zu wollen oder eine Vielzahl anderer Gebisse mit Hebelwirkung dazu zu verwenden, was jedoch immer wieder zu beobachten ist.

Ich las einmal ein Buch, bei dem ich nach etwa drei Seiten stutzig wurde. Irgendetwas stimmte nicht. Ich blätterte zurück. Der Autor schrieb über die Capriole. Bei einer Capriole springt das Pferd in die Luft und schlägt an der höchsten Stelle mit beiden Hinterbeinen kräftig aus. Ursprünglich handelte es sich dabei um ein Manöver für den Krieg. Ein von feindlichem Fußvolk bedrängter Reiter brauchte sein Pferd nur eine Capriole ausführen zu lassen und dann eine Kurzkehrtwendung, und sein Fluchtweg war frei. Wenn ein Pferd hochspringt und ausschlägt, wenn sich sein Körper genau in der Waagerechten befindet, ist das Ganze relativ einfach, sobald man es einmal gelernt hat. Wenn es aber hochspringt und erst ausschlägt, wenn es schon wieder herunterkommt, ist es für den Reiter sehr unbequem. Um dies zu verhindern, wird empfohlen, einen kurzen Arrêt am linken Zügel zu geben, der das Pferd daran hindern soll, wieder herunterzukommen (genau das war die Stelle, an der ich beim Lesen stutzig wurde, weil mir irgendetwas falsch erschien). Normalerweise würde man diese Stelle überlesen und kaum zur Kenntnis nehmen. Wenn es jedoch möglich wäre, ein Pferd mit Hilfe eines kurzen Zügelanzugs in der Luft zu halten, dann wären wir auf dem besten Wege, einen »Anti-Schwerkraft-Gürtel« zu erfinden. Es ist unmöglich, physikalisch einfach unmöglich. Wenn die Wirkung der Schwerkraft eingesetzt hat, gibt es keine Kraft der Erde, die ein Pferd in der Luft halten kann. In dem Buch hieß es aber, ein kleiner Arrêt würde für diesen Zweck ausreichen. Jemand, der nicht sehr konzentriert liest, würde diesen Text sicherlich für bare Münze nehmen. Er ist aber schlicht falsch. Die Männer, die auf dem Mond landeten und dort herumwanderten, haben bewiesen, daß es selbst dort eine Schwerkraft gibt und daß ihre Rakete beim Abflug einen gewaltigen Schub entwickeln mußte, um die Anziehungskraft des Mondes zu überwinden.

Das Pferd ist also versammelt. Es ist im Gleichgewicht. Es hat sein Gewicht auf seine vier Beine verteilt, zeigt einen gewissen Grad an Versammlung und ist zu allem bereit. Es ist bereit zum Antreten im Schritt, zum Antraben, zum Angaloppieren, Rückwärtsrichten oder Piaffieren, falls der Reiter es wünscht. Sein Gewicht ist gleichmäßig auf alle vier Beine verteilt.

Dazu fällt mir noch ein, daß man in der Reiterwelt allgemein der Ansicht ist, das Pferd müsse seinen Kopf herunternehmen. Ein heruntergenommener Kopf wäre besser als ein hochgetragener. Darüber kann man streiten. Die Kopfhaltung soll sich nicht verändern. Der Kopf darf nicht einmal oben sein und ein anderes Mal unten, und das Pferd soll von hinten an das Gebiß herantreten. Dazu muß es seine Hinterhand einsetzen; dabei tritt es an den Zügel heran.

Der Ausdruck Durchlässigkeit bedeutet, daß das Pferd die Hilfen ebenso durch seinen Körper hindurchdringen läßt, wie Licht durch eine Glasscheibe dringt. Eine lichtdurchlässige Glasscheibe läßt Licht ohne Widerstand durch, ebenso wie ein durchlässiges Pferd den Hilfen keinen Widerstand entgegensetzt. Von den Händen zur Hinterhand und von der Hinterhand zurück zu den Händen, ganz ohne Widerstand.

Das Pferd tritt nun also an das Gebiß heran und ist durchlässig. Es ist gelöst, im Gleichgewicht und widersetzt sich in keiner Weise. Sein Kopf befindet sich in der gewünschten Haltung (siehe Abb. 10). Bei dieser Haltung handelt es sich natürlich um die, die für Dressurlektionen

Versammelter Trab

der Klasse S gefordert ist, das heißt, um die für Piaffe und Passage. Der Kopf kann getragen werden wie in Position 1 Abb. 10, das heißt, in der Arbeitshaltung, die auch auf dem oberen Foto auf Seite 72 zu sehen ist, oder wie auf der Abb. 10 unter Position 2 gezeigt in der versammelten Haltung oder wie auf dem Foto Seite 89 in der gestreckten Haltung. Am Ausmaß der Kopfbewegungen läßt sich der Grad des Widerstandes ablesen, eines Widerstandes, bei dem sich das Pferd dagegen wehrt, von hinten herangeschoben zu werden, was an sich schon fehlerhaft ist. Wir treiben es an und sagen 1-2-3-4. Daraufhin soll das Pferd ohne sichtbare Einwirkung des Reiters antreten, ohne daß sich seine Körperhaltung, sein Rahmen, dabei verändert. Darin eingeschlossen ist natürlich die Kopfhaltung. Auch sie bleibt unverändert; der Kopf darf nicht sinken. Im Stand sollen alle vier Beine gleichmäßig belastet sein, und so wie ein Pferd im Stehen aussieht, soll es auch in der Bewegung wirken. Es bewegt nur seine Beine, sonst nichts. Es schlägt nicht mit dem Kopf oder macht sonstige Bewegungen. Aus dieser Haltung heraus wird im Schritt angeritten oder angetrabt, und dieselben Prinzipien gelten für das Antraben aus dem Schritt und das Angaloppieren aus dem Trab. Im Augenblick des Angaloppierens scheint sich die Kopfhaltung des Pferdes zu ändern, doch dabei handelt es sich nicht allein um eine Bewegung des Kopfes. Die veränderte Kopfhaltung ist eine Folge der Vorbereitung zum Angaloppieren, bei der sich die gesamte Körperhaltung verändert und mit ihr selbstverständlich auch die Kopfhaltung. Die gesamte Körperhaltung verändert sich im Moment des Anspringens, weil das Pferd vermehrt untertreten muß. Beim Anreiten im Schritt aus dem Halten ist es besonders wichtig, daß der Schritt taktrein geritten wird – schon der erste Schritt muß taktklar sein und dem zweiten, dritten und vierten Takt unmittelbar vorausgehen – ein schleichendes oder übereiltes Antreten ist als fehlerhaft anzusehen. Schon mit dem ersten klaren Schritt tritt das Pferd an das Gebiß heran.

In den höheren Dressurklassen muß das Pferd auch aus dem Stand taktrein antraben und angaloppieren, ohne irgendeine Widersetzlichkeit zu zeigen und ohne Bewegungen auszuführen, die für das Antreten, Antraben oder Angaloppieren nicht unbedingt nötig sind. Auf den taktreinen Schritt 1-2-3-4-1-2-3-4 folgt der taktreine Trab (von mir gezählt als 1-2, 1-2), und dem Trab der taktreine Galopp ohne irgendwelche Zwischen-

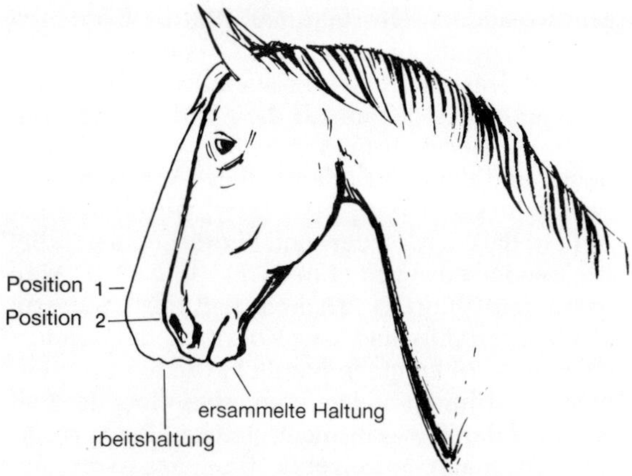

Abb. 10: Kopfhaltung im Arbeitstempo und in der Versammlung

tritte. Die Reinheit der Gänge ist von entscheidender Bedeutung. Auf ihr beruht alles weitere. Wenn der Schritt unrein geworden ist, gilt dies auch für Trab und Galopp und schließlich hat man ein Zirkuspferd – was für einen ernsthaften Reiter nie genug sein kann. Die Zirkusreiterei ist eine eigenständige Kunst und hat nichts mit der praktischen Ausbildung des Reitpferdes zu tun, denn Zirkuspferde werden nicht oder kaum gymnastiziert.

Auf die so überaus wichtige Reinhaltung der Gänge folgt die Geraderichtung, die Biegsamkeit und schließlich die Versammlung. Von einem reinen Schritt in einen reinen Trab, in einen reinen Galopp und zurück zum Trab, Schritt und Halten sind die Übergänge von einer Gangart zur anderen.

Zudem gibt es noch die Wechsel von einem bestimmten Tempo in ein anderes, zum Beispiel vom versammelten Schritt oder Trab in den Mitteltrab oder Mittelgalopp. Bevor jedoch das Tempo verstärkt werden kann, muß etwas eintreten, das bereits erwähnt wurde. Zuerst muß sich das Pferd in dem für versammelten oder Arbeitstrab nötigen Rahmen befinden, der sich erst dann für das Mittel- oder starke Tempo erweitern kann. Die Nase oder das gesamte Vorderende, also Kopf und Hals, müssen sich dazu etwas vorwärts-abwärts strecken. Das Pferd muß sich vorwärts-abwärts an das Gebiß heranstrecken, um genügend weit ausgreifen zu können.

Zu Abb. 12: Wenn man die Linie A–B als Grundlinie betrachtet und feststellt, daß der Vorderhuf direkt auf Punkt B gerichtet ist, wird klar, daß es ihn genau dort aufsetzen muß und nirgendwo anders. Oft sieht man Pferde, bei denen die Vorderhufe bis zu Punkt C vorgeschleudert werden, was natürlich sehr beeindruckend wirkt, solange man sich nur auf die Vorderbeine konzentriert. Beachtet man jedoch auch die Hinterbeine, und zwar als Einheit mit den Vorderbeinen (was sehr viel Übung erfordert), wird man feststellen, daß sich Vorder- und Hinterbeine parallel zueinander bewegen (Linien D1 und D2). Man sollte den Eindruck erhalten, daß der Unterarm des Vorderbeins und das Röhrbein des Hinterbeins fast vollkommen parallel arbeiten und deshalb eine Einheit bilden. Wenn dies nicht der Fall ist, wird das Gewicht nicht gleichmäßig verteilt, und das später aufsetzende Bein hat mehr Gewicht zu tragen.

Man sieht manchmal Pferde, die bis zu Punkt C ausgreifen. Das wirkt zwar sehr eindrucksvoll, aber sind die Tritte wirklich länger als bei durchschnittlichen Pferden? Nach deutscher Auffassung treten Pferde nie über ihre Nase hinaus, das heißt, wenn sich der Kopf des Pferdes bei Punkt E befindet und sich die Nasenlinie von E nach B verlängern läßt, ist das Pferd nicht in der Lage, seinen Vorderhuf vor B aufzusetzen. Es kann nicht über die verlängerte Nasenlinie hinaustreten. Bei dem hier abgebildeten Pferd ist die Kopfhaltung nicht schlecht, aber das Vorderbein wird auf halber Länge durch die Linie E–B abgeschnitten. Das heißt, es muß schon allein aus mechanischen Gründen wieder zurückkommen. Wenn man die Länge der Diagonalen, die Strecke zwischen dem Vorderbein und dem diagonal gegenüberliegenden stützenden Hinterbein, ausmißt, wird man feststellen, daß sie nahezu anderthalbmal so groß ist wie die des anderen Beinpaares. So kann ein Pferd sich nicht bewegen. Das Vorderbein muß wieder zurückkommen, denn andernfalls müßte das Pferd angaloppieren oder in zwei Teile zerbrechen. Letzteres wird nicht geschehen, also galoppiert es an. Es kann nicht weitertraben, wenn eine Diagonale länger ist als die andere. Das ist einfach unmöglich. Den Abstand des auf dem Boden befindlichen Hufpaares zu korrigieren, ist nicht möglich, denn auf ihm ruht das Gewicht. Das Pferd kann also nur die Diagonalenlänge des in der Luft befindlichen Beinpaares anpassen. Es wird außerdem deutlich, wie der Vorderhuf durch den Schwung der Bewegung nach oben geschleudert wird bis zu Punkt C; auch er muß wieder zurückgeführt werden, bis die Diagonale der des anderen Beinpaares entspricht, denn andernfalls wäre kein Trab möglich. Der Rücken schwingt nicht, das Pferd geht nicht genügend vorwärts, und der schwebende Effekt der Trabverstärkung bleibt aus.

Abb. 11: Herausschnellen des Vorderhufs im starken Trab

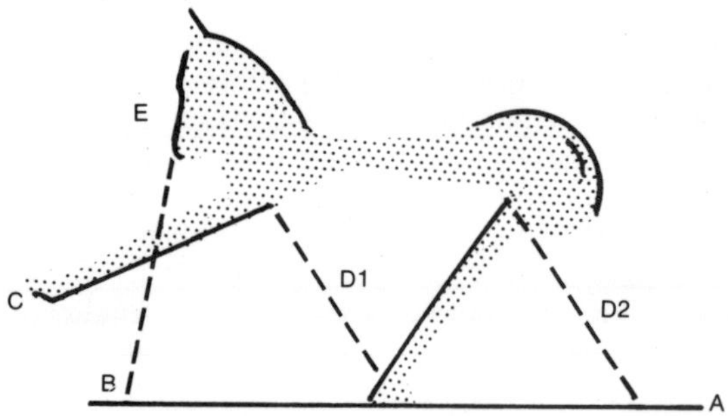

Abb. 12: Verschiedene Linien zu Verdeutlichung der Schrittweite

Beim korrekten starken Trab (siehe Fotografie rechts) bleibt der Rhythmus unverändert, abgesehen von der neu hinzugekommenen Schwebephase. Beim starken Galopp ist es genau dasselbe, Hals und Kopf strecken sich etwas mehr vorwärts-abwärts, und auch der Rhythmus ändert sich nicht, wiederum abgesehen von der verlängerten Schwebephase, die sich ergibt, weil das Pferd stärker vorwärtsgeht. Die Schwebephase muß im starken Galopp länger sein als in ruhigerem Tempo, denn auch die Galoppsprünge sind länger. Ebenso wie ein Mensch eine bestimmte Strecke mit vierzig Schritten zurücklegt anstatt mit fünfzig, benötigt ein Pferd dreißig oder zwanzig Galoppsprünge anstatt fünfundzwanzig. Das Pferd galoppiert also mit langen Sprüngen, doch auch dabei muß es geradegerichtet sein. Die meisten Pferde sind in ruhigem Tempo relativ gerade, doch bei den Tempoverstärkungen neigt die Hinterhand dazu, nach in-

Starker Trab, erweiterter Rahmen mit maximaler Trittlänge bei enormem Raumgriff. Das Pferd ist weiterhin im Gleichgewicht und fällt nicht auf die Vorhand, was oft zu beobachten ist. Genick immer noch der höchste Punkt. Franz Mairinger auf Gay Pam.

nen abzuweichen, was darauf hindeutet, daß das Pferd nicht so vorwärtsgeht, wie es eigentlich sollte. Ein Pferd muß immer geradegerichtet sein, egal, was es macht, wo es sich befindet, ob es am Zügel geht oder nicht.

In Verbindung mit einem gutgerittenen Pferd gibt es viele Begriffe, die alle irgendwie zusammenhängen. Man kann zum Beispiel nicht behaupten, ein Pferd stünde korrekt am Zügel, wäre aber noch nicht geradegerichtet, denn ein Pferd steht erst richtig am Zügel, wenn es geradegerichtet ist. Wenn das Pferd am Zügel steht, gut vorwärtsgeritten wird, den Schenkelhilfen gehorcht und den Reiter mit Leichtigkeit trägt, kann der Reiter sich darauf konzentrieren, es geradezuhalten. In der Regel gilt jedoch, daß man nicht mehr auf das Geraderichten achten muß, wenn das Pferd das Reitergewicht im Gleichgewicht trägt, vorwärtsgeht und am Zügel steht, denn ein solches Pferd ist bereits geradegerichtet, denn andernfalls würde es nicht am Zügel stehen, nicht vorwärtsgehen und seinen Reiter nicht freudig und mühelos tragen.

Das Pferd muß beide Zügel gleichermaßen annehmen. Die vom Reiter verspürte Anlehnung muß auf dem rechten Zügel genauso stark sein wie auf dem linken. Bei vielen Pferden hat man jedoch das Gefühl, rechts »nichts in der Hand« zu haben, und mit der linken das Gewicht des Pferdekopfes zu tragen. Wenn der linke Zügel dann verstärkt angenommen wird, beginnt das Pferd, sich links auf den Zügel zu stützen. Ein solches Pferd muß geradegerichtet werden und wird dann automatisch gleichmäßiger treten und auch die Hilfen vom rechten Schenkel besser annehmen. Der rechte Schenkel wirkt ebenso wie der linke vorwärtstreibend. Das rechte Hinterbein wird weiter vortreten, und die ungleichmäßige

Belastung der Zügel verschwindet. Es ist eine Sache der Ausbildung, ein Pferd am rechten Zügel zu behalten und durch leichtes Annehmen des linken Zügels den Schwung zu regulieren, zu verwahren und das Pferd geradezuhalten. Dazu muß es jedoch beide Zügel annehmen – dann fühlt es sich an, als hätte man statt der Zügel Holzstäbe in der Hand, die es ständig vorwärtsschieben –, der Reiter sitzt bequem und das Pferd tritt bei jedem Schritt erneut an das Gebiß heran. Das passiert jedoch nur, wenn es vorwärtsgeht und geradegerichtet ist, und geradegerichtet ist es nur, wenn es am Zügel steht und die treibenden Hilfen annimmt.

Ein Pferd steht am Zügel, wenn es das Gebiß annimmt, fleißig vorwärtsgeht, und das Gebiß nicht haßt, sich nicht dagegen wehrt, sich widersetzt oder versucht, auf irgendeine Weise auszuweichen, zum Beispiel indem es über oder hinter dem Zügel geht, sich verwirft oder den Unterkiefer zu einer Seite schiebt. Es muß geradegerichtet und im Genick locker sein. Es muß kraftvoll vorwärtsgehen, statt sich nur auf- und abzubewegen. Die Anlehnung muß auf beiden Seiten gleich stark sein, denn nur so kann das Pferd an das Gebiß herantreten. Dies alles im Halten, Schritt, Trab, Galopp und beim Rückwärtsrichten zu erreichen ist nur möglich, wenn der Reiter seine Gewichtshilfen auf die Hinterhand wirken läßt, so daß sie von der Hinterhand zum Maul beziehungsweise zurück zu seinen Händen gelangen.

Den meisten Widerstand bieten Kopf und Hals des Pferdes, wenn es sich gegen das Gebiß wehrt. In manchen Fällen wehrt es sich gegen das Gebiß an sich, doch meistens sind die treibenden Hilfen oder Korrekturmaßnahmen die Ursache. Meistens spielt sich das ganze folgendermaßen ab: Der Reiter treibt mit Gewicht und Schenkeln, und das Pferd sagt sich: »Das ist mir zu anstrengend«, und tritt mit dem linken Hinterbein zur Seite, um die Übung nicht ausführen zu müssen. Daraufhin wird der Reiter links stärker treiben, und wenn er es dem Pferd auf diese Weise unmöglich macht, nach links auszufallen, wird es möglicherweise mit dem rechten Hinterhuf von der Geraden abweichen, oder es beginnt, breitspurig zu treten, wird schief, verliert an Schwung, geht nicht mehr vorwärts und schleicht schließlich nur noch. Dieser Teil der Gymnastizierung muß sitzen – man beginnt am langen Zügel und treibt es allmählich immer mehr an den Zügel heran, ohne daß es sich dagegen wehrt. Dann treibt man es noch etwas stärker heran, und dann hat man es geschafft. Dies ist der direkte Weg zur Piaffe, die natürlich erst später gefordert werden kann.

Sinnvollerweise sollten Reiter neben ihrem Sport Gymnastik betreiben. Es dauert sehr lange, bis der Körper alle Anweisungen des Gehirns prompt und korrekt ausführen kann. Man kann sich zwar vornehmen, so zu werden wie die englische Tänzerin Margot Fonteyn (sie trainiert täglich 8 Stunden, habe ich mir sagen lassen, aber wer versucht, es ihr gleichzutun, muß vermutlich 10 Stunden am Tag trainieren), doch es dauert auf jeden Fall eine gewisse Zeit, bis der Körper entsprechend locker und beweglich geworden ist und in der Lage ist, die Anweisungen des Gehirns korrekt auszuführen – und bis es gelingt, auf dem Pferd vollkommen gerade zu sitzen. Genau dasselbe gilt für das Pferd. Es dauert eine gewisse Zeit, bis das Pferd verstehen lernt und so gelöst und beweglich ist, daß es sich zusammenstellen und zusammenhalten läßt und dabei noch schwungvoll vorwärtsgehen kann, ohne an Ausdruck zu verlieren oder aus dem Gleichgewicht zu kommen. Das Problem ist, daß die meisten Leute keine Zeit haben, und weil sie keine Zeit haben, brauchen sie länger, als wenn sie sich von vornherein gleich Zeit genommen hätten.

Vor dem Zweiten Weltkrieg gab es einen berühmten Chirurgen, der es als erster gewagt hatte, im Brustkorb zu operieren. Eines Tages, als er eine dringende Notoperation vornehmen mußte, sagte er zu seinem Chauffeur: »Fahren Sie langsam, ich habe es eilig.« Das gilt für das Autofahren ebenso wie für die Ausbildung eines Pferdes. Gerade wenn man es eilig hat, muß man sich Zeit nehmen. Es gibt keine Möglichkeit, die Natur zu betrügen. Die Folge einer übereilt durchgeführten Ausbildung ist, daß das Pferd nie in der Lage sein wird, eine Leistung zu zeigen, die seinen wahren Fähigkeiten entspricht. Eine weitere Gefahr dabei ist, das Pferd zu überfordern. Dann wird es sich wehren, die Ausbildung muß wieder ganz von vorn begonnen werden und man muß versuchen, die Fehler wiedergutzumachen und dafür sorgen, daß das Pferd die schlechten Erfahrungen vergißt. Doch dann sind die Schwierigkeiten schon da. Es ist viel einfacher, ein Pferd etwas völlig Neues zu lehren, als etwas zu korrigieren und durch eine neue Erfahrung zu ersetzen.

Kein Reiter darf vergessen, daß Pferde intelligente Tiere sind. Wenn sie nicht eine gewisse

Intelligenz besäßen, wäre es unmöglich, sie auszubilden. Warum Pferde in bestimmten Situationen nicht so reagieren wie Menschen in derselben Situation, ist ganz einfach zu erklären: Wir sind Menschen und sie sind Pferde. Sie müssen also anders reagieren. Man könnte kein Pferd ausbilden, wenn es kein Erinnerungsvermögen hätte. Doch da es ein Gedächtnis besitzt, muß es auch ein Gehirn haben. Pferde haben zweifellos ein viel besseres Gedächtnis als ich.

Bei allen Lektionen, die auf einem Hufschlag geritten werden, sei es auf einer Geraden oder einer gebogenen Linie, auf einem Zirkel oder auf vier Zirkeln hintereinander, auf einer Diagonalen oder auf der Mittellinie, muß das Pferd stets geradegerichtet sein. Darauf muß der Reiter immer achten. Gleichzeitig müssen Schwung und Takt unbedingt erhalten bleiben, unabhängig von der gewählten Gangart. Der Takt im Schritt zum Beispiel ist immer 1-2-3-4-1-2-3-4, gleichgültig, ob auf dem Zirkel geritten wird oder ob das Pferd eine Wendung oder eine Schlangenlinie ausführt. Der Rhythmus der jeweiligen Gangart darf sich nie ändern. Das gilt auch für Schulterherein und Traversalen. In der Regel kommen Pferde dabei ins Eilen, drängen über die Schulter oder fallen mit der Hinterhand aus, und wenn das alles nicht wirkt, denken sie sich noch etwas anderes aus. Wenn Takt und Schwung aber erhalten bleiben, kann aus einem einfachen Grund nichts mehr schiefgehen, und diesen Grund wiederhole ich immer wieder: Pferde wurden geschaffen als Pferde. All ihre Muskeln dienen der Fortbewegung, und sie sollten sie auch alle dafür einsetzen. Wenn dies der Fall ist, sind sie nicht in der Lage, gleichzeitig noch etwas anderes zu tun. Sie können nicht mit dem Kopf schlagen, nicht über die Schulter drängen oder mit der Hinterhand ausfallen, sondern nur ihrem 1-2-3-4-Rhythmus folgen. Wenn ich zu Fuß gehe, ist mein Körper damit vollauf beschäftigt. Im Gehen kann ich niemandem gegen das Schienbein treten; dazu muß ich erst stehenbleiben. Solange ich jedoch vorwärtsschreite, sind meine Beine ausschließlich damit beschäftigt und können nichts anderes tun. Ein Pferd, das seinen Körper voll einsetzt, um Schritt zu gehen, zu traben oder zu galoppieren, kann logischerweise ebenfalls nichts anderes tun. Jedesmal, wenn es dem Reiter gelingt, sein Pferd dazu zu bringen, seinen Körper in der Vorwärtsbewegung voll einzusetzen, hat er eine gymnastizierende Übung mit ihm ausgeführt, selbst wenn sie nur einen Schritt lang anhielt. Das Pferd ist einen Schritt lang gymnastiziert worden. Taktreine Gänge, Rhythmus, Schwung, Geraderichtung und Gelöstheit.

Es gibt eine Lektion, bei der es immer wieder zu Mißverständnissen kommt: der Kontergalopp. Der Kontergalopp ist ein ganz gewöhnlicher Galopp. Wenn man linksherum reitet und das Pferd mit dem linken Vorderbein weiter vorgreift, handelt es sich um den korrekten Normalgalopp. Reitet man aber auf der rechten Hand im Galopp und das Pferd greift mit dem linken Vorderbein weiter aus, handelt es sich um Kontergalopp. Der Galopp selbst verändert sich dabei jedoch in keiner Weise.

Vor dem Kontergalopp muß sich der Reiter darüber im Klaren sein, wie sein Pferd gebogen sein muß. Im Galopp wird das Pferd immer in Richtung des führenden Vorderbeins gebogen, beim Linksgalopp also nach links. Es soll in die Richtung gestellt sein, in die es galoppiert, doch der Kontergalopp stellt eine Ausnahme von dieser Regel dar. Das Pferd wird nach links gebogen, zum führenden Vorderbein oder zum inneren Schenkel, der beim Kontergalopp allerdings die Seite wechselt. Der innere Schenkel ist immer der, um den das Pferd gebogen wird. Ob es dabei im Linksgalopp nach rechts läuft oder umgekehrt, spielt keine Rolle.

In einem Buch las ich, daß der innere Schenkel immer derjenige ist, der dem Bahninnern zugewandt ist. Der innere Schenkel hat jedoch nichts mit der Reitbahn zu tun. Selbst wenn man in der Wüste Gobi oder im tiefsten australischen Busch reitet, gibt es immer noch den inneren und den äußeren Schenkel, auch wenn weit und breit keine Reitbahn zu finden ist.

Tatsache ist, daß das Pferd für den Galopp in Richtung des führenden Vorderbeins gebogen wird, und auf dieser Seite befindet sich auch der innere Schenkel. Dementsprechend ist der verwahrende Schenkel immer der äußere, unabhängig davon, ob in der Bahn geritten wird oder nicht. Das Pferd galoppiert dabei noch immer auf einem Hufschlag. Oft sieht man Reiter, die es zu gut meinen und Wendungen mit extra-deutlicher Außenstellung und -biegung reiten. Sie machen es ihren Pferden unmöglich, auf einem Hufschlag zu galoppieren. Sie müssen mit der Hinterhand zu Seite ausweichen.

Der natürlichen Linkskrümmung der Wirbelsäule zum Trotz muß das Pferd im Rücken so weit gebogen sein, daß Vorder- und Hinterbeine derselben Linie folgen und die Hinterhand nicht zur

Seite ausfällt. Vor allem darf sie nicht nach außen ausfallen. Das Pferd muß auf einem Hufschlag galoppieren, ist nach der Seite des führenden Vorderbeins gestellt und muß taktrein galoppieren. Der Rhythmus des Galopps muß immer erhalten bleiben. Schwung und Rhythmus sind gleichzusetzen. Sobald sie nicht mehr vorhanden sind, merkt man, daß das Pferd nicht mehr mitarbeitet, auf die Vorhand fällt, auf der Hand liegt und so weiter.

Im freien Schritt sollte das Pferd entspannt ausschreiten, sich dem Gebiß vorwärts-abwärts entgegenstrecken und dabei seine Schritte verlängern, aber nicht schneller oder langsamer werden. Wenn das Pferd mit gestrecktem Hals geht, der Reiter aber noch Kontakt zum Pferdemaul hat, reitet er am langen Zügel; hängen die Zügel vollständig durch, geht das Pferd am hingegebenen Zügel.

Eine Sache, die vielen Reitern nicht ganz klar ist, ist die Frage, auf welchem Hinterfuß leichtgetrabt wird. Meines Wissens wird im Regelbuch der F. E. I. nirgends vorgeschrieben, auf welchem Hinterfuß leichtgetrabt werden soll. Für die Ausbildung empfiehlt es sich, auf der linken Hand auf dem linken Hinterfuß leichtzutraben, das heißt, das Gewicht sinkt zurück in den Sattel, wenn das diagonale Beinpaar rechts vorn und links hinten auffußt. Auf der rechten Hand wird auf dem rechten Hinterfuß leichtgetrabt. Bei Richtungsänderungen muß natürlich auch der Fuß gewechselt werden. Zudem muß der Reiter immer dann umsitzen, wenn er sein Pferd in eine neue Richtung stellt oder biegt. Man sollte sich entscheiden, auf welchem Fuß man leichttraben will; wem es mehr liegt, auf der linken Hand auf dem rechten Hinterfuß leichtzutraben und umgekehrt, soll dies ruhig tun, denn nirgendwo steht geschrieben, daß dies unzulässig ist. Bei Richtungsänderungen muß jedoch auch in diesem Fall stets umgesessen werden, denn andernfalls wäre der Reiter zumindest in einer Richtung immer auf dem falschen Fuß.

Es gibt immer wieder Leute, die ausschließlich auf einem Fuß leichttraben, nämlich auf dem, den das Pferd anbietet. Wer in die Verlegenheit gerät, ein solches Pferd reiten zu müssen, wird natürlich versuchen, auf beiden Händen korrekt leichtzutraben, doch das ist unmöglich. Dem Pferd gelingt es immer wieder, seinen Reiter »umzusetzen«. »Aha«, sagt dann der Reiter, »ich bin auf dem falschen Fuß, ich muß noch einmal umsitzen.« Der Kommentar eines Richters hierzu würde jedoch nicht lauten: »Der Reiter trabt auf dem falschen Fuß«, sondern: »Der Reiter sitzt nicht um.«

Was ist eine Wendung auf der Vorhand? Ich persönlich halte nicht besonders viel von dieser Übung, denn wir streben bekanntlich an, daß die Vorhand des Pferdes genausoviel Gewicht trägt

Schritt am hingegebenen Zügel

wie die Hinterhand, was bei der Wendung auf der Vorhand unmöglich ist. Wenn man ein Pferd auf eine Viehwaage stellt, wird man feststellen, daß seine Vorhand durchschnittlich 36 Kilogramm schwerer ist als die Hinterhand (dies ist nur ein ungefähres Ergebnis, denn schließlich kann man das Pferd nicht in zwei Teile schneiden, und außerdem steht es auf der Waage still). In der Bewegung verteilt sich das Gewicht gleichmäßig auf Vor- und Hinterhand, weil das Pferd im Gleichgewicht ist. Mir ist nie ein Wildpferd mit Verschleißerscheinungen an den Beinen begegnet. Wenn Pferde sich in der Bewegung nicht von selbst ausbalancieren könnten, käme es durch die Überlastung der Vorhand ständig zu Sehnenschäden; die so verletzten Pferde wären zur leichten Beute von Raubtieren geworden, und es gäbe heute keine Pferde mehr. Überlastungsbedingte Schäden an den Vorderbeinen treten fast immer zuerst an den Sehnen auf. Die Ursache ist zu viel Gewicht sowie Steifheit.

Bei der Wendung auf der Vorhand geht es nur darum, das Gewicht auf die Vorhand zu verlagern. Der Schenkeldruck sorgt dafür, daß die Hinterhand um die Vorhand herumtritt. Diese Übung stammt vermutlich von der Kavallerie und diente dazu, das Regiment mit Front zum Major gerade auszurichten. Pferde, die schief standen, wurden auf der Vorhand so weit gewendet, bis sie wieder in der Reihe standen. In der Spanischen Hofreitschule wird die Wendung auf der Vorhand nicht geritten, weil sie nicht zu den klassischen Lektionen gehört. Unter den alten Reitlehren gibt es meines Wissens auch keine, in der die Wendung auf der Vorhand erwähnt wird. Jede der klassischen Lektionen stellt eine gymnastizierende Übung dar, bei der das Pferd seine Hinterhand einsetzen muß. Meines Erachtens besteht der einzige Sinn der Wendung auf der Vorhand darin, einem Kind den Gebrauch des seitwärtstreibenden Schenkels zu verdeutlichen.

Als erstes muß das Pferd korrekt stehen und alle vier Beine gleichmäßig belasten. Der Reiter muß absolut gerade sitzen und durch ihn und sein Pferd muß man eine gerade Linie ziehen können. Schultern, Hüften und Gesäßknochen müssen sich durch eine senkrechte Linie verbinden lassen, die im rechten Winkel zu der horizontalen Linie des Pferdes steht. Bevor er irgendwelche Hilfen gibt, sollte der Reiter stets seinen Sitz überprüfen. Wenn der Sitz stimmt, kann die Übung ausgeführt werden, doch die Hilfen dürfen nie den Sitz verändern. Das Pferd muß geradegerichtet sein. Die Anlehnung muß am rechten Zügel ebenso stark sein wie am linken. Wenn dies nicht der Fall ist, ist der Sitz nicht korrekt. Der Sitz bleibt unverändert, das äußere Bein wird bei tiefstehendem Absatz hinter den Gurt gelegt und veranlaßt durch Druck an dieser Stelle die Hinterhand zum Seitwärtstreten. Im Idealfall sollte das Pferd den Takt des Schrittes beibehalten, als wenn es ganz normal vorwärtsginge. Ich bin nicht der Ansicht, daß der innere Vorderhuf auf dem Boden verharren und sich nur mitdrehen soll. Das Pferd muß in allen Gangarten seinen Takt beibehalten und kann nicht plötzlich ein Bein wie festgeklebt stehenlassen und auf den übrigen drei Beinen herumhüpfen. Sobald das Pferd begriffen hat, daß es seine Hinterhand zur Seite bewegen soll, wird ihm diese Übung gefallen. Sie ist genau das, was ihm als von Natur aus faulem Lebewesen gefällt – es braucht nicht vorwärtszugehen. Es wird die Wendung willig ausführen. Wenn man dann aber anfängt, die Pirouette mit ihm zu üben, wird es vorn einen guten Schritt machen und dann beginnen, die Hinterhand herumzuwerfen. Die Pirouette gefällt ihm weniger, denn sie ist eine gymnastizierende Lektion. Man entwickelt sie aus der halben Pirouette im Schritt, im Trab (in der Piaffe), oder im Galopp.

Da kein Pferd in der Lage sein sollte, auf drei Beinen zu laufen, muß der Takt des Schrittes erhalten bleiben. Auch die Vorderhufe werden angehoben und treten auf der Stelle. Wiederholten Schenkeldruck ausüben; falls das Pferd ihn ignoriert, die Gerte einsetzen. Damit das Pferd sich nicht angewöhnt, die Hinterhand eilig herumzuwerfen, läßt man es einen Schritt herumtreten, dann stillstehen, wieder einen Schritt herumtreten und so weiter. Doch was soll man tun, wenn das Pferd die Hilfen vollständig ignoriert? Seinen Kopf in die gewünschte Richtung stellen, lockerlassen und seitwärtstreiben. Wenn man den Kopf des Pferdes nach rechts stellt, wird sich seine Hinterhand nach links bewegen. Je stärker man am rechten Zügel zieht, desto mehr muß man mit dem äußeren Schenkel verwahren, damit die Hinterhand nicht nach links ausfällt. Dem Pferd wird dies nichts ausmachen, denn es handelt sich dabei nicht um eine gymnastizierende Übung, bei der es sich anstrengen müßte. Diese Lektion gefällt ihm gut.

Wie stark muß der verwahrende Schenkel wirken? Überhaupt nicht. Wenn das Pferd beginnt, über die Schulter zu drängen oder einen Schritt zurücktritt, wird mit beiden Schenkeln korrigiert.

Dann wirkt erneut der seitwärtstreibende Schenkel hinter dem Gurt; doch es dürfen nicht beide Schenkel gleichzeitig einwirken. Der verwahrende Schenkel darf nicht mehr tun, als den Kontakt zum Pferdeleib aufrechtzuerhalten.

Wer etwas auf dem Konto haben will, muß zuerst etwas einzahlen. Ein Reiter, der sich ein gutes Pferd wünscht, muß auch etwas dafür tun: Er muß durch Gewicht und Schenkel den Kontakt zum Pferdemaul herstellen. Er muß bei passivem Kontakt korrekt sitzen, gewissermaßen »Gewehr bei Fuß«. Wenn er nur mit dem Schenkeln einwirkt, was passiert? Wie reagiert das Pferd darauf? Eine Reflexbewegung wird seinen Rücken aktivieren, doch wenn es an das Gebiß herantreten will, hängen die Zügel durch. Ohne die Koordination der Schenkel mit den Händen ist das Ganze wirkungslos. Wenn das Pferd auf die Schenkelhilfen hin antritt, müssen die Zügel angenommen werden. Wenn ich jeden auf mein Pferd setzen könnte, könnte ich allen zeigen, was ich meine, doch ich kann niemandem erklären, was er fühlen muß. Es ist so ähnlich, als würde man einen Schalter umlegen und das Licht sehen. Vom Gefühl hängt alles ab. Die Spanische Hofreitschule gibt es seit 400 Jahren. Die erfahrenen Ausbilder schulen die jungen Pferde, und wenn diese alt und erfahren sind, lernen die jungen Ausbilder von ihnen. Wenn die jungen Ausbilder alt und erfahren genug sind, bilden sie wiederum junge Pferde aus und so weiter.

Ein gut angerittenes Pferd olympiareif zu machen, sollte nicht weniger als drei Jahre dauern. Für ein Springpferd gilt dasselbe.

Ich lehne die Wendung auf der Vorhand ab. Sie ist keine gymnastizierende Übung. Alles, was das Pferd dabei tun muß, ist sich zur Seite zu bewegen, wenn der Reiter einseitigen Schenkeldruck ausübt. Die halbe Pirouette oder Kurzkehrtwendung dagegen wird aus der Bewegung heraus ausgeführt. Bei dieser Lektion werden die meisten Reiter zweifellos mehr Schwierigkeiten haben, denn sie ist eine gymnastizierende Übung. Die halbe Pirouette ist eine versammelnde Lektion, und zwar eine sehr gute. Sie bringt die Hinterhand verstärkt unter Kontrolle (alle versammelnden Lektionen vergrößern die Kontrolle über die Hinterhand, weil sie das Pferd beweglicher machen). Das bedeutet eine verstärkte Kontrolle über den Motor des Pferdes oder über seine Kraft zum Vorwärtsgehen.

Die halbe Pirouette ist eine Lektion, bei der sich Vor- und Hinterhand auf zwei verschiedenen

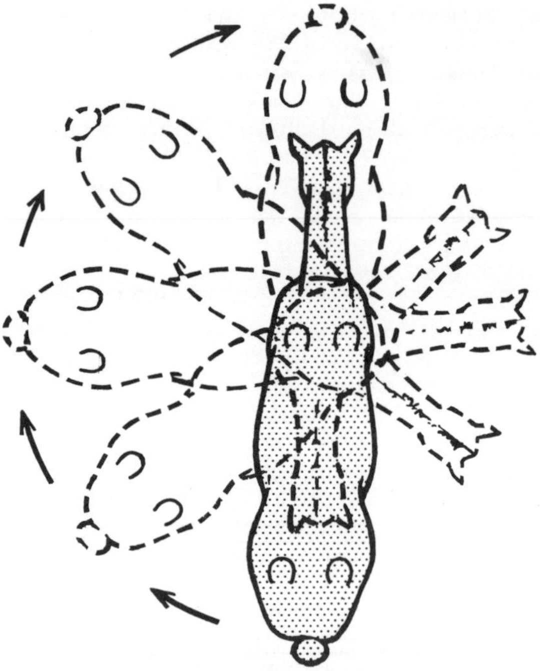

Abb. 13: Wendung auf der Vorhand

Hufschlägen bewegen. Die Vorhand bewegt sich in einem Halbkreis um die Hinterhand herum. Im Idealfall, den wir anstreben, kommt das Pferd im Schritt 1-2-3-4 heran. Es behält diesen Takt bei, und dann bewegt sich das äußere Hinterbein 1-2-3-4 um das innere Hinterbein herum, das 1-2-3-4 auf der Stelle tritt. Das wäre der Idealzustand – die perfekte Ausführung – vorausgesetzt, das Pferd ist dabei noch korrekt gebogen.

Das Wichtige dabei ist, daß der Schritt erhalten bleibt. Außerdem muß der Reiter eine gewisse Kontrolle über die Hinterbeine haben. Zu Anfang wird jedes Pferd versuchen, sich vor dieser Übung zu drücken, weil sie sehr schwierig ist. Es muß dabei gebogen sein, am Zügel stehen und unbeirrbar vorwärtsgehen. Das heißt, es muß sich wesentlich stärker biegen. Seine Gelenke müssen beweglicher sein. Das ist der Sinn der Übung – größere Beweglichkeit und mit dieser eine stärkere Gelöstheit. Zusätzlich erhöht sich der Einfluß des Reiters auf die Hinterhand, auf den Motor.

Es wäre natürlich unsinnig, von Anfang an eine korrekte Kurzkehrtwendung zu verlangen, weil das Pferd dazu einfach noch nicht in der Lage ist. Das wäre genauso, als wollte ein Anfänger im Turmspringen an den Olympischen Spielen teilnehmen, wo er unter anderem einen doppelten Salto und eine Schraube vorführen muß. Wenn er sein Training mit Salti und Schrauben beginnt, würde er diesen Sport vermutlich schon nach dem ersten Versuch wieder aufgeben, denn Wasser kann sehr hart sein. Man beginnt mit einfachen Übungen, steigert allmählich seine Geschicklichkeit, übt dann den Kopfsprung und kann schließlich einen einfachen Salto oder etwas ähnliches versuchen. Wichtig ist, daß man seine Fähigkeiten allmählich entwickelt. Beim Pferd wird die Beweglichkeit der Hinterhand entwikkelt, indem man sie zuerst einen größeren Halbkreis beschreiben läßt (die Vorhand tritt um die Hinterhand herum, doch der von der Hinterhand beschriebene Halbkreis muß deutlich kleiner sein als der der Vorhand); so fängt man an, doch gleichzeitig muß der Takt erhalten bleiben. Allmählich können die Anforderungen gesteigert und der Halbkreis immer weiter verkleinert werden. Jeder muß selbst entscheiden, welchen Wert die halbe Pirouette für sein Pferd hat und ob sie der Ausbildung förderlich ist, oder ob sie keinerlei Nutzen mehr bringt, weil Schwung oder Takt verloren sind, weil das Pferd nur auf dem inneren Hinterbein dreht oder seine Hinterhand herumwirft.

Die meisten Reiter machen den Fehler, die Kurzkehrtwendung einzuleiten, ohne vorher die Vorwärtsbewegung zu beschränken. Der Takt 1-2-3-4 muß trotzdem erhalten bleiben. Läßt man das Pferd aber ungehindert weiterlaufen, mißglückt die Wendung, weil die Hinterhand ausfällt. Was ich zu erklären versuche, ist folgendes: Das Pferd geht geradeaus, geradeaus, geradeaus und dann muß der äußere Zügel bremsend einwirken, während der innere Schenkel gleichzeitig die Bewegung erhält; erst dann ist die Hinterhand unter Kontrolle und kann einen kleineren Kreis beschreiben als die Vorhand.

Wie groß dieser erste Halbkreis ausfällt, spielt keine Rolle, vorausgesetzt, er ist deutlich kleiner als der der Vorhand. Die Hinterhand muß der Schenkelhilfe gehorchen. Das Pferd darf den äußeren Schenkel nicht ignorieren und zur Seite treten. Das äußere Hinterbein muß sich in der Richtung der Wendung vorwärtsbewegen. Die Hinterhand darf nicht zur Seite schwingen, weil damit der Sinn der Übung – die verstärkte Kontrolle über die Hinterhand und damit auch größere Beweglichkeit und Versammlung – verlorengingen. Einerseits muß der Takt erhalten werden und andererseits muß der Reiter darauf achten,

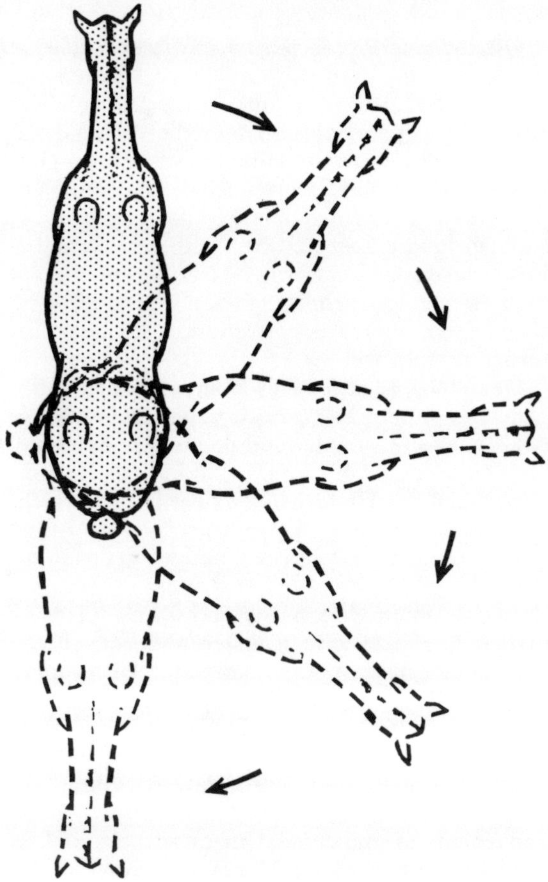

Abb. 14: Wendung auf der Hinterhand

daß das Pferd nicht mit der Hinterhand seitwärts tritt. Letzteres läßt sich leicht feststellen, man muß dazu nur die Beine des Pferdes beobachten. Dann sieht man deutlich, wie die Hinterhand zur Seite schwingt, und sobald das Pferd zur Seite tritt, entzieht es sich der Schenkelhilfe und damit auch ihrem korrigierenden Einfluß. Als Richter oder Ausbilder muß man hier sofort eingreifen, denn viele Reiter bemerken diesen Fehler nicht und machen ihn deshalb immer wieder. In manchen Fällen ist es schwer zu fühlen, ob das Pferd zur Seite tritt. Eingeleitet wird die Kurzkehrtwendung aus dem taktmäßigen Schritt, das Pferd steht am Zügel, dann wird die Vorwärtsbewegung abgefangen, wobei aber der Takt nicht verlorengehen darf. Im Idealfall sollte das innere Hinterbein taktmäßig auf der Stelle treten, während das äußere Hinterbein im selben Rhythmus um das innere herumtritt. Das Pferd ist dabei in die

Bewegungsrichtung gestellt und gebogen.

Die meisten Pferde neigen in dieser Situation eher dazu, eine Vorhandwendung anzubieten. Sie machen die ersten ein oder zwei Schritte der Kurzkehrtwendung, lassen dann die Vorhand stehen und schwingen die Hinterhand herum. Dies ist einer der Gründe, warum ich die Wendung auf der Vorhand ablehne: Die Pferde neigen dazu, sie selbständig auszuführen, weil sie sich dabei nicht anstrengen müssen. Aus diesem Grund muß der Reiter sehr aufpassen, wenn er eine Kurzkehrtwendung oder Wendung auf der Hinterhand reiten will.

Das Pferd ist in die Bewegungsrichtung gebogen. Der innere Schenkel erhält den Schwung, der Reiter sitzt gerade, und der äußere Schenkel liegt hinter dem Gurt und verhindert das Herumschwenken der Hinterhand; er wird jedoch nicht angepreßt, sondern nur leicht angelegt. Er ist gewissermaßen »auf Wache«, und wenn das Pferd versucht, sich zu drücken, wird er aktiv. Wer aber versucht, einen Ungehorsam schon im Keim zu ersticken, indem er den äußeren Schenkel von vornherein fest anpreßt, steht auf verlorenem Posten. Das ist schon allein aus dem einfachen Grund unmöglich, weil der Reiter auf dem Pferd sitzt. Es ist mechanisch unmöglich. Wenn sich das Pferd entschließt, eine bestimmte Richtung einzuschlagen, wie soll der Reiter auf seinem Rükken es davon abhalten? Um es zurückzuhalten brauchte man einen am Himmel befestigten Haken. Man kann solche Fehler nur verhindern, indem man das Pferd so erzieht, daß es den äußeren Schenkel respektiert und lernt, seine Hinterhand nicht dagegenzustemmen. Wenn es versucht, die Hinterhand herumzuwerfen, muß der Schenkel aktiv werden. Es darf die Hinterhand nicht herumwerfen, weil damit die ganze Übung ihren Sinn verliert. Wenn die Wendung auf einem großen Halbkreis geritten wird, ist es ein geringerer Fehler, als wenn das Pferd aus dem Takt kommt oder sich auf der Stelle dreht, ohne daß die Hinterbeine mittreten.

In der Wendung darf das Pferd nicht seitwärts oder rückwärts treten, sondern muß vorwärtsgehen. Hier machen viele Reiter Fehler. Sie führen ihr Pferd mit dem inneren Zügel in die Wendung, und es beginnt sich einfach herumzudrehen, weil es in keiner Weise vorbereitet ist; erst dann versuchen die Reiter, es mit dem äußeren Schenkel zu begrenzen, doch dann ist es schon zu spät, denn das Pferd tritt bereits zu Seite. Selbst wenn es nicht zur Seite tritt, führt es doch keine Wendung auf der Hinterhand aus, sondern dreht sich einfach um.

Die Vorwärtsbewegung wird mit dem äußeren Zügel verhalten. Das heißt jedoch nicht, daß der Kopf des Pferdes nach außen gestellt werden soll. Die Stellung muß mit dem inneren Zügel erhalten werden. Der innere Schenkel erhält die Vorwärtsbewegung, und der äußere Schenkel liegt hinter dem Gurt und hindert die Hinterhand am Ausfallen. Der Reiter muß gerade sitzen. Darauf ist besonderes Augenmerk zu legen, denn oft ist ein schiefer Sitz die Erklärung für Fehler wie zum Beispiel Tritte zur Seite. Der einfache Grund dafür ist, daß das Pferd auch geradebleibt, wenn der Reiter gerade sitzt. Wenn der Reiter jedoch am inneren Zügel zieht, sitzt er automatisch schief, sein äußerer Schenkel kann nicht mehr korrekt einwirken, und die Übung ist mißlungen. Der korrekte Sitz muß bei jeder Lektion unverändert beibehalten werden. Doch da viele Reiter übereifrig und immer bemüht sind, es noch besser zu machen, verdrehen viele von ihnen ihren Körper; sie heben zum Beispiel das äußere Bein an, wodurch gleichzeitig die Gewichtshilfe auf derselben Seite verlorengeht. Schon ist die Wirkung des verwahrenden Schenkels dahin.

In Dressurprüfungen werden alle Lektionen genau »auf Punkt« verlangt. Wenn also eine halbe Pirouette bei »A« gefordert ist, wird sie genau dann geritten, wenn sich der Körper des Reiters an diesem Punkt befindet.

Dasselbe gilt für alle anderen Lektionen. Sie werden immer genau dann ausgeführt, wenn sich der Körper des Reiters auf der Höhe des Wechselpunktes befindet.

Zusammenfassung

1. Von Versammlung spricht man, wenn die Hinterhand des Pferdes weiter untersetzt. Im Stehen muß das Gewicht des Pferdes gleichmäßig auf alle vier Beine verteilt sein. Die Vorhand darf nicht mehr Gewicht tragen als die Hinterhand. In der Bewegung treten die Hinterbeine unter den Körper, um ihren Teil der Last zu tragen. Pferde haben so dünne Beine, daß es erstaunlich scheint, daß sie den schweren Körper mühelos tragen können. Die Ursache dafür, das freilebende Pferde keine bleibenden Schäden erleiden, liegt in der Art, wie sie geschaffen wurden – das heißt, in der Tatsache, daß sie ihre Hinterhand einsetzen. Der Reiter auf dem Rücken stört dieses natürliche Gleichgewicht, bei dem das Gewicht gleichmäßig auf alle vier Beine verteilt wird. Der Sinn der Ausbildung liegt darin, die Hinterhand so zu aktivieren, daß sie ihren Teil des zusätzlichen Gewichtes übernimmt. Mit zunehmender Versammlung wird die Vorhand weniger belastet, und die biegsame Wirbelsäule erlaubt es den Hinterbeinen, bei jedem Schritt weit unter den Körper zu treten.

Es gibt viele alte Theorien, die den Naturgesetzen zuwiderlaufen und deshalb falsch sein müssen. Ein Beispiel dafür ist die Theorie, daß die Last ihren Träger ins Gleichgewicht bringen kann.

2. Die Hilfen müssen vom Pferd ohne Widerstand angenommen werden – sie gehen vom Rücken und Gesäß des Reiters über den Rükken des Pferdes zu seinen Hinterbeinen, die es vorwärtsschieben an die Zügel. Auf diese Weise wird auch die gewünschte Kopfhaltung erzielt, denn Kopf und Hals sind ein Teil des Gleichgewichtes und dienen zur Erhaltung desselben. Aus dem korrekten Halten sollte das Pferd taktrein antreten können, ohne seine Körperhaltung zu verändern. Dasselbe gilt für alle anderen Übergänge in andere Gangarten, die vom ersten Schritt an taktrein und schwungvoll sein müssen. Die einzigen Bewegungen, die das Pferd ausführt, sind die, die für die neue Gangart erforderlich sind. Das Pferd muß die Übergänge vom Halten zum Schritt, Trab, Galopp und wieder zurück beherrschen.

3. *Tempowechsel* Pferde müssen auch lernen, innerhalb einer Gangart das Tempo zu wechseln, zum Beispiel vom versammelten Trab zum starken Trab. Für die starken Tempi muß das Pferd Kopf und Hals etwas senken können, denn es muß sich vorwärts-abwärts dem Gebiß entgegenstrecken. Nur so kann es weit genug ausgreifen. Das Pferd muß genau dort auffußen, wo der Vorderhuf hinzeigt. Fehlerhaft ist ein übertriebenes Herausschnellen und wieder Zurückziehen der Vorderhufe. Im Trab müssen die diagonalen Beinpaare Parallelen bilden, denn andernfalls wäre das Gewicht ungleichmäßig verteilt. Zudem würde dies das Pferd zu sehr anstrengen, weil die Vorderhufe nicht vor der Nasenlinie auffußen können. Wenn die Vorderhufe zu weit vorschnellen, können sie erst auffußen, wenn sich die Nasenlinie auf gleicher Höhe befindet. Im starken Trab ist der Takt unverändert, abgesehen davon, daß die Schwebephase länger dauert. Für den starken Galopp gilt dasselbe. Die Galoppsprünge sind länger, aber nicht eiliger, und das Pferd muß vollkommen geradegerichtet sein. Viele Pferde galoppieren im Arbeitstempo gerade, neigen aber im starken Tempo dazu, auf zwei Hufschlägen zu galoppieren. Das bedeutet, daß sie nicht genug vorwärtsgehen.

4. Ein Pferd, das korrekt am Zügel steht, kann nicht schief sein. Wenn es das Gewicht des Reiters im Gleichgewicht trägt und am Zügel vorwärtsgeht, weiß man, daß es gerade ist. Es muß beide Zügel gleichmäßig annehmen. Bei vielen Pferden hat man rechts »nichts in der Hand«, links dagegen ein schweres Gewicht zu tragen. Das bedeutet, daß das Pferd den rechten Zügel nicht annimmt. Die Ausbildung zielt darauf ab, diese Einseitigkeit zu beseitigen. Ein Pferd, das am Zügel steht, geht fleißig vorwärts. Es darf sich weder widersetzen noch hinter dem Zügel gehen oder sich verwerfen. Wenn es geradegerichtet ist, sind die Halsmuskeln gelöst, und die Anlehnung ist konstant und an beiden Zügeln gleich stark. Die Übergänge lassen sich fließend reiten, weil die Hilfen die Hinterhand dazu aktivieren, das Pferd nach vorn an das Gebiß heranzuschieben. Ein Pferd, das sich dem Gebiß widersetzt, wehrt sich in Wirklichkeit gegen die treibenden Hilfen oder gegen korrigierende Maßnahmen. Man merkt an seinem Kopf, daß es versucht, sich vor einer

Übung zu drücken, die seinen Körper gymnastizieren soll. Gleichzeitig fällt es mit der Schulter oder der Hinterhand in die eine oder andere Richtung aus. Wenn es die ihm abverlangten Lektionen akzeptiert, ist es ruhig und gelassen.

5. Neben dem Reiten sollten alle Reiter Gymnastik betreiben, denn es dauert sehr lange, bis der Körper in der Lage ist, die vom Gehirn gegebenen Anweisungen, still und gerade auf dem Pferd zu sitzen, zu befolgen. Auch das Pferd braucht Zeit, um verstehen zu lernen und so gelöst und beweglich zu werden, daß es sich versammeln kann und auch in der Lage ist, in dieser Haltung zu bleiben, ohne an Schwung etc. zu verlieren.

Wer ein Pferd ausbilden will, muß sich Zeit nehmen, oder er wird im Endeffekt viel länger brauchen, denn einem Pferd etwas völlig Neues zu vermitteln ist viel leichter, als ihm etwas abzugewöhnen, was es bereits gelernt hat. Pferde sind intelligent und können lernen. Außerdem haben sie ein ausgezeichnetes Gedächtnis.

6. Bei allen Lektionen auf einem Hufschlag – geraden Linien, Bögen oder Wendungen – folgt der gesamte Körper des Pferdes dieser Linie; es ist geradegerichtet. Auch Schwung und Takt dürfen nicht verlorengehen. Wenn alles stimmt, kann nichts mehr schiefgehen, denn sein Körper und sein Geist sind vollauf beschäftigt. Um irgendetwas anderes zu tun – zum Beispiel, um zu buckeln oder zu scheuen – muß es aufhören, so zu gehen wie beschrieben. Wenn es also weiterläuft, wie vom Reiter gewünscht, kann es nichts anderes gleichzeitig tun. Jedesmal, wenn es dem Reiter gelingt, sein Pferd so zu reiten, selbst wenn es nur ein paar Schritte lang klappt, wird er es verbessern, und es wird von Mal zu Mal leichter.

7. *Kontergalopp* Beim Kontergalopp auf der linken Hand geht das Pferd Rechtsgalopp und umgekehrt. Der Galopp selbst ist unverändert. Das Pferd ist in Richtung auf das führende Vorderbein gebogen und gestellt. Der innere Schenkel ist immer der, um den das Pferd gebogen wird. Auch der Kontergalopp wird auf einem Hufschlag geritten, daß heißt, Wendungen dürfen nicht zu eng ausfallen, weil das Pferd sonst nicht mehr auf einem Hufschlag galoppieren kann. Wegen des unnatürlichen »falschen« Galopps wäre es in einer zu engen Wendung gezwungen, mit der Hinterhand auszufallen. Takt und Schwung müssen erhalten bleiben.

8. *Der freie Schritt* Das Pferd soll dem Reiter entspannt die Zügel aus der Hand kauen und sich vorwärts-abwärts strecken. Die Schritte müssen länger werden. Am langen Zügel hat der Reiter noch Kontakt zum Pferdemaul. Der hingegebene Zügel hängt vollständig durch.

9. *Leichttraben* Beim Leichttraben muß regelmäßig der Fuß gewechselt werden, damit beide Körperseiten des Pferdes gleichmäßig belastet werden. Auf der linken Hand senkt sich der Körper des Reiters in den Sattel, wenn das rechte Vorderbein und das linke Hinterbein die Last tragen, und auf der rechten Hand umgekehrt. Es gibt keine Regel darüber, auf welchem Fuß leichtgetrabt werden soll, wichtig ist jedoch das Umsitzen. Die oben beschriebene Methode des Leichttrabens auf dem inneren Hinterfuß erleichtert es dem Reiter, das innere Hinterbein zu aktivieren. Wegen ihrer natürlichen Schiefe fällt allen Reitern das Leichttraben auf einer Seite leichter als auf der anderen, doch je mehr sie auf dieser einen Seite leichttraben, desto schwerer fällt ihnen das Leichttraben auf dem anderen Hinterfuß. Um einen korrekten Sitz zu entwickeln, ist es unbedingt notwendig, bei jedem Handwechsel umzusitzen.

10. *Wendung auf der Vorhand* Der Autor lehnt diese Übung ab, weil

- sie mehr Gewicht auf die Vorhand verlagert und der Sinn der Ausbildung darin liegt, das Gewicht gleichmäßig auf Vor- und Hinterhand zu verteilen,
- das Pferd dabei nicht vorwärtsgehen muß, und
- sie nicht zu den klassischen Lektionen gehört.

Die notwendigen Hilfen Das Pferd muß korrekt und gerade stehen. Den Sitz überprüfen. Der äußere Schenkel hinter dem Gurt wirkt seitwärtstreibend. Der normale Takt des Schrittes muß erhalten bleiben, und alle vier Hufe bewegen sich im Takt. Das Pferd soll nicht auf dem inneren Vorderhuf drehen, sondern mit diesem taktmäßig auf der Stelle treten. Der innere Schenkel liegt am Gurt, darf aber nicht gleichzeitig mit dem äußeren eingesetzt werden. Die Vorhandwendung fällt allen Pferd leicht, weil es sich bei ihr nicht um eine gymnastizierende Übung handelt und sie nicht gezwungen werden, ihre Hinterhand vermehrt unterzusetzen.

11. Der Reiter muß in jeder Lektion sein Bestes geben und seinen gesamten Körper korrekt einsetzen. Wenn er nur mit den Schenkeln treibt, die Zügel aber durchhängen läßt, kann er sein Pferd nicht an den Zügel stellen, weil die dazu nötige Koordination fehlt. Diese Koordination ist eine Sache des Gefühls.

Seit der Gründung der Spanischen Hofreitschule vor 400 Jahren ist es dort üblich, daß ein alter Ausbilder junge Pferde anlernt. Wenn diese Pferde dann alt und erfahren sind, werden sie zur Ausbildung junger Reiter eingesetzt. Wenn diese Reiter dann wiederum zu alten und erfahrenen Ausbildern geworden sind, bilden sie junge Pferde aus und so weiter. Ein gut angerittenes Pferd bis zur Grand-Prix-Reife zu fördern, sollte etwa drei Jahre dauern.

12. *Die halbe Pirouette* Sie ist eine gymnastizierende Lektion, die nicht einfach zu reiten ist, weil die meisten Pferde sie als anstrengend empfinden. Sie fördert die Versammlung und gibt dem Reiter eine verstärkte Kontrolle über die Hinterhand, den Motor des Pferdes. Die halbe Pirouette oder Kurzkehrtwendung ist eine Lektion, die auf zwei Hufschlägen geritten wird, bei der sich die Vorhand in einem Halbkreis um die Hinterhand bewegt.

Aus dem versammelten Schritt heraus wird die Vorwärtsbewegung mit dem äußeren Zügel abgefangen. Takt und Rhythmus des Schrittes müssen jedoch erhalten bleiben, und das innere Hinterbein muß auf der Stelle treten, während sich das äußere Hinterbein um es herumbewegt. Das Pferd ist in die Bewegungsrichtung gebogen. Diese Übung fällt ihm schwer, weil sie viel Beweglichkeit verlangt. Sie erhöht aber auch die Gelöstheit des Pferdes und vergrößert somit den Einfluß des Reiters auf die Hinterhand.

Zuerst läßt man die Hinterhand auf einem kleinen Kreis treten und die Vorhand einen größeren Bogen beschreiben; anfangs genügt auch ein Viertelkreis. Die Größe der Halbkreise kann allmählich verringert werden, bis das Pferd anfängt, mit dem inneren Hinterbein auf der Stelle zu treten. Wichtig ist dabei, daß Schwung und Takt erhalten bleiben und daß die Hinterhand nicht zur Seite ausweicht.

Die meisten Pferde bieten statt einer halben Pirouette lieber eine Wendung auf der Vorhand an. Sie beginnen zwar korrekt, schwingen dann aber die Hinterhand herum, weil es ihnen leichter fällt. Dies ist ein weiterer Grund dafür, den Pferden die Wendung auf der Vorhand gar nicht erst zu zeigen. Bei einer Wendung nach rechts ist das Pferd nach rechts gebogen. Der rechte Schenkel erhält den Takt, und der Reiter sitzt völlig gerade. Der linke Schenkel liegt hinter dem Gurt, um ein Herumschwingen der Hinterhand zu verhindern, er wird jedoch nicht angepreßt, als wollte er die Hinterhand herumdrücken. Der Schenkel hält gewissermaßen Wache. Das Pferd muß lernen, sich dem äußeren Schenkel unterzuordnen.

Ein großer Halbkreis ist ein geringerer Fehler als der Verlust von Schwung und Takt oder das Drehen auf dem inneren Hinterfuß.

Achtes Kapitel

Lektionen auf zwei Hufschlägen

Mein alter Ausbilder sagte: »Wer eine korrekte Wendung reiten kann, dem gelingt auch alles andere.« Eine korrekte Wendung ist die Grundlage für alles Weitere. Dazu muß das Pferd taktmäßig und schwungvoll gehen. Das bedeutet, daß es die treibenden Hilfen ebenso akzeptiert wie das Gebiß, daß es gebogen ist und auf einem Hufschlag geht, daß der innere Schenkel den Schwung erhält, der äußere Schenkel und der Zügel die Biegung erhalten und der äußere Gesäßknochen und der äußere Schenkel die Hinterhand am Ausfallen hindern. Das Pferd ist um den inneren Schenkel gebogen, es tritt an den Zügel heran, die Anlehnung ist auf beiden Seiten gleich stark, das Pferd trägt den Reiter und arbeitet mit. Alles ist perfekt. Nicht ein einziger Körperteil des Pferdes ist verspannt. So reitet man eine einfache Wendung, in der das Pferd seinen Reiter mit Leichtigkeit trägt.

Wer mehr erreichen möchte und zum Beispiel Schulterherein reiten will, muß sein Pferd stärker um den inneren Schenkel biegen. Der innere Schenkel dient jedoch bereits dazu, es vorwärts zu treiben. Der äußere Schenkel liegt hinter dem Gurt, und der Reiter sitzt gerade und still. Der äußere Schenkel verhindert ein Ausfallen, der äußere Zügel hindert das Pferd daran, in die Richtung vorwärtszugehen, in die es schaut, aber er zeigt ihm, wie weit es sich biegen und in welche Richtung es gehen soll. Der innere Schenkel ist in derselben Position wie beim Durchreiten einer Ecke, doch er wirkt etwas stärker ein. Er befiehlt nicht nur »Geh vorwärts« sondern auch »Geh seitwärts«.

Je stärker das Pferd beim Schulterherein gebogen wird, desto größer ist die Gefahr, daß die Übung mißlingt. Oft ist auch der Körper des Pferdes gerade, und nur Kopf und Hals zeigen ins Bahninnere. Das Pferd darf nur leicht gebogen werden; die Biegung muß gleichmäßig vom Kopf über Hals bis in die Rippen laufen. Wenn die Biegung zu stark ist im Hals, fällt das Pferd über die Schulter aus und wird locker im Halsansatz. Das ist jedoch nicht der Sinn der Übung. Den Hals des Pferdes locker zu machen, ist unnötig, er ist es von Natur aus. Bei einer zu starken Biegung geht die Verbindung äußerer Zügel – äußerer Gesäßknochen – äußerer Schenkel verloren. Sie kann nur bei einer geringgradigen Biegung erhalten werden. Wenn der Hals des Pferdes zu stark gebogen ist, geht diese Verbindung verloren, und von diesem Augenblick an ist es unmöglich, die Bewegung mit dem äußeren Zügel und dem äußeren Schenkel zu begrenzen. Dies wird zweifellos eintreten, man sollte also darauf gefaßt sein. Ist es erst einmal passiert, wird das Pferd geradegerichtet, vorwärtsgeritten, erneut an den Zügel gestellt und erst dann ein neuer Versuch unternommen. Gelingt die Übung, ist ein weiterer Schritt nach vorn getan.

Das Schulterherein ist eine Vorwärts-seitwärts-Bewegung, bei der sich die Hinterhand auf dem ersten und die Vorhand auf dem zweiten Hufschlag befindet. Es handelt sich also um eine Lektion, die auf zwei Hufschlägen geritten wird. Von Bewegungen auf drei und vier Hufschlägen zu sprechen, ist Haarspalterei.

Die Vorhand bewegt sich also auf einem Hufschlag und die Hinterhand auf einem anderen. Was muß man tun, um dies zu erreichen? Das Pferd muß nach innen gebogen werden. Der innere Schenkel muß in der Lage sein, den Schwung zu erhalten. Der äußere Schenkel muß die Hinterhand am Ausfallen hindern – der äußere Zügel, Schenkel und Gesäßknochen arbeiten bei der Regulierung von Biegung und Tempo zusammen.

Bis hierhin hat sich noch nichts geändert. Das Prinzip ist immer noch dasselbe: Das Pferd ist um den inneren Schenkel gebogen, der innere Zügel sorgt für die Stellung; der äußere Zügel kontrolliert Biegung und Tempo, und der äußere Schen-

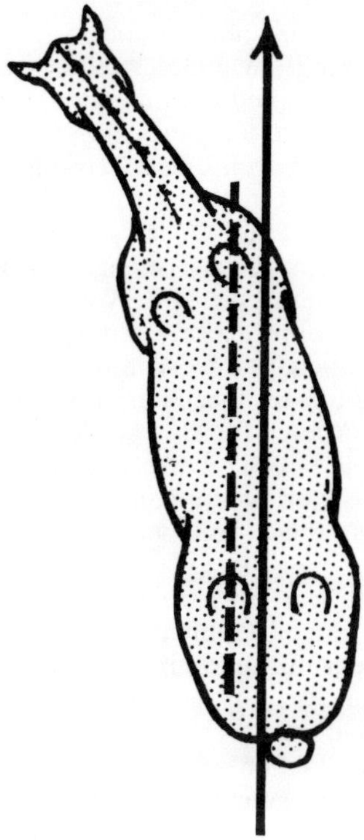

Abb. 15: Schulterherein

kel hindert die Hinterhand am Ausfallen. Was fehlt noch? Der Druck des inneren Schenkels am Gurt muß etwas verstärkt werden. Er sorgt nicht nur dafür, daß das Pferd auch weiterhin vorwärtsgeht, sobald es die für das Schulterherein nötige Haltung eingenommen hat, er sagt ihm durch den verstärkten Druck auch, daß es seitwärtsgehen soll.

Wer keine korrekte Wendung oder keinen korrekten Zirkel reiten kann, wird auch kein korrektes Schulterherein zustandebringen. Die meisten Pferde machen es sich einfach und richten den Hals nach innen, nicht aber die Schultern. Ich sagte bereits, daß ein Pferd immer in die Richtung geritten wird, in die es schaut – mit einer Ausnahme, dem Schulterherein. Dabei ist es nach rechts gebogen und gestellt und bewegt sich nach links (oder umgekehrt). Das Schulterherein ist die einzige Übung, bei der das Pferd in die entgegengesetzte Richtung schaut. Der äußere Schenkel erhält den Schwung. Vor der Ecke wird es noch einmal aufmerksam gemacht, durch die Ecke geritten und dann drückt der innere Schenkel es seitwärts, und der äußere Schenkel sorgt dafür, daß es die gerade Linie einhält und nicht ausfällt. Dies ist die einzige Übung, bei der der äußere Schenkel das Vorwärtstreiben übernimmt. Das klingt zwar ungewöhnlich, ist aber eine Tatsache. Der innere Schenkel erhält die seitliche Biegung und versucht zu verhindern, daß das Pferd die Biegung aufgibt. Die meisten Pferde fangen richtig an und versuchen dann, sich zum ersten Hufschlag zurückzumogeln. Deshalb darf zu Anfang nicht zu viel verlangt werden; ein oder zwei Tritte genügen, dann das Pferd geraderichten und beim nächsten Versuch drei, vier oder fünf Tritte verlangen. Nie zuviel auf einmal verlangen, denn es ist schwer, das Pferd daran zu hindern, mit der Vorhand wieder auf den Hufschlag zu drängen. Die Vorderbeine treten über Kreuz, die Hinterbeine nicht. Das ist eine gute gymnastizierende Übung. Die Hilfen sind dieselben wie beim Durchreiten einer Ecke – innere Schenkel am Gurt und äußere hinter dem Gurt. Der einzige Unterschied ist, daß der äußere Schenkel beim Schulterherein treibend wirkt.

Für jede gymnastizierende Lektion gilt, daß es umso besser ist, je öfter sie geritten wird. Das bedeutet natürlich nicht, daß täglich eine Stunde Schulterherein geritten werden soll. Alle schwierigen Lektionen dürfen nur für kurze Zeit geübt werden. Die Zeiträume dürfen nicht zu lange ausgedehnt werden, denn wenn man diese Lektion richtig reitet, muß das Pferd hart arbeiten und ermüdet schnell. Aus diesem Grund wird es versuchen, sich zu drücken, und wenn ihm dies gelingt, entsteht ein großer Schaden. Das Ende der Lektion ist genauso wichtig wie die Lektion selbst. Eine Lektion kann aus drei Tritten Schulterherein bestehen und nach diesen drei Tritten oder was auch sonst immer, ist die Lektion beendet. Wie die Lektion beendet wird, ist genauso wichtig wie diese drei Tritte. Die drei Tritte sind sehr wichtig für die körperliche Gelöstheit, doch die Art, wie eine Lektion abgeschlossen wird, ist wichtig für den Kopf – für die innere Gelöstheit. Wenn das Pferd gut mitarbeitet und macht, was der Reiter will, muß die Lektion beendet werden. Er muß Schluß machen, bevor etwas schiefgeht. Das Pferd soll die Lektion in guter Erinnerung behalten. Sie darf nicht beendet werden, nachdem der Reiter sich festgezogen hat, sondern erst dann, wenn alles glattgeht.

Einmal sagte ich zu einem Reiter: »Jetzt geht Ihr Pferd gut. Machen Sie Schluß für heute.« Er antwortete: »Warum sollte ich? Ich habe eine Stunde gebraucht, um es so weit zu bekommen wie es jetzt ist, und jetzt soll ich aufgeben. Nein, jetzt will ich mit ihm arbeiten.« Doch ich erwiderte darauf: »Sie haben bereits eine volle Stunde mit ihm gearbeitet, um ihn so weit zu bekommen, wie er jetzt ist. Und deshalb sollten Sie jetzt Schluß machen, weil Sie ihn jetzt so weit haben.«

Ein Freund von mir sagte einmal: »Wenn du dich zum Schweinebratenessen hinsetzt (Schweinebraten ist mein Lieblingsessen), solltest du in dem Moment aufhören zu essen, an dem du sagt: »O, ist dieser Schweinebraten nicht herrlich«, denn nur so ist sicher, daß du dich auch auf den nächsten Braten noch freuen kannst.« Man soll aufhören, wenn es am schönsten ist. Nur so ist man sicher, daß es beim nächstenmal wieder klappt, daß es dann noch besser funktioniert und man seinem Pferd etwas mehr abverlangen kann als beim letzten Versuch. Wenn man aber mit dem Pferd arbeitet, es zusammenstellt und dann immer mehr verlangt, weil es sich anbietet – Schulterherein, Versammlung und so weiter – wird es allmählich ermüden und sich widersetzen, und wenn es in einer solchen Situation siegt, hat es etwas gelernt, daß es sicherlich nicht so bald wieder vergessen wird. Es hat gelernt, daß es nicht zu gehorchen braucht, wenn es nicht will. Das ist jedoch das Letzte, was ein Pferd lernen soll. Pferde sind schon von Natur aus so klug, daß sie sich drücken, wo sie nur können.

Etwas anstreben, es erreichen und dann Schluß machen. Selbst wenn nur ein winziger Fortschritt erreicht wurde, die Lektion beenden. Beim nächsten Versuch wird dieses Stadium schneller eintreten, denn durch das Beenden der Lektion im entscheidenden Moment sagt man dem Pferd: »Genau das war es, was ich verlangt habe.« Wenn das Pferd nachgibt, und so geht, wie es soll, macht man Schluß. Es wird den Zusammenhang schnell begreifen. Immer wenn es nachgibt, ist die Arbeit vorüber. Es merkt jedoch nicht, daß es, wenn es an einem Tag nach zwei Schritten nachgegeben hat, am nächsten Tag drei, vier und so weiter machen muß. Das fällt ihm nicht auf, und es macht ihm nichts aus. Man muß natürlich darauf achten, diese weiterführende Arbeit nicht zu übertreiben. Schon Xenophon sagte vor 2400 Jahren: »Zu viel von etwas ist weder für Menschen gut noch für Pferde.« Er war ein bemerkenswerter Philosoph.

Man kann ein Pferd sehr schnell sauer machen. Das passierte mir einmal in der Hofreitschule. Ich hatte einen jungen Hengst, der alles konnte außer den Galoppwechseln von Sprung zu Sprung. Vier Wochen später sollte eine Vorführung stattfinden und ich wollte diesen Hengst reiten, weil er der jüngste und fortgeschrittenste dieses Jahrganges war. Ich wollte sagen können, daß mein Pferd alle Lektionen der Hohen Schule beherrscht, darunter auch die Galoppwechsel von Sprung zu Sprung, und ich wollte ihm diese noch vor der ersten Vorführung beibringen. Was passierte? Nach einer Woche gelang mir nicht ein einziger Galoppwechsel mehr. Ich mußte das Ganze aufgeben, eine volle Woche lang keinen einzigen Galoppwechsel verlangen und dann ganz allmählich von vorn anfangen, was auch zum Erfolg führte. Der Hengst war ganz einfach sauer geworden. Pferde werden sehr schnell sauer, und je besser sie arbeiten, desto schneller werden sie sauer, wenn man ihnen zu viel abverlangt. Das muß von vornherein vermieden werden.

Als Junge war ich ganz wild auf Ananas. Als Hitler in Österreich einmarschiert war, war keine Ananas mehr zu bekommen, denn es war kein Geld vorhanden, um sie zu importieren. Als ich dann 1948 in die Schweiz kam, aß ich sechs Wochen lang fast ausschließlich Ananas. Ananas mit Sahne und Ananas mit Eiskrem. Wenn mich heute jemand fragt, ob ich etwas Ananas möchte, lehne ich dankend ab, denn ich hatte zu viel davon.

Die nächste Übung ähnelt dem Schulterherein, allerdings tritt bei ihr die Hinterhand auf den zweiten Hufschlag. Im Travers bleibt die Vorhand auf dem ersten Hufschlag und die Hinterhand bewegt sich auf den zweiten.

Im Travers ist der Körper des Pferdes stärker gebogen als beim Schulterherein. Die Hinterbeine treten über Kreuz, die Vorderbeine nicht.

Im korrekt gerittenen Travers sind Kopf und Hals des Pferdes gerade, und sein Körper ist um den inneren Schenkel gebogen. Dadurch wird nicht nur seine Rippenpartie beweglicher, sondern auch der Rest seines Körpers und das innere Hinterbein werden auf neue Art trainiert. Der Einfluß des inneren Schenkels gewinnt entscheidend an Bedeutung, was aber auch für den äußeren Schenkel gilt. Der innere Schenkel treibt das Pferd vorwärts und erhält den Schwung. Der äußere Schenkel hinter dem Gurt kontrolliert die Hinterhand. Der äußere Zügel und der äußere Gesäßknochen erhalten die Biegung. Es ist jedoch noch etwas mehr vonnöten. Geradesitzen, das Gewicht gleichmäßig verteilen und auf den inneren Schenkel achten – er soll das Pferd nicht stärker vorwärtsschieben, sondern nur dafür sorgen, daß es weiterhin vorwärtsgeht, denn statt vorwärtszugehen und unter das Gewicht zu treten, wird es versuchen, seitwärts auszuweichen.

Der innere Schenkel muß sehr vorsichtig eingesetzt werden, doch wenn die Lektion gelingt, hat er sehr viel Wirkung, ohne Kraft aufwenden zu müssen. Er hat eine so kraftvolle Wirkung, daß es genügt, ihn leicht anzulegen. Der äußere Schenkel kontrolliert nicht nur die Hinterhand und hintert sie wie beim Durchreiten einer Ecke oder beim Schulterherein am Ausfallen, sondern fordert sie auch auf, nach innen zu kommen und dort zu bleiben. Die Lektion darf nie übertrieben werden – einige Tritte genügen, dann wieder geraderichten und erneut traversieren. Nie im Travers um eine Ecke reiten. Vor jeder Wendung muß das Pferd geradegerichtet werden. Im Travers um eine Ecke zu reiten, würde dem Pferd eine wundervolle Möglichkeit zeigen, beim Durchreiten einer Ecke zu schummeln. Es würde diese Möglichkeit sofort entdecken, denn es fällt ihm viel schwerer, korrekt gebogen und gestellt durch ein Ecke zu gehen. Im Travers geritten, wird es in der Wendung seitwärtstreten und so etwas lernern, was es zuvor noch nicht wußte. Vor Wendungen immer geraderichten.

Der äußere Schenkel sorgt dafür, daß die Hinterhand nach innen tritt, und der innere Schenkel hält sie dort und erhält die Vorwärtsbewegung. Schon nach wenigen Tritten wird deutlich, daß diese Lektion den Pferden auf der linken Hand leichter fällt. Obwohl sie sich normalerweise gern links auf den Zügel legen, ist der Widerstand im Travers links geringer als rechts. Auch das Schulterherein ist auf der rechten Hand schwieriger. Die Hinterhand muß genau dorthin, wo der Reiter sie haben will, und nicht dorthin, wo es dem Pferd am besten paßt. Der innere Schenkel liegt am Gurt, der äußere geringfügig dahinter, doch die Fersen müssen tief stehen.

Die Erfahrung zeigt, daß Menschen, die hart arbeiten müssen, um etwas zu erreichen, in der Regel weiterkommen als solche, denen alles zufällt. Jemand, der hart an seiner körperlichen Gelöstheit arbeiten muß, kommt auf lange Sicht weiter – vorausgesetzt, er ist dazu entschlossen. Wenn nun jemand sich vornimmt Grand Prix zu reiten oder ein Pferd bis zur Vollendung auszubilden, und er nicht das Glück hat, ein geborener Reiter zu sein, muß er hart arbeiten, um sein Ziel zu erreichen. In der Regel werden die geborenen Reiter jedoch von denen überholt, die viel Arbeit investieren müssen. Nur wenige Menschen, die zum Reiten geboren sind, haben auch alles ande-

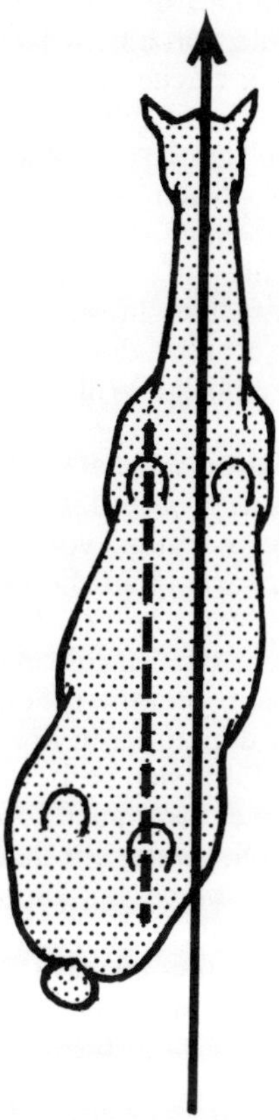

Abb. 15: Travers

re, was nötig ist, und falls man wirklich einmal auf jemanden trifft, der von Natur aus alles hat, gibt es nicht die geringste Hoffnung, einmal so gut zu werden wie derjenige, der zum Reiten geboren ist und dazu noch hart arbeitet. Man kann jedoch viele überholen, die zwar geborene Reiter sind, aber nicht arbeiten. Da sie diese Gabe von Natur aus besitzen, nehmen sie keine Notiz von ihr. Sie legen eine bestimmte Strecke zurück, doch sobald sie mehr Arbeit investieren müßten, geben sie auf, weil ihnen der Anfang zu leicht fiel.

Einmal hatten wir einen jungen Mann in der Hofreitschule, der so locker und gelöst war, wie ich noch nie einen Anfänger erlebt hatte. Er war sechzehn und hatte noch nie auf einem Pferd gesessen. Ich gab ihm Longenunterricht und brauchte ihm bloß zu sagen, wie er Kopf, Schultern, Beine und Unterschenkel zu halten hatte und wie er sitzen sollte, und er blieb so, auch als sich das Pferd in Bewegung setzte. Seine natürliche Gelöstheit war phantastisch, doch er blieb nur etwa neun Monate in der Schule. Er hatte alles, was die Schule von einem Reiter verlangt, abgesehen von einer Sache. Körperliche Gelöstheit allein reicht nicht. Nötig ist noch etwas mehr. Nötig ist die richtige Einstellung. Aber er war ein Weichling. Nach drei Monaten ritt er einen der Hengste. Nach drei Monaten! Und er hatte zuvor noch nie auf einem Pferd gesessen. Aber er konnte einfach nicht weitermachen. Körperlich betrachtet war er der geborene Reiter, doch ihm fehlte die nötige Willenskraft und Entschlossenheit.

Die nächste Lektion ist die Passade (die Traversale). Dabei bewegt sich das Pferd vorwärts-seitwärts. Das ist wichtig: vorwärts-seitwärts, nicht seitwärts-vorwärts. Natürlich kann man ein Pferd auch nur seitwärts reiten, doch dabei handelt es sich eher um ein Zirkuskunststück. Man kann es selbst ausprobieren, indem man einen Fuß seitwärts über den anderen kreuzt. Es ist ein schauderhaftes Gefühl, sich so bewegen zu müssen. Pferde können es zwar auch, doch sie verlieren dabei jeglichen Schwung aus der Hinterhand. Sie schleppen sich einfach seitwärts. In der Kavallerie wurde diese Bewegung geübt. Wie sich die berittenen Soldaten von einem Ort zum anderen bewegten, war unwichtig, Hauptsache, sie standen in Reih und Glied, wenn der Major die Truppe inspizierte. Das »Seitwärtsrichten« gehört mit Recht nicht zu den klassischen Lektionen, denn es erfordert keinerlei Versammlung. Alle Lektionen, die geritten werden, dienen als gymnastizierende Übungen, die das Pferd stärker versammeln und es gelöster, beweglicher und durchlässiger machen.

Die Passade (oder Traversale) wird aus einer Wendung heraus eingeleitet. Das Pferd ist leicht in die Bewegungsrichtung gebogen und gestellt. Der Reiter sitzt gerade, und das Pferd sollte sich mehr oder weniger parallel zur langen Seite vorwärts-seitwärts bewegen. Was auch immer geritten wird, ob eine gerade Linie, eine gebogene Linie, eine Wendung, Kurzkehrtwendung, Travers, Schulterherein oder Traversalen – das Pferd muß unbedingt im Takt bleiben. Sobald der Takt verlorengeht, weil das Pferd schneller oder langsamer wird, ist die Übung mißlungen, eben weil das Pferd schneller oder langsamer wird.

Mein alter Ausbilder sagte immer: »Eine korrekt gerittene Wendung ist die beste Vorbereitung für alles weitere.« Je besser man also durch eine Wendung reitet (nicht vergessen, es gibt 3982 Arten, eine Wendung falsch zu reiten, und wir versuchen, die einzig richtige zu treffen), desto besser ist man auf alles vorbereitet, was danach kommt, wie zum Beispiel das Schulterherein.

Zur Vorbereitung auf die Passade (Traversale) gehört es, als erstes dorthin zu schauen, wohin man reiten will, denn nur so kann man erkennen, an welchem Punkt man den Hufschlag verlassen muß. Das Pferd kommt korrekt gebogen und gestellt und an den Hilfen aus der Ecke heraus, geht dann aber nicht geradeaus, sondern vorwärts-seitwärts. Wenn es vor der Ecke richtig vorbereitet wurde und auch sonst alles stimmt, steht dem Gelingen der Lektion nichts mehr im Wege.

Mein alter Ausbilder Gottlieb Polak setzte mich auf ein Pferd und sagte: »Wenn Sie ihn sitzen können, können Sie ihn auch reiten.« Nachdem ich etwa zehn Minuten lang geritten war, sagte er – ein gebürtiger Tschechoslowake, der nie Deutsch oder Englisch gelernt hatte: »Seht euch das an, er reitet dieses Pferd besser als ich.« Daraufhin durfte ich mir einen neuen Hut kaufen. Wir kamen gut miteinander aus, mein Ausbilder und ich.

Wenn das Pferd durch die Ecke geht, muß der Reiter bereits auf »X« schauen und geradesitzen, und das Pferd wird schwungvoll und taktmäßig gehen. Vor Beginn der Übung unbedingt zum angesteuerten Punkt hinsehen und erst dann das Pferd in die neue Richtung biegen. Erst wird es in die neue Richtung gestellt, dann gebogen und schließlich hingeführt. Letzteres ist eine Vorsichtsmaßnahme – genau wie beim ersten Tritt Schulterherein. Die Vorhand wird in die Bahn geführt und sobald sie vom Hufschlag ist, veranlaßt der äußere Schenkel das Seitwärtstreten. Wer die Schulter nicht vom Hufschlag wegführt (und die meisten Reiter sagen sich: »Passade (Traversale)? Klar, äußerer Schenkel«), wird erleben, daß die Hinterhand vorausgeht. Es muß jedoch immer die Schulter vorausgehen. Selbst wenn sich das Pferd absolut parallel zur Bande bewegt, muß es immer so aussehen, als ginge die Schulter voraus, schon allein weil die Seitwärtsbewegung *vorwärts*-seitwärts sein muß.

Im Trab ist deutlich zu sehen, daß das innere Vorderbein vorwärts-seitwärts tritt. Diese Seitwärtsbewegung des Vorderbeins ist selbst dann unverkennbar, wenn das Pferd sich parallel zur Bande bewegt. Während es vorwärts-seitwärts vorsetzt, stützt das andere Vorderbein den Körper. Das äußere Vorderbein, das sich unter dem Körpergewicht befindet, ist nur schlecht zu sehen, das heißt, um die Ausführung der Lektion zu beurteilen, muß man auf das innere Vorderbein achten. Dasselbe gilt für die Ausführung im Galopp. In der Traversale ist dies das führende Vorderbein, auch wenn sich das Pferd parallel zur Bande bewegt, was es genaugenommen auch muß. Der Galopp muß so geritten werden, daß das führende Vorderbein gleichzeitig dasjenige ist, das sich vorwärts-seitwärts bewegt. Wenn man das innere Hinterbein zuerst seitwärts treten sieht, ist der Fehler schon da; das Pferd führt mit der Hinterhand oder geht gegen den inneren Schenkel oder beides.

Der Reiter sieht in die zu reitende Richtung, hat sein Pferd gebogen, die Vorhand leicht in die Bahn geführt und dann begonnen, es vorwärts-seitwärts zu reiten. Doch wie macht man das? Der innere Schenkel muß vorwärtstreiben, gleichzeitig aber auch die Biegung erhalten, während der äußere Zügel die Vorwärtsbewegung begrenzt und in eine Vorwärts-seitwärts-Bewegung umleitet. Der innere Zügel hält steten Kontakt und verhindert, daß die Biegung verlorengeht oder daß das Pferd gegen den inneren Schenkel drängt in dem Moment, wenn der Reiter die Hilfen zum Seitwärtstreten gibt. Die Vorhand führt, doch das Pferd ist trotzdem parallel zur Wand. Korrekturen, wenn nötig, werden mit dem Sitz und Schenkelhilfen gemacht, nicht mit Ziehen am Zügel, der allerdings für die richtige Anlehnung sorgen muss.

Der innere Schenkel treibt das Pferd vorwärts und biegt es; der innere Zügel zeigt ihm den Weg; der äußere Zügel begrenzt die Vorwärtsbewegung. Der äußere Schenkel kontrolliert die Hinterhand und hindert sie unter anderem am Ausfallen. Vor dem Abwenden der Vorhand vom Hufschlag sagt der äußere Schenkel der Hinterhand nicht mehr: »Bleib hier«, denn jetzt sind die Vorbereitungen abgeschlossen, von diesem Augenblick an soll das Pferd seitwärts gehen. Das bedeutet eine kleine Zusatzaufgabe für den äußeren Schenkel. Sein Kommando lautet nicht mehr nur »Bleib hier«, sondern nun auch »Jetzt seitwärts«.

Nach vorn sehen und mit dem inneren Schenkel vorwärtstreiben. Ich sagte bereits, das erste, was der Reiter tun muß, ist hinsehen. Warum? Wer nicht hinsieht, weiß nicht, wie stark er den inneren Zügel annehmen muß, um die nötige Biegung zu erreichen, wie stark der innere Schenkel einwirken muß, damit das Pferd in die gewünschte Richtung geht. Er weiß nicht, wie viel äußerer Schenkel nötig ist, damit das Pferd so lange seitwärts geht, bis es einen bestimmten Punkt erreicht hat. Andersherum betrachtet kann man sich vornehmen, bei Punkt »B« anzukommen, doch das wird nie gelingen, wenn man nicht hinsieht.

Es ist genau dasselbe, als würde man Auto fahren, ohne hinzusehen. Wer nicht in Fahrtrichtung schaut, kann nicht wissen, ob er geradeaus fahren muß oder nicht; ob er das Lenkrad drehen muß; ob er den Fuß vom Gaspedal nehmen muß oder beschleunigen kann. Rechtzeitiges Hinsehen löst die nötigen Reaktionen aus, nicht mehr und nicht weniger. Wer nicht hinsieht, läßt sein Pferd einfach nur seitwärts gehen und wird vermutlich erleben, daß zum Schluß die Hinterhand der Vorhand vorausgeht. Zudem wird er irgendwo landen, in den meisten Fällen vor dem Wechselpunkt, denn das Pferd geht vermutlich nicht genug vorwärts und drängt gegen den inneren Schenkel. Der innere Schenkel muß es also vorwärtstreiben, und der äußere treibt es seitwärts. Man stelle sich folgende Lektion vor: Mittellinie, Galopptraversale links, geradeaus, Galopptraversale rechts, geradeaus, Galopptraversale links, geradeaus. Drei Galoppsprünge oder drei Meter – das macht keinen Unterschied. Der innere Schenkel treibt das Pferd vorwärts. Die meisten Pferde lassen sich im Galopp am besten aufnehmen. Drei Galoppsprünge rechts, und dann wird der innere Schenkel zum äußeren Schenkel und verlangt den Linksgalopp. Der äußere Zügel wird zum inneren und bestimmt die neue Stellung. In die neue Bewegungsrichtung sehen, und schon geht das Pferd wieder vorwärts.

Der innere Schenkel fängt die Seitwärtsbewegung auf; er wird zum neuen äußeren Schenkel und leitet die Bewegung in die entgegengesetzte Richtung um. Je bequemer der Reiter sitzt, desto weicher kann er in die Bewegung eingehen. Es bleibt ihm immer noch genug Zeit, gerade zu sitzen und seine Schenkel umzulegen und gleichzeitig Biegung und Stellung zu ändern – denn der Bewegungsablauf ist ausnehmend weich. Das bringt uns zurück zu dem bereits erwähnten Prinzip. Der Reiter muß stillsitzen und darf seine Position nicht verändern. Viele Reiter heben den äußeren Gesäßknochen schneller an als den inneren, weil sie dem äußeren Schenkel zu viel Bedeutung zumessen, vor allem, wenn sie dazu neigen, ihn anzupressen.

Der Takt des Ganges darf sich auch bei den Traversalen nicht verändern. Der Betrachter soll

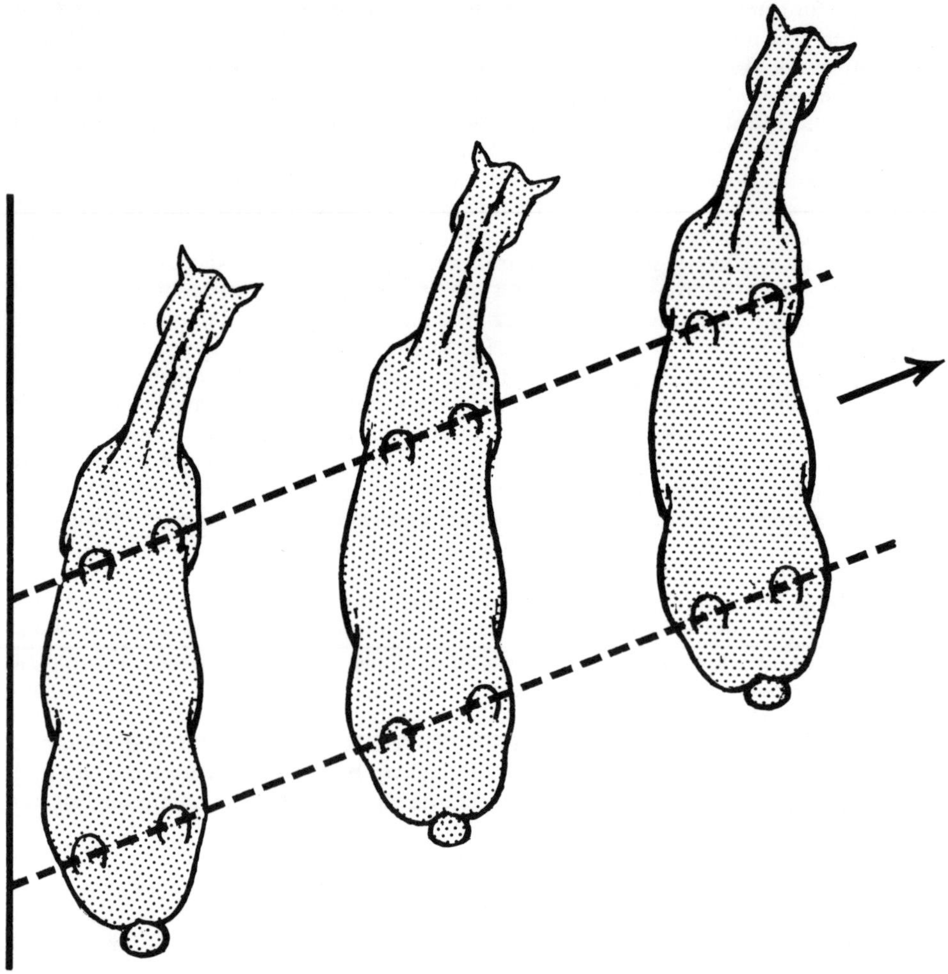

Abb. 17: Traversale – die Hinterhand geht allmählich immer stärker voraus (schwerer Fehler).

nicht sehen, daß der Reiter auf sein Pferd einwirkt, es soll aussehen, als machte das Pferd alles von allein.

Vor einigen Jahren sah ich einem Reiter zu, der Traversalen übte. Sein Pferd drängte stark gegen den inneren Schenkel. Der Reiter arbeitete mit aller Kraft, und aus genau diesem Grund brauchte sein Pferd nichts mehr zu tun und machte nur kurze Schritte. Je unbeweglicher man sitzt, desto leichter kann sich das Pferd ausbalancieren, desto deutlicher können die Hilfen gegeben werden, was sie natürlich umso wirkungsvoller macht. Jede Bewegung des Reiters bringt das Pferd geringfügig aus dem Gleichgewicht. Da es Gefahr läuft, zu fallen, muß es zusätzliche Energie aufwenden, um sein Gleichgewicht zu halten, und dieser Aufwand geht natürlich auf Kosten des Schwunges. Je stärker das Pferd versammelt ist, desto unbeweglicher muß der Reiter sitzen. Wenn er es aus dem Gleichgewicht bringt, verliert es sofort an Schwung und wird schließlich nur noch vorwärtskriechen. Wenn dies eintritt, muß die Übung abgebrochen werden – denn es ist nicht mehr versammelt, es setzt die Hinterhand nicht mehr unter, und sowie es nicht mehr gelingt, es dazu zu bewegen, ist die Übung mißlungen und es können sich keine Fortschritte einstellen.

Der Takt muß immer derselbe bleiben. Wenn er verlorengeht, muß die Traversale sofort abgebrochen werden. Dann wird das Pferd erst einmal energisch vorwärtsgeritten, erneut ins Gleichgewicht gebracht und aus der nächsten Ecke heraus ein neuer Versuch unternommen. Beim ersten Versuch genügen ein oder zwei Schritte, dann wird wieder geradeaus geritten. Das Pferd wieder vorbereiten und an einer anderen Stelle einen neuen Versuch machen. Ein, zwei oder drei Schritte Traversale, dann wieder geradeaus. Das Geradeausreiten ist besonders wichtig, denn es kann sehr leicht passieren, daß das Pferd versucht, die treibende Wirkung des inneren Schenkels zu mißachten.

Sobald das Pferd die Übung begriffen hat, kann man die Traversale über ein Viertel der Bahn und schließlich über eine ganze Diagonale ausdehnen, doch in den meisten Fällen ist eine ganze Diagonale gar nicht notwendig. Das Wichtigste ist, den Schub aus der Hinterhand zu erhalten. Der Reiter muß gerade und bequem sitzen und sein Pferd gehen lassen. Je weniger er sich bewegt und es stört, desto schneller wird es verstehen. Hierzu muß man nicht Einsteins Relativitätstheorie kennen – so schwierig ist das Ganze gar nicht. Jeder Reiter, der es nur will, kann es erreichen, doch es bedeutet harte Arbeit, wenig zu tun und viel zu erreichen, und ich kann mir keine andere Situation vorstellen, in der man mehr erreicht, indem man noch weniger tut. Je weniger der Reiter tut, desto bequemer sitzt er und desto mehr wird er erreichen.

Als junger Mann sah ich einmal meinem damals sechzigjährigen Ausbilder Lindenbauer zu. Er ritt einen jungen Hengst, der wirklich eine harte Nuß war. Lindenbauer saß auf seinem Rükken und ritt ihn eine Stunde lang im ausgesessenen Trab, entschlossen, ihm seine Launenhaftigkeit auszutreiben. Ich schwitzte schon beim Zusehen. Nach einer Stunde saß Lindenbauer einfach ab, und das war alles, und ich dachte: »Mein Gott, ich bin vierzig Jahre jünger, aber ich hätte das nicht geschafft.« Der Grund dafür, daß ich es nicht geschafft hätte, war der, daß ich viel mehr Kraft aufwendete als er, um einfach nur zu sitzen.

Er saß auf diesem Pferd nach dem oben beschriebenen Prinzip, und es kostete ihn fast überhaupt keine Kraft. Das einzige, was er zu tun hatte, war das Pferd in der gewünschten Bewegung zu halten. Das Sitzen selbst machte ihm keine zusätzliche Mühe.

Um nicht zu ertrinken, muß man nicht unbedingt schwimmen können, denn wer es schafft, sich im Wasser zu entspannen, der wird an der Oberfläche treiben. Wer aber alle Muskeln anspannt, wird unweigerlich sinken. Für das Reiten gilt dasselbe: Wer seinen Körper verspannt, fällt leichter herunter. Die Beherrschung des Pferdes hängt immer von der eigenen Körperbeherrschung ab.

Mein alter Ausbilder hatte recht. Wer eine korrekte Wendung reiten kann, ist auch bereit für alles andere. Jemand, dem sie nicht gelingt, wird sich Tag für Tag erneut abmühen und irgendwann sein persönliches Waterloo erleben, und von diesem Zeitpunkt an kann es keine Fortschritte mehr geben. Denn dann muß der Reiter erst versuchen, aus dem Gehirn seines Pferdes alles auszulöschen, was es je gelernt hat, und ganz von vorn anfangen. Eine Tafel abzuwischen ist sehr leicht, Gelerntes aus dem Kopf eines Pferdes zu löschen, aber sehr schwer.

Zusammenfassung

1. *Schulterherein* Ein Seitengang, der auf zwei Hufschlägen geritten wird. Die Vorhand bewegt sich auf dem zweiten Hufschlag und die Hinterhand bleibt auf dem ersten. Die Vorderbeine treten über Kreuz, die Hinterbeine nicht. Schulterherein ist eine gute gymnastizierende Übung. Das Pferd ist leicht um den inneren Schenkel gebogen. Schulterherein ist die einzige Lektion, in der das Pferd entgegen der Bewegungsrichtung gebogen wird. Es darf jedoch nicht zu stark seitwärtsgehen. Es reicht aus, wenn sich das innere Hinterbein in der Spur des äußeren Vorderbeins bewegt. Aus diesem Grund sprechen manche Leute von einer Bewegung auf drei Hufschlägen, was aber falsch ist. Entweder befinden sich Vor- und Hinterhand auf einen Hufschlag oder auf zwei verschiedenen. Pferde haben keinen dritten Teil, der auf dem dritten Hufschlag gehen könnte.

2. Die beste Vorbereitung für das Schulterherein ist, wie für fast alles andere, eine korrekt gerittene Ecke. Das Pferd ist geradegerichtet, bewegt sich schwungvoll und ist um den inneren Schenkel gebogen. Nach dem Durchreiten der Ecke, am Anfang der langen Seite, wird die Vorhand einen Schritt weit vom Hufschlag ins Bahninnere geführt. Dann beschränkt der äußere Zügel die Vorwärtsbewegung (halbe Parade). Der äußere Schenkel hindert die Hinterhand am Ausfallen und erhält den Schwung. Der innere Schenkel treibt das Pferd nicht nur vorwärts, sondern wirkt auch vom ersten Seitwärtstritt an etwas stärker ein, um dem Pferd zu bedeuten, daß es sowohl vorwärts als auch seitwärts gehen soll. Der äußere Schenkel erhält den Schwung; das Schulterherein ist die einzige Lektion, in der dies der Fall ist. Tempo, Takt und Rahmen des Pferdes bleiben unverändert.

3. Der Körper des Pferdes darf nur geringfügig gebogen werden. Ein grober Fehler ist es, nur den Hals herumzuziehen. Dabei geht außerdem die Verbindung von äußerem Zügel, äußerem Gesäßknochen und äußerem Schenkel verloren. Sie kann nur bei einer ganz geringfügigen Biegung und Stellung erhalten werden. Das Pferd muß die Schenkel- und Zügelhilfen annehmen. Wenn die oben beschriebene Verbindung verlorengeht, das Pferd geraderichten und einen neuen Versuch machen.

4. Wer nicht korrekt durch eine Ecke reiten kann, kann auch kein korrektes Schulterherein zustandebringen. Voraussetzung dafür ist, daß der Reiter es schafft, Schwung, Takt und Biegung zu erhalten.

5. Niemals eine Lektion über einen längeren Zeitraum üben. Wenn nach langer Arbeit ein oder zwei Tritte richtig gelingen, Schluß machen. Entweder eine Pause einlegen oder die Stunde beenden. Beim nächstenmal werden es schon drei gelungene Tritte sein. Auf diese Weise wird das Pferd nicht durch die gymnastizierenden Übungen ermüdet und lernt, daß es mit einer Pause belohnt wird, wenn es sich anstrengt und gut mitarbeitet.

Niemals übertreiben. Gute Arbeit läßt die Muskeln ermüden, und wenn man zu viel verlangt, wird das Pferd sich unbehaglich fühlen und sich auf die eine oder andere Art widersetzen. Lektion beenden, solange das Pferd gut geht. Am nächsten Tag dann etwas mehr verlangen. Ein Pferd, das zu viel und zu lange arbeiten muß, wird sehr leicht sauer. Es schaltet auf stur und verweigert selbst einfache Lektionen, weil es in den vorhergehenden Übungsstunden körperlich und geistig überfordert wurde.

6. *Der Travers* Die Vorhand bleibt auf dem ersten Hufschlag und die Vorderbeine treten nicht über Kreuz. Die Hinterhand bewegt sich auf dem zweiten Hufschlag und die Hinterbeine treten über Kreuz. Kopf und Hals sind gerade, doch der Körper des Pferdes ist gebogen. Es schaut in die Bewegungsrichtung. Diese Übung macht die Rippenpartie beweglicher und steigert die Wirkung der Schenkelhilfen.

Der innere Schenkel wirkt vorwärtstreibend und erhält den Schwung. Doch Vorsicht, die meisten Pferde neigen dazu, seitwärts zu treten, statt vorwärts-seitwärts zu gehen. Der Reiter muß still sitzen und sein Gewicht gleichmäßig verteilen. Der äußere Schenkel ist nicht ganz passiv, denn er muß die Hinterhand nach innen drücken und dort halten. Er darf aber auch nicht zu stark eingesetzt werden.

7. Ein paar Tritte verlangen, dann das Pferd geraderichten und vorwärtsreiten. Vor den Ekken muß das Pferd immer geradegerichtet sein, denn im Travers um eine Ecke zu gehen, fällt ihm leichter als in korrekter Stellung und Biegung, was dazu führen kann, daß es sich in Zukunft auf diese Weise davor drückt, richtig gebogen und gestellt um die Ecken zu gehen. Schulterherein und Travers sind auf der linken Hand meistens leichter zu reiten, weil die Mehrzahl der Pferde besser am linken Zügel steht als am rechten und den rechten weniger willig annimmt. Der Reiter muß bestimmen, wo das Pferd die Hinterhufe hinsetzen soll, er darf dies nicht dem Pferd überlassen.

8. Leute, die hart arbeiten, kommen oft weiter als jene, denen alles leichtfällt. Die ersteren müssen Entschlossenheit und Hingabe besitzen, denn andernfalls würden sie nicht so hart trainieren. Die letzteren dagegen mußten nie hart arbeiten, und wenn sie an einem Punkt ankommen, an dem ihr ganzer Einsatz gefor-

dert ist, geben sie leichter auf. Ein guter Reiter gibt sowohl geistig als auch körperlich alles, was in seinen Kräften steht.

9. **Traversalen** Wie immer ist auch hier die beste Vorbereitung eine gut gerittene Ecke. Alles muß stimmen. Das Pferd sieht in die Bewegungsrichtung und ist leicht gebogen. Der Reiter sitzt gerade und still. Nach dem Durchreiten der Ecke muß er vor allem anderen zu dem Punkt hinschauen, den er anreiten will, in diesem Fall Punkt »X«. Dann wird der Pferdekopf in Richtung »X« gestellt. Als nächstes wird es nach innen geführt wie zum Schulterherein, gleichzeitig aber seitwärts getrieben. Würde man nicht zuerst die Schultern in die Bahn führen, würde die Hinterhand vorausgehen, was ein grober Fehler ist. Der innere Schenkel wirkt vorwärtstreibend und sorgt für die Biegung. Der äußere Zügel reguliert die Vorwärtsbewegung und verwandelt sie in eine Vorwärts-seitwärts-Bewegung.

Der innere Zügel hält eine kontinuierliche Anlehnung. Er lenkt den Schub der Hinterhand zur Seite um. Nicht am äußeren Zügel ziehen. Der äußere Schenkel hindert die Hinterhand nicht nur am Ausfallen, sondern treibt auch seitwärts, jedoch nie zu stark, weil sonst die Hinterhand vorausgeht. Das äußere Knie muß am Sattel bleiben und der Absatz tiefgehalten werden.

10. Der Reiter muß auf den Punkt schauen, zu dem er reiten will, damit er weiß, ob er seine Hilfen verstärken oder abschwächen muß, um genau dorthin zu kommen. Das ist dasselbe wie beim Auto- oder Fahrradfahren. Wer sein Pferd bis »X« in Traversale reiten will, muß den Punkt »X« im Auge behalten, um auch wirklich dort anzukommen.

11. Bei einer Lektion wird die Traversale von der Mittellinie aus eine bestimmte Anzahl von Tritten geritten, dann doppelt so viele zurück über die Mittellinie und so weiter. Für den Richtungswechsel muß der Reiter absolut gerade sitzen. Innerer Schenkel und Zügel werden zu äußerem Schenkel und Zügel. Das Pferd wird umgestellt und bewegt sich sofort in die neue Richtung. Der Reiter darf seinen Sitz dabei nicht verändern. Fehlerhaft ist es, den äußeren Schenkel zu stark einzusetzen, denn dabei hebt sich der äußere Gesäßknochen an, und die Einwirkung auf das äußere Hinterbein geht verloren.

12. Schwung und Takt müssen zu jeder Zeit erhalten bleiben, vor allem aber bei den Richtungswechseln. Je bewegungsloser der Reiter sitzt, desto klarer kann er seine Hilfen geben, was sie natürlich entschieden wirksamer werden läßt. Jede unnötige Bewegung des Reiters bringt das Pferd ein wenig aus dem Gleichgewicht, und wenn sich das Pferd ausbalancieren muß, geht immer der Schwung verloren. Je stärker der Reiter sein Pferd versammeln will, desto stiller muß er sitzen. Wenn der Schwung verlorengeht, ist auch die Versammlung dahin.

Bei den Traversalen müssen Schwung und Takt erhalten bleiben. Geht eines verloren, die Übung sofort abbrechen und energisch vorwärtsreiten. Ein Wendung reiten und einen neuen Versuch machen. Besonders wichtig ist, daß das Pferd energisch vorwärts geht, was von der Einwirkung des inneren Schenkels abhängt. Der Reiter muß bequem und gerade sitzen und sein Pferd gehen lassen. Es dauert eine Weile, bis man in der Lage ist, wenig zu tun und viel dafür zu erhalten. *Doch wo kann man mehr erreichen und muß noch weniger dafür tun?*

Je weniger der Reiter tut, desto bequemer sitzt er und desto mehr erreicht er. Mit zunehmender Erfahrung wird er auf dem Pferd immer weniger »arbeiten«. Schließlich wird er nur noch stillsitzen und alles andere der Schwerkraft überlassen.

Neuntes Kapitel

Schwere Lektionen

Jetzt kommen wir zu den fliegenden Wechseln.

Dazu muß das Pferd schnurgerade auf der geforderten Linie galoppieren. Wenn es nicht geradegerichtet ist, wird es auf der Linie herumschwanken wie das Ungeheuer von Loch Ness. Im Galopp sollte der Reiter mitzählen können – hopp, hopp, hopp, hopp. Dieser Takt darf sich nie ändern. Das angestrebte Ziel heißt Perfektion.

Beim Ansehen eines Filmes sagte einer meiner Schüler einmal: »Dieser Reiter nimmt an der Olympiade teil, und sein Pferd ist schief. Warum legen Sie eigentlich bei meinem Pferd immer so viel Wert darauf, daß es geradegerichtet ist?« Nur weil es Leute gibt, die bei den Olympischen Spielen ein schiefes Pferd vorstellen, heißt das noch lange nicht, daß wir es genauso machen sollten. Was sollen die Richter tun, wenn man mit einem völlig geraden Pferd einreitet? Sie können einen hassen. Sie können schon beim Einreiten beschließen, null Punkte zu vergeben. Aber wenn man dann mit einem völlig geraden Pferd einreitet, sind sie zumindest gezwungen, einen Punkt zu vergeben. Am besten ergeht es einem wie Neale Lavis in England. Der eine Richter fragte den anderen: »Was sollen wir bloß mit ihm anfangen? Er macht einfach nichts verkehrt!« Auf diese Weise gewinnt man Dressurprüfungen.

Bei einem australischen Reiter, der im Ausland startet, wird kein Richter nach Pluspunkten suchen, außer vielleicht, wenn einer von ihnen selbst Australier ist. Er wird es möglicherweise tun. Doch normalerweise suchen die Richter nicht nach Pluspunkten, sondern versuchen, möglichst alle Schwachstellen zu entdecken. Das macht es besonders wichtig, das Pferd auf der Mittellinie hundertprozentig geradezurichten.

Angefangen wird mit einem einzigen fliegenden Wechsel. Die Fußfolge des Galopps ist 1-2-3-Schwebephase. Der Galopp kann nur während der Schwebephase gewechselt werden. Die Hilfen sind einfach. Im Linksgalopp liegt der äußere Schenkel hinter dem Gurt, das Pferd ist links gestellt und gebogen, und das einzige, was der Reiter zu tun hat, ist, es im Galopp zu halten und zu denken: »Links, links...«

Vor dem ersten Versuch muß sichergestellt werden, daß das Pferd die Hilfen perfekt versteht. Die beste Art, um dies zu überprüfen und um festzustellen, ob das Pferd gerade genug ist, besteht darin, zu galoppieren und dann ruhig, sauber und gerade zum taktreinen Schritt durchzuparieren. Dann wieder auf einer geraden Linie oder auf dem Zirkel links oder rechts angaloppieren. Wenn es gelingt, die Gangart so reibungslos zu wechseln, als würde man einen Schalter umlegen, ist das Pferd reif für den ersten fliegenden Galoppwechsel.

Für den ersten Versuch empfiehlt sich eine Schlangenlinie. Eine halbe Zirkelrunde reiten und im Augenblick des Umspringens gerade hinsetzen und einfach den neuen äußeren Schenkel hinter den Gurt legen. Den anderen Schenkel zum Vorwärtstreiben an den Gurt legen und das Pferd gleichzeitig weich zum Beispiel von rechts nach links wie auf Abb. 18 umstellen. Die meisten Reiter ziehen zum Umstellen am neuen inneren Zügel und verderben sich auf diese Weise selbst den fliegenden Wechsel. Viele Reiter machen auch den Fehler, ihr Gewicht im Sattel hin- und herzuwerfen, doch damit erreichen sie keine fliegenden Wechsel von Sprung zu Sprung. Sie werfen ihre Pferde nur von einem Vorderbein aufs andere.

Im Augenblick des Richtungswechsels wird das Pferd in die neue Richtung gebogen und der neue äußere Schenkel an seinen Platz gelegt. Je gerader der Reiter dabei sitzt, desto besser. Ein verbreiteter Fehler ist es, das neue äußere Bein zurückzulegen und dabei den dazugehörigen Gesäßknochen anzuheben. Der Reiter muß jedoch geradesitzen und sein Gewicht tief in den Sattel

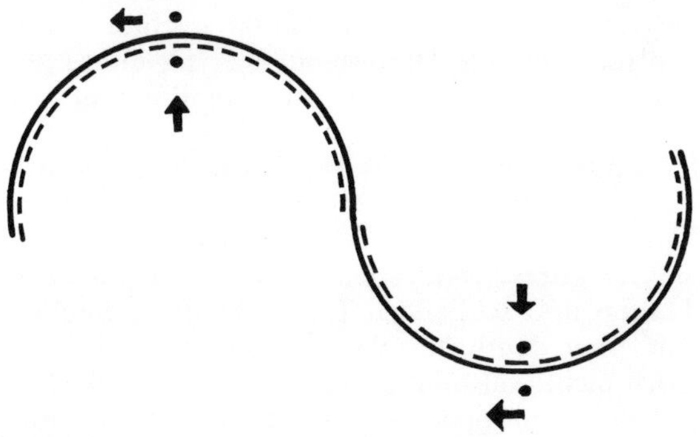

Abb. 18: Schlangenlinie

sinken lassen. Das Pferd ist nach links gebogen. Der innere Schenkel treibt es vorwärts, und was passiert dann? Der innere Schenkel wird zurückgelegt und fordert den Rechtsgalopp, und im selben Augenblick wird das Pferd von links nach rechts umgestellt, und der rechte Schenkel übernimmt das Treiben. Der Sitz selbst darf sich jedoch nicht verändern, weil das Pferd dadurch gestört würde, denn während der Schwebephase sind Pferde sehr leicht aus dem Gleichgewicht zu bringen, und falls sie durch eine unangebrachte oder zu einem falschen Zeitpunkt einwirkende Bewegung aus dem Gleichgewicht gebracht werden, werden sie unweigerlich den Vorderhuf zuerst aufsetzen, der dem Boden am nächsten ist, und dabei handelt es sich selten um den richtigen. Oft kommt noch hinzu, daß ein aus dem Gleichgewicht gebrachtes Pferd möglicherweise nur mit der Vorhand umspringt, mit der Hinterhand jedoch nicht. Dann galoppiert es im Kreuzgalopp, und die Hinterhand springt erst zwei oder drei Galoppsprünge später um.

Das Pferd soll aber vorn und hinten gleichzeitig umspringen. Wenn man sich ein galoppierendes Pferd anschaut, sieht man, daß das innere Beinpaar sich zusammen vorwärtsbewegt. Es scheint sich völlig synchron zu bewegen, doch wenn man genauer hinsieht, stellt man fest, daß der innere Hinterhuf geringfügig vor dem inneren Vorderhuf auffußt.

Beim fliegenden Wechsel werden das äußere Hinterbein und das äußere Vorderbein zusammen vorgebracht, und das äußere Vorderbein ist das neue führende. Das hier genannte Beinpaar muß sich ebenfalls synchron bewegen. Wenn es den Anschein hat, als bewegte sich nur das Vorderbein und das Hinterbein käme nicht mit, ist der Wechsel mißlungen, und das Pferd wird mit Sicherheit im Kreuzgalopp landen.

Der innere Schenkel wird genauso zurückgelegt wie der äußere nach vorn. Damit zeigt man dem Pferd die neue Bewegungsrichtung. Das Gesäß bleibt im Sattel, und im selben Augenblick wird das Pferd neu gebogen und gestellt. Auch beim fliegenden Galoppwechsel muß der Reiter zu dem Punkt hinsehen, den er ansteuert, denn sonst könnte das Pferd die Hinterhand zur Seite werfen oder von der Wechsellinie abkommen. Es muß gerade vorwärtsgehen. Es muß sauber durchspringen und dabei geradebleiben, und der Galoppsprung, in dem es umspringt, darf sich nicht von den anderen unterscheiden. Der Takt darf sich nicht verändern. Das Pferd muß völlig losgelassen sein und sauber durchspringen. Es muß sich leicht biegen lassen und darf nicht auf dem Zügel liegen. Außerdem muß es vollkommen gerade weitergaloppieren.

Je weniger Konfusion beim fliegenden Wechsel entsteht, desto besser. Das Pferd muß umspringen, wenn der Reiter es verlangt. Das bedeutet, sein Timing muß perfekt sein. Die Hilfen müssen innerhalb von Sekundenbruchteilen gegeben werden. Sie dürfen nicht etwas zu spät oder zu früh erfolgen, weil der Moment, in dem das Pferd umspringen kann, so kurz ist. Wenn die Hilfen zu früh oder zu spät kommen, kann es nicht umspringen.

Das Pferd muß in der Lage sein, aus dem Schritt anzugaloppieren. Außerdem muß es einen fliegenden Galoppwechsel an beliebiger Stelle der Bahn beherrschen. Wer sehr behutsam vorgeht und sich Zeit nimmt, um diese Fähigkeit zu entwickeln, sollte am besten mitzählen: 1,2,3,4,5,6. Für den Anfang ist dies die beste Zahl von Sprüngen. Es können auch mehr sein, jedoch nie weniger als sechs. Galoppwechsel – sechs Sprünge – Galoppwechsel. Wenn es zweimal geklappt hat, Pause machen. Nicht versuchen, schon in diesem Stadium fliegende Wechsel von Sprung zu Sprung zu reiten, denn sonst reagiert das Pferd wie mein Hengst in der Hofreitschule und macht keinen einzigen fliegenden Wechsel mehr.

Die ersten Versuche werden auf der langen Seite vorgenommen, dann kann man es auf der Diagonalen versuchen, und wenn es keine Probleme gibt, können Galoppwechsel nach jedem fünften Sprung verlangt werden. Nach ein bis zwei Wochen sind es nur noch vier Sprünge, nach einer weiteren Woche drei, einer weiteren zwei, doch dann ist Vorsicht angebracht. Wenn die Ausbildung bis hierhin richtig war, sollten die

Galoppwechsel von Sprung zu Sprung kein Problem mehr sein. Doch da die Übung so außerordentlich schwierig ist, ist es besonders wichtig, daß der Reiter vollkommen gelöst ist. Zuerst werden einige Zweierwechsel geritten, dann kann man zum erstenmal zwei aufeinanderfolgende Einerwechsel verlangen; danach weitergaloppieren. Hopp, hopp, weiterreiten, darauf achten, daß sich das Pferd nicht aufregt, und dann vielleicht noch einen zweiten Versuch machen – hopp, hopp. Bei einem Pferd, das diese Lektion zum erstenmal ausführt, würde ich allerdings vorschlagen, am selben Tag keinen zweiten Versuch zu machen.

Am nächsten Tag kann man es wieder versuchen, und das Pferd sollte ruhig und zufrieden umspringen; einen zweiten Versuch machen und am nächsten Tag einen dritten. Das ganze sollte nicht länger dauern als vier Wochen (immer vorausgesetzt, die Grundlagen stimmen). Das Pferd muß vorwärtsgehen, seinen Schwung beibehalten und geradeausgehen. Wenn es zwar den Galopp wechselt, dabei aber nicht vorwärtsgeht, ist die Übung sinnlos geworden. Das Pferd muß gelöst gehen und den Hilfen weich nachgeben. Diese Gelöstheit des ganzen Körpers macht es zu einem besseren Reitpferd. Der Reiter muß tief und gerade im Sattel sitzen: sein aüsserer Schenkel sorgt dafür, daß das Pferd geradebleibt, und der innere treibt es vorwärts.

Jetzt sind Pferd und Reiter fast reif für den Grand Prix.

Die Piaffe ist der Trab auf der Stelle, den man mit 990 Pferden zuerst an der Hand übt – mit Ausbindezügeln (nicht zu kurz verschnallen), Kappzaum und einem in ihn eingehakten Führzügel.

Für die ersten Versuche braucht man eine Wand oder einen stabilen Zaun als seitliche Begrenzung – etwas, an das man sich anlehnen kann, um zu verhindern, daß das Pferd zu schnell wird. Genau das widerfuhr mir mit Gay Pam, mit der ich eine halbe Stunde auf der Weide herumrannte, bis mein Hund zur Hilfe kam. Danach war sie wieder ganz in Ordnung.

Das Pferd wird am Führzügel in die Bahn geführt, im Schritt etwas herumgeführt und dann angehalten. Zum Anhalten tritt man vor den Kopf des Pferdes, zum Wiederantreten an seine Seite oder seine Schulter. Außerdem kann man es mit der Gerte touchieren. Sie sollte jedoch nicht zu lang sein und muß dort einwirken, wo normalerweise die Schenkel liegen, denn dann begreift es den Sinn der Hilfe leichter. Zum Antreten nie die Hinterbeine mit der Gerte antippen, denn diese Hilfe ist dem Pferd unverständlich.

Antreten lassen – Halten. Antreten lassen – Halten, Antraben – Halten. Schritt – Halten. Trab – Halten. Trab – Halten. Der Zeitraum wird immer kürzer. Antraben – Halten, Antraben – Halten und schließlich Trab – Halt, verbunden mit einer deutlichen Parade. Das Pferd darf jedoch nicht vollständig zum Stehen kommen. Mit der Gerte antippen, so daß sich die Tritte verkürzen. Die meisten Pferde lernen die Piaffe an der Hand recht schnell. Sie begreifen diese neue Übung gewöhnlich innerhalb von vierzehn Tagen, und nach etwa vier Wochen kann man davon ausgehen, daß die Lektion »sitzt« – das heißt, daß sie dann an der Hand piaffieren, dabei aber noch vorwärtsgehen. Das nächste Ziel ist, sie auf der Stelle traben zu lassen. Die Vorwärtstritte sollen immer mehr verkürzt werden, bis das Pferd schließlich auf der Stelle trabt. Wichtig ist es, sofort Schluß zu machen, sobald das Pferd die ersten verkürzten Tritte zeigt. Wenn es etwas falsch macht, muß es sofort korrigiert und bei richtigen Reaktionen sofort gelobt werden.

Wenn das Pferd willig und geschickt mitarbeitet, darf man nicht den Fehler machen, es immer wieder piaffieren zu lassen, denn sonst wird dasselbe passieren, was mir mit der Ananas passierte. Das Pferd wird die Wand hochgehen. Sobald es die Übung begriffen hat, wird ein neuer Versuch gemacht. Dazu muß der Ausbilder aber völlig ruhig und gelassen bleiben. Das ist gar nicht so einfach, wie es sich anhört, und nicht alle Reiter eignen sich dazu, ein Pferd an der Hand auszubilden. Ich habe viele gute Reiter gekannt, die dazu völlig unfähig waren; es fehlte ihnen an Urteilsvermögen.

Man braucht sehr viel Erfahrung, sehr viel Geduld und muß außerdem körperlich fit sein. Man muß mit dem Pferd laufen können und wird dabei oft in die Verlegenheit kommen, mehr zu laufen, als man eigentlich sollte. Wenn man dann wieder aufsitzt, sollte man nicht versuchen, das Pferd mit den Zügeln zurückzuhalten, denn dabei zieht der Reiter immer den kürzeren. Am Führzügel gilt dasselbe; man kann ein Pferd nur halten, indem man Kontakt zu ihm hält. Wenn man es antreibt und es etwas schneller wird, als es eigentlich sollte, muß man darauf eingehen und mitlaufen und dann durch kurze Rucke bremsen, die Vorwärtsbewegung dabei aber nicht unterbrechen. Sobald sich der Ausbilder aber an den Führzügel hängt und zieht, geht das Pferd auf und davon.

In der Hofreitschule hatte ich einen Hengst, der die Piaffe an der Hand perfekt beherrschte. Bei den Vorführungen gibt es einen speziellen Abschnitt, bei dem dieser Teil der Arbeit vorgeführt wird, und dieser Hengst war wirklich gut. Man brauchte ihm nur den Zügel über den Hals zu werfen und schon ging er los wie eine Dampfmaschine, um die ganze Bahn herum.

Major Sandford, der in erster Linie für meine Auswanderung nach Australien verantwortlich war, war zwei Jahre lang an der Hofreitschule. Er besaß eine nahezu unglaubliche Entschlossenheit. Als er zu uns kam, war er siebenundsechzig und hatte Känguruhs, Löwen und wer weiß was noch alles gejagt. Er war nicht nur Großwildjäger, sondern auch ein begeisterter Jagdreiter, der mit weit vorgestreckten Beinen ritt. Er verbrachte zwei Jahre an der Hofreitschule, und er schaffte es. Er sagte zwar nicht, aber ich wußte, daß er sehr litt. Trotz seines fortgeschrittenen Alters erhielt er Longenunterricht wie jeder andere auch. Wer etwas erreichen will, muß auch etwas dafür tun; er schaffte es innerhalb von zwei Jahren. Er war entschlossen und arbeitete hart. Eines Tages wollte er lernen, die Piaffe an der Hand vorzuführen, und ich erklärte ihm alles nötige. Ich übergab ihm die Zügel und ließ ihn in der Bahnmitte allein. Sobald er die Zügel aufnahm, weigerte sich der Hengst, zu piaffieren – einfach so. Ich übernahm ihn wieder, er ging großartig, und ich ließ ihn eine Runde piaffieren. Doch sobald der Major die Zügel wieder übernahm, weigerte er sich erneut. Er wußte ganz genau, was los war. Er dachte vermutlich: »Du verstehst nicht genug davon, mich zur Arbeit zu bewegen, also vergiß es.« Nach einiger Zeit begann er jedoch auch beim Major korrekte Tritte zu zeigen. Der Major hatte die feine Zügelverbindung und die Vorwärtsbewegung dadurch gestört, daß er die Zügel etwas zu hart anfaßte. Das störte den Hengst, brachte ihn aus dem Gleichgewicht oder ärgerte ihn vielleicht nur, und schon war das ganze für ihn erledigt. Es dauerte etliche Tage, bis es dem Major gelang, ihn zu einigen wenigen Piaffetritten zu bewegen – dieser Hengst war ganz einfach klüger.

Sobald das Pferd die Kenntnisse und die Fähigkeit erworben hat, um an der Hand zu piaffieren (die Fähigkeit, weil es seine Hanken besonders stark beugen muß, ähnlich wie bei der Kurzkehrtwendung), muß es kürzere Tritte machen, die es veranlassen, alle Gelenke und vor allem die der Hinterhand stärker zu beugen. Es muß sich stärker anstrengen, deshalb sollte man zu diesem Zeitpunkt noch nicht aufsitzen. Erst muß es genau wissen, was von ihm verlangt wird, und erst wenn dies der Fall ist, kann man eine Puppe auf seinen Rücken setzen (natürlich handelt es sich nicht um eine richtige Puppe, sondern um einen Reiter, der aber völlig passiv sitzen muß). Nach Abschluß dieses Stadiums muß die Lektion nur noch gefestigt werden. Die Piaffe sitzt. Gefestigt werden muß jedoch der Übergang vom Trab zur Piaffe und von der Piaffe zum Trab. Wenn die bisherige Ausbildung korrekt verlaufen ist, sollte dies jedoch keinerlei Probleme mehr aufwerfen. Schwierig ist es aber in jedem Fall.

Der Übergang zur Piaffe ist schwieriger als der von der Piaffe zum Trab, denn das Pferd muß traben – im Arbeitstempo, obwohl man auch einen Wechsel vom Mitteltrab zur Piaffe zeigen kann. Das Pferd muß vorwärtsgehen und dabei immer kürzer treten, ohne aus dem Takt zu kommen. Der Takt muß folgendermaßen sein: 1-2-3-4-1-2-3-4-1-2-3-4-1-2-3-4. Das ist sehr schwierig. Je feiner das Pferd auf die Hilfen reagiert, desto besser. Die Hinterhand muß zum Untertreten aufgefordert werden, damit das Pferd auf der Stelle traben kann. Wer auch in diesem Stadium noch eine Menge Kraft aufwenden muß, um sein Pferd zum Untertreten zu bewegen, wird nie in der Lage sein, den Übergang korrekt zu reiten. Das Pferd muß mittlerweile so fein auf die Hilfen reagieren, daß zum Untertreten ein etwas geringerer Druck nötig ist, als im Anfangsstadium zum Antreten im Schritt erforderlich war. Andernfalls ist es nicht möglich, das empfindliche Gleichgewicht zu erhalten. Während der Auf- und Abbewegungen muß der Reiter absolut still und gerade sitzen, sein Gewicht tief in den Sattel sinken lassen und sein Pferd nur durch Sitzveränderungen beeinflussen. Das Pferd ist versammelt und steht im Trab an den Hilfen. Der Reiter läßt es vorwärtsgehen, sitzt dann tief ein und läßt es wieder gehen. Es kommt zurück zur Hand und wieder vor, ohne seinen Takt zu verlieren. Das ist sehr schwierig und man sieht es deshalb nur selten – die meisten Reiter sind übereifrig und beginnen mit den schweren Lektionen, bevor ihre Pferde vollständig losgelassen gehen. Wenn diese Losgelassenheit nicht bis zur Vollendung entwickelt wurde, wird die daraus resultierende Steifheit immer wieder zu sehen sein. Manche

Reiter haben vielleicht den Film über den russischen Reiter Filatow gesehen, der bei den Olympischen Spielen in Rom eine Goldmedaille gewann. Bei der Piaffe fällt auf, daß sein Pferd von Zeit zu Zeit hinten rechts einen komischen Schritt macht. Das ist ein Beweis mangelnder Losgelassenheit, die noch aus der Zeit der Grundausbildung stammt. Bei den wichtigen Prüfungen in Rom gelangen ihm die Übergänge von der Passage zur Piaffe und umgekehrt allerdings sehr gut.

Was braucht es dazu? Grundvoraussetzungen sind ein geradegerichtetes Pferd und ein gerade und fest sitzender Reiter, dessen Gewicht ins Pferd hineinzufließen scheint. Beide Zügel müssen Kontakt zum Pferdemaul haben und gleichermaßen für Vorwärtsbewegung und Geraderichtung zuständig sein. Im Augenblick des Überganges bringen das Aufrichten des Oberkörpers und das tiefe Einsitzen das Pferd dazu, weiter unterzutreten, wobei die Hände die Aufgabe haben, es absolut geradezuhalten. Auch der Reiter muß vollkommen geradesitzen, denn schon eine leichte Gewichtsverlagerung sorgt dafür, daß das Pferd nicht unter seinen Schwerpunkt treten kann, weil sein Gleichgewicht gestört ist. Das ungleich verteilte Gewicht hindert es daran, so zu treten, wie es soll. Das wichtigste sind also der Sitz, die gleichmäßige Verteilung des Gewichts, absolute Kontrolle über die lockeren und weich einwirkenden Hände und die reibungslose Koordination aller Körperteile. Es sollte folgende fließende Verbindung entstehen:

- von den Händen zum Maul,
- durch die Zügel in den Körper,
- durch den Sitz in die Hinterhand.

Wenn das Pferd die Hilfen nicht durchläßt, wenn es nicht gelöst und gehorsam genug ist, um sie zu akzeptieren, wird das ganze, vor allem aber die Übergänge, mißlingen. Das Pferd wird zwar vielleicht piaffieren, aber vernünftige Übergänge mit ihm reiten zu wollen, ist hoffnungslos.

Viele Leute behaupten, in der Hofreitschule würden Pferde zwischen die Pilaren gestellt und dann so lange mit der Peitsche traktiert, bis sie piaffieren. Wer auch dieser Ansicht ist, kann es gern selbst ausprobieren; wenn es ihm gelingt, einem Pferd auf diese Weise eine korrekte Piaffe und gelungene Übergänge beizubringen, möge er mir Bescheid sagen. Vermutlich wird derjenige sich aber eher an meinen Enkel wenden müssen, um es ihm mitzuteilen, denn so lange wird eine solche »Ausbildung« mindestens dauern. Wahrscheinlich sogar noch viel länger. Die Pilaren stehen in der Hofreitschule, weil sie ein Teil der Vorführungen sind. Die Pferde werden jedoch nicht zwischen den Pilaren gearbeitet, bevor sie nicht gelernt haben, an der Hand zu piaffieren. Wenn ein Pferd dazu fähig ist, kann es zwischen die Pilaren, die bei der Ausbildung zu den Schulen über der Erde eine Hilfe sein können. Die Pferde werden jedoch nicht zwischen die komischen Dinger gestellt und so lange geschlagen, bis sie aus Verzweiflung anfangen zu piaffieren – denn obwohl die Hengste nicht sehr groß sind (zwischen 150 und 160 Zentimeter), würden sie mit den Pilaren auf und davon gehen, wenn man sie so behandelte. Aber manche Leute erzählen viel über Dinge, von denen sie nichts verstehen.

Die Piaffe ist ein Trab auf der Stelle. Je gleichmäßiger sie ist, desto fließender ist der Takt, ohne daß es zu Störungen oder Unterbrechungen kommt.

Jetzt kommen wir zum nächsten Schritt, nach dessen Beendigung sich jeder Reiter zu den Olympischen Spielen melden könnte. Gemeint ist der Spanische Trab. Einen Spanischen Schritt gibt es in der klassischen Reitkunst nicht. Ihn sieht man nur im Zirkus, und auch dort trabt das Pferd und geht vorn mit weit ausgreifenden Tritten vorwärts, während die Hinterbeine mit flachen, kurzen Tritten folgen.

Der Spanische Trab, auch als Passage bezeichnet, ist ein sehr akzentuierter Trab, bei dem das Pferd bei jedem Tritt mit dem diagonalen Beinpaar einen Augenblick lang in der Luft verharrt. Bei Hengsten sieht man diese Gangart besonders häufig. Allerdings hatte ich auch einmal einen Wallach, der auf der Weide eine perfekte Passage zeigte, vollkommen rund und versammelt, obwohl er unter dem Reiter noch nicht einmal vernünftig im Schritt ging. Die Hinterhand muß wirklich weit untertreten. Wenn man ein Foto von einem Pferd in der Passage sieht und dabei feststellen kann, daß das Sprunggelenk des in der Luft befindlichen Hinterbeins über das stützende Hinterbein hinausragt, weiß man, daß die Lektion in diesem Fall mißlungen ist, weil das Pferd nicht weit genug untertritt. Es macht so etwas wie Spanischen Schritt-Trab. Es setzt seine Hinterbeine nicht genug unter den Körper und trägt zu wenig Last auf der Hinterhand. Wie alle anderen Lektionen ist auch die Passage eine natürliche Bewegung, die man auch bei freilaufenden Pferden beobachten kann. Von Natur aus beherrschen Pferde die Capriole, Courbette, fliegende

Oben: Piaffe

Unten: Passage

Wechsel und sogar die Piaffe.

Man sollte nie mit einem Pferd die Passage üben, bevor es die Piaffe beherrscht, denn andernfalls wird es nie korrekt piaffieren. Sollte es wider Erwarten doch noch lernen, zu piaffieren, werden in jedem Fall die Übergänge mißlingen, weil es sich bei ihnen immer widersetzen wird. Erst muß die Piaffe kommen, und die Passage wird aus ihr entwickelt. Dazu treibt man das Pferd in der Piaffe – als wollte man starken Trab reiten – läßt es aber nicht gehen. Tief einsitzen und vorwärtstreiben, aber in dem Moment, in dem das Pferd vorwärtsgehen will, sagt man: »Bleib hier«. Weitertreiben und nur so viel Vorwärtsbewegung herauslassen wie nötig. Wenn die Piaffe ebenso stimmt wie alles andere, ist der erste Passagetritt ein großartiges Erlebnis.

Das Ganze ist kein Problem, wenn das Pferd die treibenden und verhaltenden Hilfen akzeptiert. Wenn es die Hilfen vorwärts, rückwärts und wieder vorwärts durchläßt, ist es zwischen den treibenden und den verhaltenden Hilfen zusammengestellt und wird aus dieser Position heraus vorwärtsgeschoben. Es ist versammelt und wird nur geringfügig vorgelassen. In den meisten Fällen macht die Passage den Pferden sehr viel Spaß, und man muß darauf achten, daß sie sie nicht zu lange ausführen oder Passage gehen, wenn sie es eigentlich gar nicht sollen. Das erste Anzeichen für den kommenden Passagetritt ist der verstärkte Druck auf das Gebiß. Da das Pferd am Vorwärtsgehen gehindert wird, werden die Trabtritte akzentuierter. Zurück zur Piaffe, Schritt, Halten, Loben, Schritt, erneute Versammlung, Piaffe, Piaffe, Piaffe, alles stimmt, tief einsitzen, Zügel annehmen und schon erscheint der nächste Passagetritt; durchparieren, Schrittreiten. Am ersten Tag kann dies zwei- oder dreimal wiederholt werden. Das ist völlig ausreichend. Am darauffolgenden Tag können drei bis vier Versuche unternommen werden. Auch das ist vollkommen ausreichend. Danach ist es eine Sache des Gefühls. Man sollte das Gefühl haben, daß das Pferd auf das Kommando »Geh« auch wirklich losgeht. Das gibt dem Reiter eine gewisse innere Sicherheit, weil er weiß, daß sich sein Pferd treiben und aufnehmen läßt und daß er es zum Vorwärtsgehen veranlassen kann. Am darauffolgenden Tag kann man einige Passagetritte mehr verlangen, und nach etwa drei Wochen sollte das Pferd die Passage entlang der ganzen langen Seite beherrschen.

Wenn man etwas ausprobiert und auf den Geschmack kommt, oder »Blut geleckt« hat, kann man nicht mehr aufhören. Man wünscht sich noch etwas mehr und versucht dann etwas mehr, und schließlich setzt man sich hin und sagt sich: »Eigentlich bin ich ja ein Idiot; ich muß so hart arbeiten, um mein Ziel zu erreichen.« Je mehr man arbeitet, desto deutlicher wird, wieviel man noch vor sich hat. Man fängt an und sagt sich nach dem ersten Jahr ernsthafter Arbeit: »Letztes Jahr dachte ich, ich könnte reiten, doch mittlerweile weiß ich, daß ich überhaupt nichts kann, doch immerhin ist es eine Menge mehr als im letzten Jahr.« Im darauffolgenden Jahr stellt sich dasselbe Gefühl ein, ebenso im nächsten und in allen weiteren bis zum Tode. Es gibt immer etwas zu lernen.

Etwas zu können oder zu wissen ist so ähnlich, als säße man in einem dunklen Raum. Man ist sich der Dunkelheit nicht bewußt und sie stört einen nicht. Doch sobald man ein Streichholz anzündet, weiß man, wie dunkel es vorher war. Dieses Streichholz stellt einen winzigen Teil des Wissens dar. Je größer die Flamme wird, desto mehr Licht hat man und desto größer ist der Horizont des Wissens. Man erkennt aber auch, wie viel Dunkelheit man noch vor sich hat.

Nach meiner Aufnahmeprüfung in der Kavallerieschule in Hannover trank ich mit meinem Ausbilder in der Kantine eine Tasse Kaffee. Wir unterhielten uns natürlich über Pferde und ich fragte Herrn Polak: »Hatten Sie eigentlich jemals das Gefühl, ein Pferd bis zur Perfektion geschult zu haben?« Er anwortete: »Nein, niemals. Wenn man ein Pferd fertig ausgebildet hat, nimmt man sich vor, daß das nächste noch etwas durchlässiger, noch etwas gerader, noch etwas weicher am Zügel und noch etwas mehr von diesem und jenem sein soll: »Er war immer noch auf der Suche in der ihn umgebenden Dunkelheit, weil er etwas Licht gesehen hatte.

Hiermit hätten wir die Lektionen des Grand Prix. Alles weitere sind die Schulen über der Erde – Lektionen, bei denen sich das Pferd zumindest teilweise in der Luft befindet. Um eine wirklich perfekte Passage zu reiten, muß der Reiter sitzen wie angeklebt. Damit meine ich allerdings nicht, daß er sein Gewicht in den Sattel pressen sollte (was in jedem Fall falsch ist), sondern nur, daß er sein Gewicht tief in den Sattel sinken lassen muß. Das Gewicht muß einfach da sein. Das Pferd muß leichtesten Schenkelhilfen gehorchen, es muß natürlich geradegerichtet sein, am Zügel stehen und es muß die Hilfen für die Übergänge willig annehmen. Zum Übergang in die Passage gehört eine halbe Parade, die das Pferd aber trotzdem noch gehen läßt, und schon wird es Passage zeigen. Der Sitz muß jedoch da sein, denn sonst ist es ihm unmöglich. Ein Pferd kann nicht im Gleichgewicht bleiben und schwebende Tritte zeigen, während sein Reiter auf seinem Rücken herumhopst.

Je besser die Vorbereitung war, desto leichter ist alles weitere. Wenn die Grundlagen stimmen, geht es nur noch darum, die treibenden Hilfen zu verstärken und der halben Parade den letzten Schliff zu geben. Treiben, parieren und das Pferd erst einen Augenblick später gehen lassen.

Ich muß wahrscheinlich nicht mehr betonen, daß der Reiter seinen Körper vollständig unter Kontrolle haben muß, damit die Lektion gelingt. Als General Bürkner nach England kam, sagte er: »Ich kann Ihnen nicht helfen. Sie sitzen falsch.« Wenn der Sitz falsch ist, können keine korrekten Hilfen gegeben werden, und selbst der beste Ausbilder ist machtlos.

Capriole und Levade sind Lektionen, die aus der Piaffe heraus geritten werden. Für die Capriole piaffiert das Pferd, springt dann senkrecht in die Luft und schlägt am höchsten Punkt des Sprunges mit beiden Hinterbeinen aus. Diese Lektion entstand in der Vergangenheit, als berittene Soldaten noch von feindlichem Fußvolk bedrängt wurden. Durch die Capriole schlugen sie eine Bresche in die Reihe der Feinde, vollführten dann eine halbe Pirouette, und ab ging die Post. Die Capriole ist eine natürliche Bewegung. Man kann sie bei Pferden, vor allem jungen, beobachten, die frei auf der Weide laufen. Doch kein Reiter mit nur etwas Verstand wird versuchen, einem Pferd die Capriole unter dem Reiter beizubringen, wenn dieses nie das natürliche Verlangen dazu gezeigt hat.

Wenn die neuen Hengste an die Hofreitschule kommen und an der Longe zum erstenmal einen Reiter tragen, wird besonders darauf geachtet, ob unter ihnen einer ist, der zum Steigen neigt und gut ausschlägt. Ist solch ein Tier darunter, merkt man es sich und denkt vielleicht: »Ja, er zeigt eine gute Veranlagung für die Schulen über der Erde.« Manche Pferde zeigen nie Lektionen über der Erde – wie der wundervolle Hengst, den Herr Lindenbauer ein Jahr lang schulte. Er zeigte nie etwas anderes als die Grand-Prix-Lektionen, die jedoch perfekt. Lindenbauer benutzte diesen Hengst 1934, um das Programm für die Dressurprüfung bei den Olympischen Spielen 1936 auszuarbeiten. In diesem Jahr war dieses Pferd so etwas wie ein Versuchskaninchen. Dem Kommittee der F.E.I. zeigte dieser Hengst alle Lektionen, doch er kannte keine Schulsprünge. Trotzdem war er ein ausgezeichnetes Pferd, das es nicht nötig hatte, auch noch die Schule über der Erde zu beherrschen. Pferde müssen dazu veranlagt sein.

Besonders deutlich wurde dies bei dem Hengst, der mich am Kopf traf. Er stand fast pausenlos auf den Hinterbeinen. Er hätte sich wunderbar für die Courbette geeignet, bei der das Pferd immer kürzer wird, sich zur Levade aufrichtet, dann etwas höher kommt und schließlich abspringt. Es muß mit beiden Hinterbeinen zugleich abspringen. Eine Courbette zu reiten, ist ein ganz außergewöhnliches Gefühl. Man reitet sie genauso wie den Übergang vom Trab zum Halten. Das Prinzip ist dasselbe. Man fordert das Pferd zur Levade auf. In den meisten Fällen werden die Schulen über der Erde zuerst ohne Reiter trainiert.

Bei meiner ersten Courbette rutschte ich über den Pferderücken hinunter und fand mich an seinen Schweif geklammert wieder. Nachdem man das Pferd dazu veranlaßt hat, sich vorn aufzurichten, muß man es genauso am Zügel behalten wie auf ebener Erde. Auf das Kommando »Geh« springt es dann ab, wobei man den Sprung natürlich mit den Händen herauslassen muß. Darauf folgt eine halbe Parade und ein erneutes »Geh«, »Geh«, »Geh«, immer mit halben Paraden dazwischen, genau wie beim Reiten von Schulen auf der Erde.

In der Hofreitschule hatte ich einen Hengst sieben Jahre lang. Eine Abbildung von einem Reiterstandbild, das Prinz Eugen auf einem Pferd in der Levade zeigte, erinnerte mich stark an ihn. Dieses Denkmal steht auf einem Platz in Wien. Es wurde im Gedenken an Prinz Eugen errichtet, der Wien vor der türkischen Belagerung rettete, und von einem Herrn Fernkorn geschaffen. Auf dem Weg zur Hofreitschule traf ich gewöhnlich Herrn Polak in der Trambahn, und wir gingen unzählige Male zusammen über diesen Platz, an dem Standbild vorbei. Polak sagte: »Fernkorn hatte es leicht; er schuf diese Levade vor sechzig Jahren und sie steht noch heute, doch wir müssen sie Tag für Tag neu erschaffen. In gewissem Sinne muß man jedoch auch eine Art Künstler sein, um ein Pferd dazu zu bringen, und das noch Tag für Tag.« Damit hatte er sicher recht. Normalerweise sind vier

Sprünge auf der Hinterhand der Durchschnitt. Bei meinem Hengst lag der Durchschnitt jedoch zwischen vier und acht und sein Rekord bei vierzehn. Vierzehn Sprünge auf der Hinterhand! Er war sehr groß, 162 Zentimeter, und sehr schön. Ich habe ihn nie in der Courbette gesehen, weil ich immer auf ihm saß, aber alle, die ihn sahen, stellten fest, wie kraftvoll er dabei wirkte. Außerdem war er großartig zu reiten. Er richtete sich höher auf als manche andere Hengste und konnte wahrscheinlich aus diesem Grund das Gleichgewicht so gut halten. Durch die enorm hohe Aufrichtung war es jedoch sehr schwer für mich, zu verhindern, daß er sich überschlug. Das ist mir einmal in Hamburg passiert. Er sprang ab, richtete sich zu steil auf und stürzte.

Die Levade ist nichts anderes als die Fortführung der Piaffe. Man beginnt, indem man das Pferd versammelt wie für die Piaffe, versammelt es dann aber immer stärker, bis es die angewinkelten Hinterbeine weit unter dem Körper stehen hat. Mit zunehmender Senkung der Hinterhand verschiebt sich die Stütze ebenso wie der Schwerpunkt von Reiter und Pferd mehr und mehr nach hinten, bis es nicht weiter geht. Man kann es fühlen. Außerdem sieht man die gewaltige Anspannung des Pferdekörpers, die nur möglich ist, wenn das Pferd völlig losgelassen ist. Es dürfen keinerlei Steifheiten vorhanden sein. Der ganze Körper ist gerundet. Manchmal hat man das Gefühl, sich eine kleine Bewegung des Körpers erlauben zu können, weil sie nichts verderben kann. Bei der Levade ist das anders. Der Körper des Reiters darf sich nicht im geringsten bewegen. Er darf sich nicht zurücklehnen, um sein Gewicht nach hinten zu verlagern. Das einzige, was er zu tun hat, ist unverändert sitzen zu bleiben und sein Gewicht tief in den Sattel sinken zu lassen. Die Schenkel liegen am Pferdeleib an und fordern es zum Untertreten auf. Der Sitz verändert sich in keiner Weise, doch die Hinterbeine des Pferdes treten immer weiter unter den Körper, und eine senkrechte Linie vom Schwerpunkt des Reiters und des Pferdes führt direkt durch die Hinterhand. In den meisten Fällen stehen die Pferde mit zunehmender Hankenbeugung immer breitbeiniger, um leichter das Gleichgewicht halten zu können.

Die Courbette ist genau dasselbe; sie wird aus der Levade entwickelt, in ihr richtet sich das Pferd vorn höher auf. Dann springt es auf den Hinterbeinen vorwärts – mit beiden Hinterbeinen gleichzeitig.

In der Capriole piaffiert das Pferd, springt dann senkrecht hoch und schlägt aus. Wenn man sich erst einmal daran gewöhnt hat, ist es ganz einfach. Es ist nicht etwa der Sprung, der gewöhnungsbedürftig ist. Das Pferd piaffiert, und kurz vor dem Absprung fühlt es sich an, als ginge es in die Knie, erst dann springt es ab. Wenn der Reiter aber etwas steif sitzt und sein Gewicht nicht ins Pferd fließen läßt, wird er es überdeutlich zu spüren bekommen, wenn das Pferd abspringt! Wie ich bereits sagte, ist die Capriole sehr einfach, wenn das Pferd sie korrekt ausführt. Korrekt bedeutet, daß es hochspringt, an der höchsten Stelle ausschlägt und dann wieder herunterkommt. Absprung- und Landestelle müssen identisch sein. Wenn es aber hochspringt und erst ausschlägt, wenn es wieder herunterkommt, kann dies sehr schwer zu sitzen sein.

Auf der Weide kann man perfekte Capriolen beobachten. Ich hatte einmal ein kleines schwarzes Pferd namens Dolkeg. Wenn ich es am Sonntagmorgen in seinen kleinen Auslauf ließ, zeigte es zehn perfekte Capriolen, eine nach der anderen – alle perfekt, wie ein Gummiball. Dieses Pferd wäre zur Ausbildung für die Capriole großartig geeignet gewesen. Es hätte sie auf den leisesten Wink hin ausgeführt. Andere Pferde bekommt man jedoch nicht dazu, egal was man mit ihnen anstellt. Manche von ihnen lernen es zwar, doch es wird immer gequält aussehen. Leichtigkeit, Freude und Leben werden immer fehlen.

Ich ritt zwei Pferde für eine Vorführung, als General Patton den Schutz der Hofreitschule übernahm. Eines von ihnen bewegte ich gerade in der Schule in Oberösterreich, als es plötzlich eine Capriole vollführte. Ich hatte nichts dazu getan, es nicht einmal mit der Gerte berührt. Doch schon folgte die zweite Capriole. Erst dann entdeckte ich meinen alten Ausbilder. Das Gebäude war sehr alt, und überall lagen Trümmer herum. Ich bemerkte, daß mein Ausbilder kleine Steine aufhob und mit ihnen mein Pferd bewarf. Das Pferd bekam also nur ein kleines Steinchen auf den Hintern, und schon machte es eine Capriole.

Man regt sein Pferd dazu an, sich zu versammeln, und wenn dies gelingt, braucht man seine Hinterhand nur noch leicht zu berühren, damit es abspringt. Bei meinem Hengst gab der vom Ausbilder geworfene Stein den Ausschlag.

Es gibt noch einige andere Schulen über der Erde. Ich habe den Verdacht, daß vor etwa 120

Jahren einer der damaligen Ausbilder eine Capriole versuchte, bei der das Pferd aber nicht ausschlug, und er deshalb dem ganzen die Bezeichnung Croupade gab. Um nicht zugeben zu müssen, daß die Capriole mißglückt war, gab er ihr den neuen Namen. Croupade und Ballotade sind Aufwärtssprünge. Wenn die Hinterbeine unter dem Körper bleiben, handelt es sich um die Ballotade.

Springt der Hengst aber hoch und zeigt gewissermaßen seine Beine, als wollte er ausschlagen, handelt es sich um die Croupade. Solange ich in der Hofreitschule war, wurden diese Lektionen dort nicht geritten, ebensowenig wie das Mêzair, das aussieht wie eine verunglückte Levade. Im Prinzip ist es dasselbe, bloß im Galopptakt. Das Pferd versammelt sich stark, richtet sich dann auf der Hinterhand auf, kommt wieder herunter, macht einen Galoppsprung und richtet sich erneut auf. Ich muß allerdings zugeben, daß ich diese Lektion noch nie gesehen, geschweige denn geritten habe. In der Hofreitschule gab es kein Pferd, das das Mêzair beherrschte, und es wurde auch nie versucht, diese Lektion zu reiten. Geritten wurden nur Levade, Capriole oder Courbette. Andere Lektionen probierten wir nicht aus.

Meiner Ansicht nach sollte mittlerweile jeder Leser in der Lage sein, ein Pferd bis zur Grand-Prix-Reife zu fördern.

Arbeit am langen Zügel – Oberbereiter Lindenbauer

Zusammenfassung

Fliegende Wechsel

Das Pferd muß geradegerichtet sein. Es kann nur während der Schwebephase den Galopp wechseln. Fliegende Wechsel sollten erst geübt werden, wenn sich das Pferd weich und ohne Zwischentritte vom Galopp zum Schritt durchparieren läßt. Außerdem muß es aus dem Schritt auf beiden Händen richtig angaloppieren, ohne daß es zwischendurch trabt, seine Haltung verändert etc. Erst dann ist es bereit für einen ersten Versuch, der auf einer Schlangenlinie vorgenommen wird. Im Augenblick des Richtungswechsels, in dem sich das Pferd in der Luft befindet, wird es umgestellt und neu gebogen, beispielsweise von rechts nach links, indem der rechte Schenkel hinter den Gurt gelegt wird. Er ist der neue äußere Schenkel. Der linke Schenkel wird nicht bewußt bewegt. Der Wechsel in der Biegung legt ihn automatisch an seinen Platz. Er treibt das Pferd vorwärts. Die Hände müssen ihm erlauben, weich in den neuen Galopp umzuspringen. Der Reiter muß vollkommen still sitzen. Wenn er sein Gewicht verlagert, bringt er das Pferd aus dem Gleichgewicht, und es wird den Vorderhuf aufsetzen, der dem Boden am nächsten ist, um wieder ins Gleichgewicht zu kommen – und das ist selten der richtige. Dann galoppiert es möglicherweise einige Sprünge im Kreuzgalopp. Beim korrekten fliegenden Wechsel muß das Pferd aber vorn und hinten gleichzeitig umspringen. Um auf der Wechsellinie zu bleiben, muß der Reiter auf den Punkt schauen, den er ansteuert.

Die Hilfen zum Umspringen müssen genau passend kommen, wenn das Pferd in der Luft ist, oder Sekundenbruchteile davor. Wenn das Timing nicht stimmt, kann das Pferd nicht umspringen.

Wenn das Pferd gelernt hat, auf die Hilfen hin jederzeit umzuspringen, kann man versuchen, zwischen jedem Galoppwechsel eine bestimmte Anzahl von Galoppsprüngen, zum Beispiel sechs, zu reiten. Wenn dies zweimal gelingt, die Lektion beenden. Am nächsten Tag kann man es mit fünf Galoppsprüngen versuchen, falls keine Probleme auftreten, und nach ein oder zwei Wochen mit vier. Diese Übung ist sehr anstrengend. Damit sie gelingt, muß der Reiter vollkommen gelöst und still sitzen. Nach einiger Zeit ist das Pferd so weit, daß es bei jedem zweiten Galoppsprung den Galopp wechselt. Der letzte Schritt ist der Wechsel von Sprung zu Sprung – hopp, hopp. Wenn er zum erstenmal gelungen ist, sollten dem Pferd am selben Tag keine weiteren Galoppwechsel abverlangt werden. Es kann bis zu vier Wochen dauern, bis das Pferd in der Lage ist, drei Einerwechsel hintereinander auszuführen.

Nicht vergessen, daß das Pferd zügig vorwärtsgehen muß; nicht parieren und dann umspringen lassen. Der Reiter muß völlig losgelassen und still sitzen.

Die nächste Lektion im Text ist die Piaffe. Ich nehme jedoch nicht an, daß die Leser, die ihre Pferde bereits bis zu diesem Stadium gefördert haben, noch eine Zusammenfassung benötigen.

Zehntes Kapitel

Dressur

Die Bedeutung des Wortes Dressur zu erklären, ist zweifellos unnötig. Über dieses Thema sind ganze Bücher sowie lange Aufsätze und Artikel geschrieben worden; trotzdem wird es noch heute mißverstanden. Das wird vermutlich immer so bleiben. Das beste, was wir tun können, ist entweder, das Wort Dressur zu akzeptieren, oder zu versuchen, eine andere Formulierung zu finden.

Ich kann mir keine bessere Alternative vorstellen als »ausbilden«, denn das bedeutet »erziehen, lehren, durch Übung und Disziplin formen«. Je früher das Wort »Dressur« verschwindet, desto besser.

In Australien wird erst seit kurzer Zeit Dressur geritten, und die Reaktion der Australier war typisch; sehr konservativ und sehr mißtrauisch. Es ist amüsant, Leute zu hören, die sagen: »Was soll diese komische neue Reitweise aus Europa? Bleiben wir doch lieber bei unserem guten alten australischen Stil. Er war für unseren Großvater gut genug, also ist er es auch für uns.« Sie vergessen dabei, daß es, als Großvater ein jüngerer Mann war, noch keine Autos, kein Fernsehen und keine der vielen anderen modernen Annehmlichkeiten gab. Doch das tut hier nichts zur Sache. Viel wichtiger ist, daß die sogenannte neue Reitweise, die Dressur oder Ausbildung eines Pferdes, viel älter ist, als die meisten Leute wissen. Sie ist fast 2500 Jahre alt und wurde von den alten Griechen entwickelt. Aus diesem Grund wird die Reitkunst in Europa als klassische Reitkunst bezeichnet, weil sie aus dem Zeitalter der klassischen Antike stammt. Wenn sich etwas über 2500 Jahre hinweg hält, muß es schon von großem Wert und gut durchdacht sein und viele Vorteile bieten, denn andernfalls hätten die Reiter die ganze Idee schon vor langer Zeit als undurchführbar verworfen, und wir hätten nie erfahren, daß sie jemals existierte. Die Menschen waren schon immer am Erfolg orientiert, und niemand hätte sich über längere Zeit mit etwas abgemüht, das ihm keinerlei Erfolg einbrachte.

Bevor wir uns mit den Details der Dressur beschäftigen, möchte ich eines klarstellen. Verschiedene Menschen haben verschiedene Gründe, zu reiten, und natürlich unterscheidet sich auch ihr Stil, genauso wie es verschiedene Kartenspiele gibt, verschiedene Arten, ein Ei zu kochen oder was auch immer. Der Cowboy entwickelte seinen Stil, weil es der für seinen Zweck geeignetste ist. Dasselbe gilt für den Jockey, den Springreiter und den Polospieler. Zeitschriftenartikel und Gespräche machten mich darauf aufmerksam, daß es Leute gibt, die fürchten, daß die Australier ihren guten Reitstil aufgäben. Doch was ist echter australischer Reitstil? Ich habe mir die Mühe gemacht, unzählige Menschen zu befragen, was sie für den echten australischen Reitstil halten. Neunzig Prozent von ihnen nannten den Stil des Stockman, des Viehtreibers. Das ist auch meiner Ansicht nach der australische Reitstil, und ich bewundere das Können dieser Reiter. In einem Artikel las ich: »Warum sollten wir unseren Stil, unseren australischen Stil, ändern? Unsere Reiter hatten Erfolge auf der Rennbahn, im Parcours und im Gelände und haben bewiesen, daß sie besser sind als die Reiter aus Europa.« Das haben sie wirklich bewiesen, doch der Stil, in dem sie es taten, war völlig verschieden von dem der Viehtreiber – aus verschiedenen Gründen und auf unterschiedliche Weise. Sie bewiesen nicht, daß der australische Reitstil der beste ist, sondern daß sich australische Reiter jedem Stil anpassen und in ihm so erfolgreich sein können wie in ihrem eigenen.

Doch zurück zur Dressur und zu dem, was sie meiner Meinung nach so lange am Leben erhalten hat. Mit Sicherheit nicht das seichte Geschwätz mancher Reitlehrer, die versuchten, sich ihren Lebensunterhalt damit zu verdienen (vor allem diejenigen von ihnen, die man immer gestiefelt und gespornt herumlaufen, aber nie auf einem Pferd sitzen sieht). Nein, es gehört mit Sicherheit mehr dazu.

Man kann es mit zwei Worten zusammenfassen – gesunder Menschenverstand. Er sorgt dafür, daß die Menschen die Weisheit der Natur oder der Schöpfung anerkennen. Er sorgt dafür, daß die Menschen einsehen, daß Pferde ihnen an Körperkraft weit überlegen sind; aber auch dafür, daß sie begreifen, daß sich mit Zwang keine dauerhaften Ergebnisse erzielen lassen und daß er mit Sicherheit keine Zusammenarbeit bewirkt. Außerdem sollte der gesunde Menschenverstand dafür sorgen, daß Menschen begreifen, daß es nichts umsonst gibt, und sie zum Nachdenken zwingen. Ein altes englisches Sprichwort lautet: »Schau hin, bevor du springt.«

Was hat die Dressur mit der Weisheit der Natur und den verschiedenen Naturgesetzen zu tun? Wenn man sich die verschiedenen Lebensformen ansieht – Säugetiere, Vögel, Reptilien, Insekten, Fische und Pflanzen – wird man feststellen, daß sie alle so ausgestattet sind, daß sie überleben können, sowohl als Individuen wie auch als Art. Die Klasse, die uns am meisten interessiert, sind die Säugetiere, denn zu ihr gehören sowohl wir Menschen als auch unsere Pferde. Was sichert das Überleben der Menschen? Kraft, Schnelligkeit? Mit Sicherheit nicht. Menschen überleben, weil sie nachdenken, Tatsachen feststellen und logische Folgerungen daraus ziehen; mit anderen Worten: durch ihr hochentwickeltes Gehirn, ohne das die Menschen der Frühzeit keine Chance gehabt hätten. Wenn die Gattung Mensch dank ihres Gehirns erhalten blieb, und die Fliegen, trotz DDT, dank ihrer Fruchtbarkeit, überlebten die Pferde dank ihrer Schnelligkeit. Pferde brauchen ihre Nahrung nicht zu jagen, denn das Gras läuft ihnen nicht weg. Andere Säugetiere machen jedoch Jagd auf Pferde – und deshalb sind sie auf ihre Schnelligkeit angewiesen. Die Schnelligkeit allein wäre jedoch nutzlos, wenn sie nicht mit Scheuheit und einem außergewöhnlichen Geruchssinn und Gehör verbunden wäre. Aus diesem Grund darf man ein scheuendes Pferd nie strafen. Heftige Reaktionen scheuender Pferde sind nur natürlich – sie dienen als Auslöser für die Schnelligkeit. Man darf ein Pferd nicht für Reaktionen strafen, für die es nichts kann, sondern muß ihm zeigen, daß keine echte Gefahr besteht. Wenn die Natur das Pferd zum Vorwärtsgehen geschaffen hat, sollten wir Menschen nicht versuchen, schlauer zu sein – das ist der wichtigste Bestandteil unseres Anerkennens der Weisheit der Natur. Ein Dressurpferd muß vorwärtsgehen, weil es von der Natur dazu geschaffen wurde.

Die Schwerkraft ist ein Naturgesetz, und wegen ihr benutzen wir den Lift und springen nicht aus dem zehnten Stock. Eine Mißachtung dieses Gesetzes wird mit dem Tode bestraft. Reitet man aber ein Dressurpferd nicht vorwärts, behindert man es auf dem Weg zu seiner natürlichen Bestimmung und wird mit dem Ausbleiben von Fortschritten bestraft. Die Natur läßt sich nicht betrügen.

Bestimmt hat sich noch kein Mensch Gedanken um sein Gleichgewicht gemacht, außer vielleicht nach einer Feier oder Party, bei der es zuviel Alkohol gab. Doch von selbst käme niemand auf den Gedanken, über sein Gleichgewicht nachzudenken. Wir müssen nichts dafür tun. Unser Körper ist so gebaut; Weisheit der Natur. Wenn ein Mensch jedoch etwas tragen muß, fühlt er sich oft unbehaglich und nicht mehr sicher auf den Beinen und stolpert ungeschickt vorwärts. Doch warum? Wegen des zusätzlichen Gewichtes? Zweifellos auch deswegen, doch hauptsächlich, weil der Mensch nicht dazu geschaffen ist, etwas zu tragen. Jedes zusätzliche Gewicht stört das natürliche Gleichgewicht. Seine Intelligenz ermöglicht es dem Menschen jedoch, etwas dagegen zu tun. Er kann seine Körperhaltung anpassen, sich daran gewöhnen, und schließlich wird er die Last unter den veränderten Umständen nicht mehr als extrem störend empfinden. Wenn sich das Gewicht auf seinem Rükken nicht bewegt, fällt es ihm leicht, sich darauf einzustellen, doch wenn es von einer Seite zur anderen schwankt, wird er nie sein Gleichgewicht finden – nicht, solange es ihm nicht gelingt, die Last irgendwie an einem Punkt zu fixieren.

Wer noch nie etwas auf dem Rücken getragen hat, sollte es ruhig einmal ausprobieren, denn die eigene Erfahrung verdeutlicht am besten, was ich meine. Wenn Menschen geschaffen wurden, sich ohne eine Last auf dem Rücken durchs Leben zu bewegen, kann man für Pferde zweifellos dasselbe sagen. Es gibt keinen Grund, warum Pferde sich nicht mit der gleichen mühelosen Leichtigkeit bewegen sollten wie Menschen. Wenn dies nicht der Fall wäre, würden alle Pferde unter bleibenden Schäden leiden, könnten keinen Gebrauch von ihrer Schnelligkeit machen und hätten nicht Millionen von Jahren überlebt.

Wenn ein Pferd von Natur aus im Gleichgewicht ist, ist nicht einzusehen, warum es sich mit einem zusätzlichen Gewicht auf dem Rücken nicht genauso unwohl fühlen sollte wie ein Mensch. Wie bereits erwähnt, kann der Mensch seine Intelligenz dazu benutzen, die Last in die richtige Lage zu rücken oder seine Körperhaltung entsprechend zu verändern oder beides. Pferde verfügen nicht über dieselben Geisteskräfte, deshalb müssen ihre Reiter für sie mitdenken. Sie müssen ihr Gewicht an die richtige Stelle plazieren und die Körperhaltung des Pferdes entsprechend anpassen.

Da haben wir es wieder. Dressur bedeutet, die Weisheit der Natur zu akzeptieren und das natürliche Gleichgewicht des Pferdes auch mit einem Reiter auf dem Rücken wiederherzustellen. Das ist die Grundlage, die grundlegende Voraussetzung für jede Dressur. Das Pferd muß seinen Reiter mit Leichtigkeit tragen, sich dabei leichtfüßig bewegen und vorwärtsgehen. Das ist die Basis, die Idee. Es bedeutet, sich der Natur zu unterwerfen. Da haben wir den gesunden Menschenverstand und die Erklärung, warum diese Reitweise 2500 Jahre lang Bestand hatte und auch noch so lange Bestand haben wird, wie es Menschen gibt, die bereit sind, ihre Pferde in der Kunst der Dressur zu schulen. Das ist die Grundlage. Wie man sie erreicht, ist ein anderes Thema und nicht Gegenstand dieses Kapitels.

Dressur bedeutet Gehorsam von Seiten des Pferdes und Kontrolle von Seiten des Reiters, doch bevor ein Mensch etwas kontrollieren kann, muß er sich selbst unter Kontrolle haben, seinen Körper beherrschen, in der Lage sein, sich korrekt hinzusetzen und diese Haltung beizubehalten – denn wenn er auf dem Pferderücken herumschaukelt, macht er es dem Pferd unmöglich, sein Gleichgewicht zu finden. Die verschiedenen Körperteile unter Kontrolle zu haben, reicht jedoch nicht aus. Ein Reiter muß außerdem sein Temperament unter Kontrolle haben. Das ist sehr wichtig und wird leider von vielen Reitern nicht genügend beachtet. Dressur bedeutet soviel wie Erziehung, aber niemand kann ein Pferd erziehen, der nicht selbst erzogen ist. Jeder Lehrer muß sich zu seinem Schüler – in diesem Fall dem Pferd – hingezogen fühlen und ihn mögen, denn andernfalls brächte er nie die nötige Geduld auf.

Absolute Beständigkeit ist gefordert, in der Art, wie man dem Pferd etwas abverlangt, aber auch, was man ihm abverlangt und warum. Das »Was« und »Warum« wollen vorher überlegt sein. »Wie« man etwas verlangt, ist eine Sache der Körperbeherrschung, die immer gleichbleibende Hilfen ermöglicht. Vor allem anderen ist jedoch ein gutes Maß an Diplomatie erforderlich. Ich könnte noch vieles weitere hinzufügen oder mehr ins Detail gehen, aber ich glaube, ich habe ausreichend bewiesen, daß nichts umsonst ist. Dressur bedeutet mehr, als nur sich auf einem Pferd zu halten. Sie erfordert Selbst-Disziplin. Aus diesem Grund wird sie von vielen Menschen abgelehnt. Sie bedeutet aber auch, daß der Dressurreiter nie seinem Pferd die Schuld geben kann; sie liegt immer bei ihm. Natürlich ist es viel leichter, einfach nur zu reiten und, wenn irgendetwas nicht funktioniert, zu sagen, das Pferd wäre ganz einfach zu dämlich, als zuzugeben, daß man Dressur reitet und daß das Pferd ganz einfach die Oberhand gewonnen hat. Menschen neigen immer dazu, anderen die Schuld für eigene Fehler zu geben. Es macht einem selbst das Leben viel leichter. In seinem Buch »Die weiße Spinne« sagte Heinrich Harrer: »Das Großartige an Bergen ist, daß man bei ihnen mit Lügen nichts ausrichten kann.« Auch bei Pferden kann man mit Lügen nichts ausrichten, denn sie dekken die Mängel ihrer Reiter auf. Man muß nur genau hinsehen, etwas nachdenken, zwei und zwei zusammenzählen, und schon bekommt man einen ziemlich guten Eindruck von der Persönlichkeit des Reiters. Man könnte zwar annehmen, daß dies zu sehr in die Philosophie oder Psychologie abschweift, aber je weniger Intelligenz ein Schüler besitzt, desto intelligenter muß sein Lehrer sein. Mein alter Ausbilder Lindenbauer pflegte zu sagen: »Zwei Dummköpfe sind einer zuviel.«

Eine andere Tatsache, die die Dressur über eine so lange Zeit lebendig erhalten hat, ist die, daß ein Dressurpferd seine natürlichen Gangarten bewahrt. Es werden keine unnatürlichen Bewegungen wie zum Beispiel Galopp auf drei Beinen verlangt. Die verschiedenen künstlichen Bewegungen sind Zirkuskunststücke und bilden als solche eine eigenständige Kunst. Sie haben jedoch nichts mit der klassischen Hohen Schule zu tun.

In den unterschiedlichen Dressurprüfungen werden verschiedene Lektionen auf einem und auf zwei Hufschlägen gefordert. All diese Lektionen dienen der Gymnastizierung des Pferdes und führen von einer einfachen geraden Linie auf einem Hufschlag über die schwierigeren Bewegungen auf zwei Hufschlägen bis zu den sehr schwierigen wie Piaffe (Trab auf der Stelle), Passage (ein sehr erhabener Trab mit verlängerter

Schwebephase), Pirouette (einer engen Wendung auf der Hinterhand) und den fliegenden Galoppwechseln von Sprung zu Sprung, die allerdings erst in der höchsten Dressurklasse verlangt werden. Mit jeder Lektion, von der einfachen bis zur schweren, verbessern sich Gleichgewicht und Gelöstheit des Pferdes ebenso wie seine Durchlässigkeit. Ich wurde einmal gefragt: »Welchen Sinn hat es, ein Pferd bis zu einem so hohen Niveau zu schulen? Für die Rinderarbeit, das Polospiel oder das Springen braucht man keine Piaffe oder fliegende Wechsel von Sprung zu Sprung.« Ich antwortete mit einer Gegenfrage: »Warum geben Menschen 500000 Dollar für ein Gemälde von Rembrandt aus? Ich könnte ihnen viel billiger eines malen. Warum springt ein Turmspringer vom Zehnmeterbrett und vollführt dabei eine doppelte Schraube und einen Salto und taucht mit dem Kopf zuerst ein? Ist das nicht eine ziemlich komplizierte Art, um ins Wasser zu gelangen?« Es lassen sich unzählige Beispiele finden für Handlungen, die absichtlich kompliziert werden. Warum? Nun, ich nehme an, daß es an dem uralten Wunsch nach Vollendung liegt. Es ist der Versuch, besser zu sein als jemand anders, sowie die Herausforderung, den Körper mit dem Geist zu besiegen. Ein Dressurreiter muß Herr über seinen eigenen Körper sein – aber auch über Körper und Geist des Pferdes – eine doppelte Herausforderung. Je besser der Reiter sein Pferd unter Kontrolle hat, desto besser wird sein Gleichgewicht; je besser seine Erziehung, desto besser die Vorstellung des Reiters, ob beim Ausritt, im Parcours, auf dem Poloplatz oder im Gelände. Das sagt einem schon der gesunde Menschenverstand. Wenn das offensichtlich nicht der Fall ist, ist das Pferd verkehrt ausgebildet worden (doch das ist ein Fehler des Reiters und kein Fehler der Dressur).

Dressur bedeutet soviel wie Training und Disziplin. Mit anderen Worten: Der Sinn der Dressur ist es, die geistigen und körperlichen Fähigkeiten des Pferdes durch eine systematische Ausbildung voll zu entwickeln und es durch Erziehung so weit zu bringen, daß es sich den Wünschen seines Reiters freiwillig unterwirft. Die Betonung liegt auf »freiwillig«, und »freiwillige Unterwerfung« hat bereits Xenophon im 5. Jahrhundert v. Ch. gefordert. Ein Pferd muß freiwillig anmutig und elegant erscheinen, angeregt durch die Hilfen. Wir lehren das Pferd, zu tun, was wir von ihm erwarten. Wir bereiten es durch gymnastizierende Übungen darauf vor, so daß es die ihm gestellten Aufgaben mühelos bewältigen kann. Wenn man nur von A nach B gelangen will, ist es egal, wie man das anstellt. Das Pferd kann pullen, sich aufspielen oder sich widersetzen, doch das spielt keine Rolle – vorausgesetzt, es trägt seinen Reiter ans Ziel, was bedeutet, daß er nicht herunterfallen darf. Hat man aber einen olympischen Querfeldeinkurs mit achtundvierzig festen Hindernissen vor sich, ist etwas mehr erforderlich als nur »nicht herunterfallen«. Dazu ist die Mitarbeit des Pferdes erforderlich. Es muß wach und interessiert sein und sich freiwillig unterwerfen, denn sonst kommt es mit Sicherheit zu einer Katastrophe. Außerdem besteht dann keinerlei Hoffnung mehr auf eine Goldmedaille. Die Tatsache, daß die Dressur auf der freiwilligen Unterwerfung des Pferdes aufgebaut ist, sollte die Ansichten eines Australiers widerlegen, denzufolge alle europäischen Reiter Diktatoren sind. Die grundlegende Idee ist so demokratisch wie nur irgend möglich.

Perfektion ist etwas, das es nicht gibt. Menschen sind einseitig. Manche von ihnen schreiben mit der rechten Hand, andere mit der linken. Menschen gehen auch nicht geradeaus, was sich aber im täglichen Leben nicht als störend erweist. Wenn sie aber versuchen, etwas besonderes zu tun, zum Beispiel etwas auf dem Kopf zu balancieren, kommen sie durch das dafür nötige Üben dem perfekten Gleichgewicht und der perfekten Körperhaltung schon häher. Menschen sind aber nicht die einzigen einseitige Lebewesen. Wenn man sich zum Beispiel einen trottenden Hund ansieht, wird man feststellen, daß seine Hinterhand zu einer Seite herausragt; er bewegt sich schief. Für Pferde gilt dasselbe, nur bei ihnen fällt es nicht so auf, weil man auf sie nicht herabsehen kann wie auf einen Hund. Bei den meisten Pferden weicht die Hinterhand nach rechts ab. Fachleute streiten nach wie vor über die Ursache dafür. Es würde zu viel Raum einnehmen, ihre verschiedenen Ansichten hier aufzuführen, doch wir können es auf jeden Fall als gegeben ansehen, daß sie in sich schief sind – ebenso schief wie Menschen, Hunde oder welches Lebewesen auch immer. Diese Einseitigkeit schadet Pferden genau so wenig wie Menschen, sofern sie nicht versuchen, irgendeinen Gleichgewichtstrick zu vollführen. Sollte ein Mensch sich aber doch etwas derartiges vornehmen, fällt es ihm relativ leicht, denn er kann darüber nachdenken und überlegen, auf welche Weise das Ziel am leichtesten zu erreichen ist. Pferden ist diese Möglichkeit jedoch nicht gegeben; sie können nicht selbst überlegen, wie sie ihre Reiter am geschicktesten tragen. Aus diesem Grund muß der Reiter für sein Pferd mitdenken.

Wenn sich ein Pferd unter dem Reiter ausbalancieren soll, muß es sein Gewicht gleichmäßig auf alle vier Beine verteilen. Sich selbst überlassen würde es einen Großteil des zusätzlichen Gewichtes mit der Vorhand tragen, was auf die Dauer zu bleibenden Schäden führen muß. Ein Pferd kann sein Gewicht und das des Reiters jedoch nicht gleichmäßig auf alle vier Beine verteilen, wenn es in sich nicht gerade ist.

Es gibt einen alten Spruch, der lautet: »Reite dein Pferd vorwärts und richte es gerade.« Nur wenn das Pferd geradegerichtet ist, kann es wirklich im Gleichgewicht sein, und nur dann hat der Reiter die Kontrolle über die Hinterhand. Warum er diese Kontrolle braucht? Weil in der Hinterhand der Motor sitzt. Die Hinterhand entwikkelt Schub und Schwung; doch was passiert, wenn man keine Kontrolle über den Motor hat? Man übertrage diesen Gedanken auf ein Auto, und schon merkt man, welche Gefahr dahintersteckt.

Damit aus einem jungen Pferd ein angenehmes Reitpferd wird, muß es zuerst einmal geradegerichtet und vorwärtsgeritten werden. Um weitere Fortschritte zu erzielen, kann man es in seiner Längsachse biegen – was unbedingt nötig ist für jede weiterführende Ausbildung. Wer noch weiter gehen möchte, kann die Trittlänge verkürzen und es erhabener treten lassen, mit anderen Worten, es ein wenig versammeln. Versammlung bedeutet, die Hinterhand so zu aktivieren, daß sie weiter unter den Körper tritt, ohne dabei aber den Kopf herunterzuzwingen. Bis jetzt wurden noch alle Lektionen auf einem Hufschlag geritten und haben dem Reiter eine recht gute Kontrolle über sein Pferd verliehen – auf jeden Fall ausreichend für ein Freizeit- oder Springpferd. Um das Pferd noch gelöster zu machen, kann es durch Lektionen gymnastiziert werden, die auf zwei Hufschlägen geritten werden wie zum Beispiel Schulterherein, Travers, Traversalen, halbe und ganze Pirouetten und so weiter bis zu den schwersten Lektionen. Jede korrekt durchgeführte Übung verbessert die Losgelassenheit und das Gleichgewicht des Pferd sowie die Einwirkung, Bequemlichkeit und Freude des Reiters.

Bestimmt hat jeder von uns irgendwann schon einmal Gymnastik betrieben und erinnert sich daran, daß sich die Muskeln nicht widerstandslos beugen und strecken lassen. Sie schmerzen, und man hat das natürliche Verlangen, die Übung einzustellen. Ohne Aktion keine Reaktion. Doch wir wissen auch, daß es nichts umsonst gibt, und wer einen gelösten Körper haben will, muß dafür mit Muskelkater zahlen. Zwischen der Muskelarbeit bei Menschen und Pferden besteht kein Unterschied. Auch Pferde fühlen sich äußerst unwohl, wenn man ihnen gymnastische Übungen abverlangt, und werden versuchen, sich vor ihnen zu drücken, wann immer es möglich ist.

Wenn Menschen glauben, Pferde wären dumm, sind sie auf dem Holzweg. Pferde wissen ganz genau, was gut für sie ist. Wir sollten uns darüber klarwerden, daß die Pferde nichts von uns wollen, wir aber eine ganze Menge von ihnen. Um Widersetzlichkeiten zu vermeiden, muß jeder Reiter stets bestrebt sein, sein Pferd nicht zu überfordern. Er muß sein Trainingsprogramm sorgsam erarbeiten und immer wieder überdenken, damit er es wirklich systematisch aufbauen kann.

Ein Pferd auf das höchste Niveau auszubilden, dauert sehr lange, etwa drei Jahre. Wenn es aber korrekt ausgebildet worden ist, wird das Pferd sein Leben lang auf diesem hohen Niveau bleiben, mindestens zehn bis fünfzehn Jahre lang angenehm zu reiten sein und Höchstleistungen zeigen – in der Dressur, beim Springen oder in der Vielseitigkeit.

Mittlerweile ist sicher deutlich geworden, daß dazu viel mehr gehört, als nur irgendwie auf einem Pferd zu sitzen. Man muß auf eine bestimmte Weise sitzen, gelöst und mit sich selbst in Einklang. Man muß seinen Körper vollständig unter Kontrolle haben, und je besser die eigene Körperbeherrschung, desto besser ist auch die Beherrschung des Pferdes. Außerdem muß der Geist unter Kontrolle sein, bevor der Körper es sein kann. Man muß sich darüber klarwerden, daß jede einzelne Bewegung vom Gehirn gesteuert wird. Es gibt einen Grund für alles, was Menschen tun, und auch dafür, wie sie es tun. Ich sagte bereits, daß es leichter ist, mit sich selbst zu leben, wenn man jemand anderem die Schuld für das eigene Versagen geben kann. Ausreden sind eine psychische Methode des Selbstschutzes, die das eigene Ego wieder aufbauen oder das Gewissen beruhigen sollen.

Bei Pferden kann man mit Lügen nichts ausrichten. Wenn ein Reiter geistig verkrampft ist, werden seine Handlungen diesen Zustand widerspiegeln. Es gibt keinen gelösten Körper ohne einen gelösten Geist. Für das Pferd gilt dasselbe. Auch sein Körper wird vom Gehirn gesteuert, und deshalb muß man es geistig entspannen, bevor man etwas mit ihm anfangen kann. Nur dann hat es die Chance, zu verstehen, was sein Reiter von ihm will, und nur dann wird es zur Mitarbeit bereit sein. Pferde sind gute Schüler, die schnell und willig lernen. Außerdem haben sie ein ausgezeichnetes Gedächtnis. Sie merken sich alles, was sie jemals gelernt haben, und vergessen es nie wieder. Deshalb muß man darauf achten, ihnen nur Gutes beizubringen, denn schlechte Angewohnheiten lernen sie beinahe noch besser. Ein guter Reiter respektiert die Persönlichkeit seines Pferdes und behandelt es gut, um sein Vertrauen zu erwecken. Ein Pferd läßt einen nie im Stich, und das ist mehr, als man von seinen menschlichen Freunden sagen kann. Pferde zahlen Arbeit, Liebe und Verständnis hundertprozentig zurück. Wenn die Ausbildung stimmte, hat man ein Pferd, auf das man sich sein ganzes Leben lang verlassen kann. War die Ausbildung aber schlecht, wird auch das Ergebnis schlecht sein. Doch man darf nicht dem Pferd die Schuld geben für etwas, für das es nicht verantwortlich ist.

Ich habe zu erklären versucht, daß Dressur dasselbe bedeutet wie »Ausbildung« und mich bemüht, meine Sicht des Problems darzulegen. Manche Leser werden mir vielleicht nicht zustimmen können – das macht nichts, denn jeder hat ein Recht auf eine eigene Meinung. Vielleicht denken sie aber einmal darüber nach. Das könnte bedeuten, daß sie ein oder zwei weitere Stufen der Leiter erklimmen. Zuzugeben, daß man sich geirrt hat, hat noch nie jemandem geschadet und wird es auch in Zukunft nicht. Dressur zu reiten bedeutet nämlich auch, alles Wertvolle im Leben anzuerkennen.

Ziel und Anforderungen der Ausbildung

Das Ziel der Ausbildung ist es, ein fröhlich und willig vorwärtsgehendes Pferd zu haben, das stets hellwach ist und auf die kleinste Hilfe reagiert. Im Verlaufe der Ausbildung werden sich Gangarten und Haltung verbessern. Wenn das Vertrauen zum Gebiß hergestellt ist, lernt das Pferd allmählich, seine Hinterhand weiter unterzusetzen, seine Schritte ohne Widerstand zu verlängern und zu verkürzen und im Genick locker zu bleiben. Es bewältigt die Übergänge von einer Gangart zur anderen glatt und voller Energie, ohne dabei an Kadenz zu verlieren. Es wird ein Gesamteindruck von Harmonie zwischen Pferd und Reiter vermittelt, und das Pferd wirkt, als machte ihm seine Arbeit Freude.

Um diesen Idealzustand zu erreichen, muß der Reiter Selbstdisziplin besitzen und in der Lage sein, sich voll auf sein Pferd zu konzentrieren. Er muß den Bewegungen des Pferdes mit gleichmäßig im Sattel verteiltem Körpergewicht folgen können. Außerdem muß er absolut still sitzen, denn nur so gelingt es ihm, seine Hände ruhig zu halten, so daß das Pferd eine gleichmäßige, stetige Anlehnung verspürt. Nur so kann es ein weiches Gefühl für die Hände des Reiters entwikkeln. Wenn Übergänge, Wendungen, Zirkel oder andere Bewegungswechsel sorgfältig vorbereitet wurden, werden sie das Pferd nie überraschen und so aus dem Gleichgewicht bringen. Es kann alle Bewegungen gelassen und bedächtig ausführen. Die sich einstellende Losgelassenheit ermöglicht es ihm, seine Arbeit zu verrichten, ohne Muskeln und Gliedmaßen übermäßig anzustrengen, was die Dauer seiner Brauchbarkeit verlängert.

Ein gut ausgebildetes Pferd ist für den Reiter eine Freude und für den Betrachter eine Augenweide. Wenn sich dies nicht ändern soll, muß es dem Pferd auch Freude machen, seinen Reiter zu tragen.

Portrait eines gut ausgebildeten Pferdes

Das gut ausgebildete Pferd bewegt sich gleichmäßig und leichtfüßig und geht auf einem Hufschlag gut vorwärts; es bewegt sich ungestört und willig, ohne zu eilen. Der Hals ist gerundet, ohne im Genick steif zu sein. Der Kopf wird so getragen, daß sich die Nasenlinie geringfügig vor der Senkrechten befindet. Die Ohren bilden den höchsten Punkt, und sie sind weder gespitzt noch angelegt, sondern werden in natürlicher Haltung getragen und sind so ein Zeichen dafür, daß sich das Pferd auf seinen Reiter konzentriert und sich seinem Willen unterordnet.

Die vertrauensvoll blickenden Augen sehen in die Bewegungsrichtung; das Maul ist geschlossen, aber feucht, ein Zeichen dafür, daß das Pferd auf dem Gebiß kaut, aber nicht mit den Zähnen knirscht. Die Zügel halten eine stetige und gleichmäßige Anlehnung; ein leichtes Vibrieren der Kandarenzügel deutet an, daß sie nur sehr leicht einwirken, und vom Pferd, das vertrauensvoll an das Gebiß herantritt, in einer ge-

Franz Mairinger auf Gay Pam. Ein gut ausgebildetes Pferd, das gerade und gleichmäßig vorwärtsgeht und dessen Reiter perfekt sitzt. Das Pferd geht im Arbeitstrab.

wissen Spannung gehalten werden. Auch bei einem kurzen Vorgehen der Hände verändern sich weder die Kopfhaltung des Pferdes noch sein Tempo, was beweist, daß es nicht auf dem Zügel liegt, sondern sich selbst trägt. Wenn die Zügel allmählich verlängert werden, muß das Pferd den Hals strecken, ohne nach unten zu bohren oder den Kopf hochzuwerfen. Es muß den Kontakt zum Gebiß erhalten.

Ein leichtes Schließen der Fäuste verlangsamt das Tempo oder bringt das Pferd, alle vier Beine gleichmäßig belastend, zum Halten. Leichter Schenkeldruck veranlaßt es, sich sofort in der gewünschten Gangart in Bewegung zu setzen. Das Pferd bewegt sich in allen Gangarten ungezwungen und mit schwingendem Rücken. Der ruhige und bequeme Sitz des Reiters beweist, wie wohl er sich auf dem Pferderücken fühlt, wie angenehm seine Bewegungen sind, obwohl sich das Pferd schwungvoll vorwärtsbewegt. Jeder Tritt und jeder Sprung entstehen, indem das Pferd die Hinterbeine bei stark abgebeugten Gelenken weit unter den Körper setzt. Je nach dem Tempo und der für die geforderte Gangart nötigen Versammlung entwickelt die Hinterhand eine mehr oder weniger starke Schub- und Tragkraft. Im starken Tempo tritt die Hinterhand so weit unter, daß die Vorhand entlastet wird, und in den versammelten Tempi werden die Gelenke der Hinterhand stärker abgebeugt, was die Tragkraft erhöht, ohne den Schwung zu beschränken. Auf diese Weise können die Vorderbeine sich leichtfüßig bewegen und entweder mit raumgreifenden Tritten nach vorn gebracht oder – in der extremen Versammlung – die Unterarme so weit waagerecht gehoben werden, daß das Pferd kaum noch den Boden zu berühren scheint.

Von der Seite betrachtet, macht der Reiter den Eindruck, in der Mitte des Pferdes zu sitzen; die Oberlinie des Pferdes zieht sich in einem leicht geschwungenen Bogen von den Ohren zum Schweif, der stolz und in natürlicher Haltung getragen wird. Der Widerrist liegt höher als der höchste Punkt der Kruppe. Von vorn betrachtet darf keines der Hinterbeine jemals seitwärts von der Spur der Vorderbeine abweichen. Das Pferd hält den Kopf gerade, so daß sich beide Ohren auf gleicher Höhe befinden. Der Hals ist als Verlängerung des Körpers nach vorn gestreckt. Die Innenseite des Pferdes, das heißt, die innere Schulter und die innere Hüfte, befinden sich auf einer Linie. Die Schultern des Reiters sollen symmetrisch auf beiden Seiten des Pferdehalses zu sehen sein. Sein Kopf erscheint über den Pferdeohren. Pferd und Reiter scheinen ein einziges Wesen zu sein. Sie bilden eine gut ausbalancierte Einheit, ein lebendiges Kunstwerk, das die Schönheit des Lebens zeigt, bei harmonierenden Formen und eleganten Bewegungen, die gleichzeitig sowohl kraftvoll als auch präzise sind.

Zusammenfassung

Dieses Kapitel über die Dressur wiederholt vieles, das bereits im zweiten Kapitel erläutert wurde. Dazu gehören die grundlegenden Prinzipien, und der Leser tut gut daran, sie noch einmal zu lesen.

1. Das Wort Dressur wird oft mißverstanden. Es bedeutet so viel wie »ausbilden«, und dies wiederum bedeutet erziehen, lehren, durch Übung formen und disziplinieren. Das ist das Ziel der Dressur des Pferdes, nicht etwa, wie viele Menschen glauben, einem Pferd alle möglichen Tricks beizubringen.

2. Die Australier lernten zum erstenmal etwas über das Dressurreiten, als wir die erste olympische Equipe für die Spiele in Stockholm 1956 aufstellten. Viele Australier schätzten unsere Arbeit gering ein und behaupteten, ihre Reitweise wäre völlig ausreichend. Doch die klassische Methode der Pferdeausbildung hat 2500 Jahre überdauert, sie muß also gut sein.

3. Es gibt verschiedene Reitstile für verschiedene Aufgaben – Viehtreiben, Rennen, Polo und so weiter –, doch eine Dressurausbildung ist die beste Grundlage für jedes Pferd, ganz gleich, wozu es später verwendet werden soll.

Der erste Auslandsstart, bei dem die Australier Erfolg hatten, bewies nicht, daß ihr Reitstil der beste ist, denn sie hatten ihn grundlegend geändert. Er bewies nur, daß sie gute Reiter waren, die sich jedem Reitstil anpassen konnten. (Außerdem bewies er, daß sie mit Franz Mairinger einen der besten Ausbilder der Welt gefunden hatten.)

4. Dressurreiten bedeutet, ein Pferd entsprechend den Naturgesetzen auszubilden. Es ist darauf eingerichtet, mit Hilfe seiner Schnelligkeit zu überleben; das bedeutet, daß es im Verlauf der Ausbildung vorwärtsgeritten werden muß. Seine ganze Kraft und Aufmerksamkeit müssen dem Vorwärtsgehen gewidmet sein.

Das Ziel der Ausbildung ist es, das Pferd zu lehren, seine Körperhaltung so zu ändern, daß es sich trotz des Reitergewichtes im Gleichgewicht befindet. Das kann es nicht von Natur aus, und deshalb muß der Reiter es lehren, seine Hinterhand einzusetzen, so daß sie einen Teil des zusätzlichen Gewichtes übernimmt. Lernt es das nicht, wird es seine Vorderbeine überlasten und schließlich einen bleibenden Schaden davontragen.

Menschen fühlen sich mit einem Gewicht auf dem Rücken ebenso unbehaglich wie Pferde. Menschen können sich aber eine Methode überlegen, die es ihnen so bequem wie möglich macht. Pferde sind dazu nicht in der Lage, und deshalb müssen die Menschen für sie mitdenken und ihnen zeigen, wie sie sich zu verhalten haben. Sie müssen die Hinterhand weiter unter den Körper setzen. *Aus diesem Grund ist es eine weitere Grundvoraussetzung für die Dressur, das Pferd so auszubilden, daß es seinen Reiter mit Leichtigkeit trägt und sich dabei noch anmutig vorwärtsbewegt.* Diese Prinzipien beruhen auf dem gesunden Menschenverstand und sind der Grund dafür, warum diese Art der Reiterei 2500 Jahre überdauert hat.

5. Dressur bedeutet die Unterwerfung des Pferdes unter die Kontrolle durch den Reiter. Um dies zu erreichen, muß der Reiter seinen Körper so beherrschen, daß es ihm gelingt, absolut still zu sitzen. Außerdem muß er sein Temperament im Zaum halten. Er muß sich für seinen Schüler interessieren und sich zu ihm hingezogen fühlen. Geduld ist ein Muß für jeden Ausbilder.

6. Alle Forderungen an das Pferd, sowohl das »Was« als auch das »Wie« betreffend, müssen absolut konsequent gestellt werden. Dazu muß man jedoch erst einmal nachdenken. Wie die Anforderungen gestellt werden, ist eine Sache der Körperbeherrschung, denn von ihr hängt es ab, ob die Hilfen für eine bestimmte Lektion immer auf die gleiche Weise gegeben werden oder nicht. Außerdem ist Diplomatie erforderlich, um das Pferd nie zu überfordern. Wenn etwas schiefgeht, darf die Schuld nie dem Pferd zugeschoben werden. Wenn der Reiter die richtige Einstellung hat und korrekt sitzt, wird sein Pferd ihn verstehen und mitarbeiten.

7. Die klassische Reitkunst beinhaltet keine unnatürlichen Lektionen wie zum Beispiel den Galopp auf drei Beinen. Bei ihnen handelt es sich um Zirkuskunststücke, die zwar sehr raffiniert sind, aber nichts mit dem Dressurreiten zu tun haben. In der Dressur müssen der natür-

liche Schritt, Trab und Galopp erhalten bleiben.

Alle in Dressurprüfungen verlangten Lektionen sind gymnastizierende Übungen, die die Losgelassenheit und das Gleichgewicht des Pferdes unter der Kontrolle des Reiters verbessern sollen. Das gilt sowohl für Lektionen auf einem als auch auf zwei Hufschlägen, bis hin zur Piaffe und Galoppwechsel von Sprung zu Sprung.

Leute fragen immer wieder: »Welchen Sinn hat es, ein Pferd so weit auszubilden?« Es ist eine Herausforderung für Reiter und Ausbilder. Der Reiter muß nicht nur seinen eigenen Körper vollständig unter Kontrolle haben, sondern auch Geist und Körper des Pferdes. Dies verschafft ihm doppelte Befriedigung.

Der Sinn der Dressur ist es, die geistigen und körperlichen Fähigkeiten des Pferdes durch Gymnastizierung vollständig zu entwickeln und es so zu erziehen, daß es sich jedem Wunsch seines Reiters freiwillig unterwirft.

Wer nur von A nach B reiten will, und wem es egal ist, was er oder das Pferd dabei macht, braucht sich nicht sonderlich anzustrengen. Wer aber an den Olympischen Spielen teilnehmen möchte, muß hart arbeiten und wesentlich mehr investieren.

8. Sowohl Pferde als auch Menschen sind von Natur aus einseitig. Im täglichen Leben stört diese Einseitigkeit den Menschen nicht, es sei denn, er nimmt sich etwas besonderes vor, zum Beispiel auf einem Seil zu balancieren. Dann wird er sich rein instinktiv aufrichten, um das Gleichgewicht zu halten. Beim Pferd ist es genauso. Die meisten Pferde sind nach rechts schief. Plötzlich müssen sie nicht nur sich selbst, sondern außerdem noch ihren Reiter ausbalancieren. Sie können nicht überlegen, wie sie dies am besten anstellen; deshalb muß der Reiter es ihnen zeigen. Er muß sein Pferd geraderichten, so daß das Gewicht gleichmäßig auf alle vier Beine verteilt wird. Außerdem muß das Pferd gerade sein, damit eine Kontrolle der Hinterhand, des Motors, möglich wird. Ein Pferd, das diese erste Lektion gelernt hat, ist in vielen Bereichen einzusetzen. Außerdem besitzt es dann die Grundlage für jede weiterführende Arbeit.

9. Gymnastizierende Übungen lassen alle Muskeln arbeiten. Wenn ein Pferd sich stärker anstrengen muß oder seine Muskeln anders einsetzen muß als gewohnt, ermüden diese schnell und beginnen zu schmerzen. Um die Muskeln zu lockern und zu kräftigen, darf die Arbeit in diesem Augenblick aber nicht abgebrochen werden. Überfordert werden darf das Pferd aber auch nicht, denn sonst würden seine Muskelschmerzen es zur Widersetzlichkeit reizen. Um ein gut angerittenes Pferd bis zur Grand-Prix-Reife zu fördern, braucht man etwa drei Jahre. Das bedeutet sehr harte Arbeit, doch man erhält dadurch ein Pferd, das weitere zehn oder fünfzehn Jahre lang leistungsfähig bleibt.

10. Um ein Pferd auszubilden, muß der Reiter seinen Geist, seinen Körper und sein Temperament unter Kontrolle haben. Ausreden gelten nicht. Nur ein ausgeglichenes und gelassenes Pferd kann etwas lernen, das heißt, der Reiter muß ruhig und gefühlvoll vorgehen, um sein Vertrauen zu erwerben.

Es ist wichtig, einem Pferd nur Richtiges beizubringen; sein Gedächtnis wird einen nie im Stich lassen. An Fehlschlägen ist immer der Reiter schuld. Ein Reiter, der sich eine strenge Selbstdisziplin auferlegt, wird immer Erfolg haben.

Franz Mairinger sagt: »Dressur bedeutet, alles Wertvolle im Leben anzuerkennen«, und er macht seine Auffassung sehr deutlich – sein Vertrauen zum Schöpfer, seinen Respekt vor den Naturgesetzen, seine Achtung vor der Persönlichkeit des Pferdes und seine Rücksichtnahme dem Pferd gegenüber. Wer seiner Lehre folgt, wird daraus auch zweifellos Lehren für den Umgang mit seinen Mitmenschen ziehen.

11. Das Portrait eines gut geschulten Pferdes: Es empfiehlt sich, diesen Abschnitt bis zum Ende des Kapitels besonders aufmerksam zu lesen.

Elftes Kapitel

Springen

Das Springen ist mit der Dressur eng verwandt. Ein Sprung ist nur ein verlängerter Galoppsprung. Die Fußfolge ist klar: Wenn das linke Hinterbein den Galoppsprung anführt, folgt das rechte unmittelbar darauf, und die Diagonale wird durch die Sprungphase unterbrochen. Die Landung erfolgt auf dem linken Vorderhuf, und der danach aufsetzende rechte Vorderhuf vervollständigt die Fußfolge. Darauf folgt der nächste Galoppsprung: links hinten, Diagonale links, rechts vorn. Vom Pferd werden Schwung und körperliche Kraft gefordert, und je besser es an den Hilfen steht, desto besser wird der Sprung gelingen.

Wir haben festgestellt, daß man einem Pferd nicht beibringen kann, Schritt zu gehen, zu traben, zu galoppieren oder zu springen. Man kann es aber lehren, zu springen, wenn der Reiter es wünscht. Was ist das Wichtigste beim Springen? Der Sprung selbst oder das Anreiten desselben? Das Anreiten.

Warum ist das Anreiten eines Hindernisses so wichtig? Weil man dabei die Entfernung zum Absprung bestimmen, Schub und Tempo regulieren und das Pferd an den richtigen Absprungpunkt bringen kann. Der Absprungpunkt ist der Punkt, der für den Absprung am besten geeignet ist. Das ist sehr, sehr wichtig. Wenn man ein Pferd dazu bringen will, an einem bestimmten Punkt abzuspringen, mit welchem gelingt es einem wohl leichter: Mit einem, das alle Hilfszügel der Welt am Kopf trägt, oder mit einem, dessen Reiter es sauber um die Kurve reitet, es versammelt, sich sagt: »Drei kurze Galoppsprünge« oder »Drei lange Galoppsprünge«, und es dann ohne Aufregung, Widerstand oder Kampf springen läßt? Welches dieser Pferde ist wohl gelassener und glücklicher? Das letztere natürlich.

Auf Turnieren fällt häufig unangenehm auf, daß die Reiter fast ununterbrochen harte Paraden geben müssen, weil die Pferde einfach zu schnell werden. Wie diese Reiter ihre Pferde auch noch zum Springen bewegen, ist mir ein Rätsel – in vielen Fällen könnten sie ihre Pferde ohne die Hilfszügel am Kopf überhaupt nicht mehr halten. Sie halten einfach nur eisern fest und lassen die Pferde erst unmittelbar vor dem Hindernis los. Das ist natürlich eine Methode, die sogar manchmal erfolgreich ist. Doch nur eines von zehn guten Springpferden läßt sich so behandeln. Die anderen neun werden verweigern, weil ihnen eine solche Reitweise nicht paßt. Ich nehme an, daß das der Grund dafür ist, daß viele der großen Springpferde keine reinen Vollblüter sind. Ein Vollblut würde sich eine solche Behandlung nicht gefallenlassen – diese Pferde lassen sich nicht herumstoßen. Ein ruhigeres Pferd, mit etwas gewöhnlichem Blut in den Adern dagegen ist nicht so leicht verrückt zu machen, aber ein Vollblüter…

Es gibt ein Sprichwort, das gern zitiert wird, wenn etwas schiefgeht: »Dreimal abgeschnitten und immer noch zu kurz.« Eine umgekehrte Version könnte lauten: »Dreimal hart pariert und immer noch zu lang.« Je bequemer ein Pferd sich reiten läßt und je weniger Widerstand es seinem Reiter entgegensetzt, desto leichter wird es diesem fallen, es an den richtigen Absprungpunkt heranzureiten. Im Augenblick des Absprunges ist es zu spät, um noch zu korrigieren.

Wie kann der Reiter seinem Pferd helfen, ein Hindernis zu überwinden? Im Grunde kann er gar nichts tun. Er kann seinem Pferd nicht helfen, ein Hindernis glatt zu überwinden, aber er kann es ihm auf vielerlei Arten schwer machen. Helfen kann er nur, indem er im richtigen Tempo mit dem nötigen Schwung anreitet und den Absprungpunkt genau trifft. Von diesem Augenblick an muß er sich auf sein Pferd verlassen. Alles, was er noch tun kann, ist sein Pferd nicht zu stören.

Wie sieht ein Pferd aus, das ohne Reiter über

ein Hindernis springt? Bestimmt hat noch nie jemand ein Foto gesehen von einem Pferd, dessen Ohren angelegt und dessen Augen entsetzt aufgerissen sind, das den Rücken wegdrückt und das Maul aufsperrt, wenn es allein ein Hindernis überwindet. Mit Sicherheit nicht. Ein frei springendes Pferd macht einen glücklichen Eindruck.

Eine sehr wichtige Tatsache muß man immer beachten: Im Sprung strecken alle Pferde den Hals und machen ihre Oberlinie rund. Das sollte zu einer sehr einfachen Schlußfolgerung führen – nämlich zu der, daß es Kopf- und Halsfreiheit braucht.

Wie ich bereits erwähnte, war eine fünfundfünfzig Millionen Jahre dauernde Evolution erforderlich, um das Pferd zu dem werden zu lassen, was es heute ist; man kann also nicht sagen: »Ich lasse es einfach mit weggedrücktem Rücken und erhobenem Kopf springen.« Vielleicht kann man nicht beweisen, daß ein bestimmtes Pferd noch weitere sechs bis acht Jahre gesprungen wäre, wenn es die Jahre zuvor in der richtigen Haltung gesprungen wäre, doch zumindest kann man seinen gesunden Menschenverstand gebrauchen. Wenn man dem Pferd erlaubt, seinen Körper auf natürliche Weise zu gebrauchen, wird es mit Sicherheit länger gesund bleiben.

Auf der Tribüne eines Springturnierplatzes habe ich selbst eingefleischte Dressurgegner schon sagen hören: »Warum läßt er seinem Pferd nicht endlich den Kopf frei?« wenn ein Pferd an einem Hindernis in Schwierigkeiten geriet. Selbst diese Zuschauer hatten begriffen, daß ein Pferd seinen Körper nur voll einsetzen kann, wenn es den Kopf frei hat. Wenn man aber schon die Zügel vorgibt, wenn das Pferd in Schwierigkeiten ist, warum dann nicht auch, bevor die Schwierigkeiten überhaupt aufgetreten sind?

Wie muß man sitzen, um sein Pferd nicht zu stören? Zwei, drei oder vier Galoppsprünge vor dem Hindernis sollte der Reiter tief einsitzen und das Pferd mit Hilfe der Kreuzeinwirkung zusammenschieben. Das Anreiten ist besonders wichtig. Die Galoppsprünge müssen verlängert oder verkürzt werden, doch das Verkürzen darf nicht von vorn geschehen. Dadurch würde das Pferd an Schwung verlieren. Je mehr es an Schwung verliert, desto schwerfälliger bewegt es sich und desto mehr muß es sich auf seine körperliche Kraft verlassen. Der Galopprhythmus muß unverändert bleiben. Die Änderung der Sprunglänge wird allein durch die Einwirkung des Gewichtes vorgenommen. Wenn sich die Vorhand zum Absprung vom Boden löst und das Pferd beginnt, sich aufwärts zu strecken, muß der Reiter diese Bewegung mit den Händen in Richtung Pferdemaul folgen. Wenn dies nicht ausreicht, folgt der Körper den Händen, ohne sich dabei im Sattel aufzurichten. Die Lage der Ober- und Unterschenkel darf sich nicht ändern. Es ist nicht angebracht, dem Pferd vermeintlich den Rücken zu entlasten, indem man übertrieben hoch »aufsteht«. Die auf dem Foto unten abgebildete Haltung, bei der der Reiter in die Bewegung eingeht, reicht vollkommen aus, um den Pferderücken zu entlasten. Besonders wichtig ist die Lage der Schenkel und Hüften. Die Knie müssen ebenso wie beim normalen Reiten auch beim Springen fest am Sattel anliegen. Die Zügel können wie auf der Abb. unten weit vorgegeben werden; allerdings sind die meisten Reiter hierzu zu steif. Sie bringen ihre Pferde leicht aus dem Gleichgewicht, vor allem bei breiten Hochweitsprüngen. Wer im Sattel aufsteht oder sich nach vorn wirft, bis fast auf die Ohren, stört das Gleichgewicht des Pferdes empfindlich.

Manchmal hört man von Pferden, die den Mut für hohe Hindernisse verloren haben, doch die Schuld liegt meistens beim Reiter, der es dem Pferd unmöglich macht, sein Gleichgewicht wiederzuerlangen.

Der Hals des Pferdes hebt sich beim Absprung aus dem einfachen Grund, daß es die Hinterhand nur untersetzen kann, wenn sich die Vorhand

Korrekter Springsitz

hebt. So kann es leichter abspringen. Das den Galopp anführende Vorderbein ist beim Absprung von entscheidender Bedeutung, weil es bestimmt, wie hoch das Pferd springen kann. Die Vorderbeine dienen dazu, das Gewicht aufzufangen. Der Schub kommt aus der Hinterhand, während die Vorderbeine locker angewinkelt werden. Manchmal hat man den Eindruck, als spränge das Pferd von den Vorderbeinen ab. Ein Hengst in der Hofreitschule, der sich nicht zäumen lassen wollte, duckte sich und schleuderte fünf Männer in alle Richtungen, als er aus der Hinterhand heraus nach vorn sprang. Die Schubkraft kommt aus der Hinterhand, und der Reiter muß so sitzen, daß sein Pferd eine Chance hat.

Er muß mit seinen Händen weit vorgehen, damit sich das Pferd strecken kann. Er darf sich nicht bewegen. Das Pferd befindet sich mit allen vier Beinen in der Luft. Das ist schon der Fall, bevor es mit dem Absprung beginnt. Es hebt seine Vorderbeine vom Boden ab und setzt dann die Hinterbeine weit unter den Körper, um sich stark genug abstoßen zu können. Die Fußfolge ist: hinten links, hinten rechts (Diagonale unterbrochen), Ausstrecken des linken Vorderbeins, Landung auf diesem, Aufsetzen des rechten Vorderhufs, Vollendung des Galoppsprunges.

Wenn ich meinen 72,5 Kilogramm schweren Körper vom Boden abstoße, muß ich ihn irgendwo abstützen. Doch was stützt meinen 72,5 Kilogramm schweren Körper? Das ausbalancierte Pferd. Ich erwähnte bereits, daß sich Pferde auch in der Schwebephase eines normalen Galoppsprunges weiter fortbewegen. Ihre Schubkraft befindet sich direkt unter ihnen, und auf diese Weise helfen sie sich auch über die Hindernisse.

Der Reiter folgt der Bewegung während der gesamten Flugphase, und das Pferd wird mit dem rechten Vorderhuf zuerst auffußen, wenn es aus dem Linksgalopp abgesprungen ist. Der Zügelkontakt muß während des gesamten Sprunges aufrechterhalten werden. Er folgt der Bewegung und nimmt das Pferd wieder auf, sobald die Landephase einsetzt. In diesem Augenblick übernimmt wieder der Reiter das Kommando und entscheidet, ob zum Anreiten des nächsten Hindernisses kurze oder lange Galoppsprünge erforderlich sind.

Zu Beginn der Landephase bewegen sich die Hinterbeine noch vorwärts über das Hindernis. Wann soll aber ein Reiter wieder übernehmen, der über dem Hindernis »alles weggeworfen« hat? Bei der Landung steht das Pferd nur auf

Bewegungen des Pferdes beim Sprung.
Franz Mairinger auf Coronation.

einem Bein. Ihm in diesem Augenblick den Schwung zu nehmen, stört es sehr. Der Schub kommt ausschließlich aus der Hinterhand. Bei der Landung muß man also sehr vorsichtig vorgehen. Die Anlehnung wiederherstellen, wenn der erste Huf aufsetzt. Dann hat man sein Pferd wieder in der Hand, und es kann nicht unkontrolliert vorwärtsstürmen. Wie wichtig es ist, Galoppsprünge verlängern und verkürzen zu können, ohne grob im Maul herumzureißen, zeigt sich spätestens, wenn einige der Hindernisse zu Kombinationen zusammengestellt sind. Bei manchen Pferden sieht ein Umlauf folgendermaßen aus: Parade, Parade, Sprung, Losrasen, Sprung, Parade, Parade, Sprung. Andere springen fließend, verlängern den Galoppsprung, springen, verkürzen den Galoppsprung und springen völlig kontrolliert.

Wer nicht in die Bewegung eingehen kann und nicht in der Lage ist, sein Pferd aufzunehmen, wird in Kombination nie Erfolg haben. Man muß sich also so früh wie möglich auf breite Hochweitsprünge vorbereiten. Bei manchen von ihnen muß sich das Pferd so weit strecken wie nur irgend möglich. Sie müssen besonders zügig und schwungvoll angeritten werden. Das gelingt jedoch nur, wenn das Pferd völlig losgelassen ist.

Wie hoch muß ein Hindernis sein, damit sich das Pferd wirklich abstoßen muß und nicht nur irgendwie hinübersteigt? Höher als seine Beine. Auch ich muß die Masse meines Körpers von einer gewissen Höhe ab hoch in die Luft stoßen. Manchmal hört man Leute ihre Pferde loben: »Er springt großartig, immer 20 Zentimeter höher als erforderlich.« Doch Pferde sollen immer nur so hoch springen, wie es nötig ist, um den Körper heil über das Hindernis zu bekommen. Die Beine nehmen sie immer irgendwie aus dem Weg, aber mit dem Körper ist das nicht möglich. Auf diese Weise springen jedoch nur Pferde, die ruhig und gelassen sind; sie schätzen die Höhe ab und strengen sich nur so sehr an, wie es unbedingt sein muß. Solche Pferde werfen wahrscheinlich an acht von zehn Hindernissen keine Stange herunter und springen Jahr für Jahr gleich gut – und das eine lange Zeit. Ein Pferd aber, das aufgeregt ist und sich in erster Linie darauf konzentriert, gegen den Reiter zu kämpfen, strengt sich wesentlich mehr an und steht auch geistig unter großem Druck.

Das Pferd fängt das gesamte Gewicht, das sich durch die Höhe und die Geschwindigkeit noch vervielfacht, mit einem Vorderbein ab. Dieses Vorderbein muß den gesamten Aufprall ertragen. Das zweite Vorderbein fußt zwar nur Sekundenbruchteile später auf, doch das erste hat die gesamte Landung abzufangen. Je niedriger die Hindernisse sind, desto mehr paßt das Pferd auf sich selbst auf. Was fühlt sich wohl angenehmer an – wenn man mit durchgedrückten Gelenken irgendwo herunterspringt oder schwungvoll und federnd landet? Wenn alles angespannt ist, ist die Belastung natürlich viel größer, und die Sehnen müssen den Aufprall abfangen. Ein losgelassenes Pferd wird weich und federnd landen und danach schwungvoll weitergaloppieren.

Die Zügel dürfen bei der Landung nicht mit einem Ruck aufgenommen werden. Das Pferd zieht die Hinterbeine über die Stange und wird sie herunterstoßen, wenn es einen Ruck im Maul verspürt. Der Reiter zieht damit gewissermaßen die Hinterbeine herunter. Das bedeutet, daß er die Bewegung des Pferdes keinesfalls stören darf. Man kann ein Pferd so gelassen, gelöst und gehorsam machen, daß es genügt, die neue Richtung während der Flugphase anzudeuten, und es wird sofort gehorchen und nach der Landung in diese Richtung abwenden, vorausgesetzt, es ist gelöst genug. Manche Pferde sind entsprechend gelöst, auch beim Springen, doch andere, die beim Dressurreiten steif sind, werden auch beim Springen steif sein.

Wie ich bereits zu erklären versuchte, hebt das Pferd seine Vorhand und schiebt die Hinterhand unter den Körper, und je weniger der Reiter es dabei stört, desto kräftiger wird es sich abschnellen können.

Xenophon, der vor 2400 Jahren lebte, sagte: »Springen: Wenn das Pferd beim Absprung und bei der Landung seinen ganzen Körper einsetzt, ist der Reiter wesentlich sicherer.« Behaupte ich heute etwas anderes? So sehr ich Xenophon bewundere – mit seiner Methode, ein unerfahrenes Pferd über einen Graben zu bringen, bin ich nicht einverstanden. Er schreibt, der Reiter solle vorausspringen und das Pferd ermutigen, ihm zu folgen; wenn es sich weigert, soll es ein Helfer von hinten mit der Peitsche zum Springen bewegen. Ich bewundere Xenophon jedoch wegen seiner Prinzipien und seiner Gedanken über Schulung, Gleichgewicht und so weiter.

Kommen wir zum Abschluß des Kapitels über das Springen. Anfangs darf dem Pferd immer nur wenig abverlangt werden. Was immer vom Pferd auch gefordert wird, es muß in der Lage sein, es mit Leichtigkeit und Zuversicht auszuführen.

Das bedeutet, man muß seinen Körper trainieren, aber auch seinen Geist schulen und erziehen.

Wie geht man vor, um ein Pferd gleichzeitig kräftig und gelöst, aber auch entspannt zu machen? Man legt eine Stange auf den Boden und reitet einfach im Schritt darüber hinweg. Wenn sich das Pferd der Stange nähert, wird es sie vermutlich ansehen und dann seine Beine strekken, um über sie hinwegzuschreiten. Das Ansehen der Stange ist von entscheidender Bedeutung. In dem Augenblick, in dem das Pferd hinsieht, konzentriert es sich wirklich. Es denkt sich vermutlich: »Das ist nur eine einfache Stange, über die ich hinweggehen kann.« Wenn es ruhig und vernünftig über die Stangen schreitet, kann man eine zweite und schließlich auch eine dritte hinlegen. Drei Stangen sollten es aber nicht sein, wenn das Pferd versucht zu springen oder wenn es stehenbleibt und scheut. Nichts übereilen. Vor dem Überschreiten der Stange sollte das Pferd sie sich ansehen. Kleinere und größere Abstände zwischen den Stangen zwingen es zum Nachdenken. Außerdem muß es seine Schrittlänge flexibel den Gegebenheiten anpassen und wird so beweglicher. Zur Abwechslung kann man es auch über einen dicken Baumstamm oder ein Cavaletti treten lassen. Dabei muß es die Vorderbeine stark anheben und dann weit vorstrecken; das ist eine gymnastizierende Übung. Sie löst und entspannt das Pferd und macht es in der Schulterpartie lockerer. Dabei muß man aber darauf achten, daß sich das Pferd konzentriert; in diesem Fall wird es hinsehen und im Rücken locker sein. Bei diesen Übungen kann ein Pferd seinen Rücken nur schwer festhalten. Bei den ersten Versuchen wird es zwar öfter die Stange anstoßen, doch es wird schon bald geschickter.

Wenn das Pferd ruhig über die Stangen schreitet, können sie etwas erhöht und wiederum im Schritt überwunden werden. Eines Tages, gegen Ende dieser ruhigen und vernünftigen Ausbildung, wird man sein Pferd gegen eine 1,80 Meter hohe Mauer reiten können, und es wird nur denken: »Jetzt muß ich mir Mühe geben«, und springen.

Es ist sinnvoll, ein Pferd in kleinen Schritten von der Grundschule bis zur Klasse S auszubilden, doch es zu überfordern, weil goldene Schleifen locken, bedeutet, den gesunden Menschenverstand auszuschalten. Man kann von einem Pferd nicht erwarten, daß es besser ist als sein Reiter. Wenn es irgendetwas nicht kann, darf es also nicht heißen: »Was für ein sturer Bock«, sondern: »Was habe ich falsch gemacht?« Das gilt für die gesamte Reiterei. Je seltener man dem Pferd die Schuld zuschiebt, sondern sie bei sich selbst sucht, desto schneller werden sich Fortschritte einstellen. Wer seinen gesunden Menschenverstand nicht einsetzt, wird den Fehler immer bei anderen suchen. Außerdem ist das Reiten ja so viel einfacher, wenn man immer eine Ausrede parat hat.

Manchmal hatte ich Probleme mit der australischen Mannschaft, und in solchen Fällen sagte ich immer: »Pferde haben ein sehr kleines Gehirn, aber Mensch sollen ein wesentlich größeres haben. Deshalb muß das Pferd auch immer die Schuld auf sich nehmen.«

Mit zunehmender Höhe der Übungshindernisse wird das Pferd Hochweitsprünge leichter überwinden als Steilsprünge. Die Breite der Hochweitsprünge darf nur in Relation zu Höhe vergrößert werden. Nicht vergessen: Rhythmus und Gehorsam. Das Pferd darf nicht kämpfen. Sobald es sich widersetzt, konzentriert es sich nicht mehr auf das Springen, sondern nur noch darauf, sich gegen seinen Reiter zu wehren. Es muß ruhig und gelassen sein. Der Reiter muß rhythmisch reiten, vor dem Hindernis in den Sattel einsitzen, das Pferd versammeln und dann vorwärtsschieben; nur so hat es eine Chance. Es heißt, ein Bild ersetzt tausend Worte. Doch obwohl ich bei den Olympischen Spielen 1956 5000 oder 6000 Fotos gemacht habe, ist keines darunter, das Pferd und Reiter in perfekter Haltung zeigt. Es ist sehr schwer, diese Perfektion zu erreichen, doch man sollte sie stets anstreben und dieses Ziel nie aus den Augen verlieren.

Hat es Vorteile, bei der Springausbildung Hindernisse im Trab anzureiten? Allerdings. Es wird nicht im Galopp angeritten, bevor sich das Pferd nicht treiben läßt und bevor es dem Reiter nicht gelingt, die Galoppsprünge zu verlängern und zu verkürzen. Nur so kann man den richtigen Absprungpunkt treffen. Wenn man dazu nicht in der Lage ist, wird ein mutiges Pferd zwar trotzdem springen, doch es wird abspringen, wann es ihm paßt, und das wird immer zu früh sein. Es wird das erste Hindernis sehen und darauf losrasen. Aus diesem Grund sollte man ein Pferd nicht aus dem Galopp springen lassen, bevor man es völlig unter Kontrolle hat. Wenn es sich strecken will, darf es nicht gestört werden; aber es darf sich erst strecken, wenn es sich für den Absprung versammelt hat. Manche Pferde haben von Natur aus lange und andere kurze Galoppsprünge. Welche von ihnen lassen sich besser passend an ein Hindernis heranreiten? Die mit den kurzen Galopp. Coronation war ein sehr langes Pferd, das sich nur schwer zusammenstellen ließ. Ich begann die Springausbildung erst, nachdem es mir gelungen war, ihn so gehorsam zu machen, daß ich die Galoppsprünge jederzeit verkürzen konnte.

Kann man die Cavalettiarbeit übertreiben? Xenophon sagte: »Zuviel von etwas ist weder für Menschen noch für Pferde gut.« Cavalettiarbeit ist sehr anstrengend. Wenn sie übertrieben wird, wird das Pferd sauer. Ich habe nie mehr als vier Cavalettis in eine Reihe gestellt, denn meiner Ansicht nach strengt diese Arbeit das Pferd sehr an. Wenn ein Pferd ausgleitet, einen zu hohen Tritt macht oder sich in einer Reihe von, sagen wir, zehn Cavalettis verspannt und dadurch aus dem Gleichgewicht kommt, wird die Übung chaotisch enden und dem Pferd angst machen. Es wird vermutlich anfangen zu eilen. Sind es aber nur vier, kann es sicher herausspringen, ohne daß ihm etwas passiert. Wie bei allem anderen ist auch hier das Gefühl des Reiters gefordert.

Das kann man selbst ausprobieren. Man nimmt eine schwere Stange in die Hände und stemmt sie zehnmal hoch; dann noch viermal und nach einer Pause weitere viermal. Dabei stellt sich sehr schnell heraus, daß das einfach zuviel und zu anstrengend ist, wenn man nicht vorher regelmäßig trainiert hat.

Wie hoch sollen die Cavalettis sein? 30 Zentimeter, eventuell auch 45 Zentimeter, wenn das Pferd dazu bereit ist. Ein Abstand von 120 Zentimetern ist eine sichere Distanz zum Darübertraben; bei Bedarf kann sie verändert werden. Mit einem Pferd, das in der Schulter steif ist, kann man nicht springen. Wenn es sich entspannt, wird es gut gehen, und manchmal, wenn man im Aussitzen über die Cavalettis trabt, wird es sich anfühlen, als säße man auf einem Pferd der Hofreitschule, das wundervolle, lange und schwingende Tritte macht.

Die Hindernisse sollten so stabil und natürlich sein wie möglich, aber auch einladend, damit das Pferd sich wünscht, zu springen. Hindernisse, die schwer einzuschätzen sind, sollten aus Fairneß dem Pferd gegenüber vermieden werden.

Beim Erstellen eines Parcours muß man sich zuerst darüber klarwerden, um was für eine Prüfung es sich handelt. Man sollte versuchen, einen Kurs aufzubauen, der den teilnehmenden Pferden gerecht wird. Das ist einfach, wenn genügend Hindernismaterial vorhanden ist. Die Hindernisse dürfen nicht so aufgestellt werden, daß zu viele enge Wendungen vorkommen. Zuerst legt man die zu reitende Linie fest und stellt dann die Hindernisse auf dieser Linie auf.

Ein Parcourschef muß sich über die Beschaffenheit des Hindernismaterials ebenso im Klaren sein wie über die Fähigkeiten der teilnehmenden Pferde. Die Hindernisse müssen so einladend sein wie nur irgend möglich. Das erste Hindernis soll das Pferd in Schwung bringen und das zweite und dritte sollen es in Bewegung halten und es auf die Art von Hindernissen vorbereiten, die noch vor ihm liegen. Auf diese Weise bereitet man es auf höhere Sprünge und Kombinationen vor. Steil- und Hochweitsprünge sind ein guter Test. Reiter, die ihre Pferde unter Kontrolle haben, werden durchkommen, die anderen werden Fehler machen.

Zusammenfassung

1. Ein Sprung ist nur ein verlängerter Galoppsprung. Die Fußfolge im Rechtsgalopp ist: hinten links, unmittelbar gefolgt von hinten rechts (Flugphase), links vorn und rechts vorn, um den Galoppsprung zu vollenden. Das Hindernis wird in der Mitte der Diagonale überwunden, dem zweiten Takt des Galoppsprunges.

2. Das Pferd braucht Schwung und Kraft und muß unter Kontrolle sein. Es kann von Natur aus springen, aber es muß lernen, zu springen, wenn sein Reiter es will, und deshalb ist das Anreiten von allergrößter Wichtigkeit. Beim Anreiten muß der Reiter Schwung und Tempo kontrollieren und das Pferd an den richtigen Absprungpunkt bringen. Dies ist der Punkt, von dem aus das Pferd das Hindernis am leichtesten fehlerfrei überwinden kann. Es muß gelassen sein und darf sich seinem Reiter nicht widersetzen. Je ruhiger es geht, desto leichter fällt es dem Reiter, es an den richtigen Absprungpunkt zu bringen.

Manche Pferde springen, obwohl ihre Reiter versuchen, sie durch ständige harte Paraden richtig an den Absprung zu bringen – doch diese Methode vergeudet Energie und bedeutet eine große psychische Belastung für das Pferd.

Beim Springen selbst kann der Reiter seinem Pferd nicht helfen; er kann ihm nur helfen, indem er es mit dem nötigen Schwung und im richtigen Tempo passend an das Hindernis heranreitet. Danach muß er nur aufpassen, das Pferd nicht zu stören.

3. Beim Freispringen strecken Pferde immer den Hals und machen sich rund. Das bedeutet, sie brauchen auch beim Springen mit Reiter Hals- und Kopffreiheit. Wenn sie ihnen nicht gewährt wird, springen sie mit hoch erhobenem Kopf und weggedrücktem Rücken. Ein Reiter, der sein Pferd über dem Sprung festhält, erschwert ihm seine Aufgabe ungemein. Wenn das Pferd in Schwierigkeiten gerät, braucht es diese Freiheit besonders dringend, um seine Hinterbeine nachziehen zu können.

4. Wie muß der Reiter sitzen, um sein Pferd nicht zu stören? Beim Anreiten muß er die Galoppsprünge möglicherweise verlängern oder verkürzen; doch das Verkürzen muß mit Hilfe des Gewichtes geschehen, nicht durch Ziehen am Zügel. Dadurch würde der Schwung verringert, und das Pferd müßte mehr Kraft aufwenden. Nicht im Sattel aufstehen. Der Winkel zwischen Ober- und Unterschenkel darf sich nicht ändern. Nur der Oberkörper geht mit der Bewegung nach vorn, und die Zügelfäuste geben in Richtung Pferdemaul nach. Die Knie bleiben eng am Sattel. Wenn ein Pferd das Vertrauen verliert, liegt das in der Regel daran, daß sein Reiter es ihm unmöglich gemacht hat, hohe Hindernisse zu überwinden.

Über dem Hindernis muß der Reiter in die Bewegung eingehen und sein Pferd bei der Landung weich aufnehmen, um das nächste Hindernis passend anreiten zu können. Das Aufnehmen muß sehr weich und vorsichtig vor sich gehen, denn ein harter Ruck am Zügel veranlaßt das Pferd, seine Hinterhand, die sich noch über dem Hindernis befindet, hängenzulassen.

5. Wenn der erste Vorderhuf aufsetzt, sind die Hinterbeine noch über dem Hindernis. Da von ihnen die Schubkraft ausgeht, muß der Reiter an diesem Punkt besonders darauf achten, das Pferd nicht aus dem Gleichgewicht zu bringen, denn sonst kann es vor dem nächsten Hindernis Probleme geben, vor allem in Kombinationen, in denen es besonders wichtig ist, daß der Reiter gelernt hat, den Galoppsprung zu verkürzen oder zu verlängern.

6. Ein ruhiges und gelassenes Pferd wird nur so hoch springen wie nötig. Es wird keine Kraft vergeuden und steht auch nicht unter besonderer psychischer Belastung. Das Vorderbein, auf dem es landet, muß den Aufprall abfangen. Das Pferd muß gelöst sein, damit die Sehnen diesen Aufprall unbeschadet überstehen. Verkrampfte Körperteile leiden viel stärker unter der Belastung. Je weniger der Reiter stört, desto besser kann das Pferd die Hinterhand untersetzen und sich abstoßen.

7. Natürlich muß die Springausbildung langsam begonnen werden. Das Pferd muß geistig und körperlich auf die neue Aufgabe vorbereitet werden. Erst im Schritt über liegende Stangen reiten und das Pferd hinsehen lassen. Wenn es hinsieht, ist sein Rücken entspannt. Die

Zahl der Stangen auf zwei oder drei steigern. Wenn das Pferd ruhig genug ist, können die Stangen leicht erhöht werden, aber wirklich nur geringfügig. Zur Abwechslung auch einmal ausreiten. Im Gelände findet sich vielleicht ein kleiner Baumstamm zum Übersteigen. Anfangs nur sehr kleine Hindernisse springen, und nur aus dem Trab. Die Breite der Hindernisse darf nur proportional zu ihrer Höhe erhöht werden, und auch das nur sehr allmählich. Wer die Ausbildung übereilt, wird mit Sicherheit Probleme bekommen. Kein Hindernis im Galopp anreiten, bevor es nicht gelingt, im Trab die Tritte zu verlängern und zu verkürzen. Erst wenn der Reiter dazu in der Lage ist, kann er sein Pferd auch passend an ein Hindernis heranreiten. Gelingt es ihm nicht, wird das Pferd die Initiative ergreifen und sich das Eilen angewöhnen.

8. *Cavalettiarbeit* Sie strengt das Pferd sehr an, deshalb sollten nie mehr als vier, allerhöchstens aber sechs Cavalettis in einer Reihe stehen. Ihre Höhe sollte zwischen 30 und 45 Zentimetern liegen. Ein Abstand von 1,20 Metern paßt den meisten Pferden.

Nie zwei Pferde gleichzeitig an einer Cavalettireihe trainieren.

9. Die Hindernisse müssen stabil, gut ausgefüllt und einladend aufgebaut sein.

Beim Erstellen eines Parcours denkt man sich zuerst eine Linie, auf der geritten werden soll, und stellt erst dann die Hindernisse auf. Darauf achten, daß keine zu scharfen Kurven entstehen.

Das erste Hindernis soll das Pferd in Schwung bringen, und das zweite und das dritte sollen es in Gang halten. Erst dann kommen die schwierigeren Hindernisse.

Zwölftes Kapitel

Vielseitigkeit

Ein Vielseitigkeitspferd muß, wie schon der Name vermuten läßt, Dressur gehen und im Parcours sowie im Gelände springen. Ich brauche wohl nicht extra zu betonen, daß es einer sorgfältigen Auswahl und eines gezieltes Trainings bedarf, um Reiter zu finden, die internationalen Ansprüchen in dieser Disziplin genügen. Internationale Prüfungen finden gewöhnlich an drei aufeinanderfolgenden Tagen statt – am ersten Tag wird Dressur geritten, am zweiten Tag werden Geschwindigkeit und Ausdauer geprüft, und am dritten Tag folgt das Springen im Parcours.

Vielseitigkeitsprüfungen sind auch unter der Bezeichnung Military bekannt, weil sie sich aus Wettkämpfen berittener Offiziere entwickelt haben. Ursprünglich handelte es sich dabei um eine Prüfung für Offiziere und Pferde, bei der ermittelt werden sollte, ob die Offiziere ihre Pferde wirklich unter Kontrolle hatten und alle für die Parade nötigen Lektionen reiten konnten – vergleichbar mit der Dressurprüfung am ersten Tag. Am nächsten Tag mußten die Offiziere mit denselben Pferden dem Kommandeur einer anderen Truppe eine wichtige Botschaft überbringen. Diese Botschaft war lebenswichtig und mußte ihren Bestimmungsort erreichen – ob das gelang, hing von der Qualität des Pferdes ab, aber auch von seiner Ausbildung, vom Mut des Reiters und von seiner Fähigkeit, die Reserven seines Pferdes genau einzuschätzen. Heute ist dies die Schnelligkeits- und Ausdauerprüfung des zweiten Tages.

In der Vergangenheit ist das Ganze möglicherweise folgendermaßen abgelaufen: Ein Offizier erhielt seinen Befehl und die Botschaft und machte sich im scharfen Trab auf den Weg – im Trab weil er eine Strecke von etwa 35 Kilometern vor sich hatte und möglicherweise noch auf die Reserven seines Pferdes zurückgreifen mußte. Um also seine Kräfte zu sparen, trabte er zunächst. Bei den modernen Vielseitigkeitsprüfungen ist dieser Teil vergleichbar mit Phase A, der ersten Wegestrecke. Der vorbeitrabende Offizier wurde von einer feindlichen Patrouille entdeckt. Nun mußte er um sein Leben reiten und sprang dabei jedes Hindernis, das ihm in den Weg geriet, bis er seine Verfolger abschütteln konnte. Daraufhin verlangsamte er das Tempo zum Trab. Dieser schnelle Galopp ist heute Phase B, die Rennbahnstrecke, der die Phase C, die zweite Wegstrecke, folgt. Doch noch war der Offizier nicht am Ziel. Eine weitere feindliche Patrouille wurde auf ihn aufmerksam, und er mußte querfeldein flüchten. Wiederum mußte er sich auf die Schnelligkeit seines Pferd und sein eigenes Urteilsvermögen verlassen. Er mußte den kürzesten Weg finden. Zeit war kostbar und durfte nicht damit verschwendet werden, um Hindernisse herumzureiten. Er mußte springen. Schließlich gelang es ihm, die feindlichen Linien zu durchdringen, und er konnte sein Pferd das letzte Stück in ruhigerem Galopp gehen lassen. Er überreichte die Botschaft und ließ sein Pferd nach dem anstrengenden Ritt verschnaufen. Der Ritt durchs Gelände ist die Phase D, die Querfeldeinstrecke, auf die die Phase E, der Einlauf, folgt. (Die Phase E wird seit der Olympiade in Rom 1960 nicht mehr gefordert.) Natürlich mußten Pferd und Reiter am nächsten Tag wieder diensttauglich sein. Heutzutage dient die Springprüfung am dritten Tag als Maßstab dafür, ob das Pferd die Strapazen des vorangegangenen Tages gut überstanden hat.

Wie bereits erläutert, gab es in der Vergangenheit gute Gründe für solche Prüfungen, doch warum finden sie noch heute statt, obwohl sie doch offensichtlich darauf abzielen, die Tauglichkeit von Kavallerieoffizieren und ihren Pferden zu testen? In Europa wird diese Sportart auch als »Krone der Reiterei« bezeichnet, denn es gibt keine andere Reitsportdisziplin, in der Pferd und Reiter so viele Vorzüge aufweisen müssen, um startberechtigt zu sein, geschweige denn zu gewinnen. Solange es Reiter gibt, die Mut genug haben, um in einem Höllentempo feste Hindernisse zu springen, und die daran Freude haben und gleichzeitig bereit sind, hart zu arbeiten, um sich selbst und ihre Pferde fit zu machen, wird die Vielseitigkeitsreiterei mit Sicherheit überleben. Auch wenn es keine Kavallerie mehr gibt, wird sich die Einstellung eines echten Reiters doch nie ändern.

Die besondere Herausforderung liegt darin, daß der Vielseitigkeitsreiter ein Alleskönner sein muß. Nur eine der drei Disziplinen zu beherrschen, reicht nicht aus. Eine Vielseitigkeitsprüfung verlangt nach einem echten Pferd und einem echten Reiter.

Um deutlicher zu machen, was Pferd und Reiter bei einer Großen Vielseitigkeit erwartet, erläutere ich hier die Anforderungen im Detail.

Erster Tag – Dressur
Sie findet statt auf einem Viereck mit den Maßen 20 mal 60 Meter. Verlangt werden Lektionen mittleren Schwierigkeitsgrades, die zeigen sollen, wie gut der Reiter sein Pferd unter Kontrolle hat, wie gelöst es ist, ob es sich im Gleichgewicht befindet, wie gehorsam es ist und wie der Reiter einwirkt bzw. welchen Gesamteindruck das Paar vermittelt.

In der Regel wird die Dressur von drei Richtern bewertet, die für etwa zwanzig Lektionen Noten vergeben. Die Gutpunkte werden von der maximal erreichbaren Punktzahl abgezogen und in Strafpunkte umgerechnet. Das bedeutet, daß der Reiter mit der niedrigsten Strafpunktsumme nach dem ersten Tag vorn liegt.

Zweiter Tag – Geschwindigkeits- und Ausdauerprüfung
Vor Beginn dieser Teilprüfung dürfen die Reiter die Strecke besichtigen, ihren Pferden aber die Hindernisse nicht zeigen, denn das würde zum Ausschluß führen. Für jeden Teilnehmer wird ein Zeitplan aufgestellt, aus dem hervorgeht, wann er an den verschiedenen Teilstrecken starten und ankommen muß.

Phase A: Wegestrecke I
Eine Strecke von 6,5 Kilometern, die mit einer Geschwindigkeit von 262 Metern pro Minute zurückgelegt wird. Für schnellere Ritte gibt es keine Gutpunkte, doch Strafpunkte für ein Überschreiten der Zeit. Dasselbe gilt für die Phasen C und E.

Bei der Dressurprüfung

Phase B: Rennbahn
Der Rennbahngalopp folgt direkt auf die erste Wegestrecke. Die Rennbahn ist etwa drei Kilometer lang, und das Tempo beträgt 656 Meter pro Minute, wobei zehn bis zwölf Hindernisse zu überwinden sind. Die Buschhürden sind maximal 1,37 Meter hoch, die festen Hindernisse bis zu 1,22 Meter, und Gräben haben eine Maximalbreite von 3,90 Metern. Wer schneller reitet als gefordert, kann Gutpunkte sammeln; die Geschwindigkeit beträgt maximal 755 Meter pro Minute. Zeitüberschreitungen werden mit Strafpunkten geahndet.

Phase C: Wegestrecke II
Folgt direkt auf die Rennbahn; führt über eine Strecke von etwa 16 Kilometern bei einer Geschwindigkeit von 262 Metern pro Minute.

Phase D: Querfeldeinstrecke
Etwa acht Kilometer, die mit einem Tempo von 492 Metern pro Minute zurückgelegt werden. Für schnelleres Reiten gibt es Gutpunkte; möglich sind Geschwindigkeiten bis zu 624 Metern pro Minute. Es sind maximal 35 Hindernisse zu überwinden, die höchstens 1,22 Meter hoch und höchstens 2,29 Meter breit sind. Offene Gräben oder Wassersprünge dürfen bis zu 3,96 Meter breit sein. Alle Hindernisse sollen so natürlich aussehen wie möglich.

Phase E: Einlauf
Etwa 1,6 Kilometer, die mit einer Geschwindigkeit von 360 Metern pro Minute zurückgelegt werden.

Neben den Strafpunkten für das Überschreiten der zulässigen Höchstzeit gibt es auch Strafpunkte für Verweigerung – für die erste zwanzig, für die zweite vierzig und für die dritte achtzig Punkte. Eine vierte Verweigerung führt zum Ausschluß. Ein Sturz von Pferd oder Reiter zieht sechzig Strafpunkte nach sich, und nach dem dritten Sturz muß der Teilnehmer ausscheiden.

Dritter Tag – Parcoursspringen
Im Parcours stehen etwa zwölf Hindernisse, die maximal 1,22 Meter hoch und 1,98 Meter breit sind; die geforderte Geschwindigkeit beträgt 440 Meter pro Minute. Schnelleres Reiten erbringt keine Gutpunkte, doch ein Überschreiten der Zeit wird mit Strafpunkten geahndet, außerdem werden Verweigerungen und Hindernisfehler mit je zehn Strafpunkten bewertet.

Um das Endergebnis zu ermitteln, werden alle Strafpunkte addiert und dann die gesammelten Gutpunkte wieder abgezogen. Bei Minuspunktzahlen ist der Teilnehmer mit der niedrigsten Zahl der Gewinner. Bei Pluspunktzahlen (die nicht oft vorkommen) siegt der Reiter mit der höchsten Punktzahl.

Wer sich die Anforderungen einer Vielseitigkeitsprüfung genau vor Augen führt, wird sicher mit mir übereinstimmen, daß es dazu eines echten Reiters und eines ebensolchen Pferdes bedarf. Doch auch der beste Reiter ist chancenlos, wenn er kein gutes Pferd hat, und das führt uns zu der Überlegung, welche Eigenschaften das Pferd haben muß.

Es muß sehr schnell sein – je schneller, desto besser –, um in den Phasen B und D Pluspunkte sammeln zu können. Es muß über lange Strecken galoppieren können, also genügend Ausdauer besitzen. Es muß sich flüssig bewegen, springen können, mutig sein und über genügend Ausstrahlung für die Dressur verfügen. Zusammengefaßt: Gesucht wird ein Pferd, das schnell ist, Ausdauer hat, springen kann, mutig ist und sich mit großer Ausstrahlung flüssig bewegt. Nichts leichter als das! Wir suchen nach einem idealen Pferd – einem Pferd, das sich in einem 6,5 Kilometer langen Hürdenrennen nicht abhängen läßt, das die Champion Hack Prüfung bei der Royal Easter Show in Sydney gewinnen kann, das eine M-Dressur beherrscht und das über ein entsprechendes Springvermögen verfügt. Dies alles muß es, nicht zu vergessen, an drei aufeinanderfolgenden Tagen zeigen! Um an einer Vielseitigkeitsprüfung teilnehmen zu können, muß es zudem noch einen weiteren Vorzug haben: ein außergewöhnlich gutes Temperament. Das alles wirft natürlich Probleme auf. Wir sind auf der Suche nach dem perfekten Pferd, dem Pferd, nach dem jeder Reiter sein Leben lang sucht. Es zu finden ist jedoch unmöglich, weil es Perfektion nicht gibt.

Da wir auf diese Weise nie zum Ziel kommen werden, müssen wir die Anforderungen entsprechend ihrer Wichtigkeit neu gruppieren. Die Erfahrung zeigt, daß eine korrekte und durchdachte Ausbildung die Fähigkeit eines Pferdes durchaus steigern und somit körperliche Mängel ausgleichen kann. Nicht verbessert werden können die Abstammung, die Substanz und die Ausdauer. Ein Pferd mit einem Mangel in einem dieser drei Punkte bedeutet nur die Verschwendung von Zeit und Geld.

Von diesem Gesichtspunkt aus würde ich den Mut an die erste Stelle setzen. Das Pferd muß genug Herz haben, um alles zu versuchen, ganz gleich, wie hoch und wie breit die Hindernisse sind oder wie ungewöhnlich sie aussehen. Auch ein noch so schönes Pferd wird auf der Querfeldeinstrecke am zweiten Tag scheitern, wenn es im Grunde seines Herzens ängstlich ist. Seine Abstammung sichert die Schnelligkeit, ohne die es keine Gutpunkte gibt. Seine Substanz hilft, es gesund zu erhalten und hat auch einen gewissen Einfluß auf die Ausdauer. Die Ausdauer ist besonders wichtig, denn das Pferd muß in der Lage sein, bis zu 35 Kilometer in hohem Tempo zurückzulegen. Diese drei Punkte sind einfach unerläßlich.

Alles weitere ergibt sich durch die Beurteilung des Pferdes, bei der zunächst nach Vorteilen gesucht wird. Welches ist der wichtigste Vorteil? Flüssige Bewegungen. Je flüssiger sich ein Pferd bewegt, desto leichter wird es auszubilden sein. Erst sucht man nach den Vorteilen und dann nach den Schwachstellen, und dann muß man sich die Frage stellen, ob das Pferd für die vor ihm liegende Ausbildung geeignet ist oder ob seine Mängel es von vornherein untauglich machen. In fünfundsiebzig von hundert Fällen wird das Pferd für tauglich befunden werden. Es würde zu weit führen, hier alle Vor- und Nachteile aufzulisten und zu vergleichen, welche Vorteile welche Nachteile aufwiegen. Das allein würde ein Buch füllen. Mein Rat ist, sich das Pferd in der Bewegung daraufhin anzusehen, ob es taktmäßig und gelöst geht.

Vermutlich hätte das Temperament bereits erwähnt werden müssen, doch das tat ich absichtlich nicht. Mancher wird jetzt vielleicht argumentieren: »Was nützt ein Vielseitigkeitspferd, das ständig aufgeregt ist? Es ist doch völlig nutzlos.« Dem stimme ich zu. Ich bin mir der Bedeutung eines ausgeglichenen Temperamentes durchaus bewußt, bin aber auch der Ansicht, daß die meisten Temperamentsfehler anerzogen und nicht angeboren sind.

Auch die Ausstrahlung habe ich bereits erwähnt, doch meiner Ansicht nach kann man auch sie außer acht lassen, denn ich habe bisher noch kein mutiges Pferd ohne Ausstrahlung gesehen. Die Intelligenz ist ein weiterer erwähnenswerter Punkt, doch bei ihr gilt dasselbe wie für das Temperament; dumme Pferde werden gemacht und nicht geboren. Ausnahmen bestätigen natürlich die Regel.

Welcher Abstammung soll das Pferd sein? Nach allem, was ich bisher sagte, sollte es eigentlich nicht mehr nötig sein, dies auszuführen: Für das Gelände eignen sich nur Vollblüter, am besten aus einer Blutlinie von Stehern. Wenn sich aus irgendeinem Grund kein Vollblüter finden läßt und man sich deshalb für eine Kreuzung entscheiden muß, kommt nur noch ein Anglo-Araber in Frage – nichts anderes. Auf keinen Fall Pferde mit Kaltblutanteil. Die Schnelligkeit eines Pferdes verringert sich mit zunehmendem Kaltblutanteil.

Wenn ich sage, für die Geländestrecke eignen sich ausschließlich Vollblüter, will ich damit nicht behaupten, daß es nicht auch andere Rassen gibt, die diese Leistung bringen können. Der Gewinner der Olympischen Spiele von 1956 – das schwedische Pferd Illuster – und der Gewinner der Silbermedaille – das deutsche Pferd Trux von Kamax – zum Beispiel waren Halbblüter. Ich behaupte jedoch, daß ein gut ausgebildeter Halbblüter auf der Geländestrecke gegen einen ebenso gut ausgebildeten Vollblüter verlieren muß; einfach wegen der größeren Höchstgeschwindigkeit des Vollblüters. Das ist dasselbe, als würde ich versuchen, mit meinem kleinen Austin Mini zur gleichen Zeit in Melbourne anzukommen wie der Fahrer eines Aston Martin. Seine Reisegeschwindigkeit beträgt 120 Stundenkilometer, während mein kleiner Wagen dieses Tempo bestenfalls bergab erreicht. Ich würde zwar vermutlich am Ziel ankommen, doch vor Antritt der Rückfahrt müßte ich einen neuen Motor einsetzen lassen, denn der alte dürfte die lange Fahrt bei Höchstgeschwindigkeit nicht überlebt haben. Der Aston Martin dagegen würde wenden, wieder auf 120 beschleunigen und heimfahren. Warum auch nicht? Seine Höchstgeschwindigkeit liegt bei 220 Stundenkilometern. Der Aston Martin ist der Vollblüter und mein Kleinwagen jedes andere Pferd. Jedes Pferd kann die Geländestrecke irgendwie bewältigen, doch »irgendwie« ist nicht gut genug. Nur der Sieg zählt, und dafür bedarf es der Geschwindigkeit – also eines Vollblüters. Er sollte ein Stockmaß von 160 bis 165 haben. Kleinere Pferde könnten unterwegs das Gewicht zu spüren bekommen – sie haben etwa 75 Kilogramm zu tragen. Größere Pferde sind oft weniger beweglich und schwer auf den Beinen zu halten. Ich habe nichts gegen Stuten, ziehe aber Wallache vor und hätte am liebsten einen Hengst. Stuten muß man immer etwas diplomatischer behandeln. Einen Jungen kann man notfalls hart anfassen, aber ein Mädchen?

Wo findet man einen geeigneten Vollblüter? Ganz einfach – auf einem Gestüt. Das ist die Ideallösung, aber auch die teuerste. Gewöhnlich bezahlt man die Abstammung eines Jährlings, und die ist teuer. Man kann es aber auch beim Rennen versuchen. Viele Pferde werden ins Training genommen und erweisen sich dann als zu langsam für größere Rennen – sie werden oft relativ günstig abgegeben. Genau so ein Pferd suchen wir. Es ist immer noch schneller als jeder Halbblüter und damit genau was wir suchen. Mit ihm kann man gewinnen, statt unter »ferner liefen« zu landen.

Leider laufen Vollblüter schon als Zweijährige ihre ersten Rennen, aber mir kann keiner erzählen, daß ein Zweijähriger schon ausgewachsen und vollständig entwickelt ist. Der Streß der harten Arbeit und die Aufregung beim Rennen fordern ihren Tribut von den geistig und körperlich noch nicht voll entwickelten Pferden. Sie werden nervös und erregbar, sind schwer zu handhaben, erleiden körperliche Schäden und werden schließlich als unbrauchbar ausgemustert. Es ist sehr schade, daß es nicht üblich ist, zu warten, bis die Pferde drei Jahre alt sind, und sie erst dann Rennen laufen zu lassen. Es würden weniger Pferde verletzt oder verstört, mehr würden sich als gut erweisen, es würde weniger Geld verschwendet und mehr Geld gewonnen. Außerdem stünden mehr Pferde für die Vielseitigkeit zur Auswahl. Aber wer weiß, vielleicht ist es einmal so weit.

Ich habe gehört, daß auf einigen der großen Farmen in Queensland hunderte von Vollblütern wild leben, doch gesehen habe ich sie bisher nicht. Vielleicht kommt einmal ein Queensländer auf die Idee, eine Wagenladung voll Royal Easter Show zu transportieren. Wenn sie so gut sind, wie behauptet wird, müßten sie weggehen wie warme Semmeln.

Wo immer man sein Pferd findet, wichtig ist, daß es gesund ist. Ein Pferd, das einmal einen Sehnenschaden hatte, wird ihn mit ziemlicher Sicherheit erneut erleiden. Man sollte nicht vergessen, daß der Erfolg zu einem großen Teil von der Fitness des Pferdes abhängt, in die man viel Arbeit investieren muß. Wenn das Pferd aber nicht vollständig gesund ist, wird es nicht ins Ziel kommen, und eine Menge Arbeit war umsonst. Ganz gleich, wie gut das Pferd vom Typ her ist – seine Zukunft hängt fast ausschließlich vom Training ab.

Die Art der Ausbildung bestimmt den Erfolg eines Pferdes ebenso wie seine Nutzungsdauer. Wie bereits erwähnt, ist ein Vollblüter für die Große Vielseitigkeit unerläßlich, doch man sollte sich auch darüber im klaren sein, daß ein Vollblut mehr Pflege, mehr Wissen und eine korrekte Behandlung erfordert. Vollblüter haben mehr Persönlichkeit als alle anderen Rassen mit Ausnahme der Araber. Sie sind sensibler und intelligenter und müssen dementsprechend behandelt werden.

Die Grundlage jeden Erfolges ist eine vernünftige Dressurausbildung. Das bedeutet, das Pferd muß sich unter dem Reiter im Gleichgewicht befinden, es muß gut erzogen, gelöst und gehorsam sein. Mit anderen Worten: Der Reiter muß die Energie des Pferdes vollkommen unter Kontrolle haben. Nur so stehen ihm die enormen Kräfte seines Pferdes zur Verfügung. Dies allein ist schon Sinn und Zweck der Ausbildung. In einem 1959 im *Sankt Georg Alanach* veröffentlichten Artikel stellte Major Cornel von Feurchtersleben Mutmaßungen über das Abschneiden der australischen Mannschaft bei den olympischen Spielen in Rom an. Neben vielem anderen erwähnte er auch den Beschluß der Australischen Reiterlichen Vereinigung, sich nur auf die Vielseitigkeit zu konzentrieren, und daß diese Institution für das Training der Mannschaft einen Österreicher von der Hofreitschule angestellt hätte. Er vermittelte den Eindruck, als könnte man von der Spanischen Hofreitschule in Wien alles nur Erdenkliche über die Vielseitigkeitsreiterei lernen.

Die Ergebnisse von Rom schienen allerdings zu beweisen, daß man an der Spanischen Hofreitschule mehr von der Vielseitigkeit versteht als an jeder anderen Schule. Um ehrlich zu sein, muß ich natürlich gestehen, daß sich die Hofreitschule ausschließlich auf die klassische Hohe Schule konzentriert und das Geländereiten überhaupt nicht lehrt. Man kann dort jedoch lernen, ein Pferd gelöst und gehorsam zu machen und es ins Gleichgewicht zu bringen; es zu erziehen und es dazu zu bringen, sich seinem Reiter willig unterzuordnen, was immer er auch verlangen mag. Dabei handelt es sich um nichts anderes als die systematische Entwicklung der geistigen und körperlichen Kräfte des Pferdes.

Ob sich der Reiter nun auf die Hohe Schule konzentrieren will oder auf die Vielseitigkeitsreiterei – die Grundlagen sind dieselben. Wenn die Grundlagen stimmen, wird sich auch der Erfolg einstellen. Das sagt einem schon der gesunde Menschenverstand, und ein auf diese Weise vorbereitetes Pferd wird in den Händen eines geschickten Reiters zu einem verläßlichen Instrument. Unabhängig davon, an welcher Art von Prüfung der Reiter teilnehmen will, wenn er in der Lage ist, die Kräfte seines Pferds nach Wunsch einzusetzen, kann er seine Aufmerksamkeit voll und ganz auf die vor ihm liegende Aufgabe richten. Er kann Vorteile ziehen aus jeder kleinen Abkürzung, er kann die Strecke zum Anreiten wählen und das Pferd präzise abspringen lassen. Dies gelingt ihm, weil er nicht mit seinem Pferd kämpfen muß. Was für den Reiter zutrifft, gilt natürlich auch für das Pferd. Es kann sich ebenfalls nur dann auf seine Aufgabe konzentrieren, wenn es nicht durch ein Tauziehen mit dem Reiter abgelenkt wird. Eine derartige Kombination ist zudem sicher. Beider Partner können sich auf ihre Fähigkeiten verlassen, denn sie haben sie durch eine vernünftige Ausbildung erworben und werden deshalb das Glück auf ihrer Seite haben.

Das Geländetraining muß Hand in Hand mit der Dressurausbildung gehen. Die Dressurarbeit wird im Freien durchgeführt. Geländeritte helfen, das Pferd ins Gleichgewicht zu bringen, und seine Losgelassenheit verbessert sich beim Bergauf- und Bergabreiten, beim Durchqueren von

Gräben und Wasser, beim Hinabrutschen kleiner Hänge und so weiter. Diese Anforderungen verbessern es in jeder Hinsicht und schärfen auch seine Sinne; es lernt, auf sich selbst aufzupassen. Das ist sehr wichtig, denn später hat der Reiter in der Hitze des Gefechts keine Zeit mehr, auf jedes Stöcken und jedes kleine Loch im Boden zu achten. Der natürliche Instinkt sorgt dafür, daß das Pferd solche Gefahrstellen meidet – jedoch nur, wenn es nicht durch den Kampf mit seinem Reiter abgelenkt wird. Wenn das Pferd gelernt hat, mit allen Schwierigkeiten im Gelände fertigzuwerden, können erste winzige Sprünge verlangt werden – über Baumstämme, Gräben und ähnliches. Wenn die Anforderungen nur allmählich gesteigert werden, wird das Pferd lernen, alle Hindernisse zu nehmen, ohne sich aufzuregen.

Das Pferd darf nie auf die Hindernisse zustürmen. Wenn es das macht und sich nicht halten läßt, ist es einfach noch nicht gut genug erzogen. In einem solchen Fall sollte man das Springen für eine Weile vergessen und mehr Dressur reiten, bis das Pferd nicht mehr das Tempo bestimmt, sondern sich den Wünschen seines Reiters unterordnet. Das ist sehr wichtig. Das Pferd sollte nie schneller oder langsamer gehen, als der Reiter befiehlt. Um das zu erreichen, muß der Reiter natürlich wissen, wie schnell er reiten will, denn sonst wird er nicht einmal merken, daß es in Wirklichkeit das Pferd ist, das das Tempo bestimmt.

Wenn man ein Kind eine Zeitlang tun läßt, was es will und es ihm dann verbietet, wird es sich auflehnen, weil es nicht versteht, warum es plötzlich nicht mehr tun darf, was vor einer Minute noch erlaubt war. Auch Pferde verstehen nicht, warum sie plötzlich langsamer werden sollen, denn nur der Reiter weiß, daß es sich bei dem nächsten Hindernis um einen Tiefsprung handelt, bei dem er bei hohem Tempo mit Sicherheit in Schwierigkeiten kommen wird. Er versucht zu bremsen, und das Pferd denkt sich: »Was ist denn mit dem los? Hör auf zu ziehen!« und wird etwas schneller, um den Schmerz zu entgehen. Mit jedem Galoppsprung verringert sich die Distanz bis zum Absprung, die Verzweiflung des Reiters wächst, und er zieht immer stärker. Plötzlich wacht das Pferd auf und denkt, es soll gar nicht springen, weil der Reiter so stark am Zügel zieht und bleibt brav stehen. Der Reiter fliegt durch die Luft und merkt beim Aufschlag, wie tief die Landestelle wirklich liegt; dann klettert er wieder in den Sattel und beschimpft das Pferd. Vielleicht schlägt er es sogar. Aber wofür?

Diese kleine Episode ist nicht so weit hergeholt, wie es manchem vielleicht scheinen mag. So oder so ähnlich spielt sie sich immer wieder ab. Warum? Nur weil der Reiter sein Pferd nicht dazu erzogen hat, sich seinem Willen freiwillig zu unterwerfen. Wie bereits erwähnt, ist nur ein vernünftig geschultes Pferd ein sicheres Pferd.

Eine Meinungsverschiedenheit zwischen Pferd und Reiter führt nicht in jedem Fall zu einem Sturz, bei dem sich einer oder beide verletzen; doch selbst wenn nur eine Stange heruntergestoßen wird oder ähnliches, führt dies doch zu Strafpunkten, die im Endeffekt über Sieg oder Niederlage entscheiden können.

Die Geschwindigkeit des Pferdes zu ermitteln, ist nur ein kleiner Teil der Ausbildung, aber ein sehr wichtiger.

Bevor ich fortfahre, muß ich den Reiter warnen, sein Pferd nie zu überfordern. Nie ungeduldig werden. Eine langsame Ausbildung spart in Wirklichkeit Zeit. Wer zu früh zu viel verlangt, muß mit Widerstand rechnen, der unter Umständen das ganze Schulungsprogramm umwirft.

Wenn sich Fortschritte einstellen und das Pferd gut lernt, ist es an der Zeit, an das erste Turnier zu denken. Kein Pferd kann auf dem eigenen Gelände perfekt ausgebildet werden. Die Teilnahme an Wettkämpfen stellt einen wichtigen Bestandteil seiner Ausbildung dar. Aber ob bei der Vorbereitung für ein Turnier oder beim normalen Training: Nie vergessen, daß Pferde keine Maschinen sind. Sie ermüden ebenso wie Menschen. Die sicherste Methode, ein Pferd auf den Beinen zu halten ist, die Arbeit zu beenden, solange es noch frisch und gehlustig ist. Auf diese Weise verhütet man nicht nur Verletzungen, sondern hält das Pferd auch bei Laune. Dem Pferd sollte die Arbeit ebenso viel Freude bereiten wie dem Reiter, und das wird auch der Fall sein, solange der Reiter nicht vergißt, daß es das Pferd ist, das laufen muß. Was auch immer man verlangt, immer klein anfangen und die Anforderungen nur allmählich steigern. Das gilt für die Turnierteilnahme ebenso wie für alles andere.

Kein normaler Mensch würde in junges Pferd bei seinem ersten Turnier in einer dreitägigen Vielseitigkeitsprüfung starten lassen. Stattdessen sucht man sich die leichteste Prüfung aus, die zu finden ist, und reitet beim ersten Mal noch nicht auf Sieg. Bei diesem ersten Start soll sich erweisen, wie das Pferd in fremder Umgebung geht und welche Mängel die Ausbildung noch auf-

Die Folge einer Verweigerung

weist. Die Ergebnisse der Dressur geben darüber ebensoviel Aufschluß wie die des Geländerittes und des Springens. Man merkt, welche Art von Hindernissen das Pferd nicht mag, und vor allem, wenn alles vorüber ist, wie es die Prüfung verkraftet hat. War es fit genug? Es sollte die Prüfung ebenso frisch beenden wie die tägliche Arbeit. Wenn es erschöpft ist, wird deutlich, daß es vor dem nächsten Start stärker trainiert werden muß. Das erste Turnier vermittelt nicht nur Informationen über Ausbildungsstand und Kondition, sondern auch darüber, wie es sich verladen und transportieren läßt. Regt es sich auf? Frißt und säuft es normal? Braucht es Bandagen, Springglocken, Stollen oder ähnliches? All diese kleinen Details müssen bedacht werden. Sie sind Tatsachen. Schließlich ist es ganz einfach, eine logische Folgerung zu ziehen und entsprechend zu handeln.

Wenn das Pferd zum Beispiel am Graben unsicher war, sucht man sich zuhause einen Graben und übt so lange, bis es sicher und vertrauensvoll springt. Ein Fehler sollte einem guten Reiter jedoch nie passieren. Er darf nie seinem Pferd die Schuld geben, wenn etwas nicht klappt. Das Pferd weiß nicht, was ihm bevorsteht, das weiß nur der Reiter. Statt das Pferd zu beschimpfen, sollte man deshalb lieber über das Problem nachdenken und dann anfangen, daran zu arbeiten. Die Leistungen werden sich von Prüfung zu Prüfung steigern, bis man schließlich ein gut erzogenes, erfahrenes und vertrauensvolles Pferd hat.

Erst kommt das Pferd, dann die goldenen Schleifen. Ein Pferd, das nicht fit ist, darf nicht auf Sieg geritten werden, denn auf lange Sicht verliert man dadurch mehr, als an dem einen Tag zu gewinnen ist. Wenn man aber sicher ist, daß das Pferd gut vorbereitet ist, und erst dann, ist der Tag gekommen, für den man so hart gearbeitet hat und an dem man zeigen kann, was in ihm steckt. Leistung, Aussehen und Verhalten des Pferdes sind der Spiegel des Reiters. Ein Pferd wird nur so gut sein wie sein Reiter und kein bißchen besser.

Die Ausbildung des Reiters ist natürlich von entscheidender Bedeutung. Je mehr er davon versteht, desto besser kann er die Fähigkeiten seines Pferdes nutzen. Ein Reiter ohne fundierte Ausbildung wird, selbst wenn er die besten Absichten hegt, immer auf Versuch und Irrtum angewiesen sein. Das kann sehr frustrierend und entmutigend sein. Doch schon der gesunde Menschenverstand sagt mir, daß ich niemandem Flugstunden geben kann, wenn ich selbst keine Ahnung vom Fliegen habe. Wenn ein Reiter die grundlegenden Prinzipien der Pferdeausbildung nicht kennt, ist das ganze von vornherein hoffnungslos. Wie bei allem anderen ist auch beim Reiten die Einstellung, die geistige Vorbereitung, das wichtigste, anhand der entschieden wird, wie man vorgeht. Gerade bei Pferden ist diese geistige Einstellung besonders wichtig, weil es sich um Lebewesen mit einer eigenen Intelligenz handelt, die außerdem noch über gewaltige Kräfte verfügen.

Unabhängig davon, welche Sportart man ausüben will, muß man seinen Körper trainieren und bestimmte Haltungen einnehmen oder Bewegungen ausführen, die für die Sportart wichtig sind. Wer zum Beispiel ein guter Golfspieler werden möchte, kann nicht einfach hinausgehen und den Ball irgendwie schlagen. Das heißt, er kann es natürlich tun, doch damit wird er sicherlich nie irgendwo gewinnen.

Leider gibt es unter den Reitern nur sehr wenige Menschen, die diese Zusammenhänge verstehen und akzeptieren, wahrscheinlich, weil da immer noch das Pferd ist, dem man die Schuld geben kann – anders als beim Golf, bei dem man schlecht dem Ball die Schuld geben kann, wenn er nicht in die richtige Richtung rollt.

Aus dem bisher Gesagten läßt sich der Schluß ziehen, daß ein fester und zügelunabhängiger Sitz die wichtigste Voraussetzung für die weitere Ausbildung des Reiters ist. Ein Reiter, der seinen Körper und Geist nicht vollständig unter Kontrolle hat, wird nie in der Lage sein, mühelos Geist und Körper seines Pferdes zu beeinflussen. Der unabhängige Sitz läßt sich am leichtesten durch das Reiten ohne Steigbügel erreichen. Das Fehlen der Steigbügel zwingt den Reiter, sein Gewicht tief in den Sattel sinken zu lassen und wirklich zum Sitzen zu kommen. Natürlich ist das zu Anfang sehr unbequem, vielleicht sogar schmerzhaft, doch es ist mit einer bitteren Medizin vergleichbar, die man nehmen muß, um gesund zu werden.

Aufs Ganze gesehen sollte die Ausbildung des Reiters genauso langsam vorangetrieben werden wie die des Pferdes, denn auch Menschen können überfordert werden. Ein gut ausgebildetes Pferd erleichtert die Schulung des Reiters ungemein. Auf einem ausgebildeten und gut erzogenen Pferd kann der Reiter fühlen lernen. Mit Hilfe seines Lehrers wird er lernen zu fühlen, ob das Pferd gut oder schlecht geht. Pferd und Reiter zu gleicher Zeit auszubilden, erfordert einen Lehrer, der mit einer unendlichen Geduld gesegnet ist. Eine vernünftige, durchgeplante Schulung in der Dressur, beim Springen und im Gelände – dazu gehört auch das Einschätzen der Geschwindigkeit – werden den Reiter schon bald so weit bringen, daß er an kleineren Turnieren teilnehmen kann.

Für den Reiter gilt dasselbe wie für das Pferd: Es nützt nichts, wenn alles nur zuhause klappt. Beide müssen auch Leistung bringen, wenn sie unter Druck stehen. Die Erfahrung wird die Nervosität verdrängen. Aus der Aufregung wird gegenseitiges Vertrauen, und irgendwann wird der Tag kommen, an dem der Reiter mit ruhiger Entschlossenheit an den Start geht. Der Weg zu den internationalen Turnieren ist mit harter Arbeit gepflastert, aber so ist nun einmal das Leben. Umsonst ist nichts.

Die Teilnahme einer australischen Equipe an den Olympischen Spielen 1956 in Stockholm war mit Sicherheit ein Wendepunkt für den Reitsport in Australien. Wenn ich zurückdenke an die Eindrücke, die ich bei dem ersten Turnier erhielt, das ich in Australien besuchte, und diese dann mit der Tatsache verbinde, daß australische Reiter nur acht Jahre später in Rom zwei Gold- und eine Silbermedaille gewannen, kann ich es noch heute kaum glauben.

Nachdem ich mit der ersten Mannschaft in England angekommen war, traf ich einige europäische Reiter, die ich kannte. Sie alle waren sich einig – ich war verrückt, eine Aufgabe anzunehmen, die nur in einem Fiasko enden konnte! Ihrer Meinung nach war es unmöglich, die Erfahrungen der europäischen Reiter, die diese über viele Generationen gesammelt hatten, in kurzer Zeit an die Australier zu vermitteln. Zweifellos ein Standpunkt! Doch die Australier bewiesen ihnen das Gegenteil. Ihr Erfolg, ein vierter Platz in der Mannschaftswertung unter achtzehn teilnehmenden Nationen, brachte nach ihrer Rückkehr den Ball ins Rollen. Die wichtigste Neuerung war die Einführung von dreitägigen Vielseitigkeitsprüfungen in Australien.

Die Mannschaft, die in Stockholm an den Start ging, mußte alles erst lernen, die Reiter hatten keinerlei Vielseitigkeitserfahrung. Natürlich waren sie alle gut; sie konnten alles reiten und blieben auch irgendwie oben. »Irgendwie« reicht

Die erste australische Olympiamannschaft (1956): Gwen Stead (Pflegerin), Bert Jacobs, David Wood, Ern Barker.

für Olympische Spiele jedoch nicht aus, und aus diesem Grund sahen sich die armen Kerle harten Zeiten gegenüber. Trotzdem verloren sie aber nie ihre gute Laune, und das Stockholmer Ergebnis war mit Sicherheit eine wohlverdiente Belohnung.

Neben unserer geringen Turniererfahrung hatten wir noch andere Probleme. Der Ausbruch einer Hustenepidemie auf dem europäischen Kontinent und in England machte es uns unmöglich, an der Großen Vielseitigkeit in Harewood teilzunehmen. Damit blieb nur noch die Große Vielseitigkeit in Badminton 1956 als Vorbereitung auf die Spiele von Stockholm. Dort hatten wir keine Schwierigkeiten, denn der Kurs war relativ einfach, um die Pferde so kurz vor der Olympiade nicht zu überfordern.

Die Pferde waren in England gekauft worden und mit Ausnahme von Radar keine Vollblüter. Einen Spitzenvollblüter wie Countryman, Wild Venture oder Kilbarry (die drei Pferde der englischen Mannschaft) zu bekommen, war völlig unmöglich – quasi fünf Minuten vor den Olympischen Spielen. Da nur drei Pferde jeder Mannschaft starten durften, hatten wir eine gewisse Hoffnung, in die Mannschaftswertung zu kommen, wenn es uns gelang, den zweiten Tag heil zu überstehen. Das gelang uns beinahe. Ein unglücklicher Sturz kostete uns eine Medaille. Unsere Mannschaft lag siebenundvierzig Punkte hinter Kanada, dem Gewinner der Bronzemedaille. Unsere Reiter sahen sich dem schwersten Querfeldeinkurs ihres Lebens gegenüber, einer ungünstigen Startposition (wir hatten die Startnummer eins gezogen), und zudem hatten sie kaum Turniererfahrung. Ich bin sicher, daß ihre Entschlossenheit, den Kurs zu überwinden, ihrem Wunsch entsprang, Australien nicht zu enttäuschen. Ihre Mühe und ihr Erfolg sind nie richtig gewürdigt worden, doch ich bin auch sicher, daß sie den Weg bereiteten für den außergewöhnlichen Erfolg der Mannschaft von Rom, und ziehe meinen Hut vor David Wood (Mannschaftsführer), Ernie Barker, W. Thompson und Brian Crago, den Reitern von Stockholm.

In Rom wurde unter geänderten Regeln geritten: Jede Mannschaft durfte aus vier Reitern bestehen, von denen die drei besten in die Wertung kamen. Rom mußte aus einem anderen Blickwinkel betrachtet werden. Ich vermutete, daß dort viel schneller geritten werden würde als in Stockholm, weil jede Mannschaft einen Ersatzreiter hatte. Das heißt, wir brauchten Vollblüter. Doch mittlerweile waren Vielseitigkeitsprüfungen in Australien fest etabliert, so daß Pferde und Reiter in dieser Disziplin Erfahrungen sammeln konnten. Das erleichterte natürlich auch die Auswahl von Pferden und Reitern, die vor den Spielen in Stockholm sehr schwierig gewesen war, denn nun konnten sich Pferde und Reiter durch ihre eigenen Leistungen qualifizieren.

Als die acht Pferde und fünf Reiter ihre Reise nach England antraten, um dort letzte Vorbereitungen zu treffen, war ich wesentlich zuversichtlicher, als ich es vor Stockholm gewesen war. Der erste Versuch war mehr oder weniger ein Glücksspiel gewesen, doch nun hatten wir eine gute Grundlage.

Wie auch beim erstenmal waren wir in Aldershot untergebracht und starteten bei der Vielseitigkeit in Badminton, der letzten großen Prüfung vor den Spielen. Das Ergebnis war mit Sicherheit ein Schock für viele europäische Reiter. Es siegte Bill Roycroft mit Our Solo, gefolgt von Laurie Morgan mit Salad Days; auf dem vierten Platz landete Neale Lavis mit Mirrabooka und auf dem achten und neunten Platz John Kelly mit Adlai und Brian Crago mit Toscanella. Dieses Ergebnis war genau das, was wir gebraucht hatten. Es stärkte das Selbstbewußtsein und gab uns allen Hoffnung. Es zeigte aber auch deutlich, welche Schwachstellen und Mängel noch auszubügeln waren. Nach einer kurzen Ruhepause auf der Weide wurden die Pferde wieder in Arbeit genommen und allmählich in Spitzenkondition gebracht. Obwohl ich mich gern auf die Dressurarbeit konzentriert hätte, um Pferden und Reitern den letzten Schliff zu geben, hatte die Kondition doch absolute Priorität, und die Arbeit im Viereck wurde auf ein Minimum reduziert. Auf der Reise kam es natürlich zu gewissen Schwierigkeiten, doch schließlich trafen wir wohlbehalten in Rom ein. Dort mußten wir feststellen, daß die Vielseitigkeitspferde 50 Kilometer vom Olympischen Dorf entfernt untergebracht waren – um die Pferde zweimal am Tag bewegen zu können, mußten die Reiter also jeden Tag 200 Kilometer zurücklegen. Zum Frühstück und zum Mittagessen mußten sie zurück ins Dorf – jeden Tag 200 Kilometer durch den römischen Verkehr! Das allein zerrte an den Nerven; es war das reinste Tollhaus.

Die Geländestrecke war nicht so lang wie in Stockholm, aber trotzdem beeindruckend. Die meisten Hindernisse waren gut gebaut und sahen aus, als wäre es eine reine Freude, sie zu springen. Ich konnte allerdings nicht verstehen, warum die anderen solch windige, uneinladende Konstruktionen waren. Unklar war mir auch, warum die schwierigste Kombination die Nummer zweiunddreißig, dreiunddreißig und vierunddreißig trug. Diese Hindernisse stellten ermüdete Pferde vor eine praktisch unlösbare Aufgabe. An dieser Kombination kam es zu zahlreichen Stürzen, die man hätte vermeiden können, wenn diese Kombination weiter vorn gestanden hätte. Der Standard der Dressur war nicht so hoch wie in Stockholm, was auch für den Geländeritt zutrifft. Eine ganze Reihe von Pferden war für eine solche Prüfung nicht fit genug und kam zu Schaden. Doch es waren nicht nur ungenügend trainierte Pferde am Start; auch manche der Reiter waren nicht fit genug, um den zweiten Tag zu überstehen. Es war ein deprimierender Anblick, wie sich die Pferde mit erschöpften Reitern auf dem Rücken vorwärtsschleppten.

Entgegen meiner Vermutung wurde trotz der geänderten Regeln das Tempo nur von wenigen Reitern forciert. Nur einige ritten schneller – vielleicht versuchten es die anderen nicht, weil sie keine Vollblüter hatten.

Die Springprüfung am dritten Tag war nicht übermäßig schwierig. Der Parcours war recht gut aufgebaut, enthielt aber leider zwei Wendemarken, die meiner Meinung nach unnötig waren. Es gibt keinen Grund, einem Reiter eine Falle zu stellen, der die Geländeprüfung des zweiten Tages erfolgreich absolviert hat. Zudem stimmt es auch nicht mit der ursprünglichen Idee überein – zu prüfen, ob das Pferd fit genug ist, um weiterzumachen, und nicht, es in eine Falle laufen zu lassen. Dadurch verdirbt man Pferd und Reiter nur die Freude am Endkampf.

Unsere Startfolge war:
Bill Roycroft – Nr. 1
Neale Lavis – Nr. 2
Brian Crago – Nr. 3
Laurie Morgan (Mannschaftsführer) – Letzter

Die Dressurleistungen waren befriedigend. Verglichen mit einigen anderen Ritten hätten wir etwas besser bewertet werden können, doch wie schon erwähnt, hatten wir einige der letzten Feinheiten bewußt dem Fitneßtraining geopfert. Folgende Punktzahlen wurden erreicht:

	Strafpunkte
Laurie Morgan mit Salad Days	– 106
Bill Roycroft mit Our Solo	– 114
Neale Lavis mit Mirrabooka	– 124
Brian Crago mit Sabre	– 137

Am nächsten Tag im Gelände legte Bill mit Our Solo einen großartigen und sehr schnellen Ritt hin – bis zum Hindernis Nr. 32, an dem es zum Sturz kam. Bill mußte einen Schlenker reiten, um einem Hindernisrichter auszuweichen, der vor ihm über den Weg rannte, und kam so zu dicht vor das Hindernis. Our Solo schlug hart dagegen, zerbrach die obere Stange (es war eine von den windigen Konstruktionen), landete auf der anderen Seite in einem Loch und stürzte. Dann sprang er auf und trabte allein, etwa fünf Meter vor meiner Nase vorbei Richtung Ziel, bis ihn dort jemand einfing (in meiner Aufregung registrierte ich nicht einmal, wer es war), und ihn Bill zurückbrachte, der wieder aufsaß und seine Runde beendete. Danach wurde er mit einem Schlüsselbeinbruch und einer Gehirnerschütterung ins Krankenhaus gebracht. Der Anfang sah also nicht sehr gut aus. Neale, dem nächsten Reiter, gelang eine schnelle, fehlerfreie Runde, was die Aussichten schon verbesserte. Brian und Sabre waren sehr schnell und fehlerfrei und erhielten die höchste erreichbare Zahl an Gutpunkten, doch Sabre zog sich eine Sehnenzerrung im Fesselgelenk zu und lahmte auf dem Rückweg in den Stall stark. Die Lage sah schlecht aus.

Laurie Morgan und Salad Days waren die letzten und die besten. Sie erhielten die maximale Zahl an Gutpunkten und lieferten den schnellsten Ritt des Tages. Mit Ausnahme von Sabre, der am nächsten Tag nicht starten konnte, waren die Pferde in Ordnung, doch Bill war im Krankenhaus und damit blieben uns nur noch zwei Pferde – was zur Disqualifikation der Mannschaft führen würde.

Doch Bill, dem dies natürlich bewußt war, beschloß zu reiten, und ich glaube kaum, daß irgendein Arzt es geschafft hätte, ihn im Krankenhaus zu halten. Die Verletzung von Sabre war ein schwerer Schlag für Brian, aber er trug ihn wie ein echter Sportsmann.

Die abschließende Springprüfung fand auf dem wunderschönen römischen Turnierplatz auf der Piazza di Siena vor einem Riesenpublikum statt. Our Solo war unser erstes Pferd am Start. Er ging fehlerfrei und wurde von Bill trotz des gebrochenen Schlüsselbeins und des schweren Sturzes am Vortag ausgezeichnet geritten. Neale und Mirrabooka gelang dasselbe – ein fehlerfreie Runde, sehr ruhig und exakt geritten. Nun lag es bei Laurie Morgan, sich zwei Goldmedaillen zu sichern (seine eigene aus der Einzelwertung und, als drittes Mitglied der Mannschaft, die für die Mannschaftswertung). Seine Nerven müssen zum Zerreißen gespannt gewesen sein, doch trotzdem schaffte er es. Er hatte zwar einen Hindernisfehler und erhielt einige Strafpunkte für Zeitüberschreitung, hatte aber trotzdem ein hervorragendes Endergebnis.

Ergebnis der Einzelwertung
Laurie Morgan
1. Platz – Goldmedaille +7 min. 15 sek.
Neale Lavis
2. Platz – Silbermedaille –16 min. 50 sek.
A. Buhler
3. Platz – Bronzemedaille –51 min. 21 sek.

Ergebnis der Mannschaftswertung
Australien
1. Platz – Goldmedaille –128 min. 18 sek.
Schweiz
2. Platz – Silbermedaille –386 min. 2 sek.
Frankreich
3. Platz – Bronzemedaille –515 min. 71 sek.

Der Augenblick, in dem die australische Flagge aufgezogen wurde, war einer der schönsten meines Lebens; für die Reiter war dieser Tag vermutlich einer der Höhepunkte ihres Lebens und sicher auch für viele Australier.

Das einzig Tragische an diesem großen Tag, das uns allen schmerzlich bewußt war, war, daß Mr. Sam Horden nicht bei uns sein konnte, um mit uns den Erfolg der Mannschaft zu feiern. Er, der Präsident der Australischen Reiterlichen Vereinigung, war die treibende Kraft hinter uns allen gewesen, doch das Schicksal brachte ihn um die Früchte seiner Arbeit – er kam kurz vor den Spielen bei einem Autounfall ums Leben.

Die erste Mannschaft, die sich in Stockholm so ehrenvoll geschlagen hat, hat den Weg bereitet für den Erfolg und Triumph der zweiten Mannschaft in Rom. Das zweite Team – angeführt von Laurie Morgan, dessen Entschlossenheit jeden anspornte – setzte Maßstäbe, an denen jede noch kommende Equipe gemessen werden wird.

Wenn ich sage: »Ich ziehe meinen Hut vor der zweiten Mannschaft (Laurie Morgan, Bill Roycroft, Brian Crago, Neale Lavis und John Kelly) und ihrer beachtlichen Leistung«, dann hoffe ich, dasselbe auch zu allen folgenden Equipen sagen zu können.

Ich wünsche ihnen allen viel Glück.

Die australische Olympiamannschaft in Rom, 1960: Laurie Morgan, John Kelly, Neale Lavis, Bill Roycroft, Brian Crago.

Zusammenfassung

1. Ursprünglich dienten Vielseitigkeitsprüfungen dazu, die Ausbildung von Kavallerieoffizieren und ihren Pferden zu fördern. Die einzelnen Phasen lassen sich mit dem gefährlichen Ritt eines Boten durch feindliches Gebiet vergleichen.

2. In keiner anderen Reitsportdisziplin müssen Pferd und Reiter eine so große Zahl von Qualitäten aufweisen, um mit einiger Aussicht auf Erfolg an einer Prüfung teilnehmen zu können. Für die Vielseitigkeit braucht es echte Pferde und echte Reiter.

Es folgt die genaue Beschreibung der verschiedenen Phasen einer Vielseitigkeitsprüfung.

3. Ein erfolgreiches Vielseitigkeitspferd muß über Schnelligkeit, Ausdauer, Springvermögen, Mut, flüssige Bewegungen und Ausstrahlung verfügen. Außerdem braucht es ein ausgeglichenes Temperament. Das alles klingt nach dem perfekten Pferd, doch wo findet man es?

Eine korrekte und gut durchdachte Ausbildung kann bei einem nicht ganz perfekten Pferd vieles ausgleichen, doch damit sich die Arbeit lohnt, muß es Mut haben (denn nur ein mutiges Pferd wird alles versuchen), eine gute Abstammung (wegen der Schnelligkeit) und Substanz (um gesund zu bleiben). Diese drei Qualitäten sind ein absolutes Muß.

4. Beim Beurteilen eines Pferdes achtet man zuerst auf die guten Punkte und registriert dann die schlechten. Dann muß man sich darüber klarwerden, welche überwiegen.

Zur Abstammung: Pluspunkte im Gelände und auf der Rennbahn lassen sich nur mit einem Vollblüter sammeln. Auch ein gut trainierter Halbblüter kann sehr gut sein und vielleicht sogar einige Vollblüter schlagen, wird einem ebenso gut trainierten Vollblüter aber immer unterlegen sein. Einen geeigneten Vollblüter findet man auf einem Gestüt oder einer Rennbahn. Von der Rennbahn kommende Tiere leiden jedoch manchmal unter Schäden, weil sie schon mit zwei Jahren die ersten Rennen laufen mußten. Auf jeden Fall muß das Pferd gesund sein, denn man muß über lange Zeit hart mit ihm arbeiten, um es fit zu machen. Diese Zeit ist vergeudet, wenn es das Training körperlich nicht aushält.

5. Wer einen Vollblüter wählt, sollte sich dessen bewußt sein, daß diese Pferde mehr Pflege und erfahrenere Betreuer brauchen als andere Rassen. Sie sind sensibler und intelligenter und müssen entsprechend behandelt werden. Der Reiter muß sein Pferd völlig unter Kontrolle haben und es so erziehen, daß es sich ihm freiwillig unterordnet, was immer er auch verlangt. Ein Reiter, der über die Kraft seines Pferdes nach Wunsch verfügen kann, wird Erfolg haben, weil er nicht mit seinem Pferd kämpfen muß. Auch das Pferd ist zufrieden, und beide können sich auf ihre Fähigkeiten verlassen und ihr bestes geben.

6. Das Training des Reiters, sowohl geistig als auch körperlich, ist ebenso wichtig wie das des Pferdes. Je mehr ein Reiter weiß und kann, desto besser wird er sein Pferd ausbilden. Die gewaltigen Widerstandskräfte des Pferdes müssen durch eine geschickt durchgeführte Erziehung überwunden werden.

Auch der Reiter muß seinen Körper trainieren, denn er muß genauso fit sein wie sein Pferd. Ein durchdachtes Trainingsprogramm mit Dressur, Springen und Geländereiten bereitet beide auf die Teilnahme an kleinen Turnieren vor. Zuhause gut zu sein, reicht nicht aus. Beide müssen Turniererfahrung sammeln.

7. Das Pferd darf nie auf die Hindernisse zustürmen. Wenn dies der Fall ist, ist die Dressurausbildung noch unzureichend. Das Pferd darf nie schneller oder langsamer gehen, als es der Reiter befiehlt.

Wer das Training nur langsam vorantreibt, wird nicht auf Widerstand stoßen. Ein Pferd, das nie überfordert worden ist, wird stetig Fortschritte machen. Es wird seine Arbeit als Freude empfinden, wenn es nicht ermüdet wird. Nie vergessen: Es ist das Pferd, das laufen muß.

Bei den ersten einfachen Wettkämpfen kann man den Stand der Ausbildung überprüfen. Die Bemerkungen auf dem Dressurwertungsbogen sind eine Hilfe. War das Pferd fit genug für die Geländestrecke? Welche Arten von Hindernissen machten es unsicher? Und so weiter. Am besten macht man sich Notizen über jedes Detail, das die weitere Ausbildung betrifft. Erst kommt das Pferd, dann die goldenen Schleifen. Es wird noch eine Weile dauern, bis sich das Gefühl einstellt, daß man auf Sieg reiten kann. Erst wenn man fühlt, daß das Pferd so weit ist – und wirklich erst dann –, kann man es versuchen.

8. Der Rest des Kapitels erzählt die Geschichte der ersten australischen Equipen, die an den Vielseitigkeitsprüfungen der Olympischen Spiele teilnahmen.

Dreizehntes Kapitel

Das junge Pferd

Alles bereits erwähnte gilt auch für junge Pferde, abgesehen davon, daß man mit ihnen wesentlich großzügiger verfahren muß.

In der Spanischen Hofreitschule werden die jungen Pferde ausgiebig beobachtet, um herauszufinden, wo ihre natürlichen Begabungen liegen, und diese werden dann gezielt weiterentwikkelt. Es ist besser, ein Pferd mit drei Jahren einzureiten als mit zwei. Die Lippizaner werden erst mit vier Jahren in Arbeit genommen.

Ich werde erläutern, wie ich ein junges Pferd ausbilde. Andere Leute haben zweifellos andere Methoden. Ich longiere das junge Pferd mit Sattel und Trense sowie einem Kappzaum mit drei Ringen (einem auf dem Nasenrücken und je einem an der Seite). Während der ersten Tage sind die Zügel noch locker.

Manche Leute stellen junge Pferde ausgebunden hin, doch das lehne ich ab. Die Pferde lernen dadurch nur, hinter dem Zügel zu gehen, und laufen dann auf diese Weise herum, was völlig nutzlos ist.

Ich benutze schon beim Longieren die Trense. Nach einiger Zeit schnalle ich Ausbindezügel ein, die allmählich, immer zwei Löcher auf einmal, verkürzt werden, bis der Hals schließlich rund ist und das Pferd am Zügel steht.

Für die ersten Longierversuche braucht man vielfach einen Helfer, der das Pferd herumführt. Während der ersten Woche verlange ich noch nichts vom Pferd. Ich lasse es ganz nach eigenem Wunsch im Schritt gehen, traben oder galoppieren. In der zweiten Wochen soll es traben, und es kann mit der treibenden Wirkung der Peitsche vertraut gemacht werden – es darf aber keine Angst vor ihr entwickeln.

Das Longieren wird sechs bis zwölf Wochen lang durchgeführt; die Dauer hängt vom Pferd ab. Danach kann man zum erstenmal aufsitzen, und es wird nur in Ausnahmefällen zu Bocksprüngen kommen, denn mittlerweile vertraut das Pferd seinem Ausbilder und ist nicht mehr darauf aus, ihn loszuwerden. Hat es erst einmal Vertrauen gewonnen, wird die weitere Ausbildung leichter sein, weil es nicht mehr außer sich vor Angst ist. Ist das Pferd erst einmal ruhig und voller Vertrauen, hat man eine gute Grundlage, auf der es sich aufbauen läßt.

Beim ersten Mal reite ich nur etwa fünf Minuten lang. Allmählich steigere ich die Reitzeit erst auf zehn, dann auf fünfzehn Minuten. In den ersten vier Wochen reite ich immer nur für kurze Zeit. Man sollte nicht vergessen, daß sich das Pferd langsam an das Gewicht des Reiters gewöhnen muß und bei Überforderung leicht steif wird. Deshalb vorsichtig anfangen und das Tier nicht ermüden.

Das erste, was ein junges Pferd lernen muß, ist vorwärtszugehen. Da es nicht wissen kann, was der Reiter von ihm will, ist besondere Behutsamkeit geboten. Außerdem müssen die Hände so weich wie möglich einwirken. Man sollte versuchen, auf einer geraden Linie vorwärtszureiten. Eine große Koppel ist von Vorteil, denn auf ihr muß das Pferd nicht ständig gebremst oder abgewendet werden. Fürs erste reicht es aus, wenn es gerade vorwärtsgeht. Geradesitzen und versuchen, weich in die Bewegungen einzugehen, denn andernfalls wird das Pferd versuchen, die auf seinem Rücken herumhopsende Last loszuwerden.

Auf einem jungen Pferd wird der Trab mindestens die ersten drei Monate lang nicht ausgesessen, denn dadurch bekäme es Rückenschmerzen und würde sich steif machen. Wenn der Rücken aber steif ist, wird es nur noch die Beine bewegen und nicht mehr locker gehen. Dadurch werden die natürliche Schönheit und der Schwung verdorben. Das ist das Schlimmste, was passieren kann. Die Zeit, die man sich nimmt, um ein junges Pferd korrekt anzureiten, macht sich später bezahlt.

Andrew Hoy und Davey erhalten nach der Großen Vielseitigkeit von Melbourne 1981 die Franz Mairinger-Gedächtnistrophäe; überreicht von Frau Erna Mairinger.

Das Pferd darf keine Angst vor der Gerte haben. Ich berühre meine jungen Pferde mit ihr am ganzen Körper, um ihnen die Angst zu nehmen. Eingesetzt wird sie so, daß sie das Pferd nur leicht berührt, zum Beispiel an der Hinterhand, wenn es nicht genug vorwärtsgeht. In dem Augenblick, in dem das Pferd das Gebiß fallenläßt, muß es vorwärtsgetrieben werden. Es muß am Zügel gehen, nicht hinter dem Zügel.

Für ein junges Pferd muß man ein Arbeitsprogramm ausarbeiten. Es darf nie zu lange arbeiten, denn wenn es ermüdet, wird es sich widersetzen. Selbst wenn es kräftiger geworden ist, sollte es nie länger als eine Stunde arbeiten müssen. Eine gute Idee ist es, ein junges Pferd morgens und abends je eine halbe Stunde zu reiten. Noch besser wäre es, dreimal am Tag je zwanzig Minuten lang mit ihm zu arbeiten.

Am Anfang darf nie zuviel verlangt werden. Die Arbeit am nächsten Tag fällt immer leichter, wenn die vorhergehende Stunde mit einem Erfolgserlebnis abgeschlossen wurde. Das Pferd muß lernen, auf einer vom Reiter bestimmten Linie vorwärtszugehen und anzuhalten.

Die ersten Wendungen sollten möglichst groß genug werden. Anfangs werden sie noch sehr ungenau ausfallen, doch die Feinheiten kommen später. Gefordert sind große Geduld und eine gewisse Großzügigkeit. Wer genug Geduld hat, kann keine Fehler machen.

Man kann Muskeln nicht zwingen, sich zu entwickeln – sie müssen durch Arbeit allmählich heranwachsen. Erst wenn die Muskeln weit genug entwickelt sind, kann die Ausbildung vorangetrieben werden.

Es gibt eine alte Redewendung, die heißt: »Kein Schritt, kein Galopp«, was zutrifft, wenn das Pferd nicht frei ausschreitet. Wenn ich ein angerittenes Pferd kaufen will, betrachte ich zuerst seine Bewegung und dann seinen Hals. Je besser die natürlichen Bewegungen sind, desto besser wird das Pferd im Laufe der Ausbildung werden. Was nicht da ist, kann man jedoch nicht verbessern.

Junge Pferde sollten nicht zu früh springen lernen, und vor allem darf man ihnen nie mehr abverlangen, als sie leisten können. Wenn das Pferd in der Lage ist, 92 Zentimeter hoch zu springen, sollte das Hindernis höchstens 90 Zentimeter hoch sein; und erst wenn das Pferd gelernt hat, es ruhig und korrekt zu überwinden, kann mehr verlangt werden. Vor den ersten Springübungen muß das junge Pferd jedoch erst ein Jahr dressurmäßig ausgebildet worden sein. Gegen einen gelegentlichen Hüpfer über 50 Zentimeter ist jedoch nichts einzuwenden.

Zusammenfassung

1. Es ist besser, ein Pferd mit drei Jahren anzureiten als mit zwei. Selbst bei einem Dreijährigen sollten die Anforderungen nur ganz allmählich gesteigert werden.

Das junge Pferd wird mit Sattel, Trense und Kappzaum longiert; anfangs natürlich nur für kurze Zeit. In der ersten Woche soll es nur lernen, in der von ihm gewählten Gangart im Kreis zu laufen. Dann wird es langsam an das Gebiß herangetrieben, in das – zunächst lang verschnallte – Ausbindezügel eingehängt werden.

Entsprechend seinen Fortschritten wird das junge Pferd sechs bis zwölf Wochen lang longiert.

2. Jetzt hat es Vertrauen zu seinem Ausbilder und versteht die Stimmkommandos. Beim ersten Aufsitzen wird es nur selten zu Widersetzlichkeiten kommen. Anfangs nur fünf Minuten reiten und die Reitzeit ganz allmählich steigern. Das Pferd nicht ermüden oder aufregen. Es muß lernen, auf einer geraden Linie vorwärtszugehen. Wenn der Reiter gerade und weich sitzt, wird es ruhig bleiben. Nicht aussitzen – dadurch würde der Rücken überfordert; er verkrampft sich, und der Schwung geht verloren.

3. Das Pferd darf die Gerte nicht fürchten, es soll sie nur respektieren. Es muß langsam an sie gewöhnt werden. Eine leichte Gertenhilfe auf der Hinterhand hält es in Bewegung und am Zügel. Wenn es das Gebiß fallenläßt, muß es sofort vorwärtsgeritten werden. Auch in den späteren Stadien der Ausbildung nie länger als eine Stunde reiten – am besten aufgeteilt in zwei oder drei Unterrichtseinheiten. Das Pferd muß lernen, in die gewünschte Richtung vorwärtszugehen und sich anhalten zu lassen.

4. Wendungen müssen weit genommen werden. Immer langsam und geduldig vorgehen. So entwickeln sich langsam aber sicher seine Muskeln und sein Vermögen, den Reiter zu verstehen.

Im ersten Jahr nie höher springen als etwa 50 Zentimeter.

Vierzehntes Kapitel

Der Dressurrichter

Die Hauptaufgabe eines Richters besteht darin, dem Reiter zu helfen, indem er die Vorstellung kritisch betrachtet. Es ist sehr schwierig, gleichzeitig eine Vielzahl von Bemerkungen zu notieren, weil die einzelnen Lektionen so schnell aufeinander folgen. Wenn möglich, sollte der Reiter auf dem Bewertungsbogen eine abschließende kurze Zusammenfassung vorfinden, in der die wichtigsten Schwächen des Pferdes aufgeführt sind oder – in vielen Fällen – die des Reiters, oder eine Erklärung, warum das Pferd nicht so gegangen ist, wie es sollte. Manchmal ist deutlich zu sehen, daß ein bestimmtes Pferd besser gegangen wäre, wenn der Reiter stärker getrieben hätte oder mit leichterer Hand geritten wäre. Der Reiter sollte den Bewertungsbogen sorgfältig studieren und entsprechend handeln.

Als Richter sollte man versuchen, den Teilnehmern deutlich zu machen, was gut war und was nicht. Wenn ein Reiter nach der Prüfung im Bewertungsbogen liest, daß das Pferd bei einer Lektion oder bei zweien oder dreien »auf zwei Hufschlägen« ging; oder wenn der Richter sagt, das Pferd sei über dem Zügel gegangen, nicht nach links gestellt gewesen oder was auch immer, kann er seine Schlüsse daraus ziehen. Dann kann er sich sagen: »Beim nächstenmal wird er mich nicht mit einem schiefen Pferd erwischen. Ich werde dafür sorgen, daß es geradegerichtet ist. Ich werde dafür sorgen, daß es sich nach rechts und links stellen läßt und das Gebiß annimmt«, und so weiter. Nach der nächsten Prüfung findet er dann vielleicht nur noch eine Anmerkung, die besagt, daß das Pferd auf zwei Hufschlägen ging. Dann wird der Reiter an diesem Problem weiterarbeiten und es schließlich mit Hilfe der Richter, denen er sich auf jedem Turnier erneut stellt, lösen und so seine Fähigkeiten kontinuierlich verbessern. Wenn er dann weiterarbeitet (und viele Reiter arbeiten nicht genug) kann er – wenn er sich wirklich anstrengt – die Spitze erreichen, was natürlich nicht mit jedem Pferd zu schaffen ist.

Es ist unerheblich, ob ein Richter über viel Erfahrung verfügt. Auch wenn dies nicht der Fall ist, wird ihm doch immer noch etwas auffallen, auf das er den Reiter hinweisen kann. Ich erinnere mich an das erste Turnier, an dem ich in Australien teilnahm. All meine Freunde und Bekannten kamen zum Zuschauen und jemand, der noch nie in seinem Leben auf einem Pferd gesessen hatte, sagte etwas zu mir, was genau zutraf, was mir vorher noch nie jemand gesagt hatte und was mir sehr half.

Theoretisch wird ein Richter immer besser, je mehr praktische Erfahrung er hat. Das stimmt zwar nicht unbedingt, aber es ist zweifellos hilfreich. Es trifft besonders in den Fällen zu, in denen der Richter versucht, einem Reiter Ratschläge zu geben, wie er in der Prüfung aufgetretene Fehler beseitigen kann. Je mehr praktische Erfahrung er hat, desto leichter wird ihm dies fallen, denn er selbst wird dem entsprechenden Problem schon oft gegenübergestanden haben. Wenn er aber nicht über eigene praktische Erfahrungen verfügt, sollte er zumindest ein fundiertes theoretisches Wissen haben.

Ich selbst richte besonders gern Dressurprüfungen. Richter und solche, die es werden wollen, sind auf ihre Aufgabe umso besser vorbereitet, je mehr Interesse sie aufbringen, je öfter sie reiten, zusehen (selbst wenn sie nicht richten) und beobachten. Das Richten ist ebenso wie alles andere eine Sache der Erfahrung.

Einer der besten deutschen Richter setzte sich nur selten auf ein Pferd. Dennoch gehörte er zu den besten. Obwohl er nicht viel ritt, war er doch ein ausgezeichneter Pferdekenner. Er konnte zum Beispiel – wie ich selbst erlebt habe – einem Teilnehmer sagen: »Dieses Pferd wird nie piaffieren.« Niemand konnte sehen, warum dieses Pferd die Piaffe nicht lernen sollte, doch genau das trat tatsächlich ein. Dieser Richter hatte etwas, das den meisten anderen Leuten fehlt – eine gewisse Sensibilität, die ihn zu etwas Besonderem machte. Saß er jedoch selbst auf einem Pferd, war er ein ganz anderer Mensch – er ritt nur spazieren und hatte keine weiteren Ambitionen. Dieser Richter hatte die gesamten Zusammenhänge wirklich studiert und sie auch verstanden.

Wenn es zur Beurteilung kommt, sind umfassende theoretische Kenntnisse von Nutzen. Von Fehlern, die in der Anfangszeit auftreten, sollte man sich nicht entmutigen lassen. Jeder Mensch braucht eine gewisse Übung. In diesem Fall muß er sehen üben. Der Anfänger sieht auf die Gänge des Pferdes, achtet auf die korrekte Biegung und den Takt, und wenn er dies alles zur Kenntnis genommen hat, ist die eigentlich zu bewertende Lektion bereits vorüber und er hat kaum etwas von ihr gesehen.

Es ist eine Sache der Übung, das Gesamtbild auf einmal in sich aufzunehmen und sich dann im Unterbewußtsein darauf zu konzentrieren, ob das Pferd schwungvoll geht, auf einem Hufschlag bleibt, korrekt gebogen ist und so weiter. Das alles sieht der gute Richter auf einen Blick. Man muß hinsehen wie auf einem Gemälde und den Gesamteindruck in sich aufnehmen. Ein Experte betrachtet ein Gemälde und weiß, welche Technik der Maler benutzt hat. Wenn ich das herausfinden wollte, müßte ich dicht an das Bild herantreten, genau hinsehen und könnte selbst dann nur eine Vermutung äußern. Der Experte sieht einmal hin und erfaßt die Maltechnik, den Ausdruck und alles andere. Das ist eine Sache der Erfahrung, der Übung, und deshalb muß man seine Beurteilung anfangs Schritt für Schritt aufbauen. Im Laufe der Zeit findet man dann heraus, welche Dinge wichtiger und welche weniger wichtig sind; wo Nachsicht angebracht ist und wo nicht.

Beim erstenmal sitzt man auf dem Richterturm und ist der Panik nahe: »Was soll ich ihm geben? Was soll ich nur tun?« Im Laufe der Zeit gibt sich das. Man lernt, das Bild in sich aufzunehmen und mit »Eins«, »Zwei« oder »Zehn« zu bewerten. Im Prinzip ist es dasselbe wie das Betrachten eines Gemäldes. Ein Experte sieht es sich an, studiert die Technik des Künstlers, tritt dann zurück, sieht es sich als Ganzes an und nimmt den Gesamteindruck in sich auf. Dasselbe gilt für eine Prüfung. Man betrachtet den »individuellen Pinselstrich« des Reiters in der Wendung und auf der Mittellinie, aber auch die gesamte Prüfung – den Gesamteindruck von Pferd und Reiter – und notiert, was gelungen war, was noch zu verbessern ist und so weiter.

Das wichtigste und wahrscheinlich schwerste für einen Richter ist es, völlig unvoreingenommen zu sein. Er muß in der Lage sein, seine eigene Tochter zu bewerten, ohne zur Kenntnis zu nehmen, daß es sich um seine Tochter handelt, und sich so verhalten, als hätte er Pferd und Reiterin noch nie gesehen. Das ist eine Sache der Konzentration. Man sollte nie sagen, was ein Richter mir gegenüber einmal äußerte: »Wenn meine Kinder mitreiten, gewinnen sie immer.« Das ist zwar eine verständliche Reaktion, denn kein Kind ist für einen Vater besser als das eigene, doch hier liegt ein Problem, das teilweise durch den Charakter bedingt wird, zum Teil aber auch dadurch, daß der Richter sein Amt nicht ernst genug nimmt.

Ich habe Richter gesehen, die für eine Lektion eine Zwei oder eine Drei vergaben, für die ich mindestens eine Acht (wahrscheinlich sogar eine Neun) gegeben hätte, und ich habe Filmaufnahmen, um meine Entscheidung zu untermauern. Wenn so etwas einmal passiert – nun gut. Vielleicht hat der Richter sich gerade die Nase geputzt und deshalb nicht hingesehen. Doch wenn es öfter passiert? Alle Reiter müssen mit dem gleichen Maßstab gemessen werden, ob man sie nun liebt oder haßt; wer aus persönlichen Gründen mit zweierlei Maß mißt, ist kein guter Richter. Er bewertet nicht, was ihm vorgeführt wird, obwohl er genau zu diesem Zweck auf seinem Platz sitzt. Statt dessen bewertet er, was er in seinem Innern fühlt. Beurteilt werden darf aber nur, was wirklich zu sehen ist, und nicht, was der Richter gern sehen würde. Darin liegt ein großer Unterschied.

Wenn jemand einreitet, den man mag, achtet man natürlich auf die positiven Punkte und findet sie auch. Startet aber ein Teilnehmer, den man nicht leiden kann, sucht man nur nach Fehlern, und auch sie sind immer zu finden.

Ein typisches Beispiel, an das ich mich besonders gut erinnere, war der Ritt von Bill Roycroft auf Eldorado in Tokio. Er kam die Mittellinie herunter, voller Schwung, am Zügel, wie ein Uhrwerk, absolut gerade, bis zu Punkt »X«, doch der Übergang zum Halten war etwas abrupt. Abgesehen davon war es genau das, was die Richter sehen wollten. Deshalb sage ich immer : »Sucht nicht nach Fehlern, aber auch nicht nur nach Positivem. Seht die Prüfung als ganzes«; außerdem sollte man den Mut haben zu sagen: »Das war gut«, oder »Das war nicht gut.«

Wichtiger als alles andere sind absolute Ehrlichkeit, Korrektheit und Hingabe – dazu gehört auch, alles zu vergessen, was man über den Reiter und sein Pferd weiß, und wirklich nur das zu beurteilen, was man vor sich sieht. Ein guter Richter sagt oder denkt nie: »Dieses Pferd habe ich aber schon besser gehen sehen.« Er hat sich zu verhalten, als hätte er es noch nie im Leben gesehen, und darf nur das beurteilen, was er vor sich sieht. Wenn das Pferd schon einmal besser gegangen ist oder besser gehen könnte, geht ihn das nichts an. Läßt er dies aber doch in seine Bewertung einfließen, handelt er nicht mehr korrekt.

Ich nahm einmal an einem Prix St. Georges teil – dem ersten in Australien. Es war 1962 oder 1963. Irgendjemand sagte: »Kein Wunder, daß Franz gewinnt: Mr. X ist einer der Richter.« Jemand anders antwortete: »Das stimmt nicht. Mr. X gab ihm zwanzig Punkte weniger als die anderen Richter.« Zum Schluß erklärte Mr. X: »Ich weiß, daß das Pferd wesentlich besser gehen kann.« Er hatte recht, das Pferd konnte wesentlich besser gehen, als es das in dieser Prüfung getan hatte, doch das spielte keine Rolle. Er hätte gar nicht wissen dürfen, daß das Pferd gestern oder im letzten Jahr oder im letzten Monat besser ging als am Tag der Prüfung. Dasselbe gilt zum Beispiel für ein Pferd, das auf einem Turnier mit der Hinterhand ausfällt. Dann darf man auch nicht denken: »Aha, das ist das Pferd, das beim letztenmal schief war.«

Das ist einer der Gründe, warum es mir nur sehr selten gelang, meine Schüler zu überreden, auf Richterkursen vorzureiten. Sie hatten alle Angst, ich könnte sagen: »Bei diesem ist der Schritt untaktmäßig, dieses ist im Trab schief, und dieses hat diesen oder jenen Fehler«, und die dabeisitzenden Richter könnten es sich merken und sagen: »Das ist das Pferd, von dem Franz Mairinger sagte, es sei schief.« Alle Erinnerungen zu verdrängen und nur zu sehen, was sich wirklich vor einem befindet, ist sehr schwer und eine Sache der Konzentration. Ein Richter darf nicht wissen, wie ein bestimmtes Pferd am Tag zuvor ging, und er soll nicht bewerten, was es in der Zukunft vielleicht leisten wird, im Moment aber noch nicht zeigt.

Wer Dressurprüfungen richten will, muß in der Lage sein, der Prüfung zu folgen und sie dann als ganzes zu betrachten. Wer sich keinen Gesamteindruck verschaffen kann, wird sich in technischen Details verlieren. Er muß das ganze Pferd in der Bewegung betrachten und gleichzeitig registrieren, was seine Beine gerade tun. Er darf sich nicht nur auf die Hinter- oder die Vorderbeine konzentrieren, sondern muß versuchen, sich ein Bild vom ganzen Pferd zu machen. Die einzelnen Lektionen beobachten und dann versuchen, einen Eindruck von der gesamten Vorstellung zu bekommen.

Je mehr Erfahrung ein Richter im Dressurreiten hat und je öfter er an Prüfungen der gehobenen Klasse teilgenommen hat, desto besser kann er beurteilen, was schwere und was leichtere Fehler sind. Manchmal sieht man ein Pferd und hat das Gefühl, der Reiter müßte sich nur noch etwas strecken und die Beine um sein Pferd schließen, und schon wäre der Kopf in der richtigen Haltung.

Das wichtigste beim Richten ist nicht, den Sieger sowie den Zweit- und Drittplazierten zu ermitteln. Das ist nur ein Nebenprodukt der Richterarbeit. Die Hauptaufgabe eines Richters besteht darin, den Reitern mitzuteilen, wo sie auf dem richtigen und wo auf dem falschen Weg sind. Aus den Bemerkungen auf dem Bewertungsbogen sollten die Reiter entsprechende Schlüsse ziehen können. Die Bemerkungen dienen ihm als Leitfaden. Sie sagen ihm, worauf er sich mehr konzentrieren muß und was noch zu verbessern ist. Wenn er dann wirklich an den vom Richter vermerkten Mängeln arbeitet, wird er bei seinem nächsten Start zum Beispiel feststellen, daß der Richter nur noch fünfmal die Schiefe des Pferdes bemangelt und nicht mehr siebenmal wie beim letzten Turnier. Bleibt er dann an der Arbeit, wird auf dem Bewertungsbogen das Wort »schief« nicht mehr auftauchen, und die Ausbildung des Pferdes hat einen Schritt nach vorn gemacht.

Die Hauptaufgabe des Richters ist es, den Reiter auf Schwachstellen aufmerksam zu machen. Doch auch ernsthafte Dressurreiter sind nur Menschen und brauchen deshalb von Zeit zu Zeit ein lobendes Schulterklopfen. Aus diesem Grund darf man als Richter ruhig zugeben, wenn etwas gut gelungen war, zum Beispiel: »Mittellinie sehr schön gerade, doch leider unruhig im Halten.« So hat man zwar das Gefühl, dem Reiter mit der einen Hand etwas zu geben und es ihm mit der anderen wieder wegzunehmen, doch man sollte immer bemüht sein, etwas zu geben.

Zugegeben, manchmal ist es sehr schwer, überhaupt etwas gutes zu finden, doch selbst in einem solchen Fall sollte man versuchen, eine ermutigende Bemerkung zu machen.

Es ist nie genug Zeit, alles niederzuschreiben. Deshalb muß man versuchen, nur das Wichtigste zu notieren. Note und Bemerkung dürfen sich nicht widersprechen, sollten sich aber auch nicht wiederholen. Zum Beispiel kann man keine »Acht« geben und dazu am Rand »Gut« notieren, denn die »Acht« drückt genau dies aus. Andererseits kann man auch keine »Drei« vergeben und dann am Rang »Sehr gut« bemerken oder eine »Acht« mit dem Kommentar »Sehr schlecht«. Manchmal kommt es vor, daß ein Teil einer Lektion besonders gut oder besonders schlecht geritten wird, so daß man geneigt ist, es durch ein Anheben oder Absenken der Note zu honorieren oder zu bestrafen. Dann muß jedoch vermerkt werden, was besonders gut oder besonders schlecht war, damit der Reiter versteht, warum er die hohe oder die niedrige Note erhielt.

Die meisten Reiter wissen selbst genau, wie ihr Ritt verlaufen ist, das heißt, man sollte nicht versuchen, sie hinters Licht zu führen. Andererseits sollte ein guter Richter die Teilnehmer auch nicht am Boden zerstören. Wie bereits erwähnt, wird nur das Wichtigste notiert; gewöhnlich ist nicht viel Zeit, das heißt, der Richter muß sich konzentrieren. Zu verurteilen ist, was ich auf den Wertungsbögen eines Turnieres in Melbourne fand. Zu jeder Lektion war eine Punktzahl vermerkt – 1, 2, 2, 0, 0, 1, 2 usw. – aber keine Anmerkung am Rand. Auf der Rückseite des Bogens fand sich jedoch die sarkastische Bemerkung: »Pferd und Reiter brauchen Futter.« Auf einem anderen Bogen stand: »Dieser Reiter kann überhaupt nicht reiten«, und auf einem dritten: »Diese Vorstellung hat nichts mit Reiten zu tun, geschweige denn mit Dressur.« Beim letzten dieser drei Reiter handelte es sich um Ernie Barker.

Das ist natürlich lächerlich. Es ist nicht Aufgabe eines Richters, zu beurteilen, ob Pferd und Reiter Futter brauchen, sondern er hat abzuschätzen, wie gut der Reiter mit dem Pferd gearbeitet hat.

Außerdem sollte nicht passieren, was leider schon vorgekommen ist, daß dafür gesorgt wird, daß »die richtigen Leute am richten Platz sitzen«. Darum geht es nicht. Es hat einem Richter nur darum zu gehen, die Vorstellungen der einzelnen Reiter zu bewerten und ihnen durch diese Bewertung auf ihrem Weg zum Grand Prix zu helfen.

Ein Richter darf nicht allzu unflexibel sein. Vor nicht allzulanger Zeit beobachtete ich folgendes: Das Pferd sollte bei »C« halten, und die Parade gelang perfekt, die Hinterhand setzte unter, das Pferd schob sich an das Gebiß heran und blieb dort. Das einzige Problem war, daß das Pferd nicht bei »C« stand, sondern etwa 1,5 Meter dahinter. Die ganze Parade war jedoch so vorzüglich gelungen, daß ich ihm eine Acht dafür gegeben hätte und, sofern das Pferd dabei noch genau auf Punkt gestanden hätte, sogar eine Zehn (was alle Jubeljahre einmal vorkommt). Später fand ich heraus, daß er zuständige Richter eine Fünf gegeben hatte, weil das Pferd hinter dem Bahnpunkt stand. Die Bewertung muß auf den wichtigen Dingen aufbauen – in diesem Fall dem Übergang und dem Halten. Wenn dieser Reiter sein Pferd genauso perfekt am Wechselpunkt zum Stehen gebracht hätte, hätte er eine bessere Note verdient, doch auch für diese nicht ganz am Wechselpunkt durchgeführte Parade wäre eine höhere Note angebracht gewesen. Ein genau am Wechselpunkt schlecht ausgeführter Übergang ist für die weitere Entwicklung des Pferdes völlig nutzlos. Deshalb sollte man als Richter nicht zu unflexibel sein, was die Wechselpunkte angeht. Das bedeutet natürlich nicht, sie in Zukunft nicht mehr zu beachten, doch man sollte einem Reiter nicht gleich die Kehle durchschneiden, wenn er zwar korrekt, aber nicht hundertprozentig punktgenau reitet.

Nach Abschluß der Prüfung muß der Richter überprüfen, ob er Punkte für alle Lektionen vergeben hat. Zu mir kam einmal ein Teilnehmer nach Abschluß des Turniers und sagte: »Sehen Sie mal, Sie haben mir keine Wertnote für den starken Trab gegeben.« Ich dachte zuerst, er machte einen Scherz, doch er hatte recht – die Wertnote für den starken Trab fehlte. Der Bewertungsbogen war in der Rechenstelle gewesen und dort noch einmal geprüft worden, denn es handelte sich um die Royal Show. Ich hatte den Fehler übersehen, und nicht nur ich. Glücklicherweise hatte der Teilnehmer trotz der fehlenden Note die Prüfung gewonnen. Hätte er aber nicht gewonnen, wäre ich in Schwierigkeiten geraten, denn der Teilnehmer hätte mit Sicherheit Protest eingelegt. Deshalb sollte man sich immer vergewissern, daß alle Noten zu Papier gebracht sind.

Die Bemerkungen müssen knapp formuliert und so deutlich wie möglich sein. Als Richter darf man nicht den Fehler machen, sich zu fragen: »Was habe ich bloß dem ersten Reiter gegeben?« Er sollte eine gewisse Idealvorstellung haben und alle Reiter diesem Bild entsprechend bewerten. So wird sich der Bewertungsmodus nie ändern, und die Bewertung ist die ganze Prüfung hindurch verläßlich und gleichmäßig. Wer jedoch versucht, sich zu erinnern, welche Note er diesem oder jenem Reiter gegeben hat, um ihn dann mit einem anderen zu vergleichen, wird schon bald hoffnungslos ins Schwimmen geraten und seine Bewertung wird auf- und abschwanken.

Manchmal urteilt man etwas hart und gibt durchweg recht niedrige Noten. Das macht nichts. Wenn die Noten um etwa einen Punkt tiefer liegen als die der anderen Richter, ist das durchaus zu verantworten. Es darf jedoch nicht passieren, daß eine Zeitlang niedrige Noten vergeben werden, dann plötzlich hohe und dann wieder niedrige. Hohe Noten sind natürlich in Ordnung, wenn sie auch von den anderen Richtern gegeben werden.

Noch etwas: Es ist immer merkwürdig, daß die Noten nach der Mittagspause stets höher liegen als vorher. Deshalb sollte ein Richter sehr darauf achten, sein Urteilsvermögen nicht durch Alkohol oder andere »Muntermacher« zu trüben.

Zum Schluß möchte ich noch folgendes anmerken: Wenn ich sage, Gott hat das Pferd geschaffen, will ich keine Predigt halten. Man kann Gott auch durch die Natur oder was auch immer ersetzen. Doch wir haben es mit Tatsachen zu tun, Tatsachen, die wir nicht ändern können und auch nicht zu ändern versuchen sollten, denn sie sind Bestandteil der Schöpfung, und wer versucht, sie zu verändern, muß die Strafe dafür in Kauf nehmen.

Ob beim Reiten oder als Richter, niemand sollte je die Worte des alten Tierarztes Roy Stewart vergessen: »Die Leute glauben immer, daß Pferde für den Menschen geschaffen wurden, aber das stimmt nicht. Pferde wurden geschaffen als Pferde.«

Zusammenfassung

1. Ein Dressurrichter muß dem Teilnehmer deutlich machen, was gut war und was nicht. Mit zunehmender Erfahrung wird er in der Lage sein, während der Prüfungen Notizen zu machen, doch es ist oft schwierig, schnell genug die richtigen Worte zu finden. Ein guter Ausgleich ist eine kurze abschließende Zusammenfassung.

Der Richter muß die Vorstellung genau beobachten, um die guten und schlechten Punkte wahrzunehmen. Dann sollte er herauszufinden versuchen, warum bestimmte Lektionen gut oder schlecht geritten wurden. Nur dann kann er dem Reiter Verbesserungsvorschläge machen. Um sich verbessern zu können, müssen fast alle Reiter an ihrem Sitz und der Koordination ihrer Hilfengebung arbeiten.

Der Teilnehmer sollte den Bewertungsbogen aufmerksam lesen und mit seiner Hilfe seine weitere Arbeit planen.

Selbst ein unerfahrener Richter sieht einiges. Er sollte stets bemüht sein, in seinen Bemerkungen nicht nur zu kritisieren, sondern auch zu loben.

2. Je mehr Erfahrung ein Richter hat, desto leichter fällt es ihm, den Teilnehmern hilfreiche Ratschläge zu geben. Wer Prüfungen richten will, deren Anforderungen er selbst noch nicht gewachsen ist, muß sich durch eingehende Lektüre die entsprechenden theoretischen Kenntnisse aneignen.

3. Ein Richter muß Übung im »Sehen« haben. Er muß sich einen Gesamteindruck verschaffen können. Geht das Pferd vorwärts? Auf die Gänge achten. Geht es auf zwei Hufschlägen? Ist es korrekt gebogen? Bewegt es sich taktmäßig? Ist es geradegerichtet? Und so weiter. Ein Anfänger kann sich jeweils nur auf einen dieser Punkte konzentrieren, doch schließlich wird er einen Gesamteindruck bekommen. Er wird lernen, worauf er Wert zu legen hat und was toleriert werden kann. Er wird einen Gesamteindruck von Pferd und Reiter bekommen, feststellen, was ihnen gut gelungen ist und was noch verbessert werden kann.

4. Ein Richter muß völlig unvoreingenommen sein. Er darf keinen Teilnehmer nach seinem Ruf richten, und es darf ihn auch nicht interessieren, welches Pferd oder welcher Reiter gerade in der Bahn sind. Er darf nur bewerten, was er vor sich sieht, ohne die Vorstellung mit früheren zu vergleichen. Das ist nicht ganz einfach, mit einiger Konzentration aber machbar. Wenn die Gefühle für einen Reiter oder ein Pferd die Bewertung beeinflussen, ist diese nicht gerecht. Ein Richter darf nicht nur nach Fehlern suchen, sondern muß als erstes auf Positives achten. Er sollte versuchen, die Vorstellung als ganzes zu betrachten.

5. Ein Richter muß vollkommen ehrlich sein und beurteilen, was er vor sich sieht, ohne dabei an etwas anderes zu denken. Er darf nicht denken: »Das ist doch das Pferd, das sonst immer schief geht«, und deshalb besonders auf eine mögliche Schiefe achten.

6. Kein Richter sollte sich in Details verlieren. Er muß das ganze Pferd in der Bewegung betrachten und darf sich nicht ausschließlich auf die Vorder- oder Hinterbeine konzentrieren. Wie bereits in Nr. 2 erwähnt, kann ein Richter, der über viel Erfahrung verfügt, leichter beurteilen, was wichtig ist. Wenn zum Beispiel ein Pferd auf der Mittellinie perfekt geht, dann aber etwas abrupt zum Halten durchpariert wird und sauber steht, kann dies mit einer Acht oder Neun belohnt werden.

7. Die wichtigste Aufgabe eines Richters besteht darin, den Teilnehmern zu einer besseren Vorstellung bei ihrem nächsten Start zu verhelfen – indem er sie darauf aufmerksam macht, was gut gelungen war und was noch zu verbessern ist. Sieger und Plazierte zu ermitteln, ist wesentlich weniger wichtig oder hilfreich.

Den Bemerkungen des Richters muß der Reiter entnehmen können, woran er zu arbeiten hat. Wenn zu einer Prüfung fünfmal der Kommentar »fällt in den Ecken aus« gegeben wird, und zu der nächsten nur dreimal, ist schon ein Fortschritt erzielt. Ein guter Richter wird immer auch gelungene Lektionen erwähnen, denn eine reine Aufzählung der Fehler könnte den Reiter so entmutigen, daß er nie wieder startet.

8. Es ist keine Zeit, alles niederzuschreiben; das bedeutet, der Richter muß lernen, sich auf das Wichtigste zu konzentrieren. Er muß erklä-

ren, wodurch Punkte verlorengingen – das gilt vor allem für Wertnoten, die unter Vier liegen. Wertnoten und Bemerkungen müssen den Bewertungstabellen entsprechen. Sie sollten einander nicht widersprechen oder sich wiederholen. »Sehr gut... Fünf« ist ebenso falsch wie »Starker Trab – nicht genügend... Sechs«. Den Tabellen zufolge lägen die richtigen Noten hier bei Neun und Vier.

Wenn eine Lektion zur Hälfte gut und zur Hälfte schlecht ausgeführt wird, kann die Wertnote in der Mitte liegen. »Geradegerichtet, guter, raumgreifender Schritt, im Halten schief und unruhig«, könnte eine Fünf oder eine Sechs ergeben.

Wenn eine Acht gegeben wird (oder irgendeine andere Note), ist es nicht mehr nötig »gut« dazuzuschreiben, denn die Acht sagt dies bereits aus. Sinnvoller ist es, Zeit und Platz zu nutzen und etwas mehr zu schreiben, zum Beispiel: »Zirkel gut« oder »Takt gut«. Oder bei der Wertnote Drei: nicht nur »Ziemlich schlecht«, sondern notieren, was ziemlich schlecht war.

9. In bezug auf Wertnoten und Bemerkungen ist Mäßigung gefordert. Scherze oder Sarkasmus sind nicht angebracht. Das akkurate Anreiten der Wechselpunkte sollte nicht überbewertet werden – es gibt Wichtigeres.

10. Nach Abschluß der Prüfung immer kontrollieren, ob für jede Lektion eine Wertnote eingetragen wurde. Sollte eine fehlen, und der Richter kann sich nicht mehr erinnern, wie er die Lektion bewertet hatte, ist eine Durchschnittsnote einzutragen, denn der Bewertungsbogen darf nicht lückenhaft an die Rechenstelle gehen.

11. Die Bemerkungen müssen kurz und eindeutig abgefaßt sein. Vor Beginn der Prüfung muß sich der Richter in Gedanken ein Bild von dem machen, was er in der entsprechenden Prüfung erwartet, was natürlich dem jeweiligen Schwierigkeitsgrad entsprechen muß. Dann vergleicht er die Teilnehmer mit diesem Bild. Er darf nie versuchen, die Teilnehmer miteinander zu vergleichen, weil die Berwertung dadurch automatisch ungerecht würde.

Es macht nichts, wenn ein Richter etwas härter urteilt als seine Kollegen, und niedrigere Wertnoten vergibt, vorausgesetzt, er ist konsequent darin und wechselt nicht zwischen extrem hohen und extrem niedrigen Wertnoten hin und her.

Ein Richter darf nicht vergessen, daß ein Pferd nun mal ein Pferd ist, und darf es nur anhand seiner natürlichen Gangart beurteilen. Übertriebene Bewegungen sind wertlos.

Abschließend ein guter Rat: Während der Arbeitszeit sollte kein Richter Stimulantien irgendwelcher Art zu sich nehmen, denn sie könnten sein Urteilsvermögen trüben und so den Bewertungsmodus verändern.

Fünfzehntes Kapitel

Schlußwort: Der Ausbilder

Das größte Problem, das sich einem Reitausbilder stellt, ist die geringe Vielfalt in seinem Fach. Einem Geographielehrer zum Beispiel steht für die Wahl eines Themas die ganze Welt offen. Auch in der Mathematik gibt es unzählige Probleme. Beim Reiten strebt der Schüler jedoch nur danach, seinen Sitz zu verbessern und dadurch auch seine Fähigkeit, ein Pferd auszubilden. Natürlich gibt es auch beim Reiten eine gewisse Vielfalt, doch im Grunde macht jeder Reiter im Laufe seines Reiterlebens immer wieder dasselbe.

Ein Anfänger macht recht schnell Fortschritte und merkt selbst, daß er sich von Stunde zu Stunde verbessert. Er lernt, wie er sitzen muß, wie er sein Pferd beherrschen und es im Schritt, Trab und Galopp bewegen kann.

In den nächsten zwei oder drei Jahren muß er seine Grundausbildung allmählich vervollständigen. Er kann anfangen zu springen, ist aber noch nicht zu anspruchsvoller Dressurarbeit fähig. Er kann nicht schneller lernen, als sich sein Geist und sein Körper entwickeln. Wenn diese Tatsache mißachtet und der Reiter überfordert wird, wird er gewissermaßen gezwungen, so viele Fehler zu machen, daß es ihm sehr schwerfallen wird, jemals ein guter Reiter zu werden. Höchstwahrscheinlich wird er nie die nötige Energie aufbringen, um seine schlechten Angewohnheiten zu überwinden.

Dieser Teil der Reitausbildung besteht aus harter Arbeit sowie einem konsequenten und dauerhaften Bemühen. Über einen langen Zeitraum werden sich keine sichtbaren Fortschritte einstellen. Der Reiter muß einen ruhigen und tiefen Sitz entwickeln, der es ihm ermöglicht, sein Gewicht gezielt einzusetzen und die Bewegungen des Pferdes durch fein aufeinander abgestimmte Zügel- und Schenkelhilfen zu kontrollieren. Er muß ein Gefühl dafür entwickeln, wie sich das Pferd unter ihm bewegt. Diese Aufzählung könnte man noch seitenlang weiterführen.

Viele Aktionen und Reaktionen müssen instinktiv erfolgen. Doch wie erlernt man diese instinktiven Reaktionen? Wenn man immer wieder so reagiert, wie man es gelernt hat, wird einem diese Handlungsweise schon bald zu zweiten Natur. Man reagiert immer wieder so, weil es unbequem ist, es nicht zu tun. Warum arbeiten Menschen so hart und investieren so viel Konzentration? Nur weil sie der Meinung sind, daß es sich lohnt, daß sich die Arbeit durch Freude und die Befriedigung, ein gut gerittenes Pferd zu haben, bezahlt macht, zumal dann, wenn es ihnen schließlich gelingt, ein Pferd selbst auszubilden. Diese Einstellung wird dem Reiter vermittelt durch seinen Ausbilder, durch entsprechende Lektüre und durch das Beobachten von Spitzenreitern.

Die Arbeit muß der Reiter jedoch selbst tun. Er muß die nötige Konzentration aufbringen, um zu den erwähnten instinktiven Reaktionen zu kommen, und zwar, ohne durch Erfolge ermutigt zu werden, denn diese stellen sich zu Anfang nur sehr langsam ein. Danach können wir hoffen, daß er die Früchte seiner Bemühungen zu sehen bekommt. Er wird eine bestimmte Wirkung anstreben und sie auch erzielen und sich dessen bewußt sein. Zu diesem Zeitpunkt hat er den härtesten Teil der Ausbildung hinter sich.

Es wird Licht: Der Reiter arbeitet nicht länger im Dunkeln und verläßt sich nur auf das, was andere ihm sagen. Er hat sich einige Erfolge erarbeitet und weiß nun, was er will. Es wird natürlich immer zu Rückschlägen kommen, doch mittlerweile ist er in der Lage, Fehler zu erkennen und zu korrigieren, und schon bald wird er voller Begeisterung die Harmonie zwischen sich und seinem Pferd verspüren, das bemüht ist, sein bestes zu geben. Schließlich wird er das Endstadium erreichen und sich unter diejenigen einreihen, die das Reiten nicht mehr aufgeben, bis ein körperliches Leiden es ihnen verbietet.

Wer als Reitausbilder tätig ist, trägt eine große Verantwortung. Sie ist besonders groß, wenn sie junge Reiter ausbilden, junge Reiter, die vielleicht eines Tages die Flagge ihres Landes tragen werden.

Ich habe versucht, zu erläutern, was, wie und vor allem warum auf eine bestimmte Weise verfahren werden muß, weil es wegen der engen Verbindung zwischen dem Reiter und der Natur einfach unumgänglich ist. Ich habe Geschichten erzählt, um damit dem Leser zu beweisen, daß auch er etwas erreichen kann – vorausgesetzt, er ist dazu fest entschlossen und bereit, sich entsprechend zu bemühen (ohne Fleiß kein Preis) – und der Weg zum Erfolg steht ihm offen. Einem guten Ausbilder wird es gelingen, seine Schüler davon zu überzeugen, daß ein Pferd mehr ist oder zumindest mehr sein kann, als ein Fortbewegungsmittel, und er wird dafür sorgen, daß die jungen Reiter ihre Pferde wirklich verstehen. Erst dann werden sie die meisten ihrer Schwierigkeiten überwinden und sind schon auf halbem Wege zum Erfolg.

Wer seine Schüler dazu anleiten kann, ihre Pferde wirklich zu verstehen, dem ist es gelungen, einen wirklichen Reiter zu schaffen und nicht nur einen Passagier, und genau das fördert das Verantwortungsbewußtsein des jungen Reiters. Reiten ist deshalb als charakterbildend zu betrachten.

Wenn der Ausbilder seine Schüler lehren kann, daß vor dem Erfolg harte Arbeit steht, hat er mehr geschaffen als einen verständnisvollen Reiter. Er hat mitgehofen, einen jungen Menschen zu einem nützlichen Mitglied der Gemeinschaft zu formen – zu einem Menschen, der sich bewußt ist, daß Privilegien untrennbar mit Pflichten und Verantwortung verbunden sind. Mit diesem Wissen haben junge Menschen die Grundvoraussetzung zu einem glücklichen Leben erworben und werden mit Sicherheit nicht zu den sogenannten »Aussteigern«. Ich bin überzeugt, daß sich das Reiten in vieler Hinsicht positiv auf die Entwicklung von jungen Menschen auswirkt.

Wie jeder weiß, steht in der Bibel, daß Gott die Erde schuf und dann auf sie hinuntersah und sie für gut befand. Ich persönlich weiß nicht, warum er erst hinsehen mußte. Vielleicht sah er aber gerade an einem Sonntagmorgen zur Erde hinab und stellte fest, daß noch etwas fehlte – etwas, das seine Geduld, sein Verständnis, seine Liebe und alles, was sonst noch gut war, repräsentierte –, und schuf das Pferd.

An meinem ersten Tag in der Hofreitschule sagte mein Ausbilder zu mir: »Der Ausbilder lebt in seinen Schülern weiter.« Wenn ich mir vorstelle, daß nach der Lektüre dieses Buches viele Ausbilder meine Gedanken an ihre Schüler weitergeben, bedeutet das für mich, daß ich, wenn ich eines Tages die Augen für immer schließe, glücklich sein darf, weil ich weiß, daß ich noch lange Zeit in den Gedanken meiner Schüler weiterleben werden.

Zusammenfassung

Hier ist eine Zusammenfassung nicht nötig. Dieses Kapitel sollte sorgfältig gelesen werden. Wie wahr sind die letzten Worte. Franz Mairinger, seine wundervollen Unterrichtsmethoden und seine Philosophie werden in den Gedanken seiner Schüler fortbestehen, solange diese leben. Außerdem sind wir überzeugt, daß all das Gute, das er vollbracht hat, noch länger Bestand haben wird – denn wir als seine Schüler werden es wiederum an unsere Schüler weitergeben. Er war ein großartiger Mensch. Mögen seine Gedanken und sein Einfluß so lange erhalten bleiben, wie es Menschen gibt, die reiten.

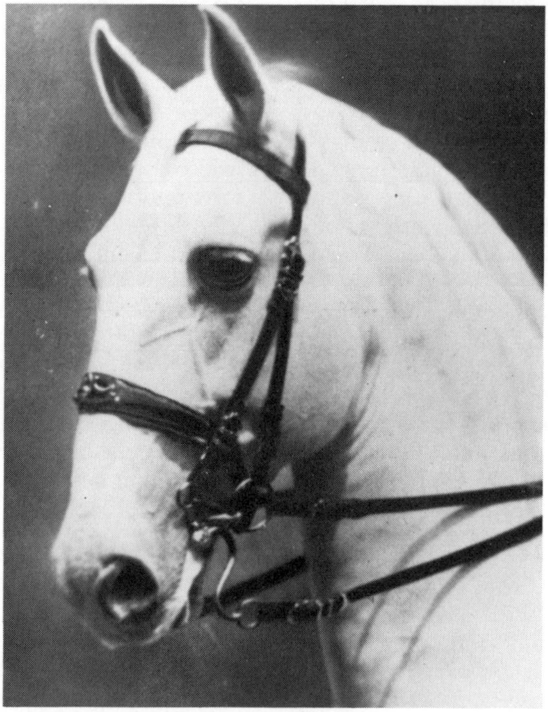

Ein alter Freund

Anhang

Australische Olympia-Equipen, 1956–1984

Olympische Spiele: Vielseitigkeitsmannschaften und ihre Pferde *(von Franz Mairinger trainiert)*

1956 Stockholm
D. J. C. Wood
W.W. Thompson
E. F. Barker
B. J. Crago
Equipechef: A. R. Creswick
Mannschaftswertung: Vierter Platz (Dreier-Mannschaft)

1960 Rom

L. R. Morgan	(Salad Days)
J.W. Roycroft	(Our Solo)
B. J. Crago	(Sabre)
N. J. Lavis	(Mirrabooka)

Ersatzreiter: J.W. Kelly
Equipechef: A. R. Creswick
Mannschaftswertung: Erster Platz (Goldmedaille); L. R. Morgan Sieger in der Einzelwertung; N. J. Lavis auf dem zweiten Platz.

1964 Tokio

J.W. Roycroft	(Eldorado)
N.J Lavis	(Mirrabooka)
J.W. Kelly	(Brigalow)
B. Cobcroft	(Stony Crossing)

Equipechef: J. Barnes
Mannschaftswertung: Siebter Platz

1968 Mexiko

J.W. Roycroft	(Warrathoola)
B. Cobcroft	(Dépêche)
Wayne Roycroft	(Zhivago)
James Scanlon	(Furtive)

Equipechef: Jack Walsh
Mannschaftswertung: Dritter Platz (Bronzemedaille)

1972 München

J.W. Roycroft	(Warrathoola)
Clarke Roycroft	(Furtive)
B. R. Schrapel	(Wakool)
Richard Sands	(Dépêche)

Equipechef: Jack Walsh
Mannschaftswertung: Vierter Platz

1976 Montreal

J.W. Roycroft	(Version)
Wayne Roycroft	(Laurenson)
Mervyn Bennett	(Regal Reign)
Denis Pigott	(Hillstead)

Equipechef: Sir Alec Creswick
Mannschaftswertung: Dritter Platz (Bronzemedaille)

1980 Moskau
Mannschaft zurückgezogen

Olympische Spiele: Vielseitigkeitsmannschaften und ihre Pferde

1984 Los Angeles
(Obwohl diese Mannschaft nicht mehr von Franz Mairinger trainiert wurde, waren doch alle Reiter frühere Schüler von ihm, und die folgende Information wird aufgeführt, um einen kompletten Überblick über die australischen Mannschaften zu geben, die seit 1956 an Olympischen Reiterspielen teilgenommen haben.)

Wayne Roycroft	(Regal Monarch)
Andrew Hoy	(Davey)
Vicky Roycroft	(Looking Ahead)
Mervyn Bennett	(Regal Reign)

Equipechef: Colin Meagher
Mannschaftswertung: Fünfter Platz

Bildnachweise
Die Fotos auf den Seiten 34, 59, 67, 72, 89 und 127 stammen aus dem Besitz von Erna Mairinger. Das Foto auf Seite 58 wurde vom St. Georg-Magazin zur Verfügung gestellt.